Johann Wolfgang von Goethe

Faust I -
Der Tragödie erster

Kommentierte Ausgabe mit
Verszählung und Worterläuterungen
für die Gymnasiale Oberstufe

Herausgegeben von Andreas Fiedler

aionas

Unsere Ausgabe folgt der Werkausgabe *Goethes Werke. Hamburger Ausgabe in 14 Bänden. Hrsg. v. Erich Trunz, Hamburg/München 1948-1960, Band 3: Dramatische Dichtungen erster Band: Faust I und II. Hamburg: Wegner, 1962.* Das Werk erschien erstmals im Jahr 1832 bei Cotta in Stuttgart.

Der Text wurde den Regeln der neuen deutschen Rechtschreibung angepasst. Interpunktion, Lautstand und grammatikalische Eigenschaften wurden hierbei gewahrt.

Titelbild: „Faust und Mephisto" von Anton Kaulbach (1864-1930), Öl auf Leinwand, etwa 1900

© 2014 aionas weimar. All right reserved.
ISBN (Print): 978-1502597502

Faust. Eine Tragödie

Zueignung

Ihr naht euch wieder, schwankende Gestalten,
Die früh sich einst dem trüben Blick gezeigt.
Versuch' ich wohl, euch diesmal festzuhalten?
Fühl' ich mein Herz noch jenem Wahn geneigt?
Ihr drängt euch zu! nun gut, so mögt ihr walten, 5
Wie ihr aus Dunst und Nebel um mich steigt;
Mein Busen fühlt sich jugendlich erschüttert
Vom Zauberhauch, der euren Zug umwittert.

Ihr bringt mit euch die Bilder froher Tage,
Und manche liebe Schatten steigen auf; 10
Gleich einer alten, halbverklungnen Sage
Kommt erste Lieb' und Freundschaft mit herauf;
Der Schmerz wird neu, es wiederholt die Klage
Des Lebens labyrinthisch irren Lauf,
Und nennt die Guten, die, um schöne Stunden 15
Vom Glück getäuscht, vor mir hinweggeschwunden.

Sie hören nicht die folgenden Gesänge,
Die Seelen, denen ich die ersten sang;
Zerstoben ist das freundliche Gedränge,
Verklungen, ach! der erste Widerklang. 20
Mein Lied ertönt der unbekannten Menge[1],
Ihr Beifall selbst macht meinem Herzen bang,
Und was sich sonst an meinem Lied erfreuet,
Wenn es noch lebt, irrt in der Welt zerstreuet.

Und mich ergreift ein längst entwöhntes Sehnen 25
Nach jenem stillen, ernsten Geisterreich,
Es schwebet nun in unbestimmten Tönen
Mein lispelnd Lied, der Äolsharfe[2] gleich,
Ein Schauer faßt mich, Träne folgt den Tränen,
Das strenge Herz, es fühlt sich mild und weich; 30
Was ich besitze, seh' ich wie im Weiten,
Und was verschwand, wird mir zu Wirklichkeiten.

---

1 Menge: Publikum. Goethe begegnet seinem Publikum distanziert. Er bezeichnet es als „Menge". Dies wiederholt sich auch im *Vorspiel auf dem Theater*.

2 Äolsharfe: Eine Windharfe, nach Aeolus genannt, der von den Göttern als Herrscher der Winde eingesetzt wurde. Das Saiteninstrument erklingt durch den Wind.

Vorspiel auf dem Theater

Direktor. Theaterdichter. Lustige Person[3].

DIREKTOR. Ihr beiden, die ihr mir so oft,
In Not und Trübsal, beigestanden,
Sagt, was ihr wohl in deutschen Landen
Von unsrer Unternehmung hofft?
Ich wünschte sehr der Menge zu behagen,
Besonders weil sie lebt und leben läßt.
Die Pfosten[4] sind, die Bretter aufgeschlagen,
Und jedermann erwartet sich ein Fest.
Sie sitzen schon, mit hohen Augenbrauen,
Gelassen da und möchten gern erstaunen.
Ich weiß, wie man den Geist des Volks versöhnt;
Doch so verlegen bin ich nie gewesen:
Zwar sind sie an das Beste nicht gewöhnt,
Allein sie haben schrecklich viel gelesen.
Wie machen wir's, daß alles frisch und neu
Und mit Bedeutung auch gefällig sei?
Denn freilich mag ich gern die Menge sehen,
Wenn sich der Strom nach unsrer Bude drängt
Und mit gewaltig wiederholten Wehen
Sich durch die enge Gnadenpforte[5] zwängt,
Bei hellem Tage, schon vor vieren,
Mit Stößen sich bis an die Kasse ficht
Und, wie in Hungersnot um Brot an Bäckertüren,
Um ein Billett sich fast die Hälse bricht.
Dies Wunder wirkt auf so verschiedne Leute
Der Dichter nur; mein Freund, o tu es heute!

DICHTER.
O sprich mir nicht von jener bunten Menge,
Bei deren Anblick uns der Geist entflieht.
Verhülle mir das wogende Gedränge,
Das wider Willen uns zum Strudel zieht.
Nein, führe mich zur stillen Himmelsenge[6],
Wo nur dem Dichter reine Freude blüht,
Wo Lieb' und Freundschaft unsres Herzens Segen
Mit Götterhand erschaffen und erpflegen.
Ach! was in tiefer Brust uns da entsprungen,

---

3   Lustige Person: ein Komödiant, Schauspieler

4   Pfosten, Bretter: Pfosten und Bretter des Theaterpodestes der Wanderbühnen, das man auch auf den Jahrmärkten errichtete.

5   Gnadenpforte: Dies ist eine Anspielung auf das Neue Testament, Matthäus, 7, 13 f.: „Geht hinein durch die enge Pforte. Denn die Pforte ist weit und der Weg ist breit, der zur Verdammnis führt, und viele sind's, die auf ihm hineingehen." Die Pforte zum Leben steht allen offen, auch den Sündern.

6   Himmelsenge: Der Dichter möchte ins Göttliche vordringen. Durch die Himmelsenge nähert er sich diesem ganz allein. Sie steht für die hohe und abgeschiedene Sphäre des dichterischen Schaffens.

Was sich die Lippe schüchtern vorgelallt,
Mißraten jetzt und jetzt vielleicht gelungen,
Verschlingt des wilden Augenblicks Gewalt. 70
Oft, wenn es erst durch Jahre durchgedrungen,
Erscheint es in vollendeter Gestalt.
Was glänzt, ist für den Augenblick geboren,
Das Echte bleibt der Nachwelt unverloren.

LUSTIGE PERSON.
Wenn ich nur nichts von Nachwelt hören sollte. 75
Gesetzt, daß ich von Nachwelt reden wollte,
Wer machte denn der Mitwelt Spaß?
Den will sie doch und soll ihn haben.
Die Gegenwart von einem braven Knaben
Ist, däcdt' ich, immer auch schon was. 80
Wer sich behaglich mitzuteilen weiß,
Den wird des Volkes Laune nicht erbittern;
Er wünscht sich einen großen Kreis,
Um ihn gewisser zu erschüttern.
Drum seid nur brav und zeigt euch musterhaft, 85
Laßt Phantasie mit allen ihren Chören,
Vernunft, Verstand, Empfindung, Leidenschaft,
Doch, merkt euch wohl! nicht ohne Narrheit hören!

DIREKTOR.
Besonders aber laßt genug geschehn!
Man kommt zu schaun, man will am liebsten sehn. 90
Wird vieles vor den Augen abgesponnen,
So daß die Menge staunend gaffen kann,
Da habt Ihr in der Breite gleich gewonnen,
Ihr seid ein vielgeliebter Mann.
Die Masse könnt Ihr nur durch Masse zwingen, 95
Ein jeder sucht sich endlich selbst was aus.
Wer vieles bringt, wird manchem etwas bringen;
Und jeder geht zufrieden aus dem Haus.
Gebt Ihr ein Stück, so gebt es gleich in Stücken!
Solch ein Ragout, es muß Euch glücken; 100
Leicht ist es vorgelegt, so leicht als ausgedacht.
Was hilft's, wenn Ihr ein Ganzes dargebracht,
Das Publikum wird es Euch doch zerpflücken.

DICHTER.
Ihr fühlet nicht, wie schlecht ein solches Handwerk sei
Wie wenig das dem echten Künstler zieme! 105
Der saubern Pfuscherei
Ist, merk' ich, schon bei Euch Maxime.

DIREKTOR.
Ein solcher Vorwurf läßt mich ungekränkt:
Ein Mann, der recht zu wirken denkt,
Muß auf das beste Werkzeug halten. 110
Bedenkt, Ihr habet weiches Holz zu spalten,
Und seht nur hin, für wen Ihr schreibt!
Wenn diesen Langeweile treibt,

Kommt jener satt vom übertischten Mahle,
Und, was das Allerschlimmste bleibt, 115
Gar mancher kommt vom Lesen der Journale.
Man eilt zerstreut zu uns, wie zu den Maskenfesten,
Und Neugier nur beflügelt jeden Schritt;
Die Damen geben sich und ihren Putz zum besten
Und spielen ohne Gage mit. 120
Was träumet Ihr auf Eurer Dichterhöhe?
Was macht ein volles Haus Euch froh?
Beseht die Gönner in der Nähe!
Halb sind sie kalt, halb sind sie roh.
Der, nach dem Schauspiel, hofft ein Kartenspiel, 125
Der eine wilde Nacht an einer Dirne Busen.
Was plagt ihr armen Toren viel,
Zu solchem Zweck, die holden Musen?
Ich sag' Euch, gebt nur mehr und immer, immer mehr,
So könnt Ihr Euch vom Ziele nie verirren. 130
Sucht nur die Menschen zu verwirren,
Sie zu befriedigen, ist schwer – –
Was fällt Euch an? Entzückung oder Schmerzen?

DICHTER.
Geh hin und such dir einen andern Knecht!
Der Dichter sollte wohl das höchste Recht, 135
Das Menschenrecht, das ihm Natur vergönnt,
Um deinetwillen freventlich verscherzen!
Wodurch bewegt er alle Herzen?
Wodurch besiegt er jedes Element?
Ist es der Einklang nicht, der aus dem Busen dringt 140
Und in sein Herz die Welt zurücke schlingt?
Wenn die Natur des Fadens ew'ge Länge,
Gleichgültig drehend, auf die Spindel zwingt,
Wenn aller Wesen unharmon'sche Menge
Verdrießlich durcheinander klingt, 145
Wer teilt die fließend immer gleiche Reihe
Belebend ab, daß sie sich rhythmisch regt?
Wer ruft das Einzelne zur allgemeinen Weihe,
Wo es in herrlichen Akkorden schlägt?
Wer läßt den Sturm zu Leidenschaften wüten? 150
Das Abendrot im ernsten Sinne glühn?
Wer schüttet alle schönen Frühlingsblüten
Auf der Geliebten Pfade hin?
Wer flicht die unbedeutend grünen Blätter
Zum Ehrenkranz Verdiensten jeder Art? 155
Wer sichert den Olymp[7]? vereinet Götter?
Des Menschen Kraft, im Dichter offenbart.

LUSTIGE PERSON.
So braucht sie denn, die schönen Kräfte,
Und treibt die dichtrischen Geschäfte,
Wie man ein Liebesabenteuer treibt. 160

---

7   Olymp: Nach der griechischen Mythologie der Wohnort der Götter.

Zufällig naht man sich, man fühlt, man bleibt,
Und nach und nach wird man verflochten;
Es wächst das Glück, dann wird es angefochten,
Man ist entzückt, nun kommt der Schmerz heran,
Und eh' man sich's versieht, ist's eben ein Roman. 165
Laßt uns auch so ein Schauspiel geben!
Greift nur hinein ins volle Menschenleben!
Ein jeder lebt's, nicht vielen ist's bekannt,
Und wo ihr's packt, da ist's interessant.
In bunten Bildern wenig Klarheit, 170
Viel Irrtum und ein Fünkchen Wahrheit,
So wird der beste Trank gebraut,
Der alle Welt erquickt und auferbaut.
Dann sammelt sich der Jugend schönste Blüte
Vor eurem Spiel und lauscht der Offenbarung, 175
Dann sauget jedes zärtliche Gemüte
Aus eurem Werk sich melanchol'sche Nahrung,
Dann wird bald dies, bald jenes aufgeregt,
Ein jeder sieht, was er im Herzen trägt.
Noch sind sie gleich bereit, zu weinen und zu lachen, 180
Sie ehren noch den Schwung, erfreuen sich am Schein;
Wer fertig ist, dem ist nichts recht zu machen;
Ein Werdender wird immer dankbar sein.

DICHTER. So gib mir auch die Zeiten wieder,
Da ich noch selbst im Werden war, 185
Da sich ein Quell gedrängter Lieder
Ununterbrochen neu gebar,
Da Nebel mir die Welt verhüllten,
Die Knospe Wunder noch versprach,
Da ich die tausend Blumen brach, 190
Die alle Täler reichlich füllten.
Ich hatte nichts und doch genug:
Den Drang nach Wahrheit und die Lust am Trug.
Gib ungebändigt jene Triebe,
Das tiefe, schmerzenvolle Glück, 195
Des Hasses Kraft, die Macht der Liebe,
Gib meine Jugend mir zurück!

LUSTIGE PERSON.
Der Jugend, guter Freund, bedarfst du allenfalls,
Wenn dich in Schlachten Feinde drängen,
Wenn mit Gewalt an deinen Hals 200
Sich allerliebste Mädchen hängen,
Wenn fern des schnellen Laufes Kranz
Vom schwer erreichten Ziele winket,
Wenn nach dem heft'gen Wirbeltanz
Die Nächte schmausend man vertrinket. 205
Doch ins bekannte Saitenspiel
Mit Mut und Anmut einzugreifen,
Nach einem selbstgesteckten Ziel
Mit holdem Irren hinzuschweifen,
Das, alte Herrn, ist eure Pflicht, 210

Und wir verehren euch darum nicht minder.
Das Alter macht nicht kindisch, wie man spricht,
Es findet uns nur noch als wahre Kinder.

DIREKTOR. Der Worte sind genug gewechselt,
Laßt mich auch endlich Taten sehn! 215
Indes ihr Komplimente drechselt,
Kann etwas Nützliches geschehn.
Was hilft es viel von Stimmung reden?
Dem Zaudernden erscheint sie nie.
Gebt ihr euch einmal für Poeten, 220
So kommandiert die Poesie.
Euch ist bekannt, was wir bedürfen:
Wir wollen stark Getränke schlürfen;
Nun braut mir unverzüglich dran!
Was heute nicht geschieht, ist morgen nicht getan, 225
Und keinen Tag soll man verpassen.
Das Mögliche soll der Entschluß
Beherzt sogleich beim Schopfe fassen,
Er will es dann nicht fahren lassen
Und wirket weiter, weil er muß. 230

Ihr wißt, auf unsern deutschen Bühnen
Probiert ein jeder, was er mag;
Drum schonet mir an diesem Tag
Prospekte nicht und nicht Maschinen.
Gebraucht das groß' und kleine Himmelslicht, 235
Die Sterne dürfet ihr verschwenden;
An Wasser, Feuer, Felsenwänden
An Tier und Vögeln fehlt es nicht.
So schreitet in dem engen Bretterhaus
Den ganzen Kreis der Schöpfung aus 240
Und wandelt mit bedächt'ger Schnelle
Vom Himmel durch die Welt zur Hölle[8].

---

8   Mit diesem Satz entfaltet Goethe das Programm für die gesamte Handlung seiner Faust-Dichtung.

Prolog im Himmel

Der Herr. Die himmlischen Heerscharen.
Nachher Mephistopheles.
Die drei Erzengel[9] treten vor.

RAPHAEL. Die Sonne tönt[10] nach alter Weise
In Brudersphären Wettgesang,
Und ihre vorgeschriebne Reise 245
Vollendet sie mit Donnergang.
Ihr Anblick gibt den Engeln Stärke,
Wenn keiner sie ergründen mag;
Die unbegreiflich hohen Werke
Sind herrlich wie am ersten Tag. 250

GABRIEL. Und schnell und unbegreiflich schnelle
Dreht sich umher der Erde Pracht;
Es wechselt Paradieseshelle
Mit tiefer, schauervoller Nacht;
Es schäumt das Meer in breiten Flüssen 255
Am tiefen Grund der Felsen auf,
Und Fels und Meer wird fortgerissen
In ewig schnellem Sphärenlauf.

MICHAEL. Und Stürme brausen um die Wette,
Vom Meer aufs Land, vom Land aufs Meer, 260
Und bilden wütend eine Kette
Der tiefsten Wirkung rings umher.
Da flammt ein blitzendes Verheeren
Dem Pfade vor des Donnerschlags;
Doch deine Boten[11], Herr, verehren 265
Das sanfte Wandeln deines Tags.

Zu DREI. Der Anblick gibt den Engeln Stärke,
Da keiner dich ergründen mag,
Und alle deine hohen Werke
Sind herrlich wie am ersten Tag. 270

MEPHISTOPHELES.
Da du, o Herr, dich einmal wieder nahst
Und fragst, wie alles sich bei uns befinde,

---

9 Erzengel: Nach den katholischen Schriften gibt es drei Erzengel, die einer hierarchischen Ordnung unterliegen. Ranghöchster ist Michael, danach kommen Gabriel und Raphael. Im Prolog treten sie in umgekehrter Reihenfolge auf.

10 Sonne tönt: Nach der Vorstellung des antiken griechischen Philosophen Pythagoras entstehen bei der Bewegung der Himmelskörper und der sie tragenden Sphären Töne. Diese „Sphärenmusik" ist für den normalen Menschen nicht hörbar. Goethe wurde wahrscheinlich 1799 auf diese Idee aufmerksam, als er sich eine Übersetzung von Miltons Verlorenem Paradies auslieh. Die 4. und 5. Gesänge befassen sich mit dieser „Sphärenharmonie".

11 Boten: Ist ein anderes Wort für Engel. Nach der hierarchischen Ordnung der Engel gehören die Erzengel zur dritten Hierarchie, die als Sendboten Gottes auftreten. Michael ist der Engel des Weltgerichtes, Gabriel steht als Bote für Visionen, die Verkündung und die Auferstehung und Raphael ist der Bote der Heilung.

Und du mich sonst gewöhnlich gerne sahst,
So siehst du mich auch unter dem Gesinde.
Verzeih, ich kann nicht hohe Worte machen, 275
Und wenn mich auch der ganze Kreis verhöhnt;
Mein Pathos brächte dich gewiß zum Lachen,
Hättst du dir nicht das Lachen abgewöhnt.
Von Sonn' und Welten weiß ich nichts zu sagen,
Ich sehe nur, wie sich die Menschen plagen. 280
Der kleine Gott der Welt[12] bleibt stets von gleichem Schlag,
Und ist so wunderlich als wie am ersten Tag.
Ein wenig besser würd' er leben,
Hättst du ihm nicht den Schein des Himmelslichts gegeben;
Er nennt's Vernunft und braucht's allein, 285
Nur tierischer als jedes Tier zu sein.
Er scheint mir, mit Verlaub von Euer Gnaden,
Wie eine der langbeinigen Zikaden[13],
Die immer fliegt und fliegend springt
Und gleich im Gras ihr altes Liedchen singt; 290
Und läg' er nur noch immer in dem Grase!
In jeden Quark begräbt er seine Nase.

DER HERR. Hast du mir weiter nichts zu sagen?
Kommst du nur immer anzuklagen?
Ist auf der Erde ewig dir nichts recht? 295

MEPHISTOPHELES.
Nein, Herr! ich find' es dort, wie immer, herzlich schlecht.
Die Menschen dauern mich in ihren Jammertagen,
Ich mag sogar die armen selbst nicht plagen.

DER HERR. Kennst du den Faust?

MEPHISTOPHELES. Den Doktor?

DER HERR. Meinen Knecht.

MEPHISTOPHELES.
Fürwahr! er dient Euch auf besondre Weise. 300
Nicht irdisch ist des Toren Trank noch Speise.
Ihn treibt die Gärung in die Ferne,
Er ist sich seiner Tollheit halb bewußt;
Vom Himmel fordert er die schönsten Sterne
Und von der Erde jede höchste Lust, 305
Und alle Näh' und alle Ferne
Befriedigt nicht die tiefbewegte Brust.

DER HERR.
Wenn er mir jetzt auch nur verworren dient,
So werd' ich ihn bald in die Klarheit führen.

---

12 Der Philosoph und Mathematiker Leibniz meint in seiner Theodizee (1710): „Der Mensch ist also gleichsam ein kleiner Gott in seiner Welt." – 1. Buch, §117

13 Zikaden: sind der Grille ähnliche Insekten. Eine männliche Zikade bringt laute, zirpende Töne hervor. Zikaden haben Flügel, können aber nicht fliegen.

Weiß doch der Gärtner, wenn das Bäumchen grünt, 310
Daß Blüt' und Frucht die künft'gen Jahre zieren.

MEPHISTOPHELES.
Was wettet Ihr? den sollt Ihr noch verlieren,
Wenn Ihr mir die Erlaubnis gebt,
Ihn meine Straße sacht zu führen!

DER HERR. Solang' er auf der Erde lebt, 315
Solange sei dir's nicht verboten.
Es irrt der Mensch, solang' er strebt.[14]

MEPHISTOPHELES.
Da dank' ich Euch; denn mit den Toten
Hab' ich mich niemals gern befangen.
Am meisten lieb' ich mir die vollen, frischen Wangen. 320
Für einen Leichnam bin ich nicht zu Haus,
Mir geht es wie der Katze mit der Maus.

DER HERR. Nun gut, es sei dir überlassen!
Zieh diesen Geist von seinem Urquell ab,
Und führ' ihn, kannst du ihn erfassen, 325
Auf deinem Wege mit herab,
Und steh beschämt, wenn du bekennen mußt:
Ein guter Mensch in seinem dunklen Drange
Ist sich des rechten Weges wohl bewußt.

MEPHISTOPHELES.
Schon gut! nur dauert es nicht lange. 330
Mir ist für meine Wette gar nicht bange.
Wenn ich zu meinem Zweck gelange,
Erlaubt Ihr mir Triumph aus voller Brust.
Staub soll er fressen[15], und mit Lust,
Wie meine Muhme, die berühmte Schlange. 335

DER HERR. Du darfst auch da nur frei erscheinen;
Ich habe deinesgleichen nie gehaßt.
Von allen Geistern, die verneinen,
Ist mir der Schalk[16] am wenigsten zur Last.
Des Menschen Tätigkeit kann allzuleicht erschlaffen, 340
Er liebt sich bald die unbedingte Ruh;
Drum geb' ich gern ihm den Gesellen zu,
Der reizt und wirkt und muß als Teufel schaffen. –
Doch ihr, die echten Göttersöhne,

---

14 Der Mensch dringt mit seinem Erkenntnisdrang in unbekannte Sphären vor. Irrtümer auf diesem Wege definiert der Herr als einen Teil des Erkenntnisprozesses. Die Befriedigung dieses Wissens- und Erkenntnishungers wird hier also als ein Teil des Menschseins definiert. In den Versen 328f. konkretisiert der Herr dies. Der gute Mensch findet auf seinen Abwegen wieder selber in die richtige Bahn zurück, heißt es da.

15 Staub fressen: Dies nimmt Bezug auf das Alte Testament, 1. Buch Mose, 3, 14–15. Im Paradies hatte die Schlange den Menschen (Adam und Eva) verführt. Gott strafte sie hierfür. Fortan musste sie auf dem Bauch gehen und Erde fressen.

16 Schalk: Ist im Allgemeinen ein Spaßmacher. Der Begriff taucht in der Faust-Dichtung mehrfach auf. Hierin steht er für die Verdrehungen des Spötters Mephisopheles.

Erfreut euch der lebendig reichen Schöne! 345
Das Werdende, das ewig wirkt und lebt,
Umfass' euch mit der Liebe holden Schranken,
Und was in schwankender Erscheinung[17] schwebt,
Befestiget mit dauernden Gedanken.

Der Himmel schließt, die Erzengel verteilen sich.

MEPHISTOPHELES *allein.*
Von Zeit zu Zeit seh' ich den Alten gern, 350
Und hüte mich, mit ihm zu brechen.
Es ist gar hübsch von einem großen Herrn,
So menschlich mit dem Teufel selbst zu sprechen.

Der Tragödie erster Teil

Nacht

In einem hochgewölbten, engen gotischen Zimmer[18].
Faust unruhig auf seinem Sessel am Pulte.

FAUST. Habe nun, ach! Philosophie,
Juristerei und Medizin, 355
Und leider auch Theologie[19]
Durchaus studiert, mit heißem Bemühn.
Da steh' ich nun, ich armer Tor,
Und bin so klug als wie zuvor!
Heiße Magister, heiße Doktor gar, 360
Und ziehe schon an die zehen Jahr'
Herauf, herab und quer und krumm
Meine Schüler an der Nase herum –
Und sehe, daß wir nichts wissen können!
Das will mir schier das Herz verbrennen. 365
Zwar bin ich gescheiter als alle die Laffen,
Doktoren, Magister, Schreiber und Pfaffen[20];
Mich plagen keine Skrupel noch Zweifel,

---

17   schwankender Erscheinung: steht für das widersprüchlich Irdische, das sich einer konkreten Bestimmung entzieht

18   gotisches Zimmer: Die Gotik war eine Kunstepoche des Mittelalters, in der insbesondere die christliche Ideenwelt verbildlicht wurde. In der gotischen Architektur werden Spitzbogen und im Innenraum Kreuzrippengewölbe zu stilistischen Merkmalen. Nach der Gotik folgte die Epoche der Renaissance. Goethe hatte sich mit der gotischen Kunst bei seinem Aufenthalt in Straßburg intensiv auseinandergesetzt. Das Straßburger Münster galt ihm als herausragendes Beispiel deutscher Baukunst.

19   Die Theologie hatte an den mittelalterlichen Universitäten den höchsten Stellenwert. Traditionell waren die Universitäten in vier Fakultäten aufgestellt: Philosophie, Rechtswissenschaften, Medizin und Theologie. Faust bezieht sich somit also auf das gesamte Wissen seiner Zeit.

20   Pfaffen: Seit der Reformation eine abfällige Bezeichnung für Pfarrer.

Fürchte mich weder vor Hölle noch Teufel –
Dafür ist mir auch alle Freud' entrissen, 370
Bilde mir nicht ein, was Rechts zu wissen,
Bilde mir nicht ein, ich könnte was lehren,
Die Menschen zu bessern und zu bekehren.
Auch hab' ich weder Gut noch Geld,
Noch Ehr' und Herrlichkeit der Welt; 375
Es möchte kein Hund so länger leben!
Drum hab' ich mich der Magie ergeben,
Ob mir durch Geistes Kraft und Mund
Nicht manch Geheimnis würde kund;
Daß ich nicht mehr mit sauerm Schweiß 380
Zu sagen brauche, was ich nicht weiß;
Daß ich erkenne, was die Welt
Im Innersten zusammenhält,
Schau' alle Wirkenskraft und Samen,
Und tu' nicht mehr in Worten kramen. 385
O sähst du, voller Mondenschein,
Zum letztenmal auf meine Pein,
Den ich so manche Mitternacht
An diesem Pult herangewacht:
Dann über Büchern und Papier, 390
Trübsel'ger Freund, erschienst du mir!
Ach! könnt' ich doch auf Bergeshöhn
In deinem lieben Lichte gehn,
Um Bergeshöhle mit Geistern schweben,
Auf Wiesen in deinem Dämmer weben, 395
Von allem Wissensqualm entladen,
In deinem Tau gesund mich baden!

Weh! steck' ich in dem Kerker noch?
Verfluchtes dumpfes Mauerloch,
Wo selbst das liebe Himmelslicht 400
Trüb durch gemalte Scheiben bricht!
Beschränkt von diesem Bücherhauf,
Den Würme nagen, Staub bedeckt,
Den, bis ans hohe Gewölb' hinauf,
Ein angeraucht Papier umsteckt; 405
Mit Gläsern, Büchsen rings umstellt,
Mit Instrumenten vollgepfropft,
Urväter-Hausrat drein gestopft –
Das ist deine Welt! das heißt eine Welt!

Und fragst du noch, warum dein Herz 410
Sich bang in deinem Busen klemmt?
Warum ein unerklärter Schmerz
Dir alle Lebensregung hemmt?
Statt der lebendigen Natur,
Da Gott die Menschen schuf hinein, 415
Umgibt in Rauch und Moder nur
Dich Tiergeripp' und Totenbein.

Flieh! auf! hinaus ins weite Land!
Und dies geheimnisvolle Buch,

Von Nostradamus'[21] eigner Hand, 420
Ist dir es nicht Geleit genug?
Erkennest dann der Sterne Lauf,
Und wenn Natur dich unterweist,
Dann geht die Seelenkraft[22] dir auf,
Wie spricht ein Geist zum andern Geist. 425
Umsonst, daß trocknes Sinnen hier
Die heil'gen Zeichen dir erklärt:
Ihr schwebt, ihr Geister, neben mir;
Antwortet mir, wenn ihr mich hört!

Er schlägt das Buch auf und erblickt das Zeichen des Makrokosmus[23].

Ha! welche Wonne fließt in diesem Blick 430
Auf einmal mir durch alle meine Sinnen!
Ich fühle junges, heil'ges Lebensglück
Neuglühend mir durch Nerv' und Adern rinnen.
War es ein Gott, der diese Zeichen schrieb,
Die mir das innre Toben stillen, 435
Das arme Herz mit Freude füllen
Und mit geheimnisvollem Trieb
Die Kräfte der Natur rings um mich her enthüllen?
Bin ich ein Gott? Mir wird so licht!
Ich schau' in diesen reinen Zügen 440
Die wirkende Natur vor meiner Seele liegen.
Jetzt erst erkenn' ich, was der Weise[24] spricht:
›Die Geisterwelt ist nicht verschlossen;
Dein Sinn ist zu, dein Herz ist tot!
Auf, bade, Schüler, unverdrossen 445
Die ird'sche Brust im Morgenrot!‹

Er beschaut das Zeichen.

Wie alles sich zum Ganzen webt,
Eins in dem andern wirkt und lebt!
Wie Himmelskräfte auf und nieder steigen
Und sich die goldnen Eimer reichen! 450
Mit segenduftenden Schwingen

---

21 Nostradamus: War ein Arzt und Astrologe aus Frankreich, der für seine Prophezeiungen bekannt wurde. Nostradamus ist die lateinische Übersetzung von Michel de Nostredame. Er lebte 1503–1566. Im Jahr 1555 veröffentliche er seine prophetischen Gedichte, die schon zu seinen Lebzeiten Berühmtheit erlangten. Der historische Faust kann diese Prophezeiungen jedoch nicht mehr gekannt haben.

22 Seelenkraft: Nimmt Bezug auf die Begriffe Swedenborgs (1688–1772). Goethe hatte sich bereits 1781 mit den Lehren des Theosophen auseinandergesetzt. Swedenborg unterschied zwischen einem inneren und äußeren Menschen. Der innere, geistige Mensch – die Seele – ist der eigentliche Mensch, sein Körper ist nur Organ. Auf die Kraft dieses innersten Wesens nimmt Goethe häufiger Bezug.

23 Zeichen des Makrokosmus: Der Makrokosmos ist das Universum. Die Astrologie versucht schon seit der Antike die Beschaffenheit des Weltalls zu erklären. Das Zeichen ist eine Darstellung der umfassenden Ganzheit des Universums. In seiner Mitte steht der Merkur, um den sich Venus, Mars, Jupiter, Saturn, Sonne und Mond finden.

24 Der Weise: Nimmt wahrscheinlich Bezug auf Swedensborg, dessen Geisterlehre Goethe rezipierte.

Vom Himmel durch die Erde dringen,
Harmonisch all das All durchklingen!

Welch Schauspiel! Aber ach! ein Schauspiel nur!
Wo fass' ich dich, unendliche Natur? 455
Euch Brüste, wo? Ihr Quellen alles Lebens,
An denen Himmel und Erde hängt,
Dahin die welke Brust sich drängt –
Ihr quellt, ihr tränkt, und schmacht' ich so vergebens?

Er schlägt unwillig das Buch um und erblickt das Zeichen des Erdgeistes[25].

Wie anders wirkt dies Zeichen auf mich ein! 460
Du, Geist der Erde, bist mir näher;
Schon fühl' ich meine Kräfte höher,
Schon glüh' ich wie von neuem Wein,
Ich fühle Mut, mich in die Welt zu wagen,
Der Erde Weh, der Erde Glück zu tragen, 465
Mit Stürmen mich herumzuschlagen
Und in des Schiffbruchs Knirschen nicht zu zagen.
Es wölkt sich über mir –
Der Mond verbirgt sein Licht –
Die Lampe schwindet! 470
Es dampft – Es zucken rote Strahlen
Mir um das Haupt – Es weht
Ein Schauer vom Gewölb' herab
Und faßt mich an!
Ich fühl's, du schwebst um mich, erflehter Geist. 475
Enthülle dich!
Ha! wie's in meinem Herzen reißt!
Zu neuen Gefühlen
All' meine Sinnen sich erwühlen!
Ich fühle ganz mein Herz dir hingegeben! 480
Du mußt! du mußt! und kostet' es mein Leben!

Er faßt das Buch und spricht das Zeichen des Geistes geheimnisvoll aus. Es zuckt eine rötliche Flamme, der Geist erscheint in der Flamme.

GEIST. Wer ruft mir?

FAUST *abgewendet.* Schreckliches Gesicht!

GEIST. Du hast mich mächtig angezogen,
An meiner Sphäre[26] lang' gesogen,
Und nun –

FAUST. Weh! ich ertrag' dich nicht! 485

---

25 Erdgeist: Der Erdgeist ist eine Erfindung Goethes, der keinen mythologischen Ursprung hat. Nach alchemistischer Ansicht, ist jedem Gestirn ein bestimmter Geist zugeordnet. Er ist der Geist der Erde und ist Gott zuzuordnen. Sowohl Paracelsus, als auch Giordano Bruno, Swedenborg und Welling haben eigene Begriffe für den Erdgeist definiert. Die Beschwörung des Erdgeistes gehört noch zur „weißen Magie".

26 Sphäre: In der Geisterlehre Swendenborgs wird jeder Geist von einer Sphäre seines – guten oder bösen – Inneren umgeben. An dieser Sphäre sind die Geister zu erkennen, die sich nach der Grundrichtung „Gleich und Gleiches gesellt sich gern" ordnen lassen.

GEIST. Du flehst eratmend, mich zu schauen,
Meine Stimme zu hören, mein Antlitz zu sehn;
Mich neigt dein mächtig Seelenflehn,
Da bin ich! – Welch erbärmlich Grauen
Faßt Übermenschen[27] dich! Wo ist der Seele Ruf? 490
Wo ist die Brust, die eine Welt in sich erschuf
Und trug und hegte, die mit Freudebeben
Erschwoll, sich uns, den Geistern, gleich zu heben?
Wo bist du, Faust, des Stimme mir erklang,
Der sich an mich mit allen Kräften drang? 495
Bist du es, der, von meinem Hauch umwittert,
In allen Lebenstiefen zittert,
Ein furchtsam weggekrümmter Wurm?

FAUST. Soll ich dir, Flammenbildung, weichen?
Ich bin's, bin Faust, bin deinesgleichen! 500

GEIST. In Lebensfluten, im Tatensturm
Wall' ich auf und ab,
Webe hin und her!
Geburt und Grab,
Ein ewiges Meer, 505
Ein wechselnd Weben,
Ein glühend Leben,
So schaff' ich am sausenden Webstuhl der Zeit
Und wirke der Gottheit lebendiges Kleid.

FAUST. Der du die weite Welt umschweifst, 510
Geschäftiger Geist, wie nah fühl' ich mich dir!

GEIST. Du gleichst dem Geist, den du begreifst,
Nicht mir!

Verschwindet.

FAUST *zusammenstürzend.* Nicht dir?
Wem denn?
Ich Ebenbild der Gottheit! 515
Und nicht einmal dir! *Es klopft.*
O Tod! ich kenn's – das ist mein Famulus[28] –
Es wird mein schönstes Glück zunichte!
Daß diese Fülle der Gesichte
Der trockne Schleicher stören muß! 520

Wagner[29] im Schlafrocke und der Nachtmütze, eine Lampe in der Hand. Faust wendet sich unwillig.

---

27 Übermensch: Der Begriff erhielt erst bei Friedrich Nietzsche eine philosophische Prägung. In der Antike hatte er eine spöttische Prägung, ebenso wie im Mittelalter. 1527 wurde er in einem Brief spöttisch für „Lutheraner" verwendet. Auch hier hat er eine spöttische Verwendung.

28 Famulus: Ein Famulus ist eine studentischer Gehilfe für den Hochschullehrer (heute: studentische Hilfskraft).

29 Die Wagner-Figur gibt es bereits im Volksbuch.

WAGNER. Verzeiht! ich hör' Euch deklamieren[30];
Ihr last gewiß ein griechisch Trauerspiel?
In dieser Kunst möcht' ich was profitieren,
Denn heutzutage wirkt das viel. 525
Ich hab' es öfters rühmen hören,
Ein Komödiant könnt' einen Pfarrer lehren.[31]

FAUST. Ja, wenn der Pfarrer ein Komödiant ist;
Wie das denn wohl zu Zeiten kommen mag.

WAGNER.
Ach! wenn man so in sein Museum[32] gebannt ist, 530
Und sieht die Welt kaum einen Feiertag,
Kaum durch ein Fernglas, nur von weiten,
Wie soll man sie durch Überredung leiten?

FAUST.
Wenn ihr's nicht fühlt, ihr werdet's nicht erjagen,
Wenn es nicht aus der Seele dringt 535
Und mit urkräftigem Behagen
Die Herzen aller Hörer zwingt.
Sitzt ihr nur immer! Leimt zusammen,
Braut ein Ragout von andrer Schmaus,
Und blast die kümmerlichen Flammen 540
Aus eurem Aschenhäufchen 'raus!
Bewundrung von Kindern und Affen,
Wenn euch darnach der Gaumen steht –
Doch werdet ihr nie Herz zu Herzen schaffen,
Wenn es euch nicht von Herzen geht. 545

WAGNER.
Allein der Vortrag macht des Redners Glück;
Ich fühl' es wohl, noch bin ich weit zurück.

FAUST. Such' Er den redlichen Gewinn!
Sei Er kein schellenlauter Tor!
Es trägt Verstand und rechter Sinn 550
Mit wenig Kunst sich selber vor;
Und wenn's euch Ernst ist, was zu sagen,
Ist's nötig, Worten nachzujagen?
Ja, eure Reden, die so blinkend sind,
In denen ihr der Menschheit Schnitzel kräuselt[33], 555
Sind unerquicklich wie der Nebelwind,
Der herbstlich durch die dürren Blätter säuselt!

---

30 deklamieren: vortragen, rezitieren
31 1773 machte der Theologe Karl Friedrich Bahrdt (1741–1792) den Vorschlag, künftige Theologen durch Schauspieler unterrichten zu lassen.
32 Museum: Im 16. Jahrhundert war „Museum" ein Begriff für eine Sammlung. Ein Gelehrtenzimmer enthielt zumeist eine Sammlung.
33 Schnitzel kräuselt: Ein Schnitzel ist ein abgeschnittenes Stück vom Ganzen. Erst im 19. Jahrhundert erhielt der Begriff seine heutige Bedeutung als ein Fleischstück. Gemeint ist hier, dass eine Rede mit den Versatzstücken aus anderen Reden gehaltlos ist.

WAGNER. Ach Gott! die Kunst ist lang,
Und kurz ist unser Leben.³⁴
Mir wird, bei meinem kritischen Bestreben, 560
Doch oft um Kopf und Busen bang.
Wie schwer sind nicht die Mittel zu erwerben,
Durch die man zu den Quellen steigt!
Und eh' man nur den halben Weg erreicht,
Muß wohl ein armer Teufel sterben. 565

FAUST. Das Pergament, ist das der heil'ge Bronnen,
Woraus ein Trunk den Durst auf ewig stillt?
Erquickung hast du nicht gewonnen,
Wenn sie dir nicht aus eigner Seele quillt.

WAGNER. Verzeiht! es ist ein groß Ergetzen, 570
Sich in den Geist der Zeiten zu versetzen;
Zu schauen, wie vor uns ein weiser Mann gedacht,
Und wie wir's dann zuletzt so herrlich weit gebracht.

FAUST. O ja, bis an die Sterne weit!
Mein Freund, die Zeiten der Vergangenheit 575
Sind uns ein Buch mit sieben Siegeln³⁵.
Was ihr den Geist der Zeiten heißt,
Das ist im Grund der Herren eigner Geist,
In dem die Zeiten sich bespiegeln.
Da ist's denn wahrlich oft ein Jammer! 580
Man läuft euch bei dem ersten Blick davon:
Ein Kehrichtfaß³⁶ und eine Rumpelkammer
Und höchstens eine Haupt- und Staatsaktion³⁷
Mit trefflichen pragmatischen Maximen,
Wie sie den Puppen wohl im Munde ziemen! 585

WAGNER.
Allein die Welt! des Menschen Herz und Geist!
Möcht' jeglicher doch was davon erkennen.

FAUST. Ja, was man so erkennen heißt!
Wer darf das Kind beim rechten Namen nennen?
Die wenigen, die was davon erkannt, 590
Die töricht gnug ihr volles Herz nicht wahrten,
Dem Pöbel ihr Gefühl, ihr Schauen offenbarten,
Hat man von je gekreuzigt und verbrannt³⁸.

---

34 Die Kunst ist lang und kurz ist unser Leben: Ein Ausspruch Senecas. Wagner will hiermit auf seine Bildung hinweisen. Auch Mephistopheles verwendet diesen Ausspruch in Vers 1787 gegenüber Faust (Studierzimmer, Paktszene).

35 Buch mit sieben Siegeln: In der Offenbarung des Johannes (Neues Testament, Offenbarung, 5. Kapitel, 1) wird das Buch ausführlich beschrieben. Durch das Öffnen des Buches wird die Apokalypse ausgelöst.

36 Das Kehrichtfaß ist ein Aufbewahrungsort für Wertloses.

37 Haupt- und Staatsaktion: Nimmt Bezug auf Theaterstücke im 17./18. Jahrhundert, die von Wandertruppen aufgeführt wurden. In der Regel waren es Possen.

38 Nimmt Bezug auf Jesus von Nazareth, Giordano Bruno oder auch Jan Hus. Faust selbst wendet sich nicht an den „Pöbel".

Ich bitt' Euch, Freund, es ist tief in der Nacht,
Wir müssen's diesmal unterbrechen. 595

WAGNER. Ich hätte gern nur immer fortgewacht,
Um so gelehrt mit Euch mich zu besprechen.
Doch morgen, als am ersten Ostertage,
Erlaubt mir ein' und andre Frage.
Mit Eifer hab' ich mich der Studien beflissen; 600
Zwar weiß ich viel, doch möcht' ich alles wissen. *Ab.*

FAUST *allein.*
Wie nur dem Kopf nicht alle Hoffnung schwindet,
Der immerfort an schalem Zeuge klebt,
Mit gier'ger Hand nach Schätzen gräbt,
Und froh ist, wenn er Regenwürmer findet! 605
Darf eine solche Menschenstimme hier,
Wo Geisterfülle mich umgab, ertönen?
Doch ach! für diesmal dank' ich dir,
Dem ärmlichsten von allen Erdensöhnen.
Du rissest mich von der Verzweiflung los, 610
Die mir die Sinne schon zerstören wollte.
Ach! die Erscheinung war so riesengroß,
Daß ich mich recht als Zwerg empfinden sollte.

Ich, Ebenbild der Gottheit, das sich schon
Ganz nah gedünkt dem Spiegel ew'ger Wahrheit, 615
Sein selbst genoß in Himmelsglanz und Klarheit,
Und abgestreift den Erdensohn;
Ich, mehr als Cherub[39], dessen freie Kraft
Schon durch die Adern der Natur zu fließen
Und, schaffend, Götterleben zu genießen 620
Sich ahnungsvoll vermaß, wie muß ich's büßen!
Ein Donnerwort hat mich hinweggerafft.

Nicht darf ich dir zu gleichen mich vermessen!
Hab' ich die Kraft dich anzuziehn besessen,
So hatt' ich dich zu halten keine Kraft. 625
In jenem sel'gen Augenblicke
Ich fühlte mich so klein, so groß;
Du stießest grausam mich zurücke,
Ins ungewisse Menschenlos.
Wer lehret mich? was soll ich meiden? 630
Soll ich gehorchen jenem Drang?
Ach! unsre Taten selbst, so gut als unsre Leiden,
Sie hemmen unsres Lebens Gang.

Dem Herrlichsten, was auch der Geist empfangen,
Drängt immer fremd und fremder Stoff sich an; 635
Wenn wir zum Guten dieser Welt gelangen,
Dann heißt das Beßre Trug und Wahn.

---

39 Cherub: Cherubim sind Engel, die das Paradies bewachen. In der Hierarchie der Engel
    sind es Engel erster Ordnung, die in der unmittelbaren Anschauung Gottes existieren.

Die uns das Leben gaben, herrliche Gefühle,
Erstarren in dem irdischen Gewühle.

Wenn Phantasie sich sonst mit kühnem Flug 640
Und hoffnungsvoll zum Ewigen erweitert,
So ist ein kleiner Raum ihr nun genug,
Wenn Glück auf Glück im Zeitenstrudel scheitert.
Die Sorge nistet gleich im tiefen Herzen,
Dort wirket sie geheime Schmerzen, 645
Unruhig wiegt sie sich und störet Lust und Ruh;
Sie deckt sich stets mit neuen Masken zu,
Sie mag als Haus und Hof, als Weib und Kind erscheinen,
Als Feuer, Wasser, Dolch und Gift;
Du bebst vor allem, was nicht trifft, 650
Und was du nie verlierst, das mußt du stets beweinen.

Den Göttern gleich' ich nicht! Zu tief ist es gefühlt;
Dem Wurme gleich' ich, der den Staub durchwühlt,
Den, wie er sich im Staube nährend lebt,
Des Wandrers Tritt vernichtet und begräbt. 655

Ist es nicht Staub, was diese hohe Wand
Aus hundert Fächern mir verenget,
Der Trödel, der mit tausendfachem Tand
In dieser Mottenwelt mich dränget?
Hier soll ich finden, was mir fehlt? 660
Soll ich vielleicht in tausend Büchern lesen,
Daß überall die Menschen sich gequält,
Daß hie und da ein Glücklicher gewesen? –
Was grinsest du mir, hohler Schädel, her,
Als daß dein Hirn wie meines einst verwirrt 665
Den leichten Tag gesucht und in der Dämmrung schwer,
Mit Lust nach Wahrheit, jämmerlich geirret?
Ihr Instrumente freilich spottet mein
Mit Rad und Kämmen, Walz' und Bügel:
Ich stand am Tor, ihr solltet Schlüssel sein; 670
Zwar euer Bart ist kraus, doch hebt ihr nicht die Riegel.
Geheimnisvoll am lichten Tag
Läßt sich Natur des Schleiers nicht berauben,
Und was sie deinem Geist nicht offenbaren mag,
Das zwingst du ihr nicht ab mit Hebeln und mit Schrauben. 675
Du alt Geräte, das ich nicht gebraucht,
Du stehst nur hier, weil dich mein Vater brauchte.
Du alte Rolle, du wirst angeraucht
Solang' an diesem Pult die trübe Lampe schmauchte.
Weit besser hätt' ich doch mein weniges verpraßt, 680
Als mit dem wenigen belastet hier zu schwitzen!
Was du ererbt von deinen Vätern hast,
Erwirb es, um es zu besitzen.
Was man nicht nützt, ist eine schwere Last,
Nur was der Augenblick erschafft, das kann er nützen. 685

Doch warum heftet sich mein Blick auf jene Stelle?
Ist jenes Fläschchen dort den Augen ein Magnet?

Warum wird mir auf einmal lieblich helle,
Als wenn im nächt'gen Wald uns Mondenglanz umweht?
Ich grüße dich, du einzige Phiole[40], 690
Die ich mit Andacht nun herunterhole!
In dir verehr' ich Menschenwitz und Kunst.
Du Inbegriff der holden Schlummersäfte,
Du Auszug aller tödlich feinen Kräfte,
Erweise deinem Meister deine Gunst! 695
Ich sehe dich, es wird der Schmerz gelindert,
Ich fasse dich, das Streben wird gemindert,
Des Geistes Flutstrom ebbet nach und nach.
Ins hohe Meer werd' ich hinausgewiesen,
Die Spiegelflut erglänzt zu meinen Füßen, 700
Zu neuen Ufern lockt ein neuer Tag.

Ein Feuerwagen[41] schwebt auf leichten Schwingen
An mich heran! Ich fühle mich bereit,
Auf neuer Bahn den Äther zu durchdringen,
Zu neuen Sphären reiner Tätigkeit. 705
Dies hohe Leben, diese Götterwonne,
Du, erst noch Wurm, und die verdienest du?
Ja, kehre nur der holden Erdensonne
Entschlossen deinen Rücken zu!
Vermesse dich, die Pforten aufzureißen, 710
Vor denen jeder gern vorüberschleicht.
Hier ist es Zeit, durch Taten zu beweisen,
Daß Manneswürde nicht der Götterhöhe weicht,
Vor jener dunkeln Höhle nicht zu beben,
In der sich Phantasie zu eigner Qual verdammt, 715
Nach jenem Durchgang hinzustreben,
Um dessen engen Mund die ganze Hölle flammt;
Zu diesem Schritt sich heiter zu entschließen,
Und wär' es mit Gefahr, ins Nichts dahinzufließen.

Nun komm herab, kristallne reine Schale! 720
Hervor aus deinem alten Futterale,
An die ich viele Jahre nicht gedacht!
Du glänztest bei der Väter Freudenfeste,
Erheitertest die ernsten Gäste,
Wenn einer dich dem andern zugebracht. 725
Der vielen Bilder künstlich reiche Pracht,
Des Trinkers Pflicht, sie reimweis zu erklären,
Auf einen Zug die Höhlung auszuleeren,
Erinnert mich an manche Jugendnacht;
Ich werde jetzt dich keinem Nachbar reichen, 730
Ich werde meinen Witz an deiner Kunst nicht zeigen;

---

40 Phiole: Ist ein birnenförmiges Gefäß mit einem langen Hals und breiten Bauch und findet in der Medizin und der Chemie Verwendung.

41 Feuerwagen: In der griechischen Mythologie wird vom Sonnengott Helios berichtet, der in einem Feuerwagen über den Himmel fährt und alles zu Gesicht bekommt, sowohl Gutes wie Böses. Im Alten Testament schwebt der Prophet Elias in einem Feuerwagen zum Himmel auf.

Hier ist ein Saft, der eilig trunken macht;
Mit brauner Flut erfüllt er deine Höhle.
Den ich bereitet, den ich wähle,
Der letzte Trunk sei nun, mit ganzer Seele, 735
Als festlich hoher Gruß, dem Morgen zugebracht!

Er setzt die Schale an den Mund.
Glockenklang und Chorgesang.

CHOR DER ENGEL[42].
   Christ ist erstanden!
   Freude dem Sterblichen,
   Den die verderblichen,
   Schleichenden, erblichen 740
   Mängel umwanden.

FAUST. Welch tiefes Summen, welch ein heller Ton
Zieht mit Gewalt das Glas von meinem Munde?
Verkündiget ihr dumpfen Glocken schon
Des Osterfestes erste Feierstunde? 745
Ihr Chöre, singt ihr schon den tröstlichen Gesang,
Der einst, um Grabes Nacht, von Engelslippen klang,
Gewißheit einem neuen Bunde?

CHOR DER WEIBER.
   Mit Spezereien[43]
   Hatten wir ihn gepflegt, 750
   Wir seine Treuen
   Hatten ihn hingelegt;
   Tücher und Binden
   Reinlich umwanden wir,
   Ach! und wir finden 755
   Christ nicht mehr hier.

CHOR DER ENGEL.
   Christ ist erstanden!
   Selig der Liebende,
   Der die betrübende,
   Heilsam' und übende
   Prüfung bestanden. 760

FAUST. Was sucht ihr, mächtig und gelind,
Ihr Himmelstöne, mich am Staube?
Klingt dort umher, wo weiche Menschen sind.
Die Botschaft[44] hör' ich wohl, allein mir fehlt der Glaube; 765
Das Wunder ist des Glaubens liebstes Kind.
Zu jenen Sphären wag' ich nicht zu streben,
Woher die holde Nachricht tönt;
Und doch, an diesen Klang von Jugend auf gewöhnt,

---

42   Chor der Engel: Priester und die gläubige Gemeinde wechseln im Chorgesang. Gesungen werden verschiedene Passagen aus dem Neuen Testament. Es ist Ostersonntag.
43   Spezereien: Spezialitäten, Köstlichkeiten
44   Botschaft: Bezieht sich auf die Geschichte von Jesus' Auferstehung.

Ruft er auch jetzt zurück mich in das Leben. 770
Sonst stürzte sich der Himmelsliebe Kuß
Auf mich herab, in ernster Sabbatstille⁴⁵;
Da klang so ahnungsvoll des Glockentones Fülle,
Und ein Gebet war brünstiger Genuß;
Ein unbegreiflich holdes Sehnen 775
Trieb mich, durch Wald und Wiesen hinzugehn,
Und unter tausend heißen Tränen
Fühlt' ich mir eine Welt entstehn.
Dies Lied verkündete der Jugend muntre Spiele,
Der Frühlingsfeier freies Glück; 780
Erinnrung hält mich nun mit kindlichem Gefühle
Vom letzten, ernsten Schritt zurück.
O tönet fort, ihr süßen Himmelslieder!
Die Träne quillt, die Erde hat mich wieder!

CHOR DER JÜNGER.
    Hat der Begrabene 785
    Schon sich nach oben,
    Lebend Erhabene,
    Herrlich erhoben,
    Ist er in Werdelust
    Schaffender Freude nah: 790
    Ach! an der Erde Brust
    Sind wir zum Leide da.
    Ließ er die Seinen
    Schmachtend uns hier zurück;
    Ach! wir beweinen, 795
    Meister, dein Glück!

CHOR DER ENGEL.
    Christ ist erstanden,
    Aus der Verwesung Schoß;
    Reißet von Banden
    Freudig euch los! 800
    Tätig ihn Preisenden,
    Liebe Beweisenden,
    Brüderlich Speisenden,
    Predigend Reisenden,
    Wonne Verheißenden 805
    Euch ist der Meister nah,
    Euch ist er da!

---

45 Sabbatstille: Im Judentum ist der Sabbat der siebente Wochentag, der Ruhetag, an dem nicht gearbeitet werden darf. Im Christentum ist der Sonntag aus dem Sabbat entstanden. Hier ist es der erste Tag der Woche, an dem Jesus auferstand (Markus-Evangelium 16, 2).

Vor dem Tor

Spaziergänger aller Art ziehen hinaus.

EINIGE HANDWERKSBURSCHEN.
Warum denn dort hinaus?

ANDRE. Wir gehn hinaus aufs Jägerhaus.

DIE ERSTEN.
Wir aber wollen nach der Mühle wandern. 810

EIN HANDWERKSBURSCH.
Ich rat' euch, nach dem Wasserhof zu gehn.

ZWEITER. Der Weg dahin ist gar nicht schön.

DIE ZWEITEN. Was tust denn du?

EIN DRITTER. Ich gehe mit den andern.

VIERTER.
Nach Burgdorf kommt herauf, gewiß dort findet ihr
Die schönsten Mädchen und das beste Bier, 815
Und Händel von der ersten Sorte.

FÜNFTER. Du überlustiger Gesell,
Juckt dich zum drittenmal das Fell?
Ich mag nicht hin, mir graut es vor dem Orte.

DIENSTMÄDCHEN.
Nein, nein! ich gehe nach der Stadt zurück. 820

ANDRE.
Wir finden ihn gewiß bei jenen Pappeln stehen.

ERSTE. Das ist für mich kein großes Glück;
Er wird an deiner Seite gehen,
Mit dir nur tanzt er auf dem Plan.
Was gehn mich deine Freuden an! 825

ANDRE. Heut ist er sicher nicht allein,
Der Krauskopf, sagt er, würde bei ihm sein.

SCHÜLER. Blitz, wie die wackern Dirnen[46] schreiten!
Herr Bruder, komm! wir müssen sie begleiten,
Ein starkes Bier, ein beizender Toback[47] 830
Und eine Magd im Putz, das ist nun mein Geschmack.

BÜRGERMÄDCHEN.
Da sieh mir nur die schönen Knaben!
Es ist wahrhaftig eine Schmach:

---

46 Dirne: Ist ursprünglich eine allgemeine Bezeichnung für „Mädchen". Er wird auch heute noch in verschiedenen Regionen mundartlich so verwendet. Dirne als Bezeichnung für Prostituierte kam zwar bereits im 15. Jahrhundert auf, der Begriff wird hier aber in seiner ursprünglichen Bedeutung verwendet.

47 Toback: Tabak

Gesellschaft könnten sie die allerbeste haben,
Und laufen diesen Mägden nach!

ZWEITER SCHÜLER *zum ersten.*
Nicht so geschwind! dort hinten kommen zwei,
Sie sind gar niedlich angezogen,
's ist meine Nachbarin dabei;
Ich bin dem Mädchen sehr gewogen.
Sie gehen ihren stillen Schritt
Und nehmen uns doch auch am Ende mit.

ERSTER.
Herr Bruder, nein! Ich bin nicht gern geniert.
Geschwind! daß wir das Wildbret[48] nicht verlieren.
Die Hand, die Samstags ihren Besen führt,
Wird Sonntags dich am besten karessieren[49].

BÜRGER.
Nein, er gefällt mir nicht, der neue Burgemeister!
Nun, da er's ist, wird er nur täglich dreister.
Und für die Stadt was tut denn er?
Wird es nicht alle Tage schlimmer?
Gehorchen soll man mehr als immer,
Und zahlen mehr als je vorher.

BETTLER *singt.*
    Ihr guten Herrn, ihr schönen Frauen,
    So wohlgeputzt und backenrot,
    Belieb' es euch, mich anzuschauen,
    Und seht und mildert meine Not!
    Laßt hier mich nicht vergebens leiern!
    Nur der ist froh, der geben mag.
    Ein Tag, den alle Menschen feiern,
    Er sei für mich ein Erntetag.

ANDRER BÜRGER.
Nichts Bessers weiß ich mir an Sonn- und Feiertagen
Als ein Gespräch von Krieg und Kriegsgeschrei,
Wenn hinten, weit, in der Türkei,
Die Völker auf einander schlagen.
Man steht am Fenster, trinkt sein Gläschen aus
Und sieht den Fluß hinab die bunten Schiffe gleiten;
Dann kehrt man abends froh nach Haus,
Und segnet Fried' und Friedenszeiten.

DRITTER BÜRGER.
Herr Nachbar, ja! so laß ich's auch geschehn,
Sie mögen sich die Köpfe spalten,
Mag alles durcheinandergehn;
Doch nur zu Hause bleib's beim alten.

---

48   Wildbret: Ist Fleisch von Jagdtieren (Wild).
49   karessieren: liebkosen bzw. streicheln

ALTE *zu den Bürgermädchen.*
Ei! wie geputzt! das schöne junge Blut!
Wer soll sich nicht in euch vergaffen? –
Nur nicht so stolz! Es ist schon gut!
Und was ihr wünscht, das wüßt' ich wohl zu schaffen. 875

BÜRGERMÄDCHEN.
Agathe, fort! ich nehme mich in acht,
Mit solchen Hexen öffentlich zu gehen;
Sie ließ mich zwar in Sankt Andreas' Nacht[50]
Den künft'gen Liebsten leiblich sehen –

DIE ANDRE. Mir zeigte sie ihn im Kristall[51], 880
Soldatenhaft, mit mehreren Verwegnen;
Ich seh' mich um, ich such' ihn überall,
Allein mir will er nicht begegnen.

SOLDATEN.
   Burgen mit hohen
   Mauern und Zinnen, 885
   Mädchen mit stolzen
   Höhnenden Sinnen
   Möcht' ich gewinnen!
   Kühn ist das Mühen,
   Herrlich der Lohn! 890

   Und die Trompete
   Lassen wir werben,
   Wie zu der Freude,
   So zum Verderben.
   Das ist ein Stürmen! 895
   Das ist ein Leben!
   Mädchen und Burgen
   Müssen sich geben.
   Kühn ist das Mühen,
   Herrlich der Lohn! 900
   Und die Soldaten
   Ziehen davon.

Faust und Wagner.

FAUST. Vom Eise befreit sind Strom und Bäche
Durch des Frühlings holden, belebenden Blick;
Im Tale grünet Hoffnungsglück; 905
Der alte Winter, in seiner Schwäche,
Zog sich in rauhe Berge zurück.
Von dorther sendet er, fliehend, nur
Ohnmächtige Schauer körnigen Eises
In Streifen über die grünende Flur; 910

---

50   Sankt Andreas Nacht: Die Andreasnacht ist die Nacht zum 30. November. An diesem Tag starb der heilige Andreas, Bruder des Apostels Petrus. Der heilige Andreas ist Schutzheiliger der Fischer, der Liebenden und des Ehestandes. Mit der Andreasnacht sind verschiedene Bräuche verbunden, den zukünftigen Ehepartner an sich zu binden.

51   Kristall: Wahrsager nutzten oft eine Kristallkugel für ihre Prophezeiungen.

Aber die Sonne duldet kein Weißes:
Überall regt sich Bildung und Streben,
Alles will sie mit Farben beleben;
Doch an Blumen fehlt's im Revier,
Sie nimmt geputzte Menschen dafür. 915
Kehre dich um, von diesen Höhen
Nach der Stadt zurückzusehen.
Aus dem hohlen finstern Tor
Dringt ein buntes Gewimmel hervor.
Jeder sonnt sich heute so gern. 920
Sie feiern die Auferstehung des Herrn,
Denn sie sind selber auferstanden,
Aus niedriger Häuser dumpfen Gemächern,
Aus Handwerks- und Gewerbesbanden,
Aus dem Druck von Giebeln und Dächern, 925
Aus der Straßen quetschender Enge,
Aus der Kirchen ehrwürdiger Nacht
Sind sie alle ans Licht gebracht.
Sieh nur, sieh! wie behend sich die Menge
Durch die Gärten und Felder zerschlägt, 930
Wie der Fluß, in Breit' und Länge,
So manchen lustigen Nachen⁵² bewegt,
Und bis zum Sinken überladen
Entfernt sich dieser letzte Kahn.
Selbst von des Berges fernen Pfaden 935
Blinken uns farbige Kleider an.
Ich höre schon des Dorfs Getümmel,
Hier ist des Volkes wahrer Himmel,
Zufrieden jauchzet groß und klein;
Hier bin ich Mensch, hier darf ich's sein. 940

WAGNER. Mit Euch, Herr Doktor, zu spazieren,
Ist ehrenvoll und ist Gewinn;
Doch würd' ich nicht allein mich her verlieren,
Weil ich ein Feind von allem Rohen bin.
Das Fiedeln, Schreien, Kegelschieben 945
Ist mir ein gar verhaßter Klang;
Sie toben wie vom bösen Geist getrieben
Und nennen's Freude, nennen's Gesang.

Bauern unter der Linde.
Tanz und Gesang.

    Der Schäfer putzte sich zum Tanz,
    Mit bunter Jacke, Band und Kranz, 950
    Schmuck war er angezogen.
    Schon um die Linde war es voll;
    Und alles tanzte schon wie toll.
    Juchhe! Juchhe!
    Juchheisa! Heisa! He! 955
    So ging der Fiedelbogen.

---

52   Nachen: Ist ein Einbaum, ein kleines, flaches Boot.

Er drückte hastig sich heran,
Da stieß er an ein Mädchen an
Mit seinem Ellenbogen;
Die frische Dirne kehrt' sich um   960
Und sagte: Nun, das find' ich dumm!
Juchhe! Juchhe!
Juchheisa! Heisa! He!
Seid nicht so ungezogen.

Doch hurtig in dem Kreise ging's,   965
Sie tanzten rechts, sie tanzten links,
Und alle Röcke flogen.
Sie wurden rot, sie wurden warm
Und ruhten atmend Arm in Arm,
Juchhe! Juchhe!   970
Juchheisa! Heisa! He!
Und Hüft' an Ellenbogen.

Und tu mir doch nicht so vertraut!
Wie mancher hat nicht seine Braut
Belogen und betrogen!   975
Er schmeichelte sie doch bei Seit',
Und von der Linde scholl es weit:
Juchhe! Juchhe!
Juchheisa! Heisa! He!
Geschrei und Fiedelbogen.   980

ALTER BAUER.
Herr Doktor, das ist schön von Euch,
Daß Ihr uns heute nicht verschmäht
Und unter dieses Volksgedräng',
Als ein so Hochgelahrter, geht.
So nehmet auch den schönsten Krug,   985
Den wir mit frischem Trunk gefüllt,
Ich bring' ihn zu und wünsche laut,
Daß er nicht nur den Durst Euch stillt:
Die Zahl der Tropfen, die er hegt,
Sei Euren Tagen zugelegt.   990

FAUST. Ich nehme den Erquickungstrank,
Erwidr' euch allen Heil und Dank.

Das Volk sammelt sich im Kreis umher.

ALTER BAUER. Fürwahr, es ist sehr wohl getan,
Daß Ihr am frohen Tag erscheint;
Habt Ihr es vormals doch mit uns   995
An bösen Tagen gut gemeint!
Gar mancher steht lebendig hier,
Den Euer Vater noch zuletzt
Der heißen Fieberwut entriß,
Als er der Seuche Ziel gesetzt.   1000
Auch damals Ihr, ein junger Mann,
Ihr gingt in jedes Krankenhaus;
Gar manche Leiche trug man fort,

Ihr aber kamt gesund heraus;
Bestandet manche harte Proben; 1005
Dem Helfer half der Helfer droben.

ALLE. Gesundheit dem bewährten Mann,
Daß er noch lange helfen kann!

FAUST. Vor jenem droben steht gebückt,
Der helfen lehrt und Hilfe schickt. 1010

Er geht mit Wagnern weiter.

WAGNER.
Welch ein Gefühl mußt du, o großer Mann,
Bei der Verehrung dieser Menge haben!
O glücklich, wer von seinen Gaben
Solch einen Vorteil ziehen kann!
Der Vater zeigt dich seinem Knaben, 1015
Ein jeder fragt und drängt und eilt,
Die Fiedel stockt, der Tänzer weilt.
Du gehst, in Reihen stehen sie,
Die Mützen fliegen in die Höh':
Und wenig fehlt, so beugten sich die Knie, 1020
Als käm' das Venerabile.

FAUST.
Nur wenig Schritte noch hinauf zu jenem Stein,
Hier wollen wir von unsrer Wandrung rasten.
Hier saß ich oft gedankenvoll allein
Und quälte mich mit Beten und mit Fasten. 1025
An Hoffnung reich, im Glauben fest,
Mit Tränen, Seufzen, Händeringen
Dacht' ich das Ende jener Pest
Vom Herrn des Himmels zu erzwingen.
Der Menge Beifall tönt mir nun wie Hohn. 1030
O könntest du in meinem Innern lesen,
Wie wenig Vater und Sohn
Solch eines Ruhmes wert gewesen!
Mein Vater war ein dunkler Ehrenmann,
Der über die Natur und ihre heil'gen Kreise 1035
In Redlichkeit, jedoch auf seine Weise,
Mit grillenhafter Mühe sann;
Der, in Gesellschaft von Adepten[53],
Sich in die schwarze Küche schloß
Und, nach unendlichen Rezepten, 1040
Das Widrige zusammengoß.
Da ward ein roter Leu[54], ein kühner Freier,
Im lauen Bad der Lilie[55] vermählt,

---

53   Adepten: Ein Adept ist eine Person, die in eine Lehre (Geheimlehre) eingeweiht ist.
54   roter Leu: Wird hier als Rezeptzutat verwendet und ist Quecksilberoxid. Als roter Leu wurde auch der Stein des Weisen bezeichnet.
55   Lilie: Ebenfalls eine Zutat – weiße Salzsäure. Die Lilie repräsentiert auch das ewig Weibliche.

Und beide dann mit offnem Flammenfeuer
Aus einem Brautgemach ins andere gequält. 1045
Erschien darauf mit bunten Farben
Die junge Königin[56] im Glas,
Hier war die Arznei, die Patienten starben,
Und niemand fragte: wer genas?
So haben wir mit höllischen Latwergen[57] 1050
In diesen Tälern, diesen Bergen
Weit schlimmer als die Pest getobt.
Ich habe selbst den Gift an Tausende gegeben,
Sie welkten hin, ich muß erleben,
Daß man die frechen Mörder lobt. 1055

WAGNER. Wie könnt Ihr Euch darum betrüben!
Tut nicht ein braver Mann genug,
Die Kunst, die man ihm übertrug,
Gewissenhaft und pünktlich auszuüben?
Wenn du, als Jüngling, deinen Vater ehrst, 1060
So wirst du gern von ihm empfangen;
Wenn du, als Mann, die Wissenschaft vermehrst,
So kann dein Sohn zu höhrem Ziel gelangen.

FAUST. O glücklich, wer noch hoffen kann
Aus diesem Meer des Irrtums aufzutauchen! 1065
Was man nicht weiß, das eben brauchte man,
Und was man weiß, kann man nicht brauchen.
Doch laß uns dieser Stunde schönes Gut
Durch solchen Trübsinn nicht verkümmern!
Betrachte, wie in Abendsonneglut 1070
Die grünumgebnen Hütten schimmern.
Sie rückt und weicht, der Tag ist überlebt,
Dort eilt sie hin und fördert neues Leben.
O daß kein Flügel mich vom Boden hebt,
Ihr nach und immer nach zu streben! 1075
Ich säh' im ewigen Abendstrahl
Die stille Welt zu meinen Füßen,
Entzündet alle Höhn, beruhigt jedes Tal,
Den Silberbach in goldne Ströme fließen.
Nicht hemmte dann den göttergleichen Lauf 1080
Der wilde Berg mit allen seinen Schluchten;
Schon tut das Meer sich mit erwärmten Buchten
Vor den erstaunten Augen auf.
Doch scheint die Göttin endlich wegzusinken;
Allein der neue Trieb erwacht, 1085
Ich eile fort, ihr ew'ges Licht zu trinken,
Vor mir den Tag und hinter mir die Nacht,
Den Himmel über mir und unter mir die Wellen.
Ein schöner Traum, indessen sie entweicht.
Ach! zu des Geistes Flügeln wird so leicht 1090
Kein körperlicher Flügel sich gesellen.

---

56 junge Königin: Ist das Ergebnis der Rezeptbereitung, die Medizin.
57 Latwergen: Ist ein stark eingekochter, dickflüssiger Mus, Sirup bzw. Heilmittel.

Doch ist es jedem eingeboren,
Daß sein Gefühl hinauf und vorwärts dringt,
Wenn über uns, im blauen Raum verloren,
Ihr schmetternd Lied die Lerche singt; 1095
Wenn über schroffen Fichtenhöhen
Der Adler ausgebreitet schwebt,
Und über Flächen, über Seen
Der Kranich nach der Heimat strebt.

WAGNER. Ich hatte selbst oft grillenhafte Stunden, 1100
Doch solchen Trieb hab' ich noch nie empfunden.
Man sieht sich leicht an Wald und Feldern satt;
Des Vogels Fittich werd' ich nie beneiden.
Wie anders tragen uns die Geistesfreuden
Von Buch zu Buch, von Blatt zu Blatt! 1105
Da werden Winternächte hold und schön,
Ein selig Leben wärmet alle Glieder,
Und ach! entrollst du gar ein würdig Pergamen[58],
So steigt der ganze Himmel zu dir nieder.

FAUST. Du bist dir nur des einen Triebs bewußt; 1110
O lerne nie den andern kennen!
Zwei Seelen wohnen, ach! in meiner Brust,
Die eine will sich von der andern trennen;
Die eine hält, in derber Liebeslust,
Sich an die Welt mit klammernden Organen; 1115
Die andre hebt gewaltsam sich vom Dunst
Zu den Gefilden hoher Ahnen.
O gibt es Geister in der Luft,
Die zwischen Erd' und Himmel herrschend weben,
So steiget nieder aus dem goldnen Duft 1120
Und führt mich weg, zu neuem, buntem Leben!
Ja, wäre nur ein Zaubermantel mein
Und trüg' er mich in fremde Länder!
Mir sollt' er um die köstlichsten Gewänder,
Nicht feil um einen Königsmantel sein. 1125

WAGNER. Berufe nicht die wohlbekannte Schar,
Die strömend sich im Dunstkreis überbreitet,
Dem Menschen tausendfältige Gefahr,
Von allen Enden her, bereitet.
Von Norden dringt der scharfe Geisterzahn 1130
Auf dich herbei, mit pfeilgespitzten Zungen;
Von Morgen ziehn, vertrocknend, sie heran
Und nähren sich von deinen Lungen;
Wenn sie der Mittag aus der Wüste schickt,
Die Glut auf Glut um deinen Scheitel häufen, 1135
So bringt der West den Schwarm, der erst erquickt,
Um dich und Feld und Aue zu ersäufen.

---

58 Pergamen: Pergament

Sie hören gern, zum Schaden froh gewandt,
Gehorchen gern, weil sie uns gern betrügen;
Sie stellen wie vom Himmel sich gesandt, 1140
Und lispeln englisch, wenn sie lügen.
Doch gehen wir! Ergraut ist schon die Welt,
Die Luft gekühlt, der Nebel fällt!
Am Abend schätzt man erst das Haus. –
Was stehst du so und blickst erstaunt hinaus? 1145
Was kann dich in der Dämmrung so ergreifen?

FAUST.
Siehst du den schwarzen Hund durch Saat und Stoppel streifen?

WAGNER.
Ich sah ihn lange schon, nicht wichtig schien er mir.

FAUST.
Betracht' ihn recht! für was hältst du das Tier?

WAGNER. Für einen Pudel, der auf seine Weise 1150
Sich auf der Spur des Herren plagt.

FAUST.
Bemerkst du, wie in weitem Schneckenkreise
Er um uns her und immer näher jagt?
Und irr' ich nicht, so zieht ein Feuerstrudel
Auf seinen Pfaden hinterdrein. 1155

WAGNER.
Ich sehe nichts als einen schwarzen Pudel;
Es mag bei Euch wohl Augentäuschung sein.

FAUST.
Mir scheint es, daß er magisch leise Schlingen
Zu künft'gem Band um unsre Füße zieht.

WAGNER.
Ich seh' ihn ungewiß und furchtsam uns umspringen, 1160
Weil er, statt seines Herrn, zwei Unbekannte sieht.

FAUST. Der Kreis wird eng, schon ist er nah!

WAGNER.
Du siehst! ein Hund, und kein Gespenst ist da.
Er knurrt und zweifelt, legt sich auf den Bauch.
Er wedelt. Alles Hundebrauch. 1165

FAUST. Geselle dich zu uns! Komm hier!

WAGNER. Es ist ein pudelnärrisch Tier.
Du stehest still, er wartet auf;
Du sprichst ihn an, er strebt an dir hinauf;
Verliere was, er wird es bringen, 1170
Nach deinem Stock ins Wasser springen.

FAUST. Du hast wohl recht, ich finde nicht die Spur
Von einem Geist, und alles ist Dressur.

WAGNER. Dem Hunde, wenn er gut gezogen,
Wird selbst ein weiser Mann gewogen.
Ja, deine Gunst verdient er ganz und gar,
Er, der Studenten trefflicher Skolar[59].

Sie gehen in das Stadttor.

Studierzimmer

FAUST *mit dem Pudel hereintretend.*
    Verlassen hab' ich Feld und Auen,
    Die eine tiefe Nacht bedeckt,
    Mit ahnungsvollem, heil'gem Grauen
    In uns die beßre Seele weckt.
    Entschlafen sind nun wilde Triebe
    Mit jedem ungestümen Tun;
    Es reget sich die Menschenliebe,
    Die Liebe Gottes regt sich nun.

Sei ruhig, Pudel! renne nicht hin und wider!
An der Schwelle was schnoperst du hier?
Lege dich hinter den Ofen nieder,
Mein bestes Kissen geb' ich dir.
Wie du draußen auf dem bergigen Wege
Durch Rennen und Springen ergetzt uns hast,
So nimm nun auch von mir die Pflege,
Als ein willkommner stiller Gast.

    Ach, wenn in unsrer engen Zelle
    Die Lampe freundlich wieder brennt,
    Dann wird's in unserm Busen helle,
    Im Herzen, das sich selber kennt.
    Vernunft fängt wieder an zu sprechen,
    Und Hoffnung wieder an zu blühn,
    Man sehnt sich nach des Lebens Bächen,
    Ach! nach des Lebens Quelle hin.

Knurre nicht, Pudel! Zu den heiligen Tönen,
Die jetzt meine ganze Seel' umfassen,
Will der tierische Laut nicht passen.
Wir sind gewohnt, daß die Menschen verhöhnen,
Was sie nicht verstehn,
Daß sie vor dem Guten und Schönen,
Das ihnen oft beschwerlich ist, murren;
Will es der Hund, wie sie, beknurren?

Aber ach! schon fühl' ich, bei dem besten Willen,
Befriedigung nicht mehr aus dem Busen quillen.
Aber warum muß der Strom so bald versiegen,

---

59   Skolar: auch Scholar, Schüler

Und wir wieder im Durste liegen?
Davon hab' ich so viel Erfahrung.
Doch dieser Mangel läßt sich ersetzen: 1215
Wir lernen das Überirdische schätzen,
Wir sehnen uns nach Offenbarung,
Die nirgends würd'ger und schöner brennt
Als in dem Neuen Testament.
Mich drängt's, den Grundtext aufzuschlagen, 1220
Mit redlichem Gefühl einmal
Das heilige Original
In mein geliebtes Deutsch zu übertragen.

Er schlägt ein Volum[60] auf und schickt sich an.

Geschrieben steht: ›Im Anfang war das Wort!‹[61]
Hier stock' ich schon! Wer hilft mir weiter fort? 1225
Ich kann das Wort so hoch unmöglich schätzen,
Ich muß es anders übersetzen,
Wenn ich vom Geiste recht erleuchtet bin.
Geschrieben steht: Im Anfang war der Sinn.
Bedenke wohl die erste Zeile, 1230
Daß deine Feder sich nicht übereile!
Ist es der Sinn, der alles wirkt und schafft?
Es sollte stehn: Im Anfang war die Kraft!
Doch, auch indem ich dieses niederschreibe,
Schon warnt mich was, daß ich dabei nicht bleibe. 1235
Mir hilft der Geist! Auf einmal seh' ich Rat
Und schreibe getrost: Im Anfang war die Tat!

Soll ich mit dir das Zimmer teilen,
Pudel, so laß das Heulen,
So laß das Bellen! 1240
Solch einen störenden Gesellen
Mag ich nicht in der Nähe leiden.
Einer von uns beiden
Muß die Zelle meiden.
Ungern heb' ich das Gastrecht auf, 1245
Die Tür ist offen, hast freien Lauf.
Aber was muß ich sehen!
Kann das natürlich geschehen?
Ist es Schatten? ist's Wirklichkeit?
Wie wird mein Pudel lang und breit! 1250
Er hebt sich mit Gewalt,
Das ist nicht eines Hundes Gestalt!
Welch ein Gespenst bracht' ich ins Haus!
Schon sieht er wie ein Nilpferd aus,
Mit feurigen Augen, schrecklichem Gebiß. 1255
O! du bist mir gewiß!

---

60 Volum: Band eines umfangreichen Schriftwerkes
61 So geschrieben im Johannesevangelium 1,1. Luther übersetzte das griechische Wort logos, das mehrfache Bedeutung hat, in „das Wort".

Für solche halbe Höllenbrut
Ist Salomonis Schlüssel[62] gut.

    GEISTER *auf dem Gange.*
    Drinnen gefangen ist einer!
    Bleibet haußen, folg' ihm keiner!
    Wie im Eisen der Fuchs,
    Zagt ein alter Höllenluchs.
    Aber gebt acht!
    Schwebet hin, schwebet wider,
    Auf und nieder,
    Und er hat sich losgemacht.
    Könnt ihr ihm nützen,
    Laßt ihn nicht sitzen!
    Denn er tat uns allen
    Schon viel zu Gefallen.

FAUST. Erst zu begegnen dem Tiere,
Brauch' ich den Spruch der viere[63]:
    Salamander soll glühen,
    Undene sich winden,
    Sylphe verschwinden,
    Kobold sich mühen.

Wer sie nicht kennte,
Die Elemente,
Ihre Kraft
Und Eigenschaft,
Wäre kein Meister
Über die Geister.

    Verschwind in Flammen,
    Salamander!
    Rauschend fließe zusammen,
    Undene!
    Leucht in Meteoren-Schöne,
    Sylphe!
    Bring häusliche Hilfe,
    Incubus! Incubus![64]
    Tritt hervor und mache den Schluß.

Keines der viere
Steckt in dem Tiere.
Es liegt ganz ruhig und grinst mich an;
Ich hab' ihm noch nicht weh getan.

---

62 Salomonis Schlüssel: Ist ein Zauberbuch, das auf Salomo zurückgeht. Sowohl Paracelsus als auch Welling sollen das Buch als magische Grundlage für die Beschwörung von Geistern genutzt haben.

63 viere: Faust beschwört mit dem Buch die vier Elementargeister Salamander, Undine, Sylphe und Kobold. Sie sind den vier Elementen Feuer, Wasser, Luft und Erde zugeordnet.

64 Incubus: Dämon, Waldgeist, Elementargeist

Du sollst mich hören
Stärker beschwören.
> Bist du Geselle
> Ein Flüchtling der Hölle?
> So sieh dies Zeichen[65], 1300
> Dem sie sich beugen,
> Die schwarzen Scharen!

Schon schwillt es auf mit borstigen Haaren.
> Verworfnes Wesen!
> Kannst du ihn lesen? 1305
> Den nie Entsproßnen,
> Unausgesprochnen,
> Durch alle Himmel Gegoßnen,
> Freventlich Durchstochnen?

Hinter den Ofen gebannt, 1310
Schwillt es wie ein Elefant,
Den ganzen Raum füllt es an,
Es will zum Nebel zerfließen.
Steige nicht zur Decke hinan!
Lege dich zu des Meisters Füßen! 1315
Du siehst, daß ich nicht vergebens drohe.
Ich versenge dich mit heiliger Lohe!
Erwarte nicht
Das dreimal glühende Licht!
Erwarte nicht 1320
Die stärkste von meinen Künsten!

MEPHISTOPHELES *tritt, indem der Nebel fällt, gekleidet wie ein fahrender Scholastikus, hinter dem Ofen hervor.*
Wozu der Lärm? was steht dem Herrn zu Diensten?

FAUST. Das also war des Pudels Kern!
Ein fahrender Skolast[66]? Der Casus[67] macht mich lachen.

MEPHISTOPHELES.
Ich salutiere den gelehrten Herrn! 1325
Ihr habt mich weidlich schwitzen machen.

FAUST. Wie nennst du dich?

MEPHISTOPHELES. Die Frage scheint mir klein
Für einen, der das Wort so sehr verachtet,
Der, weit entfernt von allem Schein,
Nur in der Wesen Tiefe trachtet. 1330

FAUST. Bei euch, ihr Herrn, kann man das Wesen
Gewöhnlich aus dem Namen lesen,
Wo es sich allzudeutlich weist,

---

65 Mit „dies Zeichen" ist das christliche Kreuz gemeint.
66 fahrender Skolast: fahrender Schüler
67 Casus: Fall

Wenn man euch Fliegengott[68], Verderber, Lügner heißt.
Nun gut, wer bist du denn?

MEPHISTOPHELES. Ein Teil von jener Kraft, 1335
Die stets das Böse will und stets das Gute schafft.

FAUST. Was ist mit diesem Rätselwort gemeint?

MEPHISTOPHELES.
Ich bin der Geist, der stets verneint!
Und das mit Recht; denn alles, was entsteht,
Ist wert, daß es zugrunde geht; 1340
Drum besser wär's, daß nichts entstünde.
So ist denn alles, was ihr Sünde,
Zerstörung, kurz das Böse nennt,
Mein eigentliches Element.

FAUST.
Du nennst dich einen Teil, und stehst doch ganz vor mir? 1345

MEPHISTOPHELES.
Bescheidne Wahrheit sprech' ich dir.
Wenn sich der Mensch, die kleine Narrenwelt,
Gewöhnlich für ein Ganzes hält –
Ich bin ein Teil des Teils, der anfangs alles war,
Ein Teil der Finsternis, die sich das Licht gebar, 1350
Das stolze Licht, das nun der Mutter Nacht
Den alten Rang, den Raum ihr streitig macht,
Und doch gelingt's ihm nicht, da es, so viel es strebt,
Verhaftet an den Körpern klebt.
Von Körpern strömt's, die Körper macht es schön, 1355
Ein Körper hemmt's auf seinem Gange,
So, hoff' ich, dauert es nicht lange,
Und mit den Körpern wird's zugrunde gehn.

FAUST. Nun kenn' ich deine würd'gen Pflichten!
Du kannst im Großen nichts vernichten 1360
Und fängst es nun im Kleinen an.

MEPHISTOPHELES.
Und freilich ist nicht viel damit getan.
Was sich dem Nichts entgegenstellt,
Das Etwas, diese plumpe Welt,
So viel als ich schon unternommen, 1365
Ich wußte nicht ihr beizukommen,
Mit Wellen, Stürmen, Schütteln, Brand –
Geruhig bleibt am Ende Meer und Land!
Und dem verdammten Zeug, der Tier- und Menschenbrut,
Dem ist nun gar nichts anzuhaben: 1370
Wie viele hab' ich schon begraben!
Und immer zirkuliert ein neues, frisches Blut.
So geht es fort, man möchte rasend werden!
Der Luft, dem Wasser, wie der Erden

---

68 Fliegengott: Das hebräische Wort „Beelzebub" wird als Fliegengott übersetzt.

Entwinden tausend Keime sich, 1375
Im Trocknen, Feuchten, Warmen, Kalten!
Hätt' ich mir nicht die Flamme vorbehalten,
Ich hätte nichts Aparts⁶⁹ für mich.

FAUST. So setzest du der ewig regen,
Der heilsam schaffenden Gewalt 1380
Die kalte Teufelsfaust entgegen,
Die sich vergebens tückisch ballt!
Was anders suche zu beginnen,
Des Chaos wunderlicher Sohn!

MEPHISTOPHELES.
Wir wollen wirklich uns besinnen, 1385
Die nächsten Male mehr davon!
Dürft' ich wohl diesmal mich entfernen?

FAUST. Ich sehe nicht, warum du fragst.
Ich habe jetzt dich kennen lernen,
Besuche nun mich, wie du magst. 1390
Hier ist das Fenster, hier die Türe,
Ein Rauchfang ist dir auch gewiß.

MEPHISTOPHELES.
Gesteh' ich's nur! daß ich hinausspaziere,
Verbietet mir ein kleines Hindernis,
Der Drudenfuß⁷⁰ auf Eurer Schwelle – 1395

FAUST. Das Pentagramma macht dir Pein?
Ei sage mir, du Sohn der Hölle,
Wenn das dich bannt, wie kamst du denn herein?
Wie ward ein solcher Geist betrogen?

MEPHISTOPHELES.
Beschaut es recht! Es ist nicht gut gezogen; 1400
Der eine Winkel, der nach außen zu,
Ist, wie du siehst, ein wenig offen.

FAUST. Das hat der Zufall gut getroffen!
Und mein Gefangner wärst denn du?
Das ist von ungefähr gelungen! 1405

MEPHISTOPHELES.
Der Pudel merkte nichts, als er hereingesprungen,
Die Sache sieht jetzt anders aus:
Der Teufel kann nicht aus dem Haus.

FAUST. Doch warum gehst du nicht durchs Fenster?

MEPHISTOPHELES.
's ist ein Gesetz der Teufel und Gespenster: 1410

---

69 Apart: Besonderes, Reizvolles
70 Drudenfuß: Ein fünfzackiger Stern, Pentagramm. Der Drudenfuß wurde im Mittelalter verwendet, um böse Geister zu bannen. Es galt als Schutzzeichen gegen nächtliche Spukgeister, die Druden.

Wo sie hereingeschlüpft, da müssen sie hinaus.
Das erste steht uns frei, beim zweiten sind wir Knechte.

FAUST. Die Hölle selbst hat ihre Rechte?
Das find' ich gut, da ließe sich ein Pakt,
Und sicher wohl, mit euch, ihr Herren, schließen? 1415

MEPHISTOPHELES.
Was man verspricht, das sollst du rein genießen,
Dir wird davon nichts abgezwackt.
Doch das ist nicht so kurz zu fassen,
Und wir besprechen das zunächst;
Doch jetzo bitt' ich hoch und höchst, 1420
Für dieses Mal mich zu entlassen.

FAUST. So bleibe doch noch einen Augenblick,
Um mir erst gute Mär[71] zu sagen.

MEPHISTOPHELES.
Jetzt laß mich los! Ich komme bald zurück,
Dann magst du nach Belieben fragen. 1425

FAUST. Ich habe dir nicht nachgestellt,
Bist du doch selbst ins Garn[72] gegangen.
Den Teufel halte, wer ihn hält!
Er wird ihn nicht so bald zum zweiten Male fangen.

MEPHISTOPHELES.
Wenn dir's beliebt, so bin ich auch bereit, 1430
Dir zur Gesellschaft hier zu bleiben;
Doch mit Bedingnis, dir die Zeit
Durch meine Künste würdig zu vertreiben.

FAUST. Ich seh' es gern, das steht dir frei;
Nur daß die Kunst gefällig sei! 1435

MEPHISTOPHELES.
Du wirst, mein Freund, für deine Sinnen
In dieser Stunde mehr gewinnen
Als in des Jahres Einerlei.
Was dir die zarten Geister singen,
Die schönen Bilder, die sie bringen, 1440
Sind nicht ein leeres Zauberspiel.
Auch dein Geruch wird sich ergetzen,
Dann wirst du deinen Gaumen letzen,
Und dann entzückt sich dein Gefühl.
Bereitung braucht es nicht voran, 1445
Beisammen sind wir, fanget an!

GEISTER.
    Schwindet, ihr dunkeln
    Wölbungen droben!
    Reizender schaue

---

71 Mär: Märchen, seltsame Geschichte
72 ins Garn: ins Netz

Freundlich der blaue 1450
Äther herein!
Wären die dunkeln
Wolken zerronnen!
Sternelein funkeln,
Mildere Sonnen 1455
Scheinen darein.
Himmlischer Söhne
Geistige Schöne,
Schwankende Beugung
Schwebet vorüber. 1460
Sehnende Neigung
Folget hinüber;
Und der Gewänder
Flatternde Bänder
Decken die Länder, 1465
Decken die Laube,
Wo sich fürs Leben,
Tief in Gedanken,
Liebende geben.
Laube bei Laube! 1470
Sprossende Ranken!
Lastende Traube
Stürzt ins Behälter
Drängender Kelter,
Stürzen in Bächen 1475
Schäumende Weine,
Rieseln durch reine,
Edle Gesteine,
Lassen die Höhen
Hinter sich liegen, 1480
Breiten zu Seen
Sich ums Genügen
Grünender Hügel.
Und das Geflügel
Schlürfet sich Wonne, 1485
Flieget der Sonne,
Flieget den hellen
Inseln entgegen,
Die sich auf Wellen
Gauklend bewegen; 1490
Wo wir in Chören
Jauchzende hören,
Über den Auen
Tanzende schauen,
Die sich im Freien 1495
Alle zerstreuen.
Einige klimmen
Über die Höhen,
Andere schwimmen
Über die Seen, 1500
Andere schweben;

Alle zum Leben,
Alle zur Ferne
Liebender Sterne,
Seliger Huld. 1505

MEPHISTOPHELES.
Er schläft! So recht, ihr luft'gen zarten Jungen!
Ihr habt ihn treulich eingesungen!
Für dies Konzert bin ich in eurer Schuld.
Du bist noch nicht der Mann, den Teufel festzuhalten!
Umgaukelt ihn mit süßen Traumgestalten, 1510
Versenkt ihn in ein Meer des Wahns;
Doch dieser Schwelle Zauber zu zerspalten,
Bedarf ich eines Rattenzahns.
Nicht lange brauch' ich zu beschwören,
Schon raschelt eine hier und wird sogleich mich hören. 1515
Der Herr der Ratten und der Mäuse,
Der Fliegen, Frösche, Wanzen, Läuse
Befiehlt dir, dich hervorzuwagen
Und diese Schwelle zu benagen,
Sowie er sie mit Öl betupft – 1520
Da kommst du schon hervorgehupft!
Nur frisch ans Werk! Die Spitze, die mich bannte,
Sie sitzt ganz vornen an der Kante.
Noch einen Biß, so ist's geschehn. –
Nun, Fauste, träume fort, bis wir uns wiedersehn. 1525

FAUST *erwachend.*
Bin ich denn abermals betrogen?
Verschwindet so der geisterreiche Drang,
Daß mir ein Traum den Teufel vorgelogen,
Und daß ein Pudel mir entsprang? 1529

Studierzimmer

Faust. Mephistopheles.

FAUST.
Es klopft? Herein! Wer will mich wieder plagen?

MEPHISTOPHELES. Ich bin's.

FAUST. Herein!

MEPHISTOPHELES. Du mußt es dreimal sagen. 1530

FAUST. Herein denn!

MEPHISTOPHELES. So gefällst du mir.
Wir werden, hoff' ich, uns vertragen!
Denn dir die Grillen zu verjagen,
Bin ich als edler Junker hier,
In rotem, goldverbrämtem Kleide, 1535

Das Mäntelchen von starrer Seide,
Die Hahnenfeder auf dem Hut,
Mit einem langen spitzen Degen,
Und rate nun dir, kurz und gut, 1540
Dergleichen gleichfalls anzulegen;
Damit du, losgebunden, frei,
Erfahrest, was das Leben sei.

FAUST. In jedem Kleide werd' ich wohl die Pein
Des engen Erdelebens fühlen. 1545
Ich bin zu alt, um nur zu spielen,
Zu jung, um ohne Wunsch zu sein.
Was kann die Welt mir wohl gewähren?
Entbehren sollst du! sollst entbehren!
Das ist der ewige Gesang, 1550
Der jedem an die Ohren klingt,
Den, unser ganzes Leben lang,
Uns heiser jede Stunde singt.
Nur mit Entsetzen wach' ich morgens auf,
Ich möchte bittre Tränen weinen, 1555
Den Tag zu sehn, der mir in seinem Lauf
Nicht Einen Wunsch erfüllen wird, nicht Einen,
Der selbst die Ahnung jeder Lust
Mit eigensinnigem Krittel[73] mindert,
Die Schöpfung meiner regen Brust 1560
Mit tausend Lebensfratzen hindert.
Auch muß ich, wenn die Nacht sich niedersenkt,
Mich ängstlich auf das Lager strecken;
Auch da wird keine Rast geschenkt,
Mich werden wilde Träume schrecken. 1565
Der Gott, der mir im Busen wohnt,
Kann tief mein Innerstes erregen;
Der über allen meinen Kräften thront,
Er kann nach außen nichts bewegen;
Und so ist mir das Dasein eine Last, 1570
Der Tod erwünscht, das Leben mir verhaßt.

MEPHISTOPHELES.
Und doch ist nie der Tod ein ganz willkommner Gast.

FAUST. O selig der, dem er im Siegesglanze
Die blut'gen Lorbeern um die Schläfe windet,
Den er, nach rasch durchrastem Tanze, 1575
In eines Mädchens Armen findet!
O wär' ich vor des hohen Geistes Kraft
Entzückt, entseelt dahingesunken!

MEPHISTOPHELES.
Und doch hat jemand einen braunen Saft,
In jener Nacht, nicht ausgetrunken. 1580

FAUST. Das Spionieren, scheint's, ist deine Lust.

---

73   Krittel: kleinliche Kritik

MEPHISTOPHELES.
Allwissend bin ich nicht; doch viel ist mir bewußt.

FAUST. Wenn aus dem schrecklichen Gewühle 1585
Ein süß bekannter Ton mich zog,
Den Rest von kindlichem Gefühle
Mit Anklang froher Zeit betrog,
So fluch' ich allem, was die Seele
Mit Lock- und Gaukelwerk umspannt,
Und sie in diese Trauerhöhle
Mit Blend- und Schmeichelkräften bannt! 1590
Verflucht voraus die hohe Meinung,
Womit der Geist sich selbst umfängt!
Verflucht das Blenden der Erscheinung,
Die sich an unsre Sinne drängt!
Verflucht, was uns in Träumen heuchelt, 1595
Des Ruhms, der Namensdauer Trug!
Verflucht, was als Besitz uns schmeichelt,
Als Weib und Kind, als Knecht und Pflug!
Verflucht sei Mammon[74], wenn mit Schätzen
Er uns zu kühnen Taten regt, 1600
Wenn er zu müßigem Ergetzen
Die Polster uns zurechtelegt!
Fluch sei dem Balsamsaft der Trauben!
Fluch jener höchsten Liebeshuld!
Fluch sei der Hoffnung! Fluch dem Glauben, 1605
Und Fluch vor allen der Geduld!

GEISTERCHOR *unsichtbar.*
    Weh! weh!
    Du hast sie zerstört,
    Die schöne Welt,
    Mit mächtiger Faust; 1610
    Sie stürzt, sie zerfällt!
    Ein Halbgott hat sie zerschlagen!
    Wir tragen
    Die Trümmern ins Nichts hinüber,
    Und klagen 1615
    Über die verlorne Schöne.
    Mächtiger
    Der Erdensöhne,
    Prächtiger
    Baue sie wieder, 1620
    In deinem Busen baue sie auf!
    Neuen Lebenslauf
    Beginne,
    Mit hellem Sinne,

---

74 Mammon: ist ursprünglich ein unredlich erworbener Gewinn oder unmoralisch eingesetzter Reichtum; abschätziger Begriff für Geld oder Gold. Der Begriff wird schon im Neuen Testament erwähnt: „Ihr könnt nicht Gott dienen und dem Mammon." – Matthäus-Evangelium, 6, 24

        Und neue Lieder 1625
        Tönen darauf!

MEPHISTOPHELES. Dies sind die Kleinen
        Von den Meinen.
        Höre, wie zu Lust und Taten
        Altklug sie raten! 1630
        In die Welt weit,
        Aus der Einsamkeit,
        Wo Sinnen und Säfte stocken,
        Wollen sie dich locken.

Hör auf, mit deinem Gram zu spielen, 1635
Der, wie ein Geier[75], dir am Leben frißt;
Die schlechteste Gesellschaft läßt dich fühlen,
Daß du ein Mensch mit Menschen bist.
Doch so ist's nicht gemeint,
Dich unter das Pack zu stoßen. 1640
Ich bin keiner von den Großen;
Doch willst du mit mir vereint
Deine Schritte durchs Leben nehmen,
So will ich mich gern bequemen,
Dein zu sein, auf der Stelle. 1645
Ich bin dein Geselle,
Und mach' ich dir's recht,
Bin ich dein Diener, bin dein Knecht!

FAUST. Und was soll ich dagegen dir erfüllen?

MEPHISTOPHELES.
Dazu hast du noch eine lange Frist. 1650

FAUST. Nein, nein! der Teufel ist ein Egoist
Und tut nicht leicht um Gottes willen,
Was einem andern nützlich ist.
Sprich die Bedingung deutlich aus;
Ein solcher Diener bringt Gefahr ins Haus. 1655

MEPHISTOPHELES.
Ich will mich hier zu deinem Dienst verbinden,
Auf deinen Wink nicht rasten und nicht ruhn;
Wenn wir uns drüben wiederfinden,
So sollst du mir das gleiche tun.

FAUST. Das Drüben kann mich wenig kümmern; 1660
Schlägst du erst diese Welt zu Trümmern,
Die andre mag darnach entstehn.
Aus dieser Erde quillen meine Freuden,
Und diese Sonne scheinet meinen Leiden;
Kann ich mich erst von ihnen scheiden, 1665

---

75 Geier: nimmt Bezug auf die Sage von Prometheus. Prometheus formte auf der Erde den Menschen aus Ton. Er war der Lehrmeister der Menschen und brachte ihnen das Feuer. Zeus bestrafte Prometheus dafür. Er ließ ihn in den Kaukasus schleppen, wo er in Ketten gelegt wurde. Jeden Tag erschien der Adler Ethon, um von seiner Leber zu fressen.

Dann mag, was will und kann, geschehn.
Davon will ich nichts weiter hören,
Ob man auch künftig haßt und liebt,
Und ob es auch in jenen Sphären
Ein Oben oder Unten gibt. 1670

MEPHISTOPHELES.
In diesem Sinne kannst du's wagen.
Verbinde dich; du sollst, in diesen Tagen,
Mit Freuden meine Künste sehn,
Ich gebe dir, was noch kein Mensch gesehn.

FAUST. Was willst du armer Teufel geben? 1675
Ward eines Menschen Geist, in seinem hohen Streben,
Von deinesgleichen je gefaßt?
Doch hast du Speise, die nicht sättigt, hast
Du rotes Gold, das ohne Rast,
Quecksilber gleich, dir in der Hand zerrinnt, 1680
Ein Spiel, bei dem man nie gewinnt,
Ein Mädchen, das an meiner Brust
Mit Äugeln schon dem Nachbar sich verbindet,
Der Ehre schöne Götterlust,
Die, wie ein Meteor, verschwindet. 1685
Zeig mir die Frucht, die fault, eh' man sie bricht,
Und Bäume, die sich täglich neu begrünen!

MEPHISTOPHELES.
Ein solcher Auftrag schreckt mich nicht,
Mit solchen Schätzen kann ich dienen.
Doch, guter Freund, die Zeit kommt auch heran, 1690
Wo wir was Guts in Ruhe schmausen mögen.

FAUST.
Werd' ich beruhigt je mich auf ein Faulbett legen,
So sei es gleich um mich getan!
Kannst du mich schmeichelnd je belügen,
Daß ich mir selbst gefallen mag, 1695
Kannst du mich mit Genuß betrügen,
Das sei für mich der letzte Tag!
Die Wette biet' ich!

MEPHISTOPHELES. Topp!

FAUST. Und Schlag auf Schlag!
Werd' ich zum Augenblicke sagen:
Verweile doch! du bist so schön! 1700
Dann magst du mich in Fesseln schlagen,
Dann will ich gern zugrunde gehn!
Dann mag die Totenglocke schallen,
Dann bist du deines Dienstes frei,
Die Uhr mag stehn, der Zeiger fallen, 1705
Es sei die Zeit für mich vorbei!

MEPHISTOPHELES.
Bedenk es wohl, wir werden's nicht vergessen.

FAUST. Dazu hast du ein volles Recht;
Ich habe mich nicht freventlich vermessen.
Wie ich beharre, bin ich Knecht, 1710
Ob dein, was frag' ich, oder wessen.

MEPHISTOPHELES.
Ich werde heute gleich, beim Doktorschmaus,
Als Diener, meine Pflicht erfüllen.
Nur eins! – Um Lebens oder Sterbens willen
Bitt' ich mir ein paar Zeilen aus. 1715

FAUST. Auch was Geschriebnes forderst du Pedant?
Hast du noch keinen Mann, nicht Manneswort gekannt?
Ist's nicht genug, daß mein gesprochnes Wort
Auf ewig soll mit meinen Tagen schalten?
Rast nicht die Welt in allen Strömen fort, 1720
Und mich soll ein Versprechen halten?
Doch dieser Wahn ist uns ins Herz gelegt,
Wer mag sich gern davon befreien?
Beglückt, wer Treue rein im Busen trägt,
Kein Opfer wird ihn je gereuen! 1725
Allein ein Pergament, beschrieben und beprägt,
Ist ein Gespenst, vor dem sich alle scheuen.
Das Wort erstirbt schon in der Feder,
Die Herrschaft führen Wachs und Leder.
Was willst du böser Geist von mir? 1730
Erz, Marmor, Pergament, Papier?
Soll ich mit Griffel, Meißel, Feder schreiben?
Ich gebe jede Wahl dir frei.

MEPHISTOPHELES. Wie magst du deine Rednerei
Nur gleich so hitzig übertreiben? 1735
Ist doch ein jedes Blättchen gut.
Du unterzeichnest dich mit einem Tröpfchen Blut.

FAUST. Wenn dies dir völlig G'nüge tut,
So mag es bei der Fratze bleiben.

MEPHISTOPHELES.
Blut ist ein ganz besondrer Saft. 1740

FAUST.
Nur keine Furcht, daß ich dies Bündnis breche!
Das Streben meiner ganzen Kraft
Ist grade das, was ich verspreche.
Ich habe mich zu hoch gebläht,
In deinen Rang gehör' ich nur. 1745
Der große Geist hat mich verschmäht,
Vor mir verschließt sich die Natur.
Des Denkens Faden ist zerrissen,
Mir ekelt lange vor allem Wissen.
Laß in den Tiefen der Sinnlichkeit 1750
Uns glühende Leidenschaften stillen!
In undurchdrungnen Zauberhüllen
Sei jedes Wunder gleich bereit!

Stürzen wir uns in das Rauschen der Zeit,
Ins Rollen der Begebenheit! 1755
Da mag denn Schmerz und Genuß,
Gelingen und Verdruß
Mit einander wechseln, wie es kann;
Nur rastlos betätigt sich der Mann.

MEPHISTOPHELES.
Euch ist kein Maß und Ziel gesetzt. 1760
Beliebt's Euch, überall zu naschen,
Im Fliehen etwas zu erhaschen,
Bekomm' Euch wohl, was Euch ergetzt.
Nur greift mir zu und seid nicht blöde!

FAUST. Du hörest ja, von Freud' ist nicht die Rede. 1765
Dem Taumel weih' ich mich, dem schmerzlichsten Genuß,
Verliebtem Haß, erquickendem Verdruß.
Mein Busen, der vom Wissensdrang geheilt ist,
Soll keinen Schmerzen künftig sich verschließen,
Und was der ganzen Menschheit zugeteilt ist, 1770
Will ich in meinem innern Selbst genießen,
Mit meinem Geist das Höchst' und Tiefste greifen,
Ihr Wohl und Weh auf meinen Busen häufen,
Und so mein eigen Selbst zu ihrem Selbst erweitern,
Und, wie sie selbst, am End' auch ich zerscheitern. 1775

MEPHISTOPHELES.
O glaube mir, der manche tausend Jahre
An dieser harten Speise kaut,
Daß von der Wiege bis zur Bahre
Kein Mensch den alten Sauerteig verdaut!
Glaub unsereinem: dieses Ganze 1780
Ist nur für einen Gott gemacht!
Er findet sich in einem ew'gen Glanze,
Uns hat er in die Finsternis gebracht,
Und euch taugt einzig Tag und Nacht.

FAUST. Allein ich will!

MEPHISTOPHELES. Das läßt sich hören! 1785
Doch nur vor einem ist mir bang:
Die Zeit ist kurz, die Kunst ist lang.
Ich dächt', Ihr ließet Euch belehren.
Assoziiert Euch mit einem Poeten,
Laßt den Herrn in Gedanken schweifen, 1790
Und alle edlen Qualitäten
Auf Euren Ehrenscheitel häufen,
Des Löwen Mut,
Des Hirsches Schnelligkeit,
Des Italieners feurig Blut, 1795
Des Nordens Dau'rbarkeit.
Laßt ihn Euch das Geheimnis finden,
Großmut und Arglist zu verbinden,
Und Euch, mit warmen Jugendtrieben,

Nach einem Plane zu verlieben. 1800
Möchte selbst solch einen Herren kennen,
Würd' ihn Herrn Mikrokosmus[76] nennen.

FAUST. Was bin ich denn, wenn es nicht möglich ist,
Der Menschheit Krone zu erringen,
Nach der sich alle Sinne dringen? 1805

MEPHISTOPHELES.
Du bist am Ende – was du bist.
Setz dir Perücken auf von Millionen Locken,
Setz deinen Fuß auf ellenhohe Socken[77],
Du bleibst doch immer, was du bist.

FAUST. Ich fühl's, vergebens hab' ich alle Schätze 1810
Des Menschengeists auf mich herbeigerafft,
Und wenn ich mich am Ende niedersetze,
Quillt innerlich doch keine neue Kraft;
Ich bin nicht um ein Haar breit höher,
Bin dem Unendlichen nicht näher. 1815

MEPHISTOPHELES.
Mein guter Herr, Ihr seht die Sachen,
Wie man die Sachen eben sieht;
Wir müssen das gescheiter machen,
Eh' uns des Lebens Freude flieht.
Was Henker! freilich Händ' und Füße 1820
Und Kopf und Hintern, die sind dein;
Doch alles, was ich frisch genieße,
Ist das drum weniger mein?
Wenn ich sechs Hengste zahlen kann,
Sind ihre Kräfte nicht die meine? 1825
Ich renne zu und bin ein rechter Mann,
Als hätt' ich vierundzwanzig Beine.
Drum frisch! Laß alles Sinnen sein,
Und grad' mit in die Welt hinein!
Ich sag' es dir: ein Kerl, der spekuliert, 1830
Ist wie ein Tier, auf dürrer Heide
Von einem bösen Geist im Kreis herumgeführt,
Und rings umher liegt schöne grüne Weide.

FAUST. Wie fangen wir das an?

MEPHISTOPHELES. Wir gehen eben fort.
Was ist das für ein Marterort? 1835
Was heißt das für ein Leben führen,
Sich und die Jungens ennuyieren[78]?

---

76 Mikrokosmus: in Goethes Zeit Ausdruck für den Menschen und alles, was sich auf ihn bezieht

77 Socken: Der deutsche Begriff Socke ist von dem römischen „Soccus" abgeleitet. Ursprünglich bezeichnet das Wort einen leichten Schlüpfschuh. Er wurde auch von altgriechischen Schauspielern getragen.

78 ennuyieren: lächerlich machen, sich langweilen

Laß du das dem Herrn Nachbar Wanst[79]!
Was willst du dich das Stroh zu dreschen plagen?
Das Beste, was du wissen kannst, 1840
Darfst du den Buben doch nicht sagen.
Gleich hör' ich einen auf dem Gange!

FAUST. Mir ist's nicht möglich, ihn zu sehn.

MEPHISTOPHELES. Der arme Knabe wartet lange,
Der darf nicht ungetröstet gehn. 1845
Komm, gib mir deinen Rock und Mütze;
Die Maske muß mir köstlich stehn.

Er kleidet sich um.

Nun überlaß es meinem Witze!
Ich brauche nur ein Viertelstündchen Zeit;
Indessen mache dich zur schönen Fahrt bereit! 1850

Faust ab.

MEPHISTOPHELES *in Fausts langem Kleide.*
Verachte nur Vernunft und Wissenschaft,
Des Menschen allerhöchste Kraft,
Laß nur in Blend- und Zauberwerken
Dich von dem Lügengeist bestärken,
So hab' ich dich schon unbedingt – 1855
Ihm hat das Schicksal einen Geist gegeben,
Der ungebändigt immer vorwärts dringt,
Und dessen übereiltes Streben
Der Erde Freuden überspringt.
Den schlepp' ich durch das wilde Leben, 1860
Durch flache Unbedeutenheit,
Er soll mir zappeln, starren, kleben,
Und seiner Unersättlichkeit
Soll Speis' und Trank vor gier'gen Lippen schweben;
Er wird Erquickung sich umsonst erflehn, 1865
Und hätt' er sich auch nicht dem Teufel übergeben,
Er müßte doch zugrunde gehn!

Ein Schüler tritt auf.

SCHÜLER. Ich bin allhier erst kurze Zeit,
Und komme voll Ergebenheit,
Einen Mann zu sprechen und zu kennen, 1870
Den alle mir mit Ehrfurcht nennen.

MEPHISTOPHELES.
Eure Höflichkeit erfreut mich sehr!
Ihr seht einen Mann wie andre mehr.
Habt Ihr Euch sonst schon umgetan?

SCHÜLER. Ich bitt' Euch, nehmt Euch meiner an! 1875
Ich komme mit allem guten Mut,

---

79 Nachbar Wanst: bequemer, fettleibiger Mensch

Leidlichem Geld und frischem Blut;
Meine Mutter wollte mich kaum entfernen;
Möchte gern was Rechts hieraußen lernen.

MEPHISTOPHELES. Da seid Ihr eben recht am Ort. 1880

SCHÜLER. Aufrichtig, möchte schon wieder fort:
In diesen Mauern, diesen Hallen
Will es mir keineswegs gefallen.
Es ist ein gar beschränkter Raum,
Man sieht nichts Grünes, keinen Baum, 1885
Und in den Sälen auf den Bänken
Vergeht mir Hören, Sehn und Denken.

MEPHISTOPHELES.
Das kommt nur auf Gewohnheit an.
So nimmt ein Kind der Mutter Brust
Nicht gleich im Anfang willig an, 1890
Doch bald ernährt es sich mit Lust.
So wird's Euch an der Weisheit Brüsten
Mit jedem Tage mehr gelüsten.

SCHÜLER.
An ihrem Hals will ich mit Freuden hangen;
Doch sagt mir nur, wie kann ich hingelangen? 1895

MEPHISTOPHELES.
Erklärt Euch, eh' Ihr weiter geht,
Was wählt Ihr für eine Fakultät?

SCHÜLER. Ich wünschte recht gelehrt zu werden,
Und möchte gern, was auf der Erden
Und in dem Himmel ist, erfassen, 1900
Die Wissenschaft und die Natur.

MEPHISTOPHELES.
Da seid Ihr auf der rechten Spur;
Doch müßt Ihr Euch nicht zerstreuen lassen.

SCHÜLER. Ich bin dabei mit Seel' und Leib;
Doch freilich würde mir behagen 1905
Ein wenig Freiheit und Zeitvertreib
An schönen Sommerfeiertagen.

MEPHISTOPHELES.
Gebraucht der Zeit, sie geht so schnell von hinnen,
Doch Ordnung lehrt Euch Zeit gewinnen.
Mein teurer Freund, ich rat' Euch drum 1910
Zuerst Collegium Logicum[80].
Da wird der Geist Euch wohl dressiert,
In spanische Stiefeln[81] eingeschnürt,

---

80 Collegium Logicum: die logischen Grundlagen der Philosophie, die Frage der Wahrheit von Aussagen
81 spanische Stiefel: Ein Werkzeug zur Folter. Mit eisernen Schienen wurden die Beine des Gefolterten zusammengepresst.

Daß er bedächtiger so fortan
Hinschleiche die Gedankenbahn,   1915
Und nicht etwa, die Kreuz und Quer,
Irrlichteliere hin und her.
Dann lehret man Euch manchen Tag,
Daß, was Ihr sonst auf einen Schlag
Getrieben, wie Essen und Trinken frei,   1920
Eins! Zwei! Drei! dazu nötig sei.
Zwar ist's mit der Gedankenfabrik
Wie mit einem Weber-Meisterstück,
Wo ein Tritt tausend Fäden regt,
Die Schifflein herüber hinüber schießen,   1925
Die Fäden ungesehen fließen,
Ein Schlag tausend Verbindungen schlägt:
Der Philosoph, der tritt herein
Und beweist Euch, es müßt' so sein:
Das Erst' wär' so, das Zweite so,   1930
Und drum das Dritt' und Vierte so,
Und wenn das Erst' und Zweit' nicht wär',
Das Dritt' und Viert' wär' nimmermehr.
Das preisen die Schüler aller Orten,
Sind aber keine Weber geworden.   1935
Wer will was Lebendigs erkennen und beschreiben,
Sucht erst den Geist heraus zu treiben,
Dann hat er die Teile in seiner Hand,
Fehlt leider! nur das geistige Band.
Encheiresin naturae[82] nennt's die Chemie,   1940
Spottet ihrer selbst und weiß nicht wie.

SCHÜLER. Kann Euch nicht eben ganz verstehen.

MEPHISTOPHELES.
Das wird nächstens schon besser gehen,
Wenn Ihr lernt alles reduzieren
Und gehörig klassifizieren.   1945

SCHÜLER. Mir wird von alle dem so dumm,
Als ging' mir ein Mühlrad im Kopf herum.

MEPHISTOPHELES.
Nachher, vor allen andern Sachen,
Müßt Ihr Euch an die Metaphysik[83] machen!
Da seht, daß Ihr tiefsinnig faßt,   1950
Was in des Menschen Hirn nicht paßt;
Für was drein geht und nicht drein geht,
Ein prächtig Wort zu Diensten steht.
Doch vorerst dieses halbe Jahr
Nehmt ja der besten Ordnung wahr.   1955
Fünf Stunden habt Ihr jeden Tag;
Seid drinnen mit dem Glockenschlag!

---

82 Encheiresin naturae: griechisch, Handgriff der Natur
83 Metaphysik: Eine Grunddisziplin der Philosophie; Beschreibung von Prinzipien von Sinn und Zweck allen Seins.

Habt Euch vorher wohl präpariert[84],
Paragraphos[85] wohl einstudiert,
Damit Ihr nachher besser seht,
Daß er nichts sagt, als was im Buche steht;
Doch Euch des Schreibens ja befleißt,
Als diktiert' Euch der Heilig' Geist!

SCHÜLER. Das sollt Ihr mir nicht zweimal sagen!
Ich denke mir, wie viel es nützt;
Denn, was man schwarz auf weiß besitzt,
Kann man getrost nach Hause tragen.

MEPHISTOPHELES. Doch wählt mir eine Fakultät!

SCHÜLER.
Zur Rechtsgelehrsamkeit kann ich mich nicht bequemen.

MEPHISTOPHELES.
Ich kann es Euch so sehr nicht übel nehmen,
Ich weiß, wie es um diese Lehre steht.
Es erben sich Gesetz' und Rechte
Wie eine ew'ge Krankheit fort,
Sie schleppen von Geschlecht sich zum Geschlechte
Und rücken sacht von Ort zu Ort.
Vernunft wird Unsinn, Wohltat Plage;
Weh dir, daß du ein Enkel bist!
Vom Rechte, das mit uns geboren ist,
Von dem ist leider! nie die Frage.

SCHÜLER.
Mein Abscheu wird durch Euch vermehrt.
O glücklich der, den Ihr belehrt!
Fast möcht' ich nun Theologie studieren.

MEPHISTOPHELES.
Ich wünschte nicht, Euch irre zu führen.
Was diese Wissenschaft betrifft,
Es ist so schwer, den falschen Weg zu meiden,
Es liegt in ihr so viel verborgnes Gift,
Und von der Arzenei ist's kaum zu unterscheiden.
Am besten ist's auch hier, wenn Ihr nur Einen hört,
Und auf des Meisters Worte schwört.
Im ganzen – haltet Euch an Worte!
Dann geht Ihr durch die sichre Pforte
Zum Tempel der Gewißheit ein.

SCHÜLER.
Doch ein Begriff muß bei dem Worte sein.

MEPHISTOPHELES.
Schon gut! Nur muß man sich nicht allzu ängstlich quälen;
Denn eben wo Begriffe fehlen,

---

84 präpariert: gelernt
85 Paragraphos: Abschnitt

Da stellt ein Wort zur rechten Zeit sich ein.
Mit Worten läßt sich trefflich streiten,
Mit Worten ein System bereiten,
An Worte läßt sich trefflich glauben,
Von einem Wort läßt sich kein Jota rauben.[86] 2000

SCHÜLER.
Verzeiht, ich halt' Euch auf mit vielen Fragen,
Allein ich muß Euch noch bemühn.
Wollt Ihr mir von der Medizin
Nicht auch ein kräftig Wörtchen sagen?
Drei Jahr' ist eine kurze Zeit, 2005
Und, Gott! das Feld ist gar zu weit.
Wenn man einen Fingerzeig nur hat,
Läßt sich's schon eher weiter fühlen.

MEPHISTOPHELES *für sich.*
Ich bin des trocknen Tons nun satt,
Muß wieder recht den Teufel spielen. 2010
Laut. Der Geist der Medizin ist leicht zu fassen;
Ihr durchstudiert die groß' und kleine Welt,
Um es am Ende gehn zu lassen,
Wie's Gott gefällt.
Vergebens, daß Ihr ringsum wissenschaftlich schweift, 2015
Ein jeder lernt nur, was er lernen kann;
Doch der den Augenblick ergreift,
Das ist der rechte Mann.
Ihr seid noch ziemlich wohl gebaut,
An Kühnheit wird's Euch auch nicht fehlen, 2020
Und wenn Ihr Euch nur selbst vertraut,
Vertrauen Euch die andern Seelen.
Besonders lernt die Weiber führen;
Es ist ihr ewig Weh und Ach
So tausendfach 2025
Aus einem Punkte zu kurieren,
Und wenn Ihr halbweg ehrbar tut,
Dann habt Ihr sie all' unterm Hut.
Ein Titel muß sie erst vertraulich machen,
Daß Eure Kunst viel Künste übersteigt; 2030
Zum Willkomm tappt Ihr dann nach allen Siebensachen,
Um die ein andrer viele Jahre streicht,
Versteht das Pülslein wohl zu drücken,
Und fasset sie, mit feurig schlauen Blicken,
Wohl um die schlanke Hüfte frei, 2035
Zu sehn, wie fest geschnürt sie sei.

SCHÜLER.
Das sieht schon besser aus! Man sieht doch, wo und wie.

---

86 Von einem Wort läßt sich kein Jota rauben: Redewendung. Jota ist der neunte Buchstabe des griechischen Alphabets. Im Matthäusevangelium findet sich ein ähnlicher Gebrauch als Redewendung: „Denn wahrlich, ich sage euch: Bis der Himmel und die Erde vergehen, soll auch nicht ein Jota oder ein Strichlein von dem Gesetz vergehen, bis alles geschehen ist." – Matthäusevangelium 5, 18

MEPHISTOPHELES.
Grau, teurer Freund, ist alle Theorie,
Und grün des Lebens goldner Baum.

SCHÜLER.
Ich schwör' Euch zu, mir ist's als wie ein Traum. 2040
Dürft' ich Euch wohl ein andermal beschweren,
Von Eurer Weisheit auf den Grund zu hören?

MEPHISTOPHELES.
Was ich vermag, soll gern geschehn.

SCHÜLER. Ich kann unmöglich wieder gehn,
Ich muß Euch noch mein Stammbuch überreichen. 2045
Gönn' Eure Gunst mir dieses Zeichen!

MEPHISTOPHELES.
Sehr wohl.

Er schreibt und gibt's.

SCHÜLER *liest.*
Eritis sicut Deus scientes bonum et malum.[87]

Macht's ehrerbietig zu und empfiehlt sich.

MEPHISTOPHELES.
Folg' nur dem alten Spruch und meiner Muhme, der Schlange,
Dir wird gewiß einmal bei deiner Gottähnlichkeit bange!

Faust tritt auf.

FAUST. Wohin soll es nun gehn? 2050

MEPHISTOPHELES.   Wohin es dir gefällt.
Wir sehn die kleine, dann die große Welt.
Mit welcher Freude, welchem Nutzen
Wirst du den Cursum durchschmarutzen!

FAUST. Allein bei meinem langen Bart 2055
Fehlt mir die leichte Lebensart.
Es wird mir der Versuch nicht glücken;
Ich wußte nie mich in die Welt zu schicken.
Vor andern fühl' ich mich so klein;
Ich werde stets verlegen sein. 2060

MEPHISTOPHELES.
Mein guter Freund, das wird sich alles geben;
Sobald du dir vertraust, sobald weißt du zu leben.

FAUST. Wie kommen wir denn aus dem Haus?
Wo hast du Pferde, Knecht und Wagen?

MEPHISTOPHELES.
Wir breiten nur den Mantel aus, 2065
Der soll uns durch die Lüfte tragen.

---

87   Eritis sicut Deus scientes bonum et malum: Ihr werdet sein wie Gott und wissen Gutes und Böses." – Im Paradies wird Eva mit diesen Worten von der Schlange verführt.

Du nimmst bei diesem kühnen Schritt
Nur keinen großen Bündel mit.
Ein bißchen Feuerluft[88], die ich bereiten werde,
Hebt uns behend von dieser Erde.
Und sind wir leicht, so geht es schnell hinauf; 2070
Ich gratuliere dir zum neuen Lebenslauf!

Auerbachs Keller in Leipzig

Zeche lustiger Gesellen.

FROSCH. Will keiner trinken? keiner lachen?
Ich will euch lehren Gesichter machen!
Ihr seid ja heut wie nasses Stroh, 2075
Und brennt sonst immer lichterloh.

BRANDER.
Das liegt an dir; du bringst ja nichts herbei,
Nicht eine Dummheit, keine Sauerei.

FROSCH *gießt ihm ein Glas Wein über den Kopf.*
Da hast du beides!

BRANDER. Doppelt Schwein!

FROSCH. Ihr wollt es ja, man soll es sein! 2080

SIEBEL. Zur Tür hinaus, wer sich entzweit!
Mit offner Brust singt Runda[89], sauft und schreit!
Auf! Holla! Ho!

ALTMAYER. Weh mir, ich bin verloren!
Baumwolle her! der Kerl sprengt mir die Ohren.

SIEBEL. Wenn das Gewölbe widerschallt, 2085
Fühlt man erst recht des Basses Grundgewalt.

FROSCH.
So recht, hinaus mit dem, der etwas übel nimmt!
A! tara lara da!

ALTMAYER. A! tara lara da!

FROSCH. Die Kehlen sind gestimmt.

Singt.

    Das liebe heil'ge Röm'sche Reich, 2090
    Wie hält's nur noch zusammen?

BRANDER.
Ein garstig Lied! Pfui! ein politisch Lied!

---

88   Feuerluft: 1783 stellten die Brüder Montgolfier den ersten Heißluftballon vor, der mit Heißluft (Feuerluft) betrieben wird – die Montgolfière.
89   Runda: Rundgesang

Ein leidig Lied! Dankt Gott mit jedem Morgen,
Daß ihr nicht braucht fürs Röm'sche Reich zu sorgen!
Ich halt' es wenigstens für reichlichen Gewinn, 2095
Daß ich nicht Kaiser oder Kanzler bin.
Doch muß auch uns ein Oberhaupt nicht fehlen;
Wir wollen einen Papst erwählen[90].
Ihr wißt, welch eine Qualität
Den Ausschlag gibt, den Mann erhöht. 2100

FROSCH *singt.*
 Schwing dich auf, Frau Nachtigall,
 Grüß' mir mein Liebchen zehentausendmal.

SIEBEL.
Dem Liebchen keinen Gruß! ich will davon nichts hören!

FROSCH.
Dem Liebchen Gruß und Kuß! du wirst mir's nicht verwehren.

Singt.
 Riegel auf! in stiller Nacht. 2105
 Riegel auf! der Liebste wacht.
 Riegel zu! des Morgens früh.

SIEBEL. Ja, singe, singe nur und lob' und rühme sie!
Ich will zu meiner Zeit schon lachen.
Sie hat mich angeführt, dir wird sie's auch so machen. 2110
Zum Liebsten sei ein Kobold ihr beschert!
Der mag mit ihr auf einem Kreuzweg schäkern;
Ein alter Bock, wenn er vom Blocksberg[91] kehrt,
Mag im Galopp noch gute Nacht ihr meckern!
Ein braver Kerl von echtem Fleisch und Blut 2115
Ist für die Dirne viel zu gut.
Ich will von keinem Gruße wissen,
Als ihr die Fenster eingeschmissen!

BRANDER *auf den Tisch schlagend.*
Paßt auf! paßt auf! Gehorchet mir!
Ihr Herrn, gesteht, ich weiß zu leben; 2120
Verliebte Leute sitzen hier,
Und diesen muß, nach Standsgebühr,
Zur guten Nacht ich was zum besten geben.
Gebt acht! Ein Lied vom neusten Schnitt!
Und singt den Rundreim kräftig mit! 2125

Er singt.
 Es war eine Ratt' im Kellernest,
 Lebte nur von Fett und Butter,

---

90 Papst erwählen…: Eine Anspielung auf einen Brauch bei der Papstwahl, um die Männlichkeit des Papstes zu prüfen. Nach dem Fall von Päpstin Johanna musste der neu gewählte Papst auf einem Stuhl platznehmen, in dem sich ein Loch befand. So konnte man seine Männlichkeit beweisen.

91 Blocksberg: Bezeichnung für den Brocken im Harz

Hatte sich ein Ränzlein angemäst't,
Als wie der Doktor Luther.
Die Köchin hatt' ihr Gift gestellt; 2130
Da ward's so eng ihr in der Welt,
Als hätte sie Lieb' im Leibe.

CHORUS *jauchzend.*
Als hätte sie Lieb' im Leibe.

BRANDER.
Sie fuhr herum, sie fuhr heraus,
Und soff aus allen Pfützen, 2135
Zernagt', zerkratzt' das ganze Haus,
Wollte nichts ihr Wüten nützen;
Sie tät gar manchen Ängstesprung,
Bald hatte das arme Tier genung,
Als hätt' es Lieb' im Leibe. 2140

CHORUS.
Als hätt' es Lieb' im Leibe.

BRANDER.
Sie kam für Angst am hellen Tag
Der Küche zugelaufen,
Fiel an den Herd und zuckt' und lag,
Und tät erbärmlich schnaufen.
Da lachte die Vergifterin noch: 2145
Ha! sie pfeift auf dem letzten Loch,
Als hätte sie Lieb' im Leibe.

CHORUS.
Als hätte sie Lieb' im Leibe.

SIEBEL. Wie sich die platten Bursche freuen! 2150
Es ist mir eine rechte Kunst,
Den armen Ratten Gift zu streuen!

BRANDER. Sie stehn wohl sehr in deiner Gunst?

ALTMAYER.
Der Schmerbauch[92] mit der kahlen Platte!
Das Unglück macht ihn zahm und mild; 2155
Er sieht in der geschwollnen Ratte
Sein ganz natürlich Ebenbild.

Faust und Mephistopheles treten auf.

MEPHISTOPHELES.
Ich muß dich nun vor allen Dingen
In lustige Gesellschaft bringen,
Damit du siehst, wie leicht sich's leben läßt. 2160
Dem Volke hier wird jeder Tag ein Fest.
Mit wenig Witz und viel Behagen
Dreht jeder sich im engen Zirkeltanz,

---

92 Schmerbauch: fetter Bauch bei Männern

Wie junge Katzen mit dem Schwanz.
Wenn sie nicht über Kopfweh klagen, 2165
So lang' der Wirt nur weiter borgt,
Sind sie vergnügt und unbesorgt.

BRANDER. Die kommen eben von der Reise,
Man sieht's an ihrer wunderlichen Weise;
Sie sind nicht eine Stunde hier. 2170

FROSCH.
Wahrhaftig, du hast recht! Mein Leipzig lob' ich mir!
Es ist ein klein Paris, und bildet seine Leute.[93]

SIEBEL. Für was siehst du die Fremden an?

FROSCH.
Laßt mich nur gehn! Bei einem vollen Glase
Zieh' ich, wie einen Kinderzahn, 2175
Den Burschen leicht die Würmer aus der Nase.
Sie scheinen mir aus einem edlen Haus,
Sie sehen stolz und unzufrieden aus.

BRANDER. Marktschreier sind's gewiß, ich wette!

ALTMAYER. Vielleicht.

FROSCH.   Gib acht, ich schraube sie! 2180

MEPHISTOPHELES *zu Faust.*
Den Teufel spürt das Völkchen nie,
Und wenn er sie beim Kragen hätte.

FAUST. Seid uns gegrüßt, ihr Herrn!

SIEBEL.   Viel Dank zum Gegengruß.

Leise, Mephistopheles von der Seite ansehend.

Was hinkt der Kerl auf einem Fuß?

MEPHISTOPHELES.
Ist es erlaubt, uns auch zu euch zu setzen? 2185
Statt eines guten Trunks, den man nicht haben kann,
Soll die Gesellschaft uns ergetzen.

ALTMAYER. Ihr scheint ein sehr verwöhnter Mann.

FROSCH.
Ihr seid wohl spät von Rippach[94] aufgebrochen?
Habt ihr mit Herren Hans noch erst zu Nacht gespeist? 2190

MEPHISTOPHELES.
Heut sind wir ihn vorbeigereist!

---

93   Paris galt damals als Mittelpunkt europäischer Kultur, wohin man Bildungsreisen vollzog. Leipzig als Universitätsstadt wurde Ende des 18. Jahrhunderts – wie auch Berlin – als Klein-Paris bezeichnet.

94   Hans von Rippach: war ein großmäuliger, lächerlicher und dummer Ritter. In Studentenkreisen war es eine Witzfigur (Hans Arsch von Rippach).

Wir haben ihn das letzte Mal gesprochen.
Von seinen Vettern wußt' er viel zu sagen,
Viel Grüße hat er uns an jeden aufgetragen.

Er neigt sich gegen Frosch.

ALTMAYER *leise.* Da hast du's! der versteht's!

SIEBEL. Ein pfiffiger Patron! 2195

FROSCH. Nun, warte nur, ich krieg' ihn schon!

MEPHISTOPHELES.
Wenn ich nicht irrte, hörten wir
Geübte Stimmen Chorus singen?
Gewiß, Gesang muß trefflich hier
Von dieser Wölbung widerklingen! 2200

FROSCH. Seid Ihr wohl gar ein Virtuos?

MEPHISTOPHELES.
O nein! die Kraft ist schwach, allein die Lust ist groß.

ALTMAYER. Gebt uns ein Lied!

MEPHISTOPHELES. Wenn ihr begehrt, die Menge.

SIEBEL. Nur auch ein nagelneues Stück!

MEPHISTOPHELES.
Wir kommen erst aus Spanien zurück, 2205
Dem schönen Land des Weins und der Gesänge.

Singt.

    Es war einmal ein König,
    Der hatt' einen großen Floh –

FROSCH.
Horcht! Einen Floh! Habt ihr das wohl gefaßt?
Ein Floh ist mir ein saubrer Gast. 2210

MEPHISTOPHELES *singt.*
    Es war einmal ein König,
    Der hatt' einen großen Floh
    Den liebt' er gar nicht wenig,
    Als wie seinen eignen Sohn.
    Da rief er seinen Schneider, 2215
    Der Schneider kam heran:
    Da, miß dem Junker Kleider
    Und miß ihm Hosen an!

BRANDER.
Vergeßt nur nicht, dem Schneider einzuschärfen,
Daß er mir aufs genauste mißt, 2220
Und daß, so lieb sein Kopf ihm ist,
Die Hosen keine Falten werfen!

MEPHISTOPHELES.
    In Sammet[95] und in Seide
    War er nun angetan,
    Hatte Bänder auf dem Kleide, 2225
    Hatt' auch ein Kreuz daran,
    Und war sogleich Minister,
    Und hatt einen großen Stern.
    Da wurden seine Geschwister
    Bei Hof' auch große Herrn. 2230
    Und Herrn und Fraun am Hofe,
    Die waren sehr geplagt,
    Die Königin und die Zofe
    Gestochen und genagt,
    Und durften sie nicht knicken, 2235
    Und weg sie jucken nicht.
    Wir knicken und ersticken
    Doch gleich, wenn einer sticht.

CHORUS *jauchzend.*
    Wir knicken und ersticken
    Doch gleich, wenn einer sticht. 2240

FROSCH. Bravo! Bravo! Das war schön!

SIEBEL. So soll es jedem Floh ergehn!

BRANDER. Spitzt die Finger und packt sie fein!

ALTMAYER. Es lebe die Freiheit! Es lebe der Wein!

MEPHISTOPHELES.
Ich tränke gern ein Glas, die Freiheit hoch zu ehren, 2245
Wenn eure Weine nur ein bißchen besser wären.

SIEBEL. Wir mögen das nicht wieder hören!

MEPHISTOPHELES.
Ich fürchte nur, der Wirt beschweret sich;
Sonst gäb' ich diesen werten Gästen
Aus unserm Keller was zum besten. 2250

SIEBEL. Nur immer her! ich nehm's auf mich.

FROSCH.
Schafft Ihr ein gutes Glas, so wollen wir Euch loben.
Nur gebt nicht gar zu kleine Proben;
Denn wenn ich judizieren[96] soll,
Verlang' ich auch das Maul recht voll. 2255

ALTMAYER *leise.*
Sie sind vom Rheine, wie ich spüre.

MEPHISTOPHELES. Schafft einen Bohrer an!

---

95 Sammet: Samt
96 judizieren: Recht sprechen

BRANDER. Was soll mit dem geschehn?
Ihr habt doch nicht die Fässer vor der Türe?

ALTMAYER.
Dahinten hat der Wirt ein Körbchen Werkzeug stehn.

MEPHISTOPHELES *nimmt den Bohrer. Zu Frosch.*
Nun sagt, was wünschet Ihr zu schmecken? 2260

FROSCH.
Wie meint Ihr das? Habt Ihr so mancherlei?

MEPHISTOPHELES. Ich stell' es einem jeden frei.

ALTMAYER *zu Frosch.*
Aha! du fängst schon an, die Lippen abzulecken.

FROSCH.
Gut! wenn ich wählen soll, so will ich Rheinwein haben.
Das Vaterland verleiht die allerbesten Gaben. 2265

MEPHISTOPHELES *indem er an dem Platz, wo Frosch sitzt, ein Loch in den Tischrand bohrt.*
Verschafft ein wenig Wachs, die Pfropfen gleich zu machen!

ALTMAYER. Ach, das sind Taschenspielersachen.

MEPHISTOPHELES *zu Brander.* Und Ihr?

BRANDER. Ich will Champagner Wein,
Und recht moussierend[97] soll er sein!

MEPHISTOPHELES *bohrt; einer hat indessen die Wachspfropfen gemacht und verstopft.*

BRANDER.
Man kann nicht stets das Fremde meiden, 2270
Das Gute liegt uns oft so fern.
Ein echter deutscher Mann mag keinen Franzen[98] leiden,
Doch ihre Weine trinkt er gern.

SIEBEL *indem sich Mephistopheles seinem Platze nähert.*
Ich muß gestehn, den sauren mag ich nicht,
Gebt mir ein Glas vom echten süßen! 2275

MEPHISTOPHELES *bohrt.*
Euch soll sogleich Tokayer[99] fließen.

ALTMAYER. Nein, Herren, seht mir ins Gesicht!
Ich seh' es ein, ihr habt uns nur zum besten.

MEPHISTOPHELES.
Ei! Ei! Mit solchen edlen Gästen
Wär' es ein bißchen viel gewagt. 2280

---

97 moussierend: in Bläschen schäumend
98 Franzen: Franzosen
99 Tokayer: Wein aus Ungarn, der nach der Stadt Tokaj benannt ist.

Geschwind! Nur grad' heraus gesagt!
Mit welchem Weine kann ich dienen?

ALTMAYER. Mit jedem! Nur nicht lang gefragt.

Nachdem die Löcher alle gebohrt und verstopft sind,
MEPHISTOPHELES *mit seltsamen Gebärden.*
    Trauben trägt der Weinstock!
    Hörner der Ziegenbock;   2285
    Der Wein ist saftig, Holz die Reben,
    Der hölzerne Tisch kann Wein auch geben.
    Ein tiefer Blick in die Natur!
    Hier ist ein Wunder, glaubet nur!
Nun zieht die Pfropfen und genießt!   2290

ALLE *indem sie die Pfropfen ziehen und jedem der verlangte Wein ins Glas läuft.*
O schöner Brunnen, der uns fließt!

MEPHISTOPHELES.
Nur hütet euch, daß ihr mir nichts vergießt!

Sie trinken wiederholt.

ALLE *singen.*
    Uns ist ganz kannibalisch wohl,
    Als wie fünfhundert Säuen!

MEPHISTOPHELES.
Das Volk ist frei, seht an, wie wohl's ihm geht!   2295

FAUST. Ich hätte Lust, nun abzufahren.

MEPHISTOPHELES.
Gib nur erst acht, die Bestialität
Wird sich gar herrlich offenbaren.

SIEBEL *trinkt unvorsichtig, der Wein fließt auf die Erde und wird zur Flamme.*
Helft! Feuer! helft! Die Hölle brennt!

MEPHISTOPHELES *die Flamme besprechend.*
Sei ruhig, freundlich Element!   2300

Zu dem Gesellen.

Für diesmal war es nur ein Tropfen Fegefeuer.

SIEBEL.
Was soll das sein? Wart! Ihr bezahlt es teuer!
Es scheinet, daß Ihr uns nicht kennt.

FROSCH. Laß Er uns das zum zweiten Male bleiben!

ALTMAYER.
Ich dächt', wir hießen ihn ganz sachte seitwärts gehn.   2305

SIEBEL. Was, Herr? Er will sich unterstehn,
Und hier Sein Hokuspokus treiben?

MEPHISTOPHELES. Still, altes Weinfaß!

SIEBEL. Besenstiel!
Du willst uns gar noch grob begegnen?

BRANDER. Wart' nur, es sollen Schläge regnen! 2310

ALTMAYER *zieht einen Pfropf aus dem Tisch, es springt ihm Feuer entgegen.*
Ich brenne! ich brenne!

SIEBEL. Zauberei!
Stoßt zu! der Kerl ist vogelfrei!

Sie ziehen die Messer und gehn auf Mephistopheles los.

MEPHISTOPHELES *mit ernsthafter Gebärde.*
   Falsch Gebild und Wort
   Verändern Sinn und Ort!
   Seid hier und dort! 2315

Sie stehn erstaunt und sehn einander an.

ALTMAYER. Wo bin ich? Welches schöne Land!

FROSCH. Weinberge! Seh' ich recht?

SIEBEL. Und Trauben gleich zur Hand!

BRANDER. Hier unter diesem grünen Laube,
Seht, welch ein Stock! Seht, welche Traube!

Er faßt Siebeln bei der Nase. Die andern tun es wechselseitig und heben die Messer.

MEPHISTOPHELES *wie oben.*
Irrtum, laß los der Augen Band! 2320
Und merkt euch, wie der Teufel spaße.

Er verschwindet mit Faust, die Gesellen fahren auseinander.

SIEBEL. Was gibt's?

ALTMAYER. Wie?

FROSCH. War das deine Nase?

BRANDER *zu Siebel.*
Und deine hab' ich in der Hand!

ALTMAYER.
Es war ein Schlag, der ging durch alle Glieder!
Schafft einen Stuhl, ich sinke nieder! 2325

FROSCH. Nein, sagt mir nur, was ist geschehn?

SIEBEL. Wo ist der Kerl? Wenn ich ihn spüre,
Er soll mir nicht lebendig gehn!

ALTMAYER.
Ich hab' ihn selbst hinaus zur Kellertüre –
Auf einem Fasse reiten sehn – – 2330
Es liegt mir bleischwer in den Füßen.

Sich nach dem Tische wendend.

Mein! Sollte wohl der Wein noch fließen?

SIEBEL. Betrug war alles, Lug und Schein.

FROSCH. Mir deuchte doch, als tränk' ich Wein.

BRANDER. Aber wie war es mit den Trauben? 2335

ALTMAYER.
Nun sag' mir eins, man soll kein Wunder glauben!

Hexenküche

Auf einem niedrigen Herde steht ein großer Kessel über dem Feuer. In dem Dampfe, der davon in die Höhe steigt, zeigen sich verschiedene Gestalten. Eine Meerkatze sitzt bei dem Kessel und schäumt ihn, und sorgt, daß er nicht überläuft. Der Meerkater mit den Jungen sitzt darneben und wärmt sich. Wände und Decke sind mit dem seltsamsten Hexenhausrat ausgeschmückt.

Faust. Mephistopheles.

FAUST. Mir widersteht das tolle Zauberwesen!
Versprichst du mir, ich soll genesen
In diesem Wust von Raserei?
Verlang' ich Rat von einem alten Weibe? 2340
Und schafft die Sudelköcherei
Wohl dreißig Jahre mir vom Leibe?
Weh mir, wenn du nichts Bessers weißt!
Schon ist die Hoffnung mir verschwunden.
Hat die Natur und hat ein edler Geist 2345
Nicht irgendeinen Balsam ausgefunden?

MEPHISTOPHELES.
Mein Freund, nun sprichst du wieder klug!
Dich zu verjüngen, gibt's auch ein natürlich Mittel;
Allein es steht in einem andern Buch,
Und ist ein wunderlich Kapitel. 2350

FAUST. Ich will es wissen.

MEPHISTOPHELES. Gut! Ein Mittel, ohne Geld
Und Arzt und Zauberei zu haben:
Begib dich gleich hinaus aufs Feld,
Fang an zu hacken und zu graben,
Erhalte dich und deinen Sinn 2355
In einem ganz beschränkten Kreise,
Ernähre dich mit ungemischter Speise,
Leb mit dem Vieh als Vieh, und acht es nicht für Raub,
Den Acker, den du erntest, selbst zu düngen;
Das ist das beste Mittel, glaub, 2360
Auf achtzig Jahr dich zu verjüngen!

FAUST.
Das bin ich nicht gewöhnt, ich kann mich nicht bequemen,
Den Spaten in die Hand zu nehmen.
Das enge Leben steht mir gar nicht an.

MEPHISTOPHELES.
So muß denn doch die Hexe dran.

FAUST. Warum denn just das alte Weib!
Kannst du den Trank nicht selber brauen?

MEPHISTOPHELES.
Das wär' ein schöner Zeitvertreib!
Ich wollt' indes wohl tausend Brücken bauen.
Nicht Kunst und Wissenschaft allein,
Geduld will bei dem Werke sein.
Ein stiller Geist ist Jahre lang geschäftig,
Die Zeit nur macht die feine Gärung kräftig.
Und alles, was dazu gehört,
Es sind gar wunderbare Sachen!
Der Teufel hat sie's zwar gelehrt;
Allein der Teufel kann's nicht machen.
Die Tiere erblickend.
Sieh, welch ein zierliches Geschlecht!
Das ist die Magd! das ist der Knecht!
Zu den Tieren. Es scheint, die Frau ist nicht zu Hause?

DIE TIERE.
    Beim Schmause,
    Aus dem Haus
    Zum Schornstein hinaus!

MEPHISTOPHELES.
Wie lange pflegt sie wohl zu schwärmen?

DIE TIERE. So lange wir uns die Pfoten wärmen.

MEPHISTOPHELES *zu Faust.* Wie findest du die zarten Tiere?

FAUST. So abgeschmackt, als ich nur jemand sah!

MEPHISTOPHELES.
Nein, ein Diskurs wie dieser da
Ist grade der, den ich am liebsten führe!
Zu den Tieren. So sagt mir doch, verfluchte Puppen,
Was quirlt ihr in dem Brei herum?

DIE TIERE. Wir kochen breite Bettelsuppen[100].

MEPHISTOPHELES.
Da habt ihr ein groß Publikum.

DER KATER *macht sich herbei und schmeichelt dem Mephistopheles.*
    O würfle nur gleich
    Und mache mich reich,
    Und laß mich gewinnen!
    Gar schlecht ist's bestellt,
    Und wär' ich bei Geld,
    So wär' ich bei Sinnen.

---

100 Bettelsuppen: Suppen für Bettler

MEPHISTOPHELES.
Wie glücklich würde sich der Affe schätzen, 2400
Könnt' er nur auch ins Lotto setzen!

Indessen haben die jungen Meerkätzchen mit einer großen Kugel gespielt und rollen sie hervor.

DER KATER.
   Das ist die Welt;
   Sie steigt und fällt
   Und rollt beständig;
   Sie klingt wie Glas – 2405
   Wie bald bricht das!
   Ist hohl inwendig.
   Hier glänzt sie sehr,
   Und hier noch mehr:
   Ich bin lebendig! 2410
   Mein lieber Sohn,
   Halt dich davon!
   Du mußt sterben!
   Sie ist von Ton,
   Es gibt Scherben. 2415

MEPHISTOPHELES. Was soll das Sieb[101]?

DER KATER *holt es herunter.*
   Wärst du ein Dieb,
   Wollt' ich dich gleich erkennen.

Er läuft zur Kätzin und läßt sie durchsehen.

   Sieh durch das Sieb!
   Erkennst du den Dieb, 2420
   Und darfst ihn nicht nennen?

MEPHISTOPHELES *sich dem Feuer nähernd.*
Und dieser Topf?

KATER UND KÄTZIN. Der alberne Tropf!
   Er kennt nicht den Topf,
   Er kennt nicht den Kessel! 2425

MEPHISTOPHELES. Unhöfliches Tier!

DER KATER.
   Den Wedel nimm hier
   Und setz' dich in Sessel!

Er nötigt den Mephistopheles zu sitzen.

FAUST *welcher diese Zeit über vor einem Spiegel gestanden, sich ihm bald genähert, bald sich von ihm entfernt hat.*
Was seh' ich? Welch ein himmlisch Bild
Zeigt sich in diesem Zauberspiegel! 2430

---

101 Sieb: Beim Blick durch ein Sieb kann man in die Zukunft schauen, glaubte man bereits im Mittelalter.

O Liebe, leihe mir den schnellsten deiner Flügel,
Und führe mich in ihr Gefild!
Ach! wenn ich nicht auf dieser Stelle bleibe,
Wenn ich es wage, nah zu gehn,
Kann ich sie nur als wie im Nebel sehn! – 2435
Das schönste Bild von einem Weibe!
Ist's möglich, ist das Weib so schön?
Muß ich an diesem hingestreckten Leibe
Den Inbegriff von allen Himmeln sehn?
So etwas findet sich auf Erden? 2440

MEPHISTOPHELES.
Natürlich, wenn ein Gott sich erst sechs Tage plagt,
Und selbst am Ende Bravo sagt,
Da muß es was Gescheites werden.
Für diesmal sieh dich immer satt;
Ich weiß dir so ein Schätzchen auszuspüren, 2445
Und selig, wer das gute Schicksal hat,
Als Bräutigam sie heimzuführen!

FAUST *sieht immerfort in den Spiegel.*

MEPHISTOPHELES, *sich in dem Sessel dehnend und mit dem Wedel spielend, fährt fort zu sprechen.*
Hier sitz' ich wie der König auf dem Throne,
Den Zepter halt' ich hier, es fehlt nur noch die Krone.

DIE TIERE *welche bisher allerlei wunderliche Bewegungen durcheinander gemacht haben, bringen dem Mephistopheles eine Krone mit großem Geschrei.*

    O sei doch so gut, 2450
    Mit Schweiß und mit Blut
    Die Krone zu leimen!

Sie gehn ungeschickt mit der Krone um und zerbrechen sie in zwei Stücke, mit welchen sie herumspringen.

    Nun ist es geschehn!
    Wir reden und sehn,
    Wir hören und reimen – 2455

FAUST *gegen den Spiegel.*
Weh mir! ich werde schier verrückt.

MEPHISTOPHELES *auf die Tiere deutend.*
Nun fängt mir an fast selbst der Kopf zu schwanken.

DIE TIERE.
    Und wenn es uns glückt,
    Und wenn es sich schickt,
    So sind es Gedanken! 2460

FAUST *wie oben.*
Mein Busen fängt mir an zu brennen!
Entfernen wir uns nur geschwind!

MEPHISTOPHELES *in obiger Stellung.*
Nun, wenigstens muß man bekennen,
Daß es aufrichtige Poeten sind.

Der Kessel, welchen die Kätzin bisher außer acht gelassen, fängt an, überzulaufen; es entsteht eine große Flamme, welche zum Schornstein hinausschlägt. Die Hexe kommt durch die Flamme mit entsetzlichem Geschrei heruntergefahren.

DIE HEXE. Au! Au! Au! Au! 2465
Verdammtes Tier! verfluchte Sau!
Versäumst den Kessel, versengst die Frau!
Verfluchtes Tier!

Faust und Mephistopheles erblickend.

Was ist das hier?
Wer seid ihr hier? 2470
Was wollt ihr da?
Wer schlich sich ein?
Die Feuerpein
Euch ins Gebein!

Sie fährt mit dem Schaumlöffel in den Kessel und spritzt Flammen nach Faust, Mephistopheles und den Tieren. Die Tiere winseln.

MEPHISTOPHELES *welcher den Wedel, den er in der Hand hält, umkehrt und unter die Gläser und Töpfe schlägt.*
Entzwei! entzwei! 2475
Da liegt der Brei!
Da liegt das Glas!
Es ist nur Spaß,
Der Takt, du Aas,
Zu deiner Melodei. 2480

Indem die Hexe voll Grimm und Entsetzen zurücktritt.

Erkennst du mich? Gerippe! Scheusal du!
Erkennst du deinen Herrn und Meister?
Was hält mich ab, so schlag' ich zu,
Zerschmettre dich und deine Katzengeister!
Hast du vorm roten Wams nicht mehr Respekt? 2485
Kannst du die Hahnenfeder nicht erkennen?
Hab' ich dies Angesicht versteckt?
Soll ich mich etwa selber nennen?

DIE HEXE. O Herr, verzeiht den rohen Gruß!
Seh' ich doch keinen Pferdefuß[102]. 2490
Wo sind denn Eure beiden Raben[103]?

MEPHISTOPHELES.
Für diesmal kommst du so davon;
Denn freilich ist es eine Weile schon,

---

102   Pferdefuß: Symbol und markantes Zeichen für den Teufel.
103   Raben: In der nordischen Mythologie sind zwei Raben die Boten Wotans (der Hauptgott). Im Aberglauben sind Raben Gehilfen des Teufels und von Hexen.

Daß wir uns nicht gesehen haben.
Auch die Kultur, die alle Welt beleckt, 2495
Hat auf den Teufel sich erstreckt;
Das nordische Phantom ist nun nicht mehr zu schauen;
Wo siehst du Hörner, Schweif und Klauen?
Und was den Fuß betrifft, den ich nicht missen kann,
Der würde mir bei Leuten schaden; 2500
Darum bedien' ich mich, wie mancher junge Mann,
Seit vielen Jahren falscher Waden.

DIE HEXE *tanzend.*
Sinn und Verstand verlier' ich schier,
Seh' ich den Junker Satan wieder hier!

MEPHISTOPHELES.
Den Namen, Weib, verbitt' ich mir! 2505

DIE HEXE. Warum? Was hat er Euch getan?

MEPHISTOPHELES.
Er ist schon lang' ins Fabelbuch geschrieben;
Allein die Menschen sind nichts besser dran,
Den Bösen sind sie los, die Bösen sind geblieben.
Du nennst mich Herr Baron, so ist die Sache gut; 2510
Ich bin ein Kavalier, wie andre Kavaliere.
Du zweifelst nicht an meinem edlen Blut;
Sieh her, das ist das Wappen, das ich führe!
Er macht eine unanständige Gebärde.

DIE HEXE *lacht unmäßig.*
Ha! Ha! Das ist in Eurer Art!
Ihr seid ein Schelm, wie Ihr nur immer wart! 2515

MEPHISTOPHELES *zu Faust.*
Mein Freund, das lerne wohl verstehn!
Dies ist die Art, mit Hexen umzugehn.

DIE HEXE. Nun sagt, ihr Herren, was ihr schafft.

MEPHISTOPHELES.
Ein gutes Glas von dem bekannten Saft!
Doch muß ich Euch ums älteste bitten; 2520
Die Jahre doppeln seine Kraft.

DIE HEXE. Gar gern! Hier hab' ich eine Flasche,
Aus der ich selbst zuweilen nasche,
Die auch nicht mehr im mindsten stinkt;
Ich will euch gern ein Gläschen geben. 2525
Leise.
Doch wenn es dieser Mann unvorbereitet trinkt,
So kann er, wißt Ihr wohl, nicht eine Stunde leben.

MEPHISTOPHELES. Es ist ein guter Freund, dem es gedeihen soll;
Ich gönn' ihm gern das Beste deiner Küche.
Zieh deinen Kreis, sprich deine Sprüche, 2530
Und gib ihm eine Tasse voll!

Die Hexe, mit seltsamen Gebärden, zieht einen Kreis und stellt wunderbare Sachen hinein; indessen fangen die Gläser an zu klingen, die Kessel zu tönen, und machen Musik. Zuletzt bringt sie ein großes Buch, stellt die Meerkatzen in den Kreis, die ihr zum Pult dienen und die Fackel halten müssen. Sie winkt Fausten, zu ihr zu treten.

FAUST *zu Mephistopheles.*
Nein, sage mir, was soll das werden?
Das tolle Zeug, die rasenden Gebärden,
Der abgeschmackteste Betrug,
Sind mir bekannt, verhaßt genug. 2535

MEPHISTOPHELES.
Ei Possen! Das ist nur zum Lachen;
Sei nur nicht ein so strenger Mann!
Sie muß als Arzt ein Hokuspokus machen,
Damit der Saft dir wohl gedeihen kann.

Er nötigt Fausten, in den Kreis zu treten. Die Hexe mit großer Emphase fängt an, aus dem Buche zu deklamieren.

    Du mußt verstehn! 2540
    Aus Eins mach Zehn,
    Und Zwei laß gehn,
    Und Drei mach gleich,
    So bist du reich.
    Verlier die Vier! 2545
    Aus Fünf und Sechs,
    So sagt die Hex',
    Mach Sieben und Acht,
    So ist's vollbracht:
    Und Neun ist Eins, 2550
    Und Zehn ist keins.
    Das ist das Hexen-Einmaleins.

FAUST. Mich dünkt, die Alte spricht im Fieber.

MEPHISTOPHELES.
Das ist noch lange nicht vorüber,
Ich kenn' es wohl, so klingt das ganze Buch; 2555
Ich habe manche Zeit damit verloren,
Denn ein vollkommner Widerspruch
Bleibt gleich geheimnisvoll für Kluge wie für Toren.
Mein Freund, die Kunst ist alt und neu.
Es war die Art zu allen Zeiten, 2560
Durch Drei und Eins, und Eins und Drei
Irrtum statt Wahrheit zu verbreiten.
So schwätzt und lehrt man ungestört;
Wer will sich mit den Narrn befassen?
Gewöhnlich glaubt der Mensch, wenn er nur Worte hört, 2565
Es müsse sich dabei doch auch was denken lassen.

DIE HEXE *fährt fort.*
    Die hohe Kraft
    Der Wissenschaft,
    Der ganzen Welt verborgen!

>   Und wer nicht denkt, 2570
>   Dem wird sie geschenkt,
>   Er hat sie ohne Sorgen.

FAUST. Was sagt sie uns für Unsinn vor?
Es wird mir gleich der Kopf zerbrechen.
Mich dünkt, ich hör' ein ganzes Chor 2575
Von hunderttausend Narren sprechen.

MEPHISTOPHELES.
Genug, genug, o treffliche Sibylle[104]!
Gib deinen Trank herbei, und fülle
Die Schale rasch bis an den Rand hinan;
Denn meinem Freund wird dieser Trunk nicht schaden: 2580
Er ist ein Mann von vielen Graden[105],
Der manchen guten Schluck getan.

Die Hexe, mit vielen Zeremonien, schenkt den Trank in eine Schale; wie sie Faust an den Mund bringt, entsteht eine leichte Flamme.

MEPHISTOPHELES. Nur frisch hinunter! Immer zu!
Es wird dir gleich das Herz erfreuen.
Bist mit dem Teufel du und du, 2585
Und willst dich vor der Flamme scheuen?

Die Hexe löst den Kreis. Faust tritt heraus.

MEPHISTOPHELES.
Nun frisch hinaus! Du darfst nicht ruhn.

DIE HEXE.
Mög' Euch das Schlückchen wohl behagen!

MEPHISTOPHELES *zur Hexe.* Und kann ich dir was zu Gefallen tun,
So darfst du mir's nur auf Walpurgis[106] sagen. 2590

DIE HEXE.
Hier ist ein Lied! wenn Ihr's zuweilen singt,
So werdet Ihr besondre Wirkung spüren.

MEPHISTOPHELES *zu Faust.*
Komm nur geschwind und laß dich führen;
Du mußt notwendig transpirieren,
Damit die Kraft durch Inn- und Äußres dringt. 2595
Den edlen Müßiggang lehr' ich hernach dich schätzen,
Und bald empfindest du mit innigem Ergetzen,
Wie sich Cupido[107] regt und hin und wider springt.

FAUST.
Laß mich nur schnell noch in den Spiegel schauen!
Das Frauenbild war gar zu schön! 2600

---

104 Sybille: eine Wahrsagerin
105 Mann mit vielen Graden: besitzt viele akademische Titel
106 Walpurgis: die Walpurgisnacht
107 Cupido: Bezeichnung für den römischen Liebesgott Amor. In der griechischen Mythologie heißt er Eros.

MEPHISTOPHELES.
Nein! Nein! Du sollst das Muster aller Frauen
Nun bald leibhaftig vor dir sehn.
Leise. Du siehst, mit diesem Trank im Leibe,
Bald Helenen[108] in jedem Weibe.

Straße

Faust. Margarete vorübergehend.

FAUST. Mein schönes Fräulein, darf ich wagen, 2605
Meinen Arm und Geleit Ihr anzutragen?

MARGARETE. Bin weder Fräulein, weder schön,
Kann ungeleitet nach Hause gehn.

Sie macht sich los und ab.

FAUST. Beim Himmel, dieses Kind ist schön!
So etwas hab' ich nie gesehn. 2610
Sie ist so sitt- und tugendreich,
Und etwas schnippisch doch zugleich.
Der Lippe Rot, der Wange Licht,
Die Tage der Welt vergess' ich's nicht!
Wie sie die Augen niederschlägt, 2615
Hat tief sich in mein Herz geprägt;
Wie sie kurz angebunden war,
Das ist nun zum Entzücken gar!

Mephistopheles tritt auf.

FAUST. Hör, du mußt mir die Dirne schaffen!

MEPHISTOPHELES. Nun, welche?

FAUST. Sie ging just vorbei. 2620

MEPHISTOPHELES.
Da die? Sie kam von ihrem Pfaffen,
Der sprach sie aller Sünden frei;
Ich schlich mich hart am Stuhl[109] vorbei.
Es ist ein gar unschuldig Ding,
Das eben für nichts zur Beichte ging; 2625
Über die hab' ich keine Gewalt!

FAUST. Ist über vierzehn Jahr doch alt.

---

108 Helene: Die schöne Helena war die Königin von Sparta. Sie galt als die schönste Frau ihrer Zeit, um die sich viele griechische Fürsten bewarben. Als sie der trojanische Prinz Paris nach Troja entführt, wird hierdurch der trojanische Krieg ausgelöst. Bereits im Volksbuch und der Faustsage begehrt Faust nach Helena. Der Vers ist ein Blick auf die kommende Szene, in der Faust Gretchen auf der Straße begegnet. Helena selbst begegnet Faust erst im zweiten Teil der Faust-Tragödie.

109 Stuhl: Beichstuhl

MEPHISTOPHELES.
Du sprichst ja wie Hans Liederlich[110],
Der begehrt jede liebe Blum' für sich,
Und dünkelt ihm, es wär' kein' Ehr'
Und Gunst, die nicht zu pflücken wär';
Geht aber doch nicht immer an.

FAUST. Mein Herr Magister Lobesan[111],
Lass' Er mich mit dem Gesetz in Frieden!
Und das sag' ich Ihm kurz und gut:
Wenn nicht das süße junge Blut
Heut nacht in meinen Armen ruht,
So sind wir um Mitternacht geschieden.

MEPHISTOPHELES.
Bedenkt, was gehn und stehen mag!
Ich brauche wenigstens vierzehn Tag',
Nur die Gelegenheit auszuspüren.

FAUST. Hätt' ich nur sieben Stunden Ruh',
Brauchte den Teufel nicht dazu,
So ein Geschöpfchen zu verführen.

MEPHISTOPHELES.
Ihr sprecht schon fast wie ein Franzos;
Doch bitt' ich, laßt's Euch nicht verdrießen:
Was hilft's, nur grade zu genießen?
Die Freud' ist lange nicht so groß,
Als wenn Ihr erst herauf, herum,
Durch allerlei Brimborium[112],
Das Püppchen geknetet und zugericht't,
Wie's lehret manche welsche Geschicht'.

FAUST. Hab' Appetit auch ohne das.

MEPHISTOPHELES.
Jetzt ohne Schimpf und ohne Spaß.
Ich sag' Euch: mit dem schönen Kind
Geht's ein- für allemal nicht geschwind.
Mit Sturm ist da nichts einzunehmen;
Wir müssen uns zur List bequemen.

FAUST. Schaff mir etwas vom Engelsschatz!
Führ mich an ihren Ruheplatz!
Schaff mir ein Halstuch von ihrer Brust,
Ein Strumpfband meiner Liebeslust!

MEPHISTOPHELES.
Damit Ihr seht, daß ich Eurer Pein
Will förderlich und dienstlich sein,

---

110 Hans Liederlich: ein unordentlicher und leichtsinniger Mensch
111 Magister Lobesan: ein Pedant
112 Brimborium: unverhältnismäßiger, überflüssiger Aufwand

Wollen wir keinen Augenblick verlieren, 2665
Will Euch noch heut in ihr Zimmer führen.

FAUST. Und soll sie sehn? sie haben?

MEPHISTOPHELES. Nein!
Sie wird bei einer Nachbarin sein.
Indessen könnt Ihr ganz allein
An aller Hoffnung künft'ger Freuden 2670
In ihrem Dunstkreis satt Euch weiden.

FAUST. Können wir hin?

MEPHISTOPHELES. Es ist noch zu früh.

FAUST. Sorg du mir für ein Geschenk für sie! *Ab.*

MEPHISTOPHELES.
Gleich schenken? Das ist brav! Da wird er reüssieren[113]!
Ich kenne manchen schönen Platz 2675
Und manchen altvergrabner Schatz;
Ich muß ein bißchen revidieren. *Ab.*

Abend

Ein kleines reinliches Zimmer.

MARGARETE *ihre Zöpfe flechtend und aufbindend.*
Ich gäb' was drum, wenn ich nur wüßt',
Wer heut der Herr gewesen ist!
Er sah gewiß recht wacker aus, 2680
Und ist aus einem edlen Haus;
Das konnt' ich ihm an der Stirne lesen –
Er wär' auch sonst nicht so keck gewesen. *Ab.*

Mephistopheles. Faust.

MEPHISTOPHELES. Herein, ganz leise, nur herein!

FAUST *nach einigem Stillschweigen.*
Ich bitte dich, laß mich allein! 2685

MEPHISTOPHELES *herumspürend.*
Nicht jedes Mädchen hält so rein. *Ab.*

FAUST *rings aufschauend.*
Willkommen, süßer Dämmerschein,
Der du dies Heiligtum durchwebst!
Ergreif mein Herz, du süße Liebespein,
Die du vom Tau der Hoffnung schmachtend lebst! 2690
Wie atmet rings Gefühl der Stille,
Der Ordnung, der Zufriedenheit!

---

113   reüssieren: Erfolg haben

In dieser Armut welche Fülle!
In diesem Kerker welche Seligkeit!

Er wirft sich auf den ledernen Sessel am Bette.

O nimm mich auf, der du die Vorwelt schon 2695
Bei Freud' und Schmerz im offnen Arm empfangen!
Wie oft, ach! hat an diesem Väterthron
Schon eine Schar von Kindern rings gehangen!
Vielleicht hat, dankbar für den heil'gen Christ,
Mein Liebchen hier, mit vollen Kinderwangen, 2700
Dem Ahnherrn fromm die welke Hand geküßt.
Ich fühl', o Mädchen, deinen Geist
Der Füll' und Ordnung um mich säuseln,

Der mütterlich dich täglich unterweist,
Den Teppich auf den Tisch dich reinlich breiten heißt, 2705
Sogar den Sand zu deinen Füßen kräuseln.
O liebe Hand! so göttergleich!
Die Hütte wird durch dich ein Himmelreich.
Und hier!

Er hebt einen Bettvorhang auf.

   Was faßt mich für ein Wonnegraus!
Hier möcht' ich volle Stunden säumen. 2710
Natur! hier bildetest in leichten Träumen
Den eingebornen Engel aus!
Hier lag das Kind, mit warmem Leben
Den zarten Busen angefüllt,
Und hier mit heilig reinem Weben 2715
Entwirkte sich das Götterbild!

Und du! Was hat dich hergeführt?
Wie innig fühl' ich mich gerührt!
Was willst du hier? Was wird das Herz dir schwer?
Armsel'ger Faust! ich kenne dich nicht mehr. 2720

Umgibt mich hier ein Zauberduft?
Mich drang's, so grade zu genießen,
Und fühle mich in Liebestraum zerfließen!
Sind wir ein Spiel von jedem Druck der Luft?

Und träte sie den Augenblick herein, 2725
Wie würdest du für deinen Frevel büßen!
Der große Hans, ach wie so klein!
Läg', hingeschmolzen, ihr zu Füßen.

MEPHISTOPHELES.
Geschwind! ich seh' sie unten kommen.

FAUST. Fort! Fort! Ich kehre nimmermehr! 2730

MEPHISTOPHELES.
Hier ist ein Kästchen leidlich schwer,
Ich hab's wo anders hergenommen.
Stellt's hier nur immer in den Schrein,

Ich schwör' Euch, ihr vergehn die Sinnen;
Ich tat Euch Sächelchen hinein, 2735
Um eine andre zu gewinnen.
Zwar Kind ist Kind und Spiel ist Spiel.

FAUST. Ich weiß nicht, soll ich?

MEPHISTOPHELES. Fragt Ihr viel?
Meint Ihr vielleicht den Schatz zu wahren?
Dann rat' ich eurer Lüsternheit, 2740
Die liebe schöne Tageszeit
Und mir die weitre Müh' zu sparen.
Ich hoff' nicht, daß Ihr geizig seid!
Ich kratz' den Kopf, reib' an den Händen –

Er stellt das Kästchen in den Schrein und drückt das Schloß wieder zu.

Nur fort! geschwind! – 2745
Um Euch das süße junge Kind
Nach Herzens Wunsch und Will' zu wenden;
Und Ihr seht drein,
Als solltet Ihr in den Hörsaal hinein,
Als stünden grau leibhaftig vor Euch da 2750
Physik und Metaphysika!
Nur fort! *Ab.*

MARGARETE *mit einer Lampe.*
Es ist so schwül, so dumpfig hie,

Sie macht das Fenster auf.

Und ist doch eben so warm nicht drauß.
Es wird mir so, ich weiß nicht wie – 2755
Ich wollt', die Mutter käm' nach Haus.
Mir läuft ein Schauer übern ganzen Leib –
Bin doch ein töricht furchtsam Weib!

Sie fängt an zu singen, indem sie sich auszieht.

    Es war ein König in Thule[114]
    Gar treu bis an das Grab, 2760
    Dem sterbend seine Buhle
    Einen goldnen Becher gab.

    Es ging ihm nichts darüber,
    Er leert' ihn jeden Schmaus;
    Die Augen gingen ihm über, 2765
    So oft er trank daraus.

    Und als er kam zu sterben,
    Zählt' er seine Städt' im Reich,

---

114 Thule: eine mythische Insel oder Inselgruppe im Norden Europas (Norwegen, Island, Färöer oder Shetlandinseln)

Gönnt' alles seinem Erben,
Den Becher nicht zugleich.

Er saß beim Königsmahle,
Die Ritter um ihn her,
Auf hohem Vätersaale,
Dort auf dem Schloß am Meer.

Dort stand der alte Zecher,
Trank letzte Lebensglut,
Und warf den heiligen Becher
Hinunter in die Flut.

Er sah ihn stürzen, trinken
Und sinken tief ins Meer,
Die Augen täten ihm sinken,
Trank nie einen Tropfen mehr.

Sie eröffnet den Schrein, ihre Kleider einzuräumen, und erblickt das Schmuckkästchen.

Wie kommt das schöne Kästchen hier herein?
Ich schloß doch ganz gewiß den Schrein.
Es ist doch wunderbar! Was mag wohl drinne sein?
Vielleicht bracht's jemand als ein Pfand,
Und meine Mutter lieh darauf.
Da hängt ein Schlüsselchen am Band,
Ich denke wohl, ich mach' es auf!
Was ist das? Gott im Himmel! Schau,
So was hab' ich mein' Tage nicht gesehn!
Ein Schmuck! Mit dem könnt' eine Edelfrau
Am höchsten Feiertage gehn.
Wie sollte mir die Kette stehn?
Wem mag die Herrlichkeit gehören?

Sie putzt sich damit auf und tritt vor den Spiegel.

Wenn nur die Ohrring' meine wären!
Man sieht doch gleich ganz anders drein.
Was hilft euch Schönheit, junges Blut?
Das ist wohl alles schön und gut,
Allein man läßt's auch alles sein;
Man lobt euch halb mit Erbarmen.
Nach Golde drängt,
Am Golde hängt
Doch alles. Ach wir Armen!

Spaziergang

Faust in Gedanken auf und ab gehend.
Zu ihm Mephistopheles.

MEPHISTOPHELES.
Bei aller verschmähten Liebe! Beim höllischen Elemente!
Ich wollt', ich wüßte was Ärgers, daß ich's fluchen könnte!

FAUST. Was hast? was kneift dich denn so sehr?
So kein Gesicht sah ich in meinem Leben!

MEPHISTOPHELES.
Ich möcht' mich gleich dem Teufel übergeben,
Wenn ich nur selbst kein Teufel wär'! 2810

FAUST. Hat sich dir was im Kopf verschoben?
Dich kleidet's, wie ein Rasender zu toben!

MEPHISTOPHELES.
Denkt nur, den Schmuck, für Gretchen angeschafft,
Den hat ein Pfaff hinweggerafft! –
Die Mutter kriegt das Ding zu schauen, 2815
Gleich fängt's ihr heimlich an zu grauen:
Die Frau hat gar einen feinen Geruch,
Schnuffelt immer im Gebetbuch,
Und riecht's einem jeden Möbel an,
Ob das Ding heilig ist oder profan; 2820
Und an dem Schmuck da spürt' sie's klar,
Daß dabei nicht viel Segen war.
Mein Kind, rief sie, ungerechtes Gut
Befängt die Seele, zehrt auf das Blut.
Wollen's der Mutter Gottes weihen, 2825
Wird uns mit Himmels-Manna[115] erfreuen!
Margretlein zog ein schiefes Maul,
Ist halt, dacht' sie, ein geschenkter Gaul,
Und wahrlich! gottlos ist nicht der,
Der ihn so fein gebracht hierher. 2830
Die Mutter ließ einen Pfaffen kommen;
Der hatte kaum den Spaß vernommen,
Ließ sich den Anblick wohl behagen.
Er sprach: So ist man recht gesinnt!
Wer überwindet, der gewinnt. 2835
Die Kirche hat einen guten Magen,
Hat ganze Länder aufgefressen,
Und doch noch nie sich übergessen;
Die Kirch' allein, meine lieben Frauen,
Kann ungerechtes Gut verdauen. 2840

---

115 Himmels-Manna: Manna ist das „Himmelsbrot", das das Volk Israel auf seiner 40-jährigen Wanderung durch die Wüste vom Himmel als Nahrung erhalten hatte – *Altes Testament, Moses 2, 16*. Himmels-Manna ist durch die Verwendung von Himmel und Manna eine Tautologie.

FAUST. Das ist ein allgemeiner Brauch,
Ein Jud' und König kann es auch.

MEPHISTOPHELES.
Strich drauf ein Spange, Kett' und Ring',
Als wären's eben Pfifferling',
Dankt' nicht weniger und nicht mehr, 2845
Als ob's ein Korb voll Nüsse wär',
Versprach ihnen allen himmlischen Lohn –
Und sie waren sehr erbaut davon.

FAUST. Und Gretchen?

MEPHISTOPHELES. Sitzt nun unruhvoll,
Weiß weder, was sie will noch soll, 2850
Denkt ans Geschmeide Tag und Nacht,
Noch mehr an den, der's ihr gebracht.

FAUST. Des Liebchens Kummer tut mir leid.
Schaff du ihr gleich ein neu Geschmeid'!
Am ersten war ja so nicht viel. 2855

MEPHISTOPHELES.
O ja, dem Herrn ist alles Kinderspiel!

FAUST. Und mach, und richt's nach meinem Sinn!
Häng dich an ihre Nachbarin!
Sei, Teufel, doch nur nicht wie Brei,
Und schaff einen neuen Schmuck herbei! 2860

MEPHISTOPHELES.
Ja, gnäd'ger Herr, von Herzen gerne.

FAUST *ab.*

MEPHISTOPHELES. So ein verliebter Tor verpufft
Euch Sonne, Mond und alle Sterne
Zum Zeitvertreib dem Liebchen in die Luft. *Ab.*

Der Nachbarin Haus

MARTHE *allein.*
Gott verzeih's meinem lieben Mann, 2865
Er hat an mir nicht wohl getan!
Geht da stracks in die Welt hinein,
Und läßt mich auf dem Stroh[116] allein.
Tät ihn doch wahrlich nicht betrüben,
Tät ihn, weiß Gott, recht herzlich lieben. 2870

Sie weint.

---

116 auf dem Stroh: Gemeint ist das Strohbett. Marthe wurde von ihrem Mann als
   Strohwitwe zurückgelassen.

Vielleicht ist er gar tot! – O Pein! – –
Hätt' ich nur einen Totenschein!

Margarete kommt.

MARGARETE. Frau Marthe!

MARTHE. Gretelchen, was soll's?

MARGARETE. Fast sinken mir die Kniee nieder!
Da find' ich so ein Kästchen wieder 2875
In meinem Schrein, von Ebenholz,
Und Sachen herrlich ganz und gar,
Weit reicher, als das erste war.

MARTHE. Das muß Sie nicht der Mutter sagen;
Tät's wieder gleich zur Beichte tragen. 2880

MARGARETE. Ach seh' Sie nur! ach schau' Sie nur!

MARTHE *putzt sie auf.* O du glücksel'ge Kreatur!

MARGARETE.
Darf mich, leider, nicht auf der Gassen,
Noch in der Kirche mit sehen lassen.

MARTHE. Komm du nur oft zu mir herüber, 2885
Und leg den Schmuck hier heimlich an;
Spazier ein Stündchen lang dem Spiegelglas vorüber,
Wir haben unsre Freude dran;
Und dann gibt's einen Anlaß, gibt's ein Fest,
Wo man's so nach und nach den Leuten sehen läßt. 2890
Ein Kettchen erst, die Perle dann ins Ohr;
Die Mutter sieht's wohl nicht, man macht ihr auch was vor.

MARGARETE.
Wer konnte nur die beiden Kästchen bringen?
Es geht nicht zu mit rechten Dingen! *Es klopft.*
Ach Gott! mag das meine Mutter sein? 2895

Marthe durchs Vorhängel[117] guckend.

Es ist ein fremder Herr – Herein!

Mephistopheles tritt auf.

MEPHISTOPHELES.
Bin so frei, grad' hereinzutreten,
Muß bei den Frauen Verzeihn erbeten.

Tritt ehrerbietig vor Margareten zurück.

Wollte nach Frau Marthe Schwerdtlein fragen!

MARTHE. Ich bin's, was hat der Herr zu sagen? 2900

MEPHISTOPHELES *leise zu ihr.*
Ich kenne Sie jetzt, mir ist das genug;

---

117 Vorhängel: Vorhang

Sie hat da gar vornehmen Besuch.
Verzeiht die Freiheit, die ich genommen,
Will Nachmittage wiederkommen.

MARTHE *laut.* Denk, Kind, um alles in der Welt! 2905
Der Herr dich für ein Fräulein hält.

MARGARETE. Ich bin ein armes junges Blut;
Ach Gott! der Herr ist gar zu gut:
Schmuck und Geschmeide sind nicht mein.

MEPHISTOPHELES.
Ach, es ist nicht der Schmuck allein; 2910
Sie hat ein Wesen, einen Blick so scharf!
Wie freut mich's, daß ich bleiben darf.

MARTHE. Was bringt Er denn? Verlange sehr –

MEPHISTOPHELES.
Ich wollt', ich hätt' eine frohere Mär!
Ich hoffe, Sie läßt mich's drum nicht büßen: 2915
Ihr Mann ist tot und läßt Sie grüßen.

MARTHE. Ist tot? das treue Herz! O weh!
Mein Mann ist tot! Ach, ich vergeh'!

MARGARETE. Ach! liebe Frau, verzweifelt nicht!

MEPHISTOPHELES.
So hört die traurige Geschicht'! 2920

MARGARETE.
Ich möchte drum mein' Tag' nicht lieben,
Würde mich Verlust zu Tode betrüben.

MEPHISTOPHELES.
Freud' muß Leid, Leid muß Freude haben.

MARTHE. Erzählt mir seines Lebens Schluß!

MEPHISTOPHELES. Er liegt in Padua[118] begraben 2925
Beim heiligen Antonius,
An einer wohlgeweihten Stätte
Zum ewig kühlen Ruhebette.

MARTHE. Habt Ihr sonst nichts an mich zu bringen?

MEPHISTOPHELES.
Ja, eine Bitte, groß und schwer; 2930
Lass' Sie doch ja für ihn dreihundert Messen singen!
Im übrigen sind meine Taschen leer.

MARTHE.
Was! nicht ein Schaustück? Kein Geschmeid'?
Was jeder Handwerksbursch im Grund des Säckels spart,

---

118 Padua ... beim heiligen Antonius: Goethe lernte Padua auf seiner Reise durch Italien
kennen. In der Stadt befindet sich die Grabkirche des heiligen Antonius.

Zum Angedenken aufbewahrt, 2935
Und lieber hungert, lieber bettelt!

MEPHISTOPHELES.
Madam, es tut mir herzlich leid;
Allein er hat sein Geld wahrhaftig nicht verzettelt.
Auch er bereute seine Fehler sehr,
Ja, und bejammerte sein Unglück noch viel mehr. 2940

MARGARETE.
Ach! daß die Menschen so unglücklich sind!
Gewiß, ich will für ihn manch Requiem[119] noch beten.

MEPHISTOPHELES.
Ihr wäret wert, gleich in die Eh' zu treten:
Ihr seid ein liebenswürdig Kind.

MARGARETE.
Ach nein, das geht jetzt noch nicht an. 2945

MEPHISTOPHELES.
Ist's nicht ein Mann, sei's derweil ein Galan[120].
's ist eine der größten Himmelsgaben,
So ein lieb Ding im Arm zu haben.

MARGARETE. Das ist des Landes nicht der Brauch.

MEPHISTOPHELES.
Brauch oder nicht! Es gibt sich auch. 2950

MARTHE. Erzählt mir doch!

MEPHISTOPHELES.
          Ich stand an seinem Sterbebette,
Es war was besser als von Mist,
Von halbgefaultem Stroh; allein er starb als Christ,
Und fand, daß er weit mehr noch auf der Zeche hätte.
›Wie‹, rief er, ›muß ich mich von Grund aus hassen, 2955
So mein Gewerb, mein Weib so zu verlassen!
Ach, die Erinnrung tötet mich.
Vergäb' sie mir nur noch in diesem Leben!‹

MARTHE *weinend.*
Der gute Mann! ich hab' ihm längst vergeben.

MEPHISTOPHELES.
›Allein, weiß Gott! sie war mehr schuld als ich.‹ 2960

MARTHE.
Das lügt er! Was! am Rand des Grabs zu lügen!

MEPHISTOPHELES.
Er fabelte gewiß in letzten Zügen,
Wenn ich nur halb ein Kenner bin.

---

119   Requiem: Totenmesse
120   Galan: ein gepflegter, höflicher und zuvorkommender Mann; auch verwendet als Liebhaber oder Freund

›Ich hatte‹, sprach er, ›nicht zum Zeitvertreib zu gaffen,
Erst Kinder, und dann Brot für sie zu schaffen, 2965
Und Brot im allerweitsten Sinn,
Und konnte nicht einmal mein Teil in Frieden essen.‹

MARTHE.
Hat er so aller Treu', so aller Lieb' vergessen,
Der Plackerei bei Tag und Nacht!

MEPHISTOPHELES.
Nicht doch, er hat Euch herzlich dran gedacht. 2970
Er sprach: ›Als ich nun weg von Malta ging,
Da betet' ich für Frau und Kinder brünstig;
Uns war denn auch der Himmel günstig,
Daß unser Schiff ein türkisch Fahrzeug fing,
Das einen Schatz des großen Sultans führte. 2975
Da ward der Tapferkeit ihr Lohn,
Und ich empfing denn auch, wie sich gebührte,
Mein wohlgemeßnes Teil davon.‹

MARTHE.
Ei wie? Ei wo? Hat er's vielleicht vergraben?

MEPHISTOPHELES.
Wer weiß, wo nun es die vier Winde haben. 2980
Ein schönes Fräulein nahm sich seiner an,
Als er in Napel[121] fremd umherspazierte;
Sie hat an ihm viel Lieb's und Treu's getan,
Daß er's bis an sein selig Ende spürte.

MARTHE. Der Schelm! der Dieb an seinen Kindern! 2985
Auch alles Elend, alle Not
Konnt' nicht sein schändlich Leben hindern!

MEPHISTOPHELES. Ja seht! dafür ist er nun tot.
Wär' ich nun jetzt an Eurem Platze,
Betraurt' ich ihn ein züchtig Jahr, 2990
Visierte dann unterweil nach einem neuen Schatze.

MARTHE. Ach Gott! wie doch mein erster war,
Find' ich nicht leicht auf dieser Welt den andern!
Es konnte kaum ein herziger Närrchen sein.
Er liebte nur das allzuviele Wandern; 2995
Und fremde Weiber, und fremden Wein,
Und das verfluchte Würfelspiel.

MEPHISTOPHELES.
Nun, nun, so konnt' es gehn und stehen,
Wenn er Euch ungefähr so viel
Von seiner Seite nachgesehen. 3000
Ich schwör' Euch zu, mit dem Beding
Wechselt' ich selbst mit Euch den Ring!

MARTHE. O es beliebt dem Herrn, zu scherzen!

---

121 Napel: Neapel

MEPHISTOPHELES *für sich.*
Nun mach' ich mich beizeiten fort!
Die hielte wohl den Teufel selbst beim Wort. 3005

Zu Gretchen.
Wie steht es denn mit Ihrem Herzen?

MARGARETE. Was meint der Herr damit?

MEPHISTOPHELES *für sich.*
                Du gut's, unschuldig's Kind!
Laut. Lebt wohl, ihr Fraun!

MARGARETE. Lebt wohl!

MARTHE.   O sagt mir doch geschwind!
Ich möchte gern ein Zeugnis haben,
Wo, wie und wann mein Schatz gestorben und begraben. 3010
Ich bin von je der Ordnung Freund gewesen,
Möcht' ihn auch tot im Wochenblättchen lesen.

MEPHISTOPHELES.
Ja, gute Frau, durch zweier Zeugen Mund
Wird allerwegs die Wahrheit kund;
Habe noch gar einen feinen Gesellen, 3015
Den will ich Euch vor den Richter stellen.
Ich bring' ihn her.

MARTHE.   O tut das ja!

MEPHISTOPHELES.
Und hier die Jungfrau ist auch da? –
Ein braver Knab'! ist viel gereist,
Fräuleins alle Höflichkeit erweist. 3020

MARGARETE.
Müßte vor dem Herren schamrot werden.

MEPHISTOPHELES. Vor keinem Könige der Erden.

MARTHE. Da hinterm Haus in meinem Garten
Wollen wir der Herrn heut' abend warten.

Straße

Faust. Mephistopheles.

FAUST. Wie ist's? Will's fördern? Will's bald gehn? 3025

MEPHISTOPHELES.
Ah bravo! Find' ich Euch in Feuer?
In kurzer Zeit ist Gretchen Euer.
Heut' abend sollt Ihr sie bei Nachbar' Marthen sehn:
Das ist ein Weib wie auserlesen
Zum Kuppler- und Zigeunerwesen! 3030

FAUST. So recht!

MEPHISTOPHELES.
        Doch wird auch was von uns begehrt.

FAUST. Ein Dienst ist wohl des andern wert.

MEPHISTOPHELES.
Wir legen nur ein gültig Zeugnis nieder,
Daß ihres Ehherrn ausgereckte Glieder
In Padua an heil'ger Stätte ruhn.   3035

FAUST.
Sehr klug! Wir werden erst die Reise machen müssen!

MEPHISTOPHELES.
Sancta Simplicitas[122]! darum ist's nicht zu tun;
Bezeugt nur, ohne viel zu wissen.

FAUST.
Wenn Er nichts Bessers hat, so ist der Plan zerrissen.

MEPHISTOPHELES.
O heil'ger Mann! Da wärt Ihr's nun!   3040
Ist es das erstemal in Eurem Leben,
Daß Ihr falsch Zeugnis abgelegt?
Habt Ihr von Gott, der Welt und was sich drin bewegt,
Vom Menschen, was sich ihm in Kopf und Herzen regt,
Definitionen nicht mit großer Kraft gegeben?   3045
Mit frecher Stirne, kühner Brust?
Und wollt Ihr recht ins Innre gehen,
Habt Ihr davon, Ihr müßt es grad' gestehen,
So viel als von Herrn Schwerdtleins Tod gewußt!

FAUST. Du bist und bleibst ein Lügner, ein Sophiste[123].   3050

MEPHISTOPHELES.
Ja, wenn man's nicht ein bißchen tiefer wüßte.
Denn morgen wirst, in allen Ehren,
Das arme Gretchen nicht betören
Und alle Seelenlieb' ihr schwören?

FAUST. Und zwar von Herzen.   3055

MEPHISTOPHELES.   Gut und schön!
Dann wird von ewiger Treu' und Liebe,
Von einzig überallmächt'gem Triebe –
Wird das auch so von Herzen gehn?

FAUST. Laß das! Es wird! – Wenn ich empfinde,
Für das Gefühl, für das Gewühl   3060
Nach Namen suche, keinen finde,
Dann durch die Welt mit allen Sinnen schweife,

---

122 Sancta Simplicitas: heilige Einfalt (latein). Diese Worte soll Jan Hus auf dem Scheiterhaufen gesagt haben, als eine alte Frau eifrig Holzscheite zum Scheiterhaufen trug.

123 Sophiste: ein Haarspalter

Nach allen höchsten Worten greife,
Und diese Glut, von der ich brenne,
Unendlich, ewig, ewig nenne, 3065
Ist das ein teuflisch Lügenspiel?

MEPHISTOPHELES. Ich hab' doch recht!

FAUST. Hör! merk dir dies –
Ich bitte dich, und schone meine Lunge –:
Wer recht behalten will und hat nur eine Zunge,
Behält's gewiß. 3070
Und komm, ich hab' des Schwätzens Überdruß,
Denn du hast recht, vorzüglich weil ich muß.

Garten

Margarete an Faustens Arm.
Marthe mit Mephistopheles auf und ab spazierend.

MARGARETE.
Ich fühl' es wohl, daß mich der Herr nur schont,
Herab sich läßt, mich zu beschämen.
Ein Reisender ist so gewohnt, 3075
Aus Gütigkeit fürlieb zu nehmen;
Ich weiß zu gut, daß solch erfahrnen Mann
Mein arm Gespräch nicht unterhalten kann.

FAUST. Ein Blick von dir, ein Wort mehr unterhält
Als alle Weisheit dieser Welt. 3080

Er küßt ihre Hand.

MARGARETE.
Inkommodiert[124] Euch nicht! Wie könnt Ihr sie nur küssen?
Sie ist so garstig, ist so rauh!
Was hab' ich nicht schon alles schaffen müssen!
Die Mutter ist gar zu genau.

Gehn vorüber.

MARTHE.
Und Ihr, mein Herr, Ihr reist so immer fort? 3085

MEPHISTOPHELES.
Ach, daß Gewerb' und Pflicht uns dazu treiben!
Mit wieviel Schmerz verläßt man manchen Ort,
Und darf doch nun einmal nicht bleiben!

MARTHE. In raschen Jahren geht's wohl an,
So um und um frei durch die Welt zu streifen; 3090
Doch kömmt die böse Zeit heran,

---

124 Inkommodiert: sich Mühe machen

Und sich als Hagestolz allein zum Grab zu schleifen,
Das hat noch keinem wohlgetan.

MEPHISTOPHELES.
Mit Grausen seh' ich das von weiten.

MARTHE.
Drum, werter Herr, beratet Euch in Zeiten. 3095

Gehn vorüber.

MARGARETE. Ja, aus den Augen aus dem Sinn!
Die Höflichkeit ist Euch geläufig;
Allein Ihr habt der Freunde häufig,
Sie sind verständiger, als ich bin.

FAUST.
O Beste! glaube, was man so verständig nennt, 3100
Ist oft mehr Eitelkeit und Kurzsinn.

MARGARETE. Wie?

FAUST. Ach, daß die Einfalt, daß die Unschuld nie
Sich selbst und ihren heil'gen Wert erkennt!
Daß Demut, Niedrigkeit, die höchsten Gaben
Der liebevoll austeilenden Natur – 3105

MARGARETE.
Denkt Ihr an mich ein Augenblickchen nur,
Ich werde Zeit genug an Euch zu denken haben.

FAUST. Ihr seid wohl viel allein?

MARGARETE. Ja, unsre Wirtschaft ist nur klein,
Und doch will sie versehen sein. 3110
Wir haben keine Magd; muß kochen, fegen, stricken
Und nähn, und laufen früh und spat;
Und meine Mutter ist in allen Stücken
So akkurat!
Nicht daß sie just so sehr sich einzuschränken hat; 3115
Wir könnten uns weit eh'r als andre regen:
Mein Vater hinterließ ein hübsch Vermögen,
Ein Häuschen und ein Gärtchen vor der Stadt.
Doch hab' ich jetzt so ziemlich stille Tage;
Mein Bruder ist Soldat, 3120
Mein Schwesterchen ist tot.
Ich hatte mit dem Kind wohl meine liebe Not;
Doch übernähm' ich gern noch einmal alle Plage,
So lieb war mir das Kind.

FAUST. Ein Engel, wenn dir's glich.

MARGARETE.
Ich zog es auf, und herzlich liebt' es mich. 3125
Es war nach meines Vaters Tod geboren.
Die Mutter gaben wir verloren,
So elend wie sie damals lag,
Und sie erholte sich sehr langsam, nach und nach.

Da konnte sie nun nicht dran denken, 3130
Das arme Würmchen selbst zu tränken,
Und so erzog ich's ganz allein,
Mit Milch und Wasser; so ward's mein.
Auf meinem Arm, in meinem Schoß
War's freundlich, zappelte, ward groß. 3135

FAUST. Du hast gewiß das reinste Glück empfunden.

MARGARETE.
Doch auch gewiß gar manche schwere Stunden.
Des Kleinen Wiege stand zu Nacht
An meinem Bett; es durfte kaum sich regen,
War ich erwacht; 3140
Bald mußt' ich's tränken, bald es zu mir legen,
Bald, wenn's nicht schwieg, vom Bett aufstehn
Und tänzelnd in der Kammer auf und nieder gehn,
Und früh am Tage schon am Waschtrog stehn;
Dann auf dem Markt und an dem Herde sorgen, 3145
Und immer fort wie heut so morgen.
Da geht's, mein Herr, nicht immer mutig zu;
Doch schmeckt dafür das Essen, schmeckt die Ruh.

Gehn vorüber.

MARTHE. Die armen Weiber sind doch übel dran:
Ein Hagestolz[125] ist schwerlich zu bekehren. 3150

MEPHISTOPHELES.
Es käme nur auf Euresgleichen an,
Mich eines Bessern zu belehren.

MARTHE.
Sagt grad', mein Herr, habt Ihr noch nichts gefunden?
Hat sich das Herz nicht irgendwo gebunden?

MEPHISTOPHELES.
Das Sprichwort sagt: Ein eigner Herd, 3155
Ein braves Weib sind Gold und Perlen wert.

MARTHE.
Ich meine, ob Ihr niemals Lust bekommen?

MEPHISTOPHELES.
Man hat mich überall recht höflich aufgenommen.

MARTHE.
Ich wollte sagen: ward's nie Ernst in Eurem Herzen?

MEPHISTOPHELES.
Mit Frauen soll man sich nie unterstehn zu scherzen. 3160

MARTHE. Ach, Ihr versteht mich nicht!

MEPHISTOPHELES. Das tut mir herzlich leid!
Doch ich versteh' – daß Ihr sehr gütig seid.

---

125 Hagestolz: eingefleischter, kauziger Junggeselle

Gehn vorüber.

FAUST. Du kanntest mich, o kleiner Engel, wieder,
Gleich als ich in den Garten kam?

MARGARETE.
Saht Ihr es nicht? ich schlug die Augen nieder.

FAUST. Und du verzeihst die Freiheit, die ich nahm?
Was sich die Frechheit unterfangen,
Als du jüngst aus dem Dom gegangen?

MARGARETE.
Ich war bestürzt, mir war das nie geschehn;
Es konnte niemand von mir Übels sagen.
Ach, dacht' ich, hat er in deinem Betragen
Was Freches, Unanständiges gesehn?
Es schien ihn gleich nur anzuwandeln,
Mit dieser Dirne gradehin zu handeln.
Gesteh' ich's doch! Ich wußte nicht, was sich
Zu Eurem Vorteil hier zu regen gleich begonnte;
Allein gewiß, ich war recht bös' auf mich,
Daß ich auf Euch nicht böser werden konnte.

FAUST. Süß Liebchen!

MARGARETE. Laßt einmal!

Sie pflückt eine Sternblume und zupft die Blätter ab, eins nach dem andern.

FAUST. Was soll das? Einen Strauß?

MARGARETE.
Nein, es soll nur ein Spiel.

FAUST. Wie?

MARGARETE. Geht! Ihr lacht mich aus.

Sie rupft und murmelt.

FAUST. Was murmelst du?

MARGARETE *halb laut.*
Er liebt mich – liebt mich nicht.

FAUST. Du holdes Himmelsangesicht!

MARGARETE *fährt fort.*
Liebt mich – Nicht – Liebt mich – Nicht –

Das letzte Blatt ausrupfend, mit holder Freude.

Er liebt mich!

FAUST. Ja, mein Kind! Laß dieses Blumenwort
Dir Götterausspruch sein. Er liebt dich!
Verstehst du, was das heißt? Er liebt dich!

Er faßt ihre beiden Hände.

MARGARETE. Mich überläuft's!

FAUST. O schaudre nicht! Laß diesen Blick,
Laß diesen Händedruck dir sagen,
Was unaussprechlich ist: 3190
Sich hinzugeben ganz und eine Wonne
Zu fühlen, die ewig sein muß!
Ewig! – Ihr Ende würde Verzweiflung sein.
Nein, kein Ende! Kein Ende!

Margarete drückt ihm die Hände, macht sich los und läuft weg. Er steht einen Augenblick in Gedanken, dann folgt er ihr.

MARTHE *kommend.* Die Nacht bricht an. 3195

MEPHISTOPHELES. Ja, und wir wollen fort.

MARTHE. Ich bät' Euch, länger hier zu bleiben,
Allein es ist ein gar zu böser Ort.
Es ist, als hätte niemand nichts zu treiben
Und nichts zu schaffen,
Als auf des Nachbarn Schritt und Tritt zu gaffen, 3200
Und man kommt ins Gered', wie man sich immer stellt.
Und unser Pärchen?

MEPHISTOPHELES. Ist den Gang dort aufgeflogen.
Mutwill'ge Sommervögel[126]!

MARTHE. Er scheint ihr gewogen.

MEPHISTOPHELES.
Und sie ihm auch. Das ist der Lauf der Welt.

Ein Gartenhäuschen

Margarete springt herein, steckt sich hinter die Tür, hält die Fingerspitze an die Lippen, und guckt durch die Ritze.

MARGARETE. Er kommt!

FAUST *kommt.* Ach Schelm, so neckst du mich!
Treff' ich dich! Er küßt sie. 3205

MARGARETE *ihn fassend und den Kuß zurückgebend.*
Bester Mann! von Herzen lieb' ich dich!

Mephistopheles klopft an.

FAUST *stampfend.* Wer da?

MEPHISTOPHELES. Gut Freund!

FAUST. Ein Tier!

MEPHISTOPHELES. Es ist wohl Zeit zu scheiden.

---

126 Sommervögel: Schmetterlinge

MARTHE *kommt.* Ja, es ist spät, mein Herr.
FAUST. Darf ich Euch nicht geleiten?
MARGARETE. Die Mutter würde mich – Lebt wohl!
FAUST. Muß ich denn gehn?
Lebt wohl!
MARTHE. Ade!
MARGARETE. Auf baldig Wiedersehn! 3210

Faust und Mephistopheles ab.

MARGARETE. Du lieber Gott! was so ein Mann
Nicht alles, alles denken kann!
Beschämt nur steh' ich vor ihm da,
Und sag' zu allen Sachen ja.
Bin doch ein arm unwissend Kind, 3215
Begreife nicht, was er an mir find't. *Ab.*

Wald und Höhle

FAUST *allein.*
Erhabner Geist[127], du gabst mir, gabst mir alles,
Warum ich bat. Du hast mir nicht umsonst
Dein Angesicht im Feuer zugewendet.
Gabst mir die herrliche Natur zum Königreich, 3220
Kraft, sie zu fühlen, zu genießen. Nicht
Kalt staunenden Besuch erlaubst du nur,
Vergönnest mir, in ihre tiefe Brust,
Wie in den Busen eines Freunds, zu schauen.
Du führst die Reihe der Lebendigen 3225
Vor mir vorbei, und lehrst mich meine Brüder
Im stillen Busch, in Luft und Wasser kennen.
Und wenn der Sturm im Walde braust und knarrt,
Die Riesenfichte stürzend Nachbaräste
Und Nachbarstämme quetschend niederstreift, 3230
Und ihrem Fall dumpf hohl der Hügel donnert,
Dann führst du mich zur sichern Höhle, zeigst
Mich dann mir selbst, und meiner eignen Brust
Geheime tiefe Wunder öffnen sich.
Und steigt vor meinem Blick der reine Mond 3235
Besänftigend herüber, schweben mir
Von Felsenwänden, aus dem feuchten Busch
Der Vorwelt silberne Gestalten auf
Und lindern der Betrachtung strenge Lust.
O daß dem Menschen nichts Vollkommnes wird, 3240
Empfind' ich nun. Du gabst zu dieser Wonne,

---

127 Erhabner Geist: Faust spricht hier den Erdgeist an, den er in der ersten Szene (Nacht) heraufbeschwört hatte.

Die mich den Göttern nah und näher bringt,
Mir den Gefährten, den ich schon nicht mehr
Entbehren kann, wenn er gleich, kalt und frech,
Mich vor mir selbst erniedrigt, und zu Nichts, 3245
Mit einem Worthauch, deine Gaben wandelt.
Er facht in meiner Brust ein wildes Feuer
Nach jenem schönen Bild geschäftig an.
So tauml' ich von Begierde zu Genuß,
Und im Genuß verschmacht' ich nach Begierde. 3250

Mephistopheles tritt auf.

MEPHISTOPHELES.
Habt Ihr nun bald das Leben gnug geführt?
Wie kann's Euch in die Länge freuen?
Es ist wohl gut, daß man's einmal probiert;
Dann aber wieder zu was Neuen!

FAUST. Ich wollt', du hättest mehr zu tun, 3255
Als mich am guten Tag zu plagen.

MEPHISTOPHELES.
Nun, nun! ich lass' dich gerne ruhn,
Du darfst mir's nicht im Ernste sagen.
An dir Gesellen, unhold, barsch und toll,
Ist wahrlich wenig zu verlieren. 3260
Den ganzen Tag hat man die Hände voll!
Was ihm gefällt und was man lassen soll,
Kann man dem Herrn nie an der Nase spüren.

FAUST. Das ist so just der rechte Ton!
Er will noch Dank, daß er mich ennuyiert[128]. 3265

MEPHISTOPHELES.
Wie hättst du, armer Erdensohn,
Dein Leben ohne mich geführt?
Vom Kribskrabs der Imagination[129]
Hab' ich dich doch auf Zeiten lang kuriert;
Und wär' ich nicht, so wärst du schon 3270
Von diesem Erdball abspaziert.
Was hast du da in Höhlen, Felsenritzen
Dich wie ein Schuhu[130] zu versitzen?
Was schlurfst aus dumpfem Moos und triefendem Gestein,
Wie eine Kröte, Nahrung ein? 3275
Ein schöner, süßer Zeitvertreib!
Dir steckt der Doktor noch im Leib.

FAUST. Verstehst du, was für neue Lebenskraft
Mir dieser Wandel in der Öde schafft?

---

128 ennuyiert: langweilt
129 Kribskrabs der Imagination: wirklichkeitsfremde Einbildungskraft
130 Schuhu: Uhu

Ja, würdest du es ahnen können, 3280
Du wärest Teufel gnug, mein Glück mir nicht zu gönnen.

MEPHISTOPHELES. Ein überirdisches Vergnügen!
In Nacht und Tau auf den Gebirgen liegen,
Und Erd' und Himmel wonniglich umfassen,
Zu einer Gottheit sich aufschwellen lassen, 3285
Der Erde Mark mit Ahnungsdrang durchwühlen,
Alle sechs Tagewerk' im Busen fühlen,
In stolzer Kraft ich weiß nicht was genießen,
Bald liebewonniglich in alles überfließen,
Verschwunden ganz der Erdensohn, 3290
Und dann die hohe Intuition –

Mit einer Gebärde.

Ich darf nicht sagen, wie – zu schließen.

FAUST. Pfui über dich!

MEPHISTOPHELES. Das will Euch nicht behagen;
Ihr habt das Recht, gesittet Pfui zu sagen.
Man darf das nicht vor keuschen Ohren nennen, 3295
Was keusche Herzen nicht entbehren können.
Und kurz und gut, ich gönn' Ihm das Vergnügen,
Gelegentlich sich etwas vorzulügen;
Doch lange hält Er das nicht aus.
Du bist schon wieder abgetrieben, 3300
Und, währt es länger, aufgerieben
In Tollheit oder Angst und Graus!
Genug damit! Dein Liebchen sitzt dadrinne,
Und alles wird ihr eng und trüb.
Du kommst ihr gar nicht aus dem Sinne, 3305
Sie hat dich übermächtig lieb.
Erst kam deine Liebeswut übergeflossen,
Wie vom geschmolznen Schnee ein Bächlein übersteigt;
Du hast sie ihr ins Herz gegossen,
Nun ist dein Bächlein wieder seicht. 3310
Mich dünkt, anstatt in Wäldern zu thronen,
Ließ' es dem großen Herren gut,
Das arme affenjunge Blut[131]
Für seine Liebe zu belohnen.
Die Zeit wird ihr erbärmlich lang; 3315
Sie steht am Fenster, sieht die Wolken ziehn
Über die alte Stadtmauer hin.
Wenn ich ein Vöglein wär'! so geht ihr Gesang
Tage lang, halbe Nächte lang.
Einmal ist sie munter, meist betrübt, 3320
Einmal recht ausgeweint,
Dann wieder ruhig, wie's scheint,
Und immer verliebt.

---

131 affenjunge Blut: ein verspieltes, schutzbedürftiges Kind

FAUST. Schlange! Schlange!

MEPHISTOPHELES *für sich.*
Gelt! daß ich dich fange! 3325

FAUST. Verruchter! hebe dich von hinnen,
Und nenne nicht das schöne Weib!
Bring die Begier zu ihrem süßen Leib
Nicht wieder vor die halb verrückten Sinnen!

MEPHISTOPHELES.
Was soll es denn? Sie meint, du seist entflohn, 3330
Und halb und halb bist du es schon.

FAUST. Ich bin ihr nah, und wär' ich noch so fern,
Ich kann sie nie vergessen, nie verlieren;
Ja, ich beneide schon den Leib des Herrn,
Wenn ihre Lippen ihn indes berühren. 3335

MEPHISTOPHELES.
Gar wohl, mein Freund! Ich hab' Euch oft beneidet
Ums Zwillingspaar[132], das unter Rosen weidet.

FAUST. Entfliehe, Kuppler!

MEPHISTOPHELES.
          Schön! Ihr schimpft, und ich muß lachen.
Der Gott, der Bub und Mädchen schuf,
Erkannte gleich den edelsten Beruf, 3340
Auch selbst Gelegenheit zu machen.
Nur fort, es ist ein großer Jammer!
Ihr sollt in Eures Liebchens Kammer,
Nicht etwa in den Tod.

FAUST. Was ist die Himmelsfreud' in ihren Armen? 3345
Laß mich an ihrer Brust erwarmen!
Fühl' ich nicht immer ihre Not?
Bin ich der Flüchtling nicht? der Unbehauste?
Der Unmensch ohne Zweck und Ruh',
Der wie ein Wassersturz von Fels zu Felsen brauste 3350
Begierig wütend nach dem Abgrund zu?
Und seitwärts sie, mit kindlich dumpfen Sinnen,
Im Hüttchen auf dem kleinen Alpenfeld,
Und all ihr häusliches Beginnen
Umfangen in der kleinen Welt. 3355
Und ich, der Gottverhaßte,
Hatte nicht genug,
Daß ich die Felsen faßte
Und sie zu Trümmern schlug!
Sie, ihren Frieden mußt' ich untergraben! 3360
Du, Hölle, mußtest dieses Opfer haben!
Hilf, Teufel, mir die Zeit der Angst verkürzen!
Was muß geschehn, mag's gleich geschehn!

---

132   Zwillingspaar: gemeint sind Brüste

Mag ihr Geschick auf mich zusammenstürzen
Und sie mit mir zugrunde gehn! 3365
MEPHISTOPHELES.
Wie's wieder siedet, wieder glüht!
Geh ein und tröste sie, du Tor!
Wo so ein Köpfchen keinen Ausgang sieht,
Stellt er sich gleich das Ende vor.
Es lebe, wer sich tapfer hält! 3370
Du bist doch sonst so ziemlich eingeteufelt.
Nichts Abgeschmackters[133] find' ich auf der Welt
Als einen Teufel, der verzweifelt.

Gretchens Stube

Gretchen am Spinnrade allein.

    Meine Ruh' ist hin,
    Mein Herz ist schwer; 3375
    Ich finde sie nimmer
    Und nimmermehr.

    Wo ich ihn nicht hab',
    Ist mir das Grab,
    Die ganze Welt 3380
    Ist mir vergällt.

    Mein armer Kopf
    Ist mir verrückt,
    Mein armer Sinn
    Ist mir zerstückt. 3385

    Meine Ruh' ist hin,
    Mein Herz ist schwer;
    Ich finde sie nimmer
    Und nimmermehr.

    Nach ihm nur schau' ich 3390
    Zum Fenster hinaus,
    Nach ihm nur geh' ich
    Aus dem Haus.

    Sein hoher Gang,
    Sein' edle Gestalt, 3395
    Seines Mundes Lächeln,
    Seiner Augen Gewalt

    Und seiner Rede
    Zauberfluß,
    Sein Händedruck, 3400
    Und ach sein Kuß!

---

133   abgeschmackt: albern, töricht

Meine Ruh' ist hin,
Mein Herz ist schwer;
Ich finde sie nimmer
Und nimmermehr. 3405

Mein Busen drängt
Sich nach ihm hin.
Ach dürft' ich fassen
Und halten ihn,

Und küssen ihn, 3410
So wie ich wollt',
An seinen Küssen
Vergehen sollt'!

Marthens Garten

Margarete. Faust.

MARGARETE. Versprich mir, Heinrich!

FAUST. Was ich kann!

MARGARETE.
Nun sag, wie hast du's mit der Religion? 3415
Du bist ein herzlich guter Mann,
Allein ich glaub', du hältst nicht viel davon.

FAUST.
Laß das, mein Kind! Du fühlst, ich bin dir gut;
Für meine Lieben ließ' ich Leib und Blut,
Will niemand sein Gefühl und seine Kirche rauben. 3420

MARGARETE.
Das ist nicht recht, man muß dran glauben!

FAUST. Muß man?

MARGARETE.
Ach! wenn ich etwas auf dich könnte!
Du ehrst auch nicht die heil'gen Sakramente[134].

FAUST. Ich ehre sie.

MARGARETE. Doch ohne Verlangen.
Zur Messe, zur Beichte[135] bist du lange nicht gegangen. 3425
Glaubst du an Gott?

FAUST. Mein Liebchen, wer darf sagen:
Ich glaub' an Gott?

---

134 heil'ge Sakramente: sind in traditioneller Form vollzogene Riten, in denen dem Menschen sinnlich wahrnehmbar die Gnade Gottes zu Teil wird. Zu den Sakramenten gehören u.a.: Taufe, Buße (Beichte), Firmung, Ehe und Eucharistie (Abendmahl).

135 Beichte: eines der christlichen Sakramente

Magst Priester oder Weise fragen,
Und ihre Antwort scheint nur Spott
Über den Frager zu sein.

MARGARETE. So glaubst du nicht?

FAUST. Mißhör mich nicht, du holdes Angesicht!
Wer darf ihn nennen?
Und wer bekennen:
Ich glaub' ihn.
Wer empfinden,
Und sich unterwinden
Zu sagen: ich glaub' ihn nicht?
Der Allumfasser,
Der Allerhalter,
Faßt und erhält er nicht
Dich, mich, sich selbst?
Wölbt sich der Himmel nicht dadroben?
Liegt die Erde nicht hierunten fest?
Und steigen freundlich blickend
Ewige Sterne nicht herauf?
Schau' ich nicht Aug' in Auge dir,
Und drängt nicht alles
Nach Haupt und Herzen dir,
Und webt in ewigem Geheimnis
Unsichtbar sichtbar neben dir?
Erfüll davon dein Herz, so groß es ist,
Und wenn du ganz in dem Gefühle selig bist,
Nenn es dann, wie du willst,
Nenn's Glück! Herz! Liebe! Gott!
Ich habe keinen Namen
Dafür! Gefühl ist alles;
Name ist Schall und Rauch,
Umnebelnd Himmelsglut.

MARGARETE. Das ist alles recht schön und gut;
Ungefähr sagt das der Pfarrer auch,
Nur mit ein bißchen andern Worten.

FAUST. Es sagen's allerorten
Alle Herzen unter dem himmlischen Tage,
Jedes in seiner Sprache;
Warum nicht ich in der meinen?

MARGARETE.
Wenn man's so hört, möcht's leidlich scheinen,
Steht aber doch immer schief darum;
Denn du hast kein Christentum.

FAUST. Liebs Kind!

MARGARETE. Es tut mir lang schon weh,
Daß ich dich in der Gesellschaft seh'.

FAUST. Wieso?

MARGARETE.   Der Mensch, den du da bei dir hast,
Ist mir in tiefer innrer Seele verhaßt;
Es hat mir in meinem Leben
So nichts einen Stich ins Herz gegeben,
Als des Menschen widrig Gesicht.   3475

FAUST. Liebe Puppe, fürcht ihn nicht!

MARGARETE.
Seine Gegenwart bewegt mir das Blut.
Ich bin sonst allen Menschen gut;
Aber wie ich mich sehne, dich zu schauen,
Hab' ich vor dem Menschen ein heimlich Grauen,   3480
Und halt' ihn für einen Schelm dazu!
Gott verzeih' mir's, wenn ich ihm unrecht tu'!

FAUST. Es muß auch solche Käuze geben.

MARGARETE.
Wollte nicht mit seinesgleichen leben!
Kommt er einmal zur Tür herein,   3485
Sieht er immer so spöttisch drein
Und halb ergrimmt;
Man sieht, daß er an nichts keinen Anteil nimmt;
Es steht ihm an der Stirn geschrieben,
Daß er nicht mag eine Seele lieben.   3490
Mir wird's so wohl in deinem Arm,
So frei, so hingegeben warm,
Und seine Gegenwart schnürt mir das Innre zu.

FAUST. Du ahnungsvoller Engel du!

MARGARETE. Das übermannt mich so sehr,   3495
Daß, wo er nur mag zu uns treten,
Mein' ich sogar, ich liebte dich nicht mehr.
Auch, wenn er da ist, könnt' ich nimmer beten,
Und das frißt mir ins Herz hinein;
Dir, Heinrich, muß es auch so sein.   3500

FAUST. Du hast nun die Antipathie[136]!

MARGARETE. Ich muß nun fort.

FAUST.   Ach, kann ich nie
Ein Stündchen ruhig dir am Busen hängen,
Und Brust an Brust und Seel' in Seele drängen?

MARGARETE. Ach, wenn ich nur alleine schlief'!   3505
Ich ließ' dir gern heut nacht den Riegel offen;
Doch meine Mutter schläft nicht tief,
Und würden wir von ihr betroffen,
Ich wär' gleich auf der Stelle tot!

FAUST. Du Engel, das hat keine Not.   3510
Hier ist ein Fläschchen! Drei Tropfen nur

---

136 Antipathie: Abneigung, Widerwille

In ihren Trank umhüllen
Mit tiefem Schlaf gefällig die Natur.

MARGARETE. Was tu' ich nicht um deinetwillen?
Es wird ihr hoffentlich nicht schaden! 3515

FAUST. Würd' ich sonst, Liebchen, dir es raten?

MARGARETE. Seh' ich dich, bester Mann, nur an,
Weiß nicht, was mich nach deinem Willen treibt;
Ich habe schon so viel für dich getan,
Daß mir zu tun fast nichts mehr übrig bleibt. *Ab.* 3520

Mephistopheles tritt auf.

MEPHISTOPHELES. Der Grasaff[137]! ist er weg?

FAUST.   Hast wieder spioniert?

MEPHISTOPHELES.
Ich hab's ausführlich wohl vernommen,
Herr Doktor wurden da katechisiert[138],
Hoff', es soll Ihnen wohl bekommen.
Die Mädels sind doch sehr interessiert, 3525
Ob einer fromm und schlicht nach altem Brauch.
Sie denken: duckt er da, folgt er uns eben auch.

FAUST. Du Ungeheuer siehst nicht ein,
Wie diese treue liebe Seele
Von ihrem Glauben voll, 3530
Der ganz allein
Ihr selig machend ist, sich heilig quäle,
Daß sie den liebsten Mann verloren halten soll.

MEPHISTOPHELES.
Du übersinnlicher sinnlicher Freier,
Ein Mägdelein nasführet dich. 3535

FAUST. Du Spottgeburt von Dreck und Feuer!

MEPHISTOPHELES.
Und die Physiognomie[139] versteht sie meisterlich:
In meiner Gegenwart wird's ihr, sie weiß nicht wie,
Mein Mäskchen da weissagt verborgnen Sinn;
Sie fühlt, daß ich ganz sicher ein Genie, 3540
Vielleicht wohl gar der Teufel bin.
Nun, heute nacht –?

FAUST.   Was geht dich's an?

MEPHISTOPHELES.
Hab' ich doch meine Freude dran!

---

137 Grasaff: unreifer, eitler Mensch
138 katechisiert: nach dem Glauben befragt; Religionsunterricht erhalten
139 Physiognomie: bezieht sich auf Lavaters Lehre, nach der man Charaktereigenschaften aus den Gesichtszügen eines Menschen ableiten kann.

Am Brunnen

Gretchen und Lieschen mit Krügen.

 LIESCHEN. Hast nichts von Bärbelchen gehört?

 GRETCHEN.
Kein Wort. Ich komm' gar wenig unter Leute.   3545

 LIESCHEN. Gewiß, Sibylle sagt' mir's heute!
Die hat sich endlich auch betört.
Das ist das Vornehmtun!

 GRETCHEN.   Wieso?

 LIESCHEN.   Es stinkt!
Sie füttert zwei, wenn sie nun ißt und trinkt.

 GRETCHEN. Ach!   3550

 LIESCHEN.   So ist's ihr endlich recht ergangen.
Wie lange hat sie an dem Kerl gehangen!
Das war ein Spazieren,
Auf Dorf und Tanzplatz Führen,
Mußt' überall die Erste sein,   3555
Kurtesiert[140] ihr immer mit Pastetchen und Wein;
Bild't' sich was auf ihre Schönheit ein,
War doch so ehrlos, sich nicht zu schämen,
Geschenke von ihm anzunehmen.
War ein Gekos' und ein Geschleck';   3560
Da ist denn auch das Blümchen weg!

 GRETCHEN. Das arme Ding!

 LIESCHEN.   Bedauerst sie noch gar!
Wenn unsereins am Spinnen war,
Uns nachts die Mutter nicht hinunterließ,
Stand sie bei ihrem Buhlen süß,   3565
Auf der Türbank und im dunkeln Gang
Ward ihnen keine Stunde zu lang.
Da mag sie denn sich ducken nun,
Im Sünderhemdchen Kirchbuß' tun!

 GRETCHEN. Er nimmt sie gewiß zu seiner Frau.   3570

 LIESCHEN. Er wär' ein Narr! Ein flinker Jung'
Hat anderwärts noch Luft genung.
Er ist auch fort.

 GRETCHEN.   Das ist nicht schön!

---

140 Kurtesiert: höflich tun

LIESCHEN. Kriegt sie ihn, soll's ihr übel gehn.
Das Kränzel[141] reißen die Buben ihr, 3575
Und Häckerling[142] streuen wir vor die Tür! *Ab.*

GRETCHEN *nach Hause gehend.*
Wie konnt' ich sonst so tapfer schmälen,
Wenn tät ein armes Mägdlein fehlen!
Wie konnt' ich über andrer Sünden
Nicht Worte gnug der Zunge finden! 3580
Wie schien mir's schwarz, und schwärzt's noch gar,
Mir's immer doch nicht schwarz gnug war,
Und segnet' mich und tat so groß,
Und bin nun selbst der Sünde bloß!
Doch – alles, was dazu mich trieb, 3585
Gott! war so gut! ach war so lieb!

Zwinger

In der Mauerhöhle ein Andachtsbild der Mater dolorosa[143], Blumenkrüge davor.

GRETCHEN *steckt frische Blumen in die Krüge.*
   Ach neige,
   Du Schmerzenreiche,
   Dein Antlitz gnädig meiner Not!

   Das Schwert im Herzen, 3590
   Mit tausend Schmerzen
   Blickst auf zu deines Sohnes Tod.

   Zum Vater blickst du,
   Und Seufzer schickst du
   Hinauf um sein' und deine Not. 3595

   Wer fühlet,
   Wie wühlet
   Der Schmerz mir im Gebein?
   Was mein armes Herz hier banget,
   Was es zittert, was verlanget, 3600
   Weißt nur du, nur du allein!

   Wohin ich immer gehe,
   Wie weh, wie weh, wie wehe
   Wird mir im Busen hier!
   Ich bin, ach, kaum alleine, 3605
   Ich wein', ich wein', ich weine,
   Das Herz zerbricht in mir.

---

141 Kränzel: Brautkranz. Bei Hochzeiten wurden Mädchen verspottet, die keine Jungfrau mehr waren. Ihre Brautkränze durften nicht geschlossen sein.
142 Häckerling: gehacktes oder geschnittenes Stroh. Es wurde den Bräuten, die nicht mehr Jungfrau waren, am Polterabend vor die Tür gestreut.
143 Mater dolorosa: Maria, die Mutter Gottes

Die Scherben vor meinem Fenster
Betaut' ich mit Tränen, ach,
Als ich am frühen Morgen 3610
Dir diese Blumen brach.

Schien hell in meine Kammer
Die Sonne früh herauf,
Saß ich in allem Jammer
In meinem Bett schon auf. 3615

Hilf! rette mich von Schmach und Tod!
Ach neige,
Du Schmerzenreiche,
Dein Antlitz gnädig meiner Not!

Nacht

Straße vor Gretchens Türe.

VALENTIN, *Soldat, Gretchens Bruder.*
Wenn ich so saß bei einem Gelag, 3620
Wo mancher sich berühmen mag,
Und die Gesellen mir den Flor
Der Mägdlein laut gepriesen vor,
Mit vollem Glas das Lob verschwemmt –
Den Ellenbogen aufgestemmt 3625
Saß ich in meiner sichern Ruh',
Hört' all dem Schwadronieren zu,
Und streiche lächelnd meinen Bart,
Und kriege das volle Glas zur Hand
Und sage: Alles nach seiner Art! 3630
Aber ist eine im ganzen Land,
Die meiner trauten Gretel gleicht,
Die meiner Schwester das Wasser reicht?
Topp! Topp! Kling! Klang! das ging herum;
Die einen schrieen: Er hat recht, 3635
Sie ist die Zier vom ganzen Geschlecht!
Da saßen alle die Lober stumm.
Und nun! – um's Haar sich auszuraufen
Und an den Wänden hinaufzulaufen! –
Mit Stichelreden, Naserümpfen 3640
Soll jeder Schurke mich beschimpfen!
Soll wie ein böser Schuldner sitzen,
Bei jedem Zufallswörtchen schwitzen!
Und möcht' ich sie zusammenschmeißen,
Könnt' ich sie doch nicht Lügner heißen. 3645

Was kommt heran? Was schleicht herbei?
Irr' ich nicht, es sind ihrer zwei.

Ist er's, gleich pack' ich ihn beim Felle,
Soll nicht lebendig von der Stelle!

Faust. Mephistopheles.

FAUST. Wie von dem Fenster dort der Sakristei[144]
Aufwärts der Schein des ew'gen Lämpchens flämmert
Und schwach und schwächer seitwärts dämmert,
Und Finsternis drängt ringsum bei!
So sieht's in meinem Busen nächtig.

MEPHISTOPHELES.
Und mir ist's wie dem Kätzlein schmächtig,
Das an den Feuerleitern schleicht,
Sich leis' dann um die Mauern streicht;
Mir ist's ganz tugendlich dabei,
Ein bißchen Diebsgelüst, ein bißchen Rammelei.
So spukt mir schon durch alle Glieder
Die herrliche Walpurgisnacht[145].
Die kommt uns übermorgen wieder,
Da weiß man doch, warum man wacht.

FAUST. Rückt wohl der Schatz indessen in die Höh',
Den ich dort hinten flimmern seh?

MEPHISTOPHELES.
Du kannst die Freude bald erleben,
Das Kesselchen herauszuheben.
Ich schielte neulich so hinein,
Sind herrliche Löwentaler drein.

FAUST. Nicht ein Geschmeide? nicht ein Ring?
Meine liebe Buhle damit zu zieren?

MEPHISTOPHELES.
Ich sah dabei wohl so ein Ding,
Als wie eine Art von Perlenschnüren.

FAUST. So ist es recht! Mir tut es weh,
Wenn ich ohne Geschenke zu ihr geh'.

MEPHISTOPHELES.
Es sollt' Euch eben nicht verdrießen,
Umsonst auch etwas zu genießen.
Jetzt, da der Himmel voller Sterne glüht,
Sollt Ihr ein wahres Kunststück hören:
Ich sing' ihr ein moralisch Lied,
Um sie gewisser zu betören.

---

144 Sakristei: Nebenraum der Kirche. Hier bereiten sich Priester für den Gottesdienst vor und werden die für den Gottesdienst benötigten Gegenstände aufbewahrt.

145 Walpurgisnacht: Nacht zum 1. Mai. Der Name kommt von der Äbtissin Walpurga, die im 8. Jahrhundert lebte. Nach ihrer Heiligsprechung wurde das sich anschließende Fest auf den 1. Mai festgelegt, an dem traditionell das große Frühlingsfest gefeiert wurde. Die Vorstellung der Hexenzusammenkünfte auf dem Blocksberg in der Walpurgisnacht gehen bis ins 15. Jahrhundert zurück.

Singt zur Zither.

 Was machst du mir
 Vor Liebchens Tür,
 Kathrinchen, hier
 Bei frühem Tagesblicke?   3685
 Laß, laß es sein!
 Er läßt dich ein,
 Als Mädchen ein,
 Als Mädchen nicht zurücke.

 Nehmt euch in acht!   3690
 Ist es vollbracht,
 Dann gute Nacht,
 Ihr armen, armen Dinger!
 Habt ihr euch lieb,
 Tut keinem Dieb   3695
 Nur nichts zu Lieb',
 Als mit dem Ring am Finger.

VALENTIN *tritt vor.*
Wen lockst du hier? beim Element!
Vermaledeiter Rattenfänger!
Zum Teufel erst das Instrument!   3700
Zum Teufel hinterdrein den Sänger!

MEPHISTOPHELES.
Die Zither ist entzwei! an der ist nichts zu halten.

VALENTIN. Nun soll es an ein Schädelspalten!

MEPHISTOPHELES *zu Faust.*
Herr Doktor, nicht gewichen! Frisch!
Hart an mich an, wie ich Euch führe.   3705
Heraus mit Eurem Flederwisch[146]!
Nur zugestoßen! ich pariere.

VALENTIN. Pariere den!

MEPHISTOPHELES.   Warum denn nicht?

VALENTIN. Auch den!

MEPHISTOPHELES.   Gewiß!

VALENTIN.   Ich glaub', der Teufel ficht!
Was ist denn das? Schon wird die Hand mir lahm. 3710

MEPHISTOPHELES *zu Faust.*
Stoß zu!

VALENTIN *fällt.*   O weh!

MEPHISTOPHELES.   Nun ist der Lümmel zahm!
Nun aber fort! Wir müssen gleich verschwinden:
Denn schon entsteht ein mörderlich Geschrei.

---

146 Flederwisch: ein spöttischer Ausdruck für Degen

Ich weiß mich trefflich mit der Polizei,
Doch mit dem Blutbann[147] schlecht mich abzufinden. 3715

MARTHE *am Fenster.* Heraus! Heraus!

GRETCHEN *am Fenster.* Herbei ein Licht!

MARTHE *wie oben.*
Man schilt und rauft, man schreit und ficht.

VOLK. Da liegt schon einer tot!

MARTHE *heraustretend.*
Die Mörder, sind sie denn entflohn?

GRETCHEN *heraustretend.*
Wer liegt hier?

VOLK. Deiner Mutter Sohn. 3720

GRETCHEN. Allmächtiger! welche Not!

VALENTIN. Ich sterbe! das ist bald gesagt
Und bälder noch getan.
Was steht ihr Weiber, heult und klagt?
Kommt her und hört mich an! *Alle treten um ihn.* 3725
Mein Gretchen, sieh! du bist noch jung,
Bist gar noch nicht gescheit genung,
Machst deine Sachen schlecht.
Ich sag' dir's im Vertrauen nur:
Du bist doch nun einmal eine Hur'; 3730
So sei's auch eben recht.

GRETCHEN. Mein Bruder! Gott! Was soll mir das?

VALENTIN. Laß unsern Herrgott aus dem Spaß.
Geschehn ist leider nun geschehn,
Und wie es gehn kann, so wird's gehn. 3735
Du fingst mit einem heimlich an,
Bald kommen ihrer mehre dran,
Und wenn dich erst ein Dutzend hat,
So hat dich auch die ganze Stadt.

Wenn erst die Schande wird geboren, 3740
Wird sie heimlich zur Welt gebracht,
Und man zieht den Schleier der Nacht
Ihr über Kopf und Ohren;
Ja, man möchte sie gern ermorden.
Wächst sie aber und macht sich groß, 3745
Dann geht sie auch bei Tage bloß,
Und ist doch nicht schöner geworden.
Je häßlicher wird ihr Gesicht,
Je mehr sucht sie des Tages Licht.

---

147 Blutbann: Blutgericht, auch als Halsgerichtsbarkeit bekannt. Gerichtsbarkeit im Namen Gottes für Straftaten, die mit Verstümmelung oder Tod bestraft wurden.

Ich seh' wahrhaftig schon die Zeit, 3750
Daß alle brave Bürgersleut',
Wie von einer angesteckten Leichen,
Von dir, du Metze! seitab weichen.
Dir soll das Herz im Leib verzagen,
Wenn sie dir in die Augen sehn! 3755
Sollst keine goldne Kette[148] mehr tragen!
In der Kirche nicht mehr am Altar stehn!
In einem schönen Spitzenkragen
Dich nicht beim Tanze wohlbehagen!
In eine finstre Jammerecken 3760
Unter Bettler und Krüppel dich verstecken
Und, wenn dir dann auch Gott verzeiht,
Auf Erden sein vermaledeit!

MARTHE. Befehlt Eure Seele Gott zu Gnaden!
Wollt Ihr noch Lästrung auf Euch laden? 3765

VALENTIN.
Könnt' ich dir nur an den dürren Leib,
Du schändlich kuppplerisches Weib!
Da hofft' ich aller meiner Sünden
Vergebung reiche Maß zu finden.

GRETCHEN. Mein Bruder! Welche Höllenpein! 3770

VALENTIN. Ich sage, laß die Tränen sein!
Da du dich sprachst der Ehre los,
Gabst mir den schwersten Herzensstoß.
Ich gehe durch den Todesschlaf
Zu Gott ein als Soldat und brav. *Stirbt.* 3775

Dom

Amt, Orgel und Gesang. Gretchen unter vielem Volke. Böser Geist hinter Gretchen.

BÖSER GEIST. Wie anders, Gretchen, war dir's,
Als du noch voll Unschuld
Hier zum Altar tratst,
Aus dem vergriffnen Büchelchen
Gebete lalltest, 3780
Halb Kinderspiele,
Halb Gott im Herzen!
Gretchen!
Wo steht dein Kopf?
In deinem Herzen 3785
Welche Missetat?
Betst du für deiner Mutter Seele, die
Durch dich zur langen, langen Pein hinüberschlief?

---

148   goldne Kette: Huren durften keinen Schmuck mehr tragen.

Auf deiner Schwelle wessen Blut?
– Und unter deinem Herzen 3790
Regt sich's nicht quillend schon
Und ängstet dich und sich
Mit ahnungsvoller Gegenwart?

GRETCHEN. Weh! Weh!
Wär' ich der Gedanken los, 3795
Die mir herüber und hinüber gehen
Wider mich!

CHOR. Dies irae[149], dies illa
Solvet saeclum in favilla.

Orgelton.

BÖSER GEIST. Grimm faßt dich! 3800
Die Posaune tönt!
Die Gräber beben!
Und dein Herz,
Aus Aschenruh
Zu Flammenqualen 3805
Wieder aufgeschaffen,
Bebt auf!

GRETCHEN. Wär' ich hier weg!
Mir ist, als ob die Orgel mir
Den Atem versetzte, 3810
Gesang mein Herz
Im Tiefsten löste.

CHOR. Judex ergo[150] cum sedebit,
Quidquid latet adparebit,

Nil inultum remanebit. 3815

GRETCHEN. Mir wird so eng!
Die Mauernpfeiler
Befangen mich!
Das Gewölbe
Drängt mich! – Luft! 3820

BÖSER GEIST. Verbirg dich! Sünd' und Schande
Bleibt nicht verborgen.
Luft? Licht?
Weh dir!

---

149 Dies irae, dies illa Solvet saeclum in favilla: aus einem Kirchengesang über das jüngste Gericht von Thomas von Celano aus dem 13. Jahrhundert. „Der Tag des Zornes, jener Tag wird unser Zeitalter in Asche legen."

150 Judex ego: Fortsetzung des dies irae (siehe oben). Wenn der Richter auf dem Throne sitzen wird, wird offenbar, was verborgen ist, nichts wird ungesühnt bleiben.

CHOR. Quid sum miser tunc dicturus?[151] 3825
Quem patronum rogaturus?
Cum vix justus sit securus.

BÖSER GEIST. Ihr Antlitz wenden
Verklärte von dir ab.
Die Hände dir zu reichen, 3830
Schauert's den Reinen.
Weh!

CHOR. Quid sum miser tunc dicturus?

GRETCHEN. Nachbarin! Euer Fläschchen[152]! –

Sie fällt in Ohnmacht.

Walpurgisnacht

Harzgebirg. Gegend von Schierke und Elend[153].
Faust. Mephistopheles.

MEPHISTOPHELES.
Verlangst du nicht nach einem Besenstiele[154]? 3835
Ich wünschte mir den allerderbsten Bock.
Auf diesem Weg sind wir noch weit vom Ziele.

FAUST.
So lang' ich mich noch frisch auf meinen Beinen fühle,
Genügt mir dieser Knotenstock[155].
Was hilft's, daß man den Weg verkürzt! – 3840
Im Labyrinth der Täler hinzuschleichen,
Dann diesen Felsen zu ersteigen,
Von dem der Quell sich ewig sprudelnd stürzt,
Das ist die Lust, die solche Pfade würzt!
Der Frühling webt schon in den Birken, 3845
Und selbst die Fichte fühlt ihn schon;
Sollt' er nicht auch auf unsre Glieder wirken?

MEPHISTOPHELES.
Fürwahr, ich spüre nichts davon!
Mir ist es winterlich im Leibe,
Ich wünschte Schnee und Frost auf meiner Bahn. 3850
Wie traurig steigt die unvollkommne Scheibe

---

151 Quid…: Fortsetzung des dies irae (siehe oben): Was werde ich Elender dann sagen? Wen als Fürsprecher anflehen? Da doch nicht einmal der Gerechte bestehen wird.
152 Fläschchen: Flasche mit Riechsalz
153 Schierke und Elend: Schierke ist ein Ort im Harz. Heute gehört er zur Stadt Wernigerode. Elend ist ein Nachbarort.
154 Besenstiele: Bevorzugte Reisemittel von Hexen waren Besenstiele, Böcke oder auch Ofengabeln.
155 Knotenstock: Stock von einem Ast, als Wanderstock benutzt

Des roten Monds mit später Glut heran,
Und leuchtet schlecht, daß man bei jedem Schritte
Vor einen Baum, vor einen Felsen rennt!
Erlaub', daß ich ein Irrlicht[156] bitte! 3855
Dort seh' ich eins, das eben lustig brennt.
He da! mein Freund! darf ich dich zu uns fodern?
Was willst du so vergebens lodern?
Sei doch so gut und leucht' uns da hinauf!

IRRLICHT.
Aus Ehrfurcht, hoff' ich, soll es mir gelingen, 3860
Mein leichtes Naturell zu zwingen;
Nur zickzack geht gewöhnlich unser Lauf.

MEPHISTOPHELES.
Ei! Ei! Er denkt's den Menschen nachzuahmen.
Geh' Er nur grad', in ‚s Teufels Namen!
Sonst blas' ich Ihm Sein Flackerleben aus. 3865

IRRLICHT.
Ich merke wohl, Ihr seid der Herr vom Haus,
Und will mich gern nach Euch bequemen.
Allein bedenkt! der Berg ist heute zaubertoll,
Und wenn ein Irrlicht Euch die Wege weisen soll,
So müßt Ihr's so genau nicht nehmen. 3870

FAUST, MEPHISTOPHELES, IRRLICHT im Wechselgesang.

In die Traum- und Zaubersphäre
Sind wir, scheint es, eingegangen.
Führ' uns gut und mach' dir Ehre,
Daß wir vorwärts bald gelangen
In den weiten, öden Räumen! 3875

Seh' die Bäume hinter Bäumen,
Wie sie schnell vorüberrücken,
Und die Klippen, die sich bücken,
Und die langen Felsennasen,
Wie sie schnarchen[157], wie sie blasen! 3880

Durch die Steine, durch den Rasen
Eilet Bach und Bächlein nieder.
Hör' ich Rauschen? hör' ich Lieder?
Hör' ich holde Liebesklage,
Stimmen jener Himmelstage? 3885
Was wir hoffen, was wir lieben!
Und das Echo, wie die Sage
Alter Zeiten, hallet wider.

---

156 Irrlicht: auch Sumpflichter, sind Lichterscheinungen in sumpfiger Gegend. Sie entstehen vermutlich durch die Selbstentzündung von Sumpfgasen. Im Volksglauben sind sie durch ihr geheimnisvolles Flackern mit der Vorstellung von Unheil bringenden Totengeistern verbunden, die in der Nacht Wandernde in die Irre führen.
157 schnarchen: Zwei Felsen im Bereich des Brockens werden „die Schnarcher" genannt.

Uhu! Schuhu! tönt es näher,
Kauz und Kiebitz und der Häher, 3890
Sind sie alle wach geblieben?
Sind das Molche durchs Gesträuche?
Lange Beine, dicke Bäuche!
Und die Wurzeln, wie die Schlangen,
Winden sich aus Fels und Sande, 3895
Strecken wunderliche Bande,
Uns zu schrecken, uns zu fangen;
Aus belebten derben Masern
Strecken sie Polypenfasern[158]
Nach dem Wandrer. Und die Mäuse 3900
Tausendfärbig, scharenweise,
Durch das Moos und durch die Heide!
Und die Funkenwürmer[159] fliegen
Mit gedrängten Schwärmezügen
Zum verwirrenden Geleite. 3905

Aber sag' mir, ob wir stehen,
Oder ob wir weitergehen?
Alles, alles scheint zu drehen,
Fels und Bäume, die Gesichter
Schneiden, und die irren Lichter, 3910
Die sich mehren, die sich blähen.

MEPHISTOPHELES. Fasse wacker meinen Zipfel!
Hier ist so ein Mittelgipfel,
Wo man mit Erstaunen sieht,
Wie im Berg der Mammon glüht. 3915

FAUST. Wie seltsam glimmert durch die Gründe
Ein morgenrötlich trüber Schein!
Und selbst bis in die tiefen Schlünde
Des Abgrunds wittert er hinein.
Da steigt ein Dampf, dort ziehen Schwaden, 3920
Hier leuchtet Glut aus Dunst und Flor,
Dann schleicht sie wie ein zarter Faden,
Dann bricht sie wie ein Quell hervor.
Hier schlingt sie eine ganze Strecke
Mit hundert Adern sich durchs Tal, 3925
Und hier in der gedrängten Ecke
Vereinzelt sie sich auf einmal.
Da sprühen Funken in der Nähe,
Wie ausgestreuter goldner Sand.
Doch schau! in ihrer ganzen Höhe 3930
Entzündet sich die Felsenwand.

MEPHISTOPHELES.
Erleuchtet nicht zu diesem Feste
Herr Mammon prächtig den Palast?

---

158 Polypenfasern: Die am Erdboden hervortretenden Baumwurzeln werden hier mit den Fangarmen von Tintenfischen verglichen.
159 Funkenwürmer: Leuchtkäfer, auch als Johanniswürmchen bekannt

Ein Glück, daß du's gesehen hast;
Ich spüre schon die ungestümen Gäste. 3935

FAUST. Wie rast die Windsbraut durch die Luft!
Mit welchen Schlägen trifft sie meinen Nacken!

MEPHISTOPHELES.
Du mußt des Felsens alte Rippen packen,
Sonst stürzt sie dich hinab in dieser Schlünde Gruft.
Ein Nebel verdichtet die Nacht. 3940
Höre, wie's durch die Wälder kracht!
Aufgescheucht fliegen die Eulen.
Hör', es splittern die Säulen
Ewig grüner Paläste.
Girren und Brechen der Äste! 3945
Der Stämme mächtiges Dröhnen!
Der Wurzeln Knarren und Gähnen!
Im fürchterlich verworrenen Falle
Übereinander krachen sie alle,
Und durch die übertrümmerten Klüfte 3950
Zischen und heulen die Lüfte.
Hörst du Stimmen in der Höhe?
In der Ferne, in der Nähe?
Ja, den ganzen Berg entlang
Strömt ein wütender Zaubergesang! 3955

HEXEN IM CHOR.
Die Hexen zu dem Brocken ziehn,
Die Stoppel ist gelb, die Saat ist grün.
Dort sammelt sich der große Hauf,
Herr Urian[160] sitzt oben auf.
So geht es über Stein und Stock, 3960
Es farzt die Hexe, es stinkt der Bock.

STIMME. Die alte Baubo[161] kommt allein,
Sie reitet auf einem Mutterschwein.

CHOR.
So Ehre denn, wem Ehre gebührt!
Frau Baubo vor! und angeführt! 3965
Ein tüchtig Schwein und Mutter drauf,
Da folgt der ganze Hexenhauf.

STIMME. Welchen Weg kommst du her?

---

160 Herr Urian: der Teufel
161 Baubo: Figur aus der griech. Mythologie. Baubo ist die Amme der Fruchtbarkeitsgöttin Demeter. Als Demeter über den Verlust von Persephone klagt, die vom Gott der Unterwelt Hades entführt wurde, versucht Baubo sie durch obszöne Scherze und sinnlich erregende Mittel zu erheitern. Baubo wird auch als Personifikation der Sexualität gedeutet.

STIMME. Übern Ilsenstein[162]!
Da guckt' ich der Eule ins Nest hinein.
Die macht' ein Paar Augen!

STIMME. O fahre zur Hölle! 3970
Was reitst du so schnelle!

STIMME. Mich hat sie geschunden,
Da sieh nur die Wunden!

HEXEN. CHOR.
Der Weg ist breit, der Weg ist lang,
Was ist das für ein toller Drang? 3975
Die Gabel sticht, der Besen kratzt,
Das Kind erstickt, die Mutter platzt.

HEXENMEISTER. HALBES CHOR.
Wir schleichen wie die Schneck' im Haus,
Die Weiber alle sind voraus.
Denn, geht es zu des Bösen Haus, 3980
Das Weib hat tausend Schritt voraus.

ANDRE HÄLFTE.
Wir nehmen das nicht so genau,
Mit tausend Schritten macht's die Frau;
Doch, wie sie auch sich eilen kann,
Mit einem Sprunge macht's der Mann. 3985

STIMME oben.
Kommt mit, kommt mit, vom Felsensee!

STIMMEN von unten.
Wir möchten gerne mit in die Höh'.
Wir waschen, und blank sind wir ganz und gar;
Aber auch ewig unfruchtbar.

BEIDE CHÖRE.
Es schweigt der Wind, es flieht der Stern, 3990
Der trübe Mond verbirgt sich gern.
Im Sausen sprüht das Zauberchor
Viel tausend Feuerfunken hervor.

STIMME von unten. Halte! Halte!

STIMME von oben.
Wer ruft da aus der Felsenspalte? 3995

STIMME unten.
Nehmt mich mit! Nehmt mich mit!
Ich steige schon dreihundert Jahr,
Und kann den Gipfel nicht erreichen.
Ich wäre gern bei meinesgleichen.

BEIDE CHÖRE.
Es trägt der Besen, trägt der Stock, 4000

---

162 Ilsenstein: Granitfelsen-Formation in der Nähe der Stadt Ilsenburg im Harz.

> Die Gabel trägt, es trägt der Bock;
> Wer heute sich nicht heben kann,
> Ist ewig ein verlorner Mann.

HALBHEXE *unten.* Ich tripple nach, so lange Zeit;
> Wie sind die andern schon so weit! 4005
> Ich hab' zu Hause keine Ruh,
> Und komme hier doch nicht dazu.

CHOR DER HEXEN.
> Die Salbe gibt den Hexen Mut,
> Ein Lumpen ist zum Segel gut,
> Ein gutes Schiff ist jeder Trog; 4010
> Der flieget nie, der heut nicht flog.

BEIDE CHÖRE.
> Und wenn wir um den Gipfel ziehn,
> So streichet an dem Boden hin,
> Und deckt die Heide weit und breit
> Mit eurem Schwarm der Hexenheit. 4015

Sie lassen sich nieder.

MEPHISTOPHELES.
Das drängt und stößt, das ruscht und klappert!
Das zischt und quirlt, das zieht und plappert!
Das leuchtet, sprüht und stinkt und brennt!
Ein wahres Hexenelement!
Nur fest an mir! sonst sind wir gleich getrennt. 4020
Wo bist du?

FAUST *in der Ferne.* Hier!

MEPHISTOPHELES. Was! dort schon hingerissen?
Da werd' ich Hausrecht brauchen müssen.
Platz! Junker Voland[163] kommt. Platz! süßer Pöbel, Platz!
Hier, Doktor, fasse mich! und nun, in einem Satz,
Laß uns aus dem Gedräng' entweichen; 4025
Es ist zu toll, sogar für meinesgleichen.
Dort neben leuchtet was mit ganz besondrem Schein,
Es zieht mich was nach jenen Sträuchen.
Komm, komm! wir schlupfen da hinein.

FAUST.
Du Geist des Widerspruchs! Nur zu! du magst mich führen. 4030
Ich denke doch, das war recht klug gemacht:
Zum Brocken wandeln wir in der Walpurgisnacht,
Um uns beliebig nun hieselbst zu isolieren.

MEPHISTOPHELES.
Da sieh nur, welche bunten Flammen!
Es ist ein muntrer Klub beisammen. 4035
Im Kleinen ist man nicht allein.

---

163 Junker Voland: eine alte Bezeichnung für den Teufel

FAUST. Doch droben möcht' ich lieber sein!
Schon seh' ich Glut und Wirbelrauch.
Dort strömt die Menge zu dem Bösen;
Da muß sich manches Rätsel lösen. 4040

MEPHISTOPHELES.
Doch manches Rätsel knüpft sich auch.
Laß du die große Welt nur sausen,
Wir wollen hier im Stillen hausen.
Es ist doch lange hergebracht,
Daß in der großen Welt man kleine Welten macht. 4045
Da seh' ich junge Hexchen nackt und bloß,
Und alte, die sich klug verhüllen.
Seid freundlich, nur um meinetwillen;
Die Müh' ist klein, der Spaß ist groß.
Ich höre was von Instrumenten tönen! 4050
Verflucht Geschnarr! Man muß sich dran gewöhnen.
Komm mit! Komm mit! Es kann nicht anders sein,
Ich tret' heran und führe dich herein,
Und ich verbinde dich aufs neue.
Was sagst du, Freund? das ist kein kleiner Raum. 4055
Da sieh nur hin! du siehst das Ende kaum.
Ein Hundert Feuer brennen in der Reihe;
Man tanzt, man schwatzt, man kocht, man trinkt, man liebt;
Nun sage mir, wo es was Bessers gibt?

FAUST. Willst du dich nun, um uns hier einzuführen, 4060
Als Zaubrer oder Teufel produzieren?

MEPHISTOPHELES.
Zwar bin ich sehr gewohnt, inkognito zu gehn,
Doch läßt am Galatag man seinen Orden sehn.
Ein Knieband zeichnet mich nicht aus,
Doch ist der Pferdefuß hier ehrenvoll zu Haus. 4065
Siehst du die Schnecke da? Sie kommt herangekrochen;
Mit ihrem tastenden Gesicht
Hat sie mir schon was abgerochen.
Wenn ich auch will, verleugn' ich hier mich nicht.
Komm nur! von Feuer gehen wir zu Feuer, 4070
Ich bin der Werber, und du bist der Freier.

Zu einigen, die um verglimmende Kohlen sitzen.

Ihr alten Herrn, was macht ihr hier am Ende?
Ich lobt' euch, wenn ich euch hübsch in der Mitte fände,
Von Saus umzirkt und Jugendbraus;
Genug allein ist jeder ja zu Haus. 4075

GENERAL. Wer mag auf Nationen trauen,
Man habe noch so viel für sie getan;
Denn bei dem Volk, wie bei den Frauen,
Steht immerfort die Jugend oben an.

MINISTER.
Jetzt ist man von dem Rechten allzu weit, 4080

Ich lobe mir die guten Alten;
Denn freilich, da wir alles galten,
Da war die rechte goldne Zeit.

PARVENU[164]. Wir waren wahrlich auch nicht dumm,
Und taten oft, was wir nicht sollten; 4085
Doch jetzo kehrt sich alles um und um,
Und eben da wir's fest erhalten wollten.

AUTOR. Wer mag wohl überhaupt jetzt eine Schrift
Von mäßig klugem Inhalt lesen!
Und was das liebe junge Volk betrifft, 4090
Das ist noch nie so naseweis gewesen.

MEPHISTOPHELES, *der auf einmal sehr alt erscheint.*
Zum jüngsten Tag fühl' ich das Volk gereift,
Da ich zum letzten Mal den Hexenberg ersteige,
Und weil mein Fäßchen trübe läuft,
So ist die Welt auch auf der Neige. 4095

TRÖDELHEXE[165]. Ihr Herren, geht nicht so vorbei!
Laßt die Gelegenheit nicht fahren!
Aufmerksam blickt nach meinen Waren,
Es steht dahier gar mancherlei.
Und doch ist nichts in meinem Laden, 4100
Dem keiner auf der Erde gleicht,
Das nicht einmal zum tücht'gen Schaden
Der Menschen und der Welt gereicht.
Kein Dolch ist hier, von dem nicht Blut geflossen,
Kein Kelch, aus dem sich nicht, in ganz gesunden Leib, 4105
Verzehrend heißes Gift ergossen,
Kein Schmuck, der nicht ein liebenswürdig Weib
Verführt, kein Schwert, das nicht den Bund gebrochen,
Nicht etwa hinterrücks den Gegenmann durchstochen.

MEPHISTOPHELES.
Frau Muhme[166]! Sie versteht mir schlecht die Zeiten. 4110
Getan geschehn! Geschehn getan!
Verleg' Sie sich auf Neuigkeiten!
Nur Neuigkeiten ziehn uns an.

FAUST. Daß ich mich nur nicht selbst vergesse!
Heiß' ich mir das doch eine Messe! 4115

MEPHISTOPHELES.
Der ganze Strudel strebt nach oben;
Du glaubst zu schieben und du wirst geschoben.

FAUST. Wer ist denn das?

---

164 Parvenu: ein Emporkömmling
165 Trödelhexe: Sammlerin von Trödel, dient Goethe zur Verspottung der Sammelwut
166 Muhme: Der Teufel nennt die Schlange, die Adam und Eva im Paradies verführt hat, seine Frau „Muhme".

MEPHISTOPHELES. Betrachte sie genau!
Lilith ist das.

FAUST. Wer?

MEPHISTOPHELES. Adams erste Frau[167].
Nimm dich in acht vor ihren schönen Haaren, 4120
Vor diesem Schmuck, mit dem sie einzig prangt.
Wenn sie damit den jungen Mann erlangt,
So läßt sie ihn so bald nicht wieder fahren.

FAUST. Da sitzen zwei, die Alte mit der Jungen;
Die haben schon was Rechts gesprungen! 4125

MEPHISTOPHELES. Das hat nun heute keine Ruh.
Es geht zum neuen Tanz; nun komm! wir greifen zu.

FAUST *mit der Jungen tanzend.*
    Einst hatt' ich einen schönen Traum:
    Da sah ich einen Apfelbaum,
    Zwei schöne Äpfel glänzten dran, 4130
    Sie reizten mich, ich stieg hinan.

DIE SCHÖNE.
    Der Äpfelchen begehrt ihr sehr,
    Und schon vom Paradiese her.
    Von Freuden fühl' ich mich bewegt,
    Daß auch mein Garten solche trägt. 4135

MEPHISTOPHELES *mit der Alten.*
    Einst hatt' ich einen wüsten Traum;
    Da sah ich einen gespaltnen Baum,
    Der hatt' ein ungeheures Loch;
    So groß es war, gefiel mir's doch.

DIE ALTE.
    Ich biete meinen besten Gruß 4140
    Dem Ritter mit dem Pferdefuß!
    Halt' Er einen ‹rechten Propf› bereit,
    Wenn Er ‹das große Loch› nicht scheut.

PROKTOPHANTASMIST[168].
Verfluchtes Volk! was untersteht ihr euch?

---

167 Adams erste Frau: gemeint ist Lilith. Nach jüdischer Überlieferung wurde Lilith von Gott selbst geschaffen. Sie war Adam ebenbürtig und verstand sich als freies Wesen. Unterordnung war ihr fremd. Als es zwischen ihr und Adam zum Zerwürfnis kommt, verlässt sie ihn und wird zur Geliebten des Teufels, mit dem sie unzählige Kinder zeugte. Im Mittelalter wurde sie als böser Dämon aufgefasst. Nach dem Volksglauben sollte ihr Haar der Sitz ihrer Verführungskünste sein. (Später wurde Lilith zu einen Symbol für eine emanzipierte Frau.)

168 Proktophantasmist: Steißgeisterseher. Goethe lässt hier den Schriftsteller und Kritiker Friedrich Nikolai auftreten. 1791 litt er an einer seltsamen Krankheit, die mit Geistererscheinungen einher kam. Zur Heilung hatte Nikolai Blutegel am Gesäß angesetzt und über die guten Erfolge dieser Methode berichtet. Nikolai trat zur Zeit Goethes als polemischer und rechthaberischer Kritiker auf, der für seinen platten Realismus verspottet wurde.

Hat man euch lange nicht bewiesen: 4145
Ein Geist steht nie auf ordentlichen Füßen?
Nun tanzt ihr gar, uns andern Menschen gleich!

DIE SCHÖNE *tanzend.*
Was will denn der auf unser Ball?

FAUST *tanzend.* Ei! der ist eben überall.
Was andre tanzen, muß er schätzen. 4150
Kann er nicht jeden Schritt beschwätzen,
So ist der Schritt so gut als nicht geschehn.
Am meisten ärgert ihn, sobald wir vorwärtsgehn.
Wenn ihr euch so im Kreise drehen wolltet,
Wie er's in seiner alten Mühle tut, 4155
Das hieß' er allenfalls noch gut;
Besonders wenn ihr ihn darum begrüßen solltet.

PROKTOPHANTASMIST.
Ihr seid noch immer da! Nein, das ist unerhört.
Verschwindet doch! Wir haben ja aufgeklärt!
Das Teufelspack, es fragt nach keiner Regel. 4160
Wir sind so klug, und dennoch spukt's in Tegel.
Wie lange hab' ich nicht am Wahn hinausgekehrt,
Und nie wird's rein; das ist doch unerhört!

DIE SCHÖNE.
So hört doch auf, uns hier zu ennuyieren[169]!

PROKTOPHANTASMIST.
Ich sag's euch Geistern ins Gesicht, 4165
Den Geistesdespotismus leid' ich nicht;
Mein Geist kann ihn nicht exerzieren.

Es wird fortgetanzt.

Heut', seh' ich, will mir nichts gelingen;
Doch eine Reise nehm' ich immer mit
Und hoffe noch, vor meinem letzten Schritt, 4170
Die Teufel und die Dichter zu bezwingen.

MEPHISTOPHELES.
Er wird sich gleich in eine Pfütze setzen,
Das ist die Art, wie er sich soulagiert[170],
Und wenn Blutegel sich an seinem Steiß ergetzen,
Ist er von Geistern und von Geist kuriert. 4175

Zu Faust, der aus dem Tanz getreten ist.

Was lässest du das schöne Mädchen fahren,
Das dir zum Tanz so lieblich sang?

FAUST. Ach! mitten im Gesange sprang
Ein rotes Mäuschen ihr aus dem Munde.

---

169 ennuyieren: zu langweilen
170 soulagiert: beruhigt

MEPHISTOPHELES.
Das ist was Rechts! das nimmt man nicht genau; 4180
Genug, die Maus war doch nicht grau.
Wer fragt darnach in einer Schäferstunde?

FAUST. Dann sah ich –

MEPHISTOPHELES. Was?

FAUST. Mephisto, siehst du dort
Ein blasses, schönes Kind allein und ferne stehen?
Sie schiebt sich langsam nur vom Ort, 4185
Sie scheint mit geschloßnen Füßen zu gehen.
Ich muß bekennen, daß mir deucht,
Daß sie dem guten Gretchen gleicht.

MEPHISTOPHELES.
Laß das nur stehn! dabei wird's niemand wohl.
Es ist ein Zauberbild, ist leblos, ein Idol. 4190
Ihm zu begegnen, ist nicht gut;
Vom starren Blick erstarrt des Menschen Blut,
Und er wird fast in Stein verkehrt,
Von der Meduse[171] hast du ja gehört.

FAUST. Fürwahr, es sind die Augen einer Toten, 4195
Die eine liebende Hand nicht schloß.
Das ist die Brust, die Gretchen mir geboten,
Das ist der süße Leib, den ich genoß.

MEPHISTOPHELES.
Das ist die Zauberei, du leicht verführter Tor!
Denn jedem kommt sie wie sein Liebchen vor. 4200

FAUST. Welch eine Wonne! welch ein Leiden!
Ich kann von diesem Blick nicht scheiden.
Wie sonderbar muß diesen schönen Hals
Ein einzig rotes Schnürchen[172] schmücken,
Nicht breiter als ein Messerrücken! 4205

MEPHISTOPHELES.
Ganz recht! ich seh' es ebenfalls.
Sie kann das Haupt auch unterm Arme tragen;
Denn Perseus hat's ihr abgeschlagen. –
Nur immer diese Lust zum Wahn!
Komm doch das Hügelchen heran, 4210
Hier ist's so lustig wie im Prater;
Und hat man mir's nicht angetan,
So seh' ich wahrlich ein Theater.
Was gibt's denn da?

---

171 Meduse: Medusa, Figur aus der griech. Mythologie. Beim direkten Anblick der Medusa wurde man versteinert. Perseus mied den direkten Blickkontakt, schaute durch einen Spiegel und konnte ihr so ihren Kopf abschlagen.

172 rotes Schnürchen: Medusa wurde enthauptet. Das rote Schnürchen ist ein Kennzeichen hierfür.

SERVIBILIS[173]. Gleich fängt man wieder an.
Ein neues Stück, das letzte Stück von sieben; 4215
So viel zu geben, ist althier der Brauch.
Ein Dilettant hat es geschrieben,
Und Dilettanten spielen's auch.
Verzeiht, ihr Herrn, wenn ich verschwinde;
Mich dilettiert's, den Vorhang aufzuziehn. 4220

MEPHISTOPHELES.
Wenn ich euch auf dem Blocksberg finde,
Das find' ich gut; denn da gehört ihr hin.

Walpurgisnachtstraum oder Oberons und Titanias goldne Hochzeit

Intermezzo[174]

THEATERMEISTER.
   Heute ruhen wir einmal,
   Miedings wackre Söhne[175].
   Alter Berg und feuchtes Tal, 4225
   Das ist die ganze Szene!

HEROLD.
   Daß die Hochzeit golden sei,
   Solln funfzig Jahr sein vorüber;
   Aber ist der Streit vorbei,
   Das Golden ist mir lieber. 4230

OBERON.
   Seid ihr Geister, wo ich bin,
   So zeigt's in diesen Stunden;
   König und die Königin,
   Sie sind aufs neu verbunden.

PUCK.
   Kommt der Puck und dreht sich quer 4235
   Und schleift den Fuß im Reihen,
   Hundert kommen hinterher,
   Sich auch mit ihm zu freuen.

ARIEL.
   Ariel bewegt den Sang
   In himmlisch reinen Tönen; 4240

---

173 Servibilis: ein Diener des Theater. Möglicherweise ist Karl August Böttiger gemeint. Er war ein Dilettant im Theaterwesen. Goethe kam mit ihn in Streit.

174 Intermezzo: ein Zwischenspiel im Drama. Es unterbricht die Handlung.

175 Miedings wackre Söhne: Der Tischlermeister Johann Martin Mieding baute für Goethe zahlreiche Bühnenkulissen und war ein geschätzter Mitarbeiter Goethes. Mieding ist hier der Theatermeister, seine „Söhne" sind die Bühnenarbeiter bzw. Gesellen.

Viele Fratzen lockt sein Klang,
Doch lockt er auch die Schönen.

OBERON.
Gatten, die sich vertragen wollen,
Lernen's von uns beiden!
Wenn sich zweie lieben sollen, 4245
Braucht man sie nur zu scheiden.

TITANIA.
Schmollt der Mann und grillt die Frau,
So faßt sie nur behende,
Führt mir nach dem Mittag Sie,
Und Ihn an Nordens Ende. 4250

ORCHESTER TUTTI *Fortissimo*[176].
Fliegenschnauz' und Mückennas'
Mit ihren Anverwandten,
Frosch im Laub und Grill' im Gras,
Das sind die Musikanten!

SOLO.
Seht, da kommt der Dudelsack! 4255
Es ist die Seifenblase.
Hört den Schneckeschnickeschnack
Durch seine stumpfe Nase.

GEIST, DER SICH ERST BILDET.
Spinnenfuß und Krötenbauch
Und Flügelchen dem Wichtchen! 4260
Zwar ein Tierchen gibt es nicht,
Doch gibt es ein Gedichtchen.

EIN PÄRCHEN.
Kleiner Schritt und hoher Sprung
Durch Honigtau und Düfte;
Zwar du trippelst mir genung, 4265
Doch geht's nicht in die Lüfte.

NEUGIERIGER REISENDER[177].
Ist das nicht Maskeraden-Spott?
Soll ich den Augen trauen,
Oberon den schönen Gott
Auch heute hier zu schauen! 4270

ORTHODOX[178].
Keine Klauen, keinen Schwanz!
Doch bleibt es außer Zweifel:
So wie die Götter Griechenlands,
So ist auch er ein Teufel.

---

176 Fortissimo: sehr große Lautstärke, Begriff aus der Musik
177 Neugieriger Reisender: Wahrscheinlich auch eine Anspielung auf Friedrich Nikolai, siehe *Proktophantasmist*
178 Orthodox: vielleicht in Anspielung auf Graf Friedrich von Stolberg, der bereits in den Xenien bedacht wurde.

NORDISCHER KÜNSTLER.
  Was ich ergreife, das ist heut 4275
  Fürwahr nur skizzenweise;
  Doch ich bereite mich bei Zeit
  Zur italien'schen Reise.

PURIST.
  Ach! mein Unglück führt mich her:
  Wie wird nicht hier geludert! 4280
  Und von dem ganzen Hexenheer
  Sind zweie nur gepudert.

JUNGE HEXE.
  Der Puder ist so wie der Rock
  Für alt' und graue Weibchen;
  Drum sitz' ich nackt auf meinem Bock 4285
  Und zeig' ein derbes Leibchen.

MATRONE[179].
  Wir haben zu viel Lebensart,
  Um hier mit euch zu maulen,
  Doch, hoff' ich, sollt ihr jung und zart,
  So wie ihr seid, verfaulen. 4290

KAPELLMEISTER.
  Fliegenschnauz und Mückennas',
  Umschwärmt mir nicht die Nackte!
  Frosch im Laub und Grill' im Gras,
  So bleibt doch auch im Takte!

WINDFAHNE[180] *nach der einen Seite.*
  Gesellschaft wie man wünschen kann. 4295
  Wahrhaftig lauter Bräute!
  Und Junggesellen, Mann für Mann,
  Die hoffnungsvollsten Leute.

WINDFAHNE *nach der andern Seite.*
  Und tut sich nicht der Boden auf,
  Sie alle zu verschlingen,
  So will ich mit behendem Lauf 4300
  Gleich in die Hölle springen.

XENIEN[181].
  Als Insekten sind wir da,
  Mit kleinen scharfen Scheren,
  Satan, unsern Herrn Papa,
  Nach Würden zu verehren. 4305

---

179 Matrone: alte, füllige Frau
180 Windfahne: möglicherweise der als doppelzüngig geltende Journalist Johann Friedrich Reichhardt
181 Xenien: 1797 veröffentlichen Goethe und Schiller kleine Spottgedichte, die als Xenien bekannt wurden. Die Xenien sorgten in der Literaturszene für gewaltigen Aufruhr.

HENNINGS[182].
    Seht, wie sie in gedrängter Schar
    Naiv zusammen scherzen!
    Am Ende sagen sie noch gar,
    Sie hätten gute Herzen.   4310

MUSAGET[183].
    Ich mag in diesem Hexenheer
    Mich gar zu gern verlieren;
    Denn freilich diese wüßt' ich eh'r
    Als Musen anzuführen.

CI-DEVANT GENIUS DER ZEIT[184].
    Mit rechten Leuten wird man was.   4315
    Komm, fasse meinen Zipfel!
    Der Blocksberg, wie der deutsche Parnaß,
    Hat gar einen breiten Gipfel.

NEUGIERIGER REISENDER.
    Sagt, wie heißt der steife Mann?
    Er geht mit stolzen Schritten.   4320
    Er schnopert, was er schnopern kann.
    ›Er spürt nach Jesuiten.‹

KRANICH[185].
    In dem Klaren mag ich gern
    Und auch im Trüben fischen;
    Darum seht ihr den frommen Herrn   4325
    Sich auch mit Teufeln mischen.

WELTKIND[186].
    Ja für die Frommen, glaubet mir,
    Ist alles ein Vehikel;
    Sie bilden auf dem Blocksberg hier
    Gar manches Konventikel.   4330

TÄNZER.
    Da kommt ja wohl ein neues Chor?
    Ich höre ferne Trommeln.
    Nur ungestört! es sind im Rohr
    Die unisonen Dommeln[187].

TANZMEISTER.
    Wie jeder doch die Beine lupft!   4335

---

182   Hennings: August Adolph von Hennings kritisierte die Dichtung Goethe scharf. Er gab eine Zeitschrift mit dem Titel „Genius der Zeit" heraus.
183   Musaget: „Der Musaget" ist eine Gedichtsammlung von Hennings, die hier von Goethe verspottet wird. Hennings: siehe oben.
184   Ci-Devant Genius der Zeit: eine Verspottung der Zeitschrift von Hennings, siehe V. 4307
185   Kranich: gemeint ist der schwärmerische Pfarrer Johann Caspar Lavater, der – nach Goethe – den Gang eines Kranich hatte. Goethe warf Lavater Täuschung vor.
186   Weltkind: Goethe sieht sich selbst als Weltkind.
187   Dommeln: Vogel aus der Familie der Reiher

Sich, wie er kann, herauszieht!
Der Krumme springt, der Plumpe hupft
Und fragt nicht, wie es aussieht.

FIDELER.
Das haßt sich schwer, das Lumpenpack,
Und gäb' sich gern das Restchen; 4340
Es eint sie hier der Dudelsack,
Wie Orpheus' Leier die Bestjen.

DOGMATIKER.
Ich lasse mich nicht irre schrein,
Nicht durch Kritik noch Zweifel.
Der Teufel muß doch etwas sein; 4345
Wie gäb's denn sonst auch Teufel?

IDEALIST.
Die Phantasie in meinem Sinn
Ist diesmal gar zu herrisch.
Fürwahr, wenn ich das alles bin,
So bin ich heute närrisch. 4350

REALIST.
Das Wesen ist mir recht zur Qual
Und muß mich baß verdrießen;
Ich stehe hier zum ersten Mal
Nicht fest auf meinen Füßen.

SUPERNATURALIST.
Mit viel Vergnügen bin ich da 4355
Und freue mich mit diesen;
Denn von den Teufeln kann ich ja
Auf gute Geister schließen.

SKEPTIKER.
Sie gehn den Flämmchen auf der Spur,
Und glaub'n sich nah dem Schatze. 4360
Auf Teufel reimt der Zweifel nur,
Da bin ich recht am Platze.

KAPELLMEISTER.
Frosch im Laub und Grill' im Gras,
Verfluchte Dilettanten!
Fliegenschnauz' und Mückennas', 4365
Ihr seid doch Musikanten!

DIE GEWANDTEN[188].
Sanssouci, so heißt das Heer
Von lustigen Geschöpfen;
Auf den Füßen geht's nicht mehr,
Drum gehn wir auf den Köpfen. 4370

---

188 Die Gewandten: Politiker, die trotz aller politischer Wandlungen immer ihre Stellung behalten haben.

DIE UNBEHÜLFLICHEN[189].
Sonst haben wir manchen Bissen erschranzt,
Nun aber Gott befohlen!
Unsere Schuhe sind durchgetanzt,
Wir laufen auf nackten Sohlen.

IRRLICHTER[190].
Von dem Sumpfe kommen wir, 4375
Woraus wir erst entstanden;
Doch sind wir gleich im Reihen hier
Die glänzenden Galanten.

STERNSCHNUPPE[191].
Aus der Höhe schoß ich her
Im Stern- und Feuerscheine, 4380
Liege nun im Grase quer –
Wer hilft mir auf die Beine?

DIE MASSIVEN[192].
Platz und Platz! und ringsherum!
So gehn die Gräschen nieder,
Geister kommen, Geister auch 4385
Sie haben plumpe Glieder.

PUCK.
Tretet nicht so mastig auf
Wie Elefantenkälber,
Und der Plumpst' an diesem Tag
Sei Puck, der Derbe, selber. 4390

ARIEL.
Gab die liebende Natur,
Gab der Geist euch Flügel,
Folget meiner leichten Spur,
Auf zum Rosenhügel[193]!

ORCHESTER *Pianissimo*[194].
Wolkenzug und Nebelflor 4395
Erhellen sich von oben.
Luft im Laub und Wind im Rohr,
Und alles ist zerstoben.

---

189 Die Unbehülflichen: emigrierte französische Adelige. Entgegen der „Gewandten" besaßen sie scheinbar nicht das Geschick, sich in ihrer Stellung zu halten.
190 Irrlichter: kommen aus niederen Schichten, die sich in höheren Schichten ganz heimisch fühlen. Nicht zu verwechseln mit den Irrlichtern in der Szene Walpurgisnacht.
191 Sternschnuppe: eine gestürzte politische Größe
192 Die Massiven: die revolutionäre Masse, die Umstürzler der zuvor genannten Politikergruppen
193 Rosenhügel: Auf dem Rosenhügel soll nach Wieland das Schloss Oberons liegen.
194 Pianissimo: sehr leises Spielen bzw. Singen, Begriff aus der Musik

Trüber Tag. Feld

Faust. Mephistopheles.

FAUST. Im Elend! Verzweifelnd! Erbärmlich auf der Erde lange verirrt und nun gefangen! Als Missetäterin im Kerker zu entsetzlichen Qualen eingesperrt das holde unselige Geschöpf! Bis dahin! dahin! – Verräterischer, nichtswürdiger Geist, und das hast du mir verheimlicht! – Steh nur, steh! Wälze die teuflischen Augen ingrimmend im Kopf herum! Steh und trutze mir durch deine unerträgliche Gegenwart! Gefangen! Im unwiederbringlichen Elend! Bösen Geistern übergeben und der richtenden gefühllosen Menschheit! Und mich wiegst du indes in abgeschmackten Zerstreuungen, verbirgst mir ihren wachsenden Jammer und lässest sie hülflos verderben!

MEPHISTOPHELES. Sie ist die Erste nicht.

FAUST. Hund! abscheuliches Untier! – Wandle ihn, du unendlicher Geist! wandle den Wurm wieder in seine Hundsgestalt, wie er sich oft nächtlicher Weile gefiel, vor mir herzutrotten, dem harmlosen Wandrer vor die Füße zu kollern und sich dem niederstürzenden auf die Schultern zu hängen. Wandl' ihn wieder in seine Lieblingsbildung, daß er vor mir im Sand auf dem Bauch krieche, ich ihn mit Füßen trete, den Verworfnen! – Die Erste nicht! – Jammer! Jammer! von keiner Menschenseele zu fassen, daß mehr als ein Geschöpf in die Tiefe dieses Elendes versank, daß nicht das erste genug tat für die Schuld aller übrigen in seiner windenden Todesnot vor den Augen des ewig Verzeihenden! Mir wühlt es Mark und Leben durch, das Elend dieser Einzigen; du grinsest gelassen über das Schicksal von Tausenden hin!

MEPHISTOPHELES. Nun sind wir schon wieder an der Grenze unsres Witzes, da wo euch Menschen der Sinn überschnappt. Warum machst du Gemeinschaft mit uns, wenn du sie nicht durchführen kannst? Willst fliegen und bist vorm Schwindel nicht sicher? Drangen wir uns dir auf, oder du dich uns?

FAUST. Fletsche deine gefräßigen Zähne mir nicht so entgegen! Mir ekelt's! – Großer herrlicher Geist, der du mir zu erscheinen würdigtest, der du mein Herz kennest und meine Seele, warum an den Schandgesellen mich schmieden, der sich am Schaden weidet und am Verderben sich letzt?

MEPHISTOPHELES. Endigst du?

FAUST. Rette sie! oder weh dir! Den gräßlichsten Fluch über dich auf Jahrtausende!

MEPHISTOPHELES. Ich kann die Bande des Rächers nicht lösen, seine Riegel nicht öffnen. – Rette sie! – Wer war's, der sie ins Verderben stürzte? Ich oder du?

FAUST *blickt wild umher.*

MEPHISTOPHELES. Greifst du nach dem Donner? Wohl, daß er euch elenden Sterblichen nicht gegeben ward! Den unschuldig Entgegnenden zu zerschmettern, das ist so Tyrannenart, sich in Verlegenheiten Luft zu machen.

FAUST. Bringe mich hin! Sie soll frei sein!

MEPHISTOPHELES. Und die Gefahr, der du dich aussetzest? Wisse, noch liegt auf der Stadt Blutschuld von deiner Hand. Über des Erschlagenen Stätte schweben rächende Geister und lauern auf den wiederkehrenden Mörder.

FAUST. Noch das von dir? Mord und Tod einer Welt über dich Ungeheuer! Führe mich hin, sag' ich, und befrei sie!

MEPHISTOPHELES. Ich führe dich, und was ich tun kann, höre! Habe ich alle Macht im Himmel und auf Erden? Des Türners[195] Sinne will ich umnebeln, bemächtige dich der Schlüssel und führe sie heraus mit Menschenhand! Ich wache! die Zauberpferde sind bereit, ich entführe euch. Das vermag ich.

FAUST. Auf und davon!

Nacht. Offen Feld

Faust, Mephistopheles, auf schwarzen Pferden daherbrausend.

FAUST.
Was weben die dort um den Rabenstein[196]?

MEPHISTOPHELES.
Weiß nicht, was sie kochen und schaffen. 4400

FAUST.
Schweben auf, schweben ab, neigen sich, beugen sich.

MEPHISTOPHELES. Eine Hexenzunft.

FAUST. Sie streuen und weihen.

MEPHISTOPHELES. Vorbei! Vorbei!

Kerker

FAUST *mit einem Bund Schlüssel und einer Lampe, vor einem eisernen Türchen.*
Mich faßt ein längst entwohnter Schauer, 4405
Der Menschheit ganzer Jammer faßt mich an.
Hier wohnt sie, hinter dieser feuchten Mauer,
Und ihr Verbrechen war ein guter Wahn!
Du zauderst, zu ihr zu gehen!
Du fürchtest, sie wiederzusehen! 4410
Fort! Dein Zagen zögert den Tod heran.

Er ergreift das Schloß. Es singt inwendig:

---

195 Türner: Wächter
196 Rabenstein: unheimliche Stätte, an der Hinrichtungen vollzogen werden. Wird so genannt, weil hier die Leichen von Raben umflogen werden.

Meine Mutter, die Hur'[197],
Die mich umgebracht hat!
Mein Vater, der Schelm,
Der mich gessen hat! 4415
Mein Schwesterlein klein
Hub auf die Bein',
An einem kühlen Ort;
Da ward ich ein schönes Waldvögelein;
Fliege fort, fliege fort! 4420

FAUST *aufschließend.*
Sie ahnet nicht, daß der Geliebte lauscht,
Die Ketten klirren hört, das Stroh, das rauscht.

Er tritt ein.

MARGARETE *sich auf dem Lager verbergend.*
Weh! Weh! Sie kommen. Bittrer Tod!

FAUST *leise.* Still! Still! ich komme, dich zu befreien.

MARGARETE *sich vor ihn hinwälzend.*
Bist du ein Mensch, so fühle meine Not. 4425

FAUST.
Du wirst die Wächter aus dem Schlafe schreien!

Er faßt die Ketten, sie aufzuschließen.

MARGARETE *auf den Knieen.*
Wer hat dir, Henker, diese Macht
Über mich gegeben!
Du holst mich schon um Mitternacht.
Erbarme dich und laß mich leben! 4430
Ist's morgen früh nicht zeitig genung?

Sie steht auf.

Bin ich doch noch so jung, so jung!
Und soll schon sterben!
Schön war ich auch, und das war mein Verderben.
Nah war der Freund, nun ist er weit; 4435
Zerrissen liegt der Kranz, die Blumen zerstreut.
Fasse mich nicht so gewaltsam an!
Schone mich! Was hab' ich dir getan?
Laß mich nicht vergebens flehen,
Hab' ich dich doch mein Tage nicht gesehen! 4440

FAUST. Werd' ich den Jammer überstehen!

MARGARETE. Ich bin nun ganz in deiner Macht.
Laß mich nur erst das Kind noch tränken.

---

197 Meine Mutter...: Hierbei handelt es sich um das Lied des getöteten Kindes aus dem „Märchen vom Machandelbaum". Hierin tötet eine Stiefmutter ihren Stiefsohn und gibt die Schuld ihrer Tochter. Diese begräbt seine Gebeine unter einem Wacholderstrauch. Aus ihnen entsteht ein Vogel. Durch die Kräfte des Vogels wird der Junge wieder lebendig.

Ich herzt' es diese ganze Nacht;
Sie nahmen mir's, um mich zu kränken, 4445
Und sagen nun, ich hätt' es umgebracht.
Und niemals werd' ich wieder froh.
Sie singen Lieder auf mich! Es ist bös von den Leuten!
Ein altes Märchen endigt so,
Wer heißt sie's deuten? 4450

FAUST *wirft sich nieder.*
Ein Liebender liegt dir zu Füßen,
Die Jammerknechtschaft aufzuschließen.

MARGARETE *wirft sich zu ihm.*
O laß uns knien, die Heil'gen anzurufen!
Sieh! unter diesen Stufen,
Unter der Schwelle 4455
Siedet die Hölle!
Der Böse,
Mit furchtbarem Grimme,
Macht ein Getöse!

FAUST *laut.* Gretchen! Gretchen! 4460

MARGARETE *aufmerksam.*
Das war des Freundes Stimme!

Sie springt auf. Die Ketten fallen ab.

Wo ist er? Ich hab' ihn rufen hören.
Ich bin frei! Mir soll niemand wehren.
An seinen Hals will ich fliegen,
An seinem Busen liegen! 4465
Er rief: Gretchen! Er stand auf der Schwelle.
Mitten durchs Heulen und Klappen der Hölle,
Durch den grimmigen, teuflischen Hohn
Erkannt' ich den süßen, den liebenden Ton.

FAUST. Ich bin's!

MARGARETE. Du bist's! O sag' es noch einmal! 4470

Ihn fassend.

Er ist's! Er ist's! Wohin ist alle Qual?
Wohin die Angst des Kerkers? der Ketten?
Du bist's! Kommst, mich zu retten!
Ich bin gerettet! –
Schon ist die Straße wieder da, 4475
Auf der ich dich zum ersten Male sah.
Und der heitere Garten,
Wo ich und Marthe deiner warten.

FAUST *fortstrebend.* Komm mit! Komm mit!

MARGARETE. O weile!
Weil' ich doch so gern, wo du weilest 4480

Liebkosend.

FAUST. Eile!
Wenn du nicht eilest,
Werden wir's teuer büßen müssen.

MARGARETE. Wie? du kannst nicht mehr küssen?
Mein Freund, so kurz von mir entfernt, 4485
Und hast ‚s Küssen verlernt?
Warum wird mir an deinem Halse so bang?
Wenn sonst von deinen Worten, deinen Blicken
Ein ganzer Himmel mich überdrang,
Und du mich küßtest, als wolltest du mich ersticken. 4490
Küsse mich!
Sonst küss' ich dich!

Sie umfaßt ihn.

O weh! deine Lippen sind kalt,
Sind stumm.
Wo ist dein Lieben 4495
Geblieben?
Wer brachte mich drum?

Sie wendet sich von ihm.

FAUST. Komm! Folge mir! Liebchen, fasse Mut!
Ich herze dich mit tausendfacher Glut;
Nur folge mir! Ich bitte dich nur dies! 4500

MARGARETE *zu ihm gewendet.*
Und bist du's denn? Und bist du's auch gewiß?

FAUST. Ich bin's! Komm mit!

MARGARETE. Du machst die Fesseln los,
Nimmst wieder mich in deinen Schoß.
Wie kommt es, daß du dich vor mir nicht scheust? –
Und weißt du denn, mein Freund, wen du befreist? 4505

FAUST. Komm! komm! schon weicht die tiefe Nacht.

MARGARETE. Meine Mutter hab' ich umgebracht,
Mein Kind hab' ich ertränkt.
War es nicht dir und mir geschenkt?
Dir auch. – Du bist's! ich glaub' es kaum. 4510
Gib deine Hand! Es ist kein Traum!
Deine liebe Hand! – Ach aber sie ist feucht!
Wische sie ab! Wie mich deucht,
Ist Blut dran.
Ach Gott! was hast du getan! 4515
Stecke den Degen ein,
Ich bitte dich drum!

FAUST. Laß das Vergangne vergangen sein,
Du bringst mich um.

MARGARETE. Nein, du mußt übrigbleiben! 4520
Ich will dir die Gräber beschreiben.
Für die mußt du sorgen

Gleich morgen;
Der Mutter den besten Platz geben,
Meinen Bruder sogleich darneben, 4525
Mich ein wenig beiseit',
Nur nicht gar zu weit!
Und das Kleine mir an die rechte Brust.
Niemand wird sonst bei mir liegen!
Mich an deine Seite zu schmiegen, 4530
Das war ein süßes, ein holdes Glück!
Aber es will mir nicht mehr gelingen;
Mir ist's, als müßt' ich mich zu dir zwingen,
Als stießest du mich von dir zurück;
Und doch bist du's und blickst so gut, so fromm! 4535

FAUST. Fühlst du, daß ich es bin, so komm!

MARGARETE. Dahinaus?

FAUST. Ins Freie.

MARGARETE.   Ist das Grab drauß,
Lauert der Tod, so komm!
Von hier ins ewige Ruhebett 4540
Und weiter keinen Schritt –
Du gehst nun fort? O Heinrich, könnt' ich mit!

FAUST.
Du kannst! So wolle nur! Die Tür steht offen.

MARGARETE.
Ich darf nicht fort; für mich ist nichts zu hoffen.
Was hilft es fliehn? Sie lauern doch mir auf. 4545
Es ist so elend, betteln zu müssen,
Und noch dazu mit bösem Gewissen!
Es ist so elend, in der Fremde schweifen,
Und sie werden mich doch ergreifen!

FAUST. Ich bleibe bei dir. 4550

MARGARETE. Geschwind! Geschwind!
Rette dein armes Kind.
Fort! Immer den Weg
Am Bach hinauf,
Über den Steg, 4555
In den Wald hinein,
Links, wo die Planke steht,
Im Teich.
Faß es nur gleich!
Es will sich heben, 4560
Es zappelt noch!
Rette! rette!

FAUST. Besinne dich doch!
Nur einen Schritt, so bist du frei!

MARGARETE. Wären wir nur den Berg vorbei! 4565
Da sitzt meine Mutter auf einem Stein,

Es faßt mich kalt beim Schopfe!
Da sitzt meine Mutter auf einem Stein
Und wackelt mit dem Kopfe;
Sie winkt nicht, sie nickt nicht, der Kopf ist ihr schwer, 4570
Sie schlief so lange, sie wacht nicht mehr.
Sie schlief, damit wir uns freuten.
Es waren glückliche Zeiten!

FAUST. Hilft hier kein Flehen, hilft kein Sagen,
So wag' ich's, dich hinweg zu tragen. 4575

MARGARETE.
Laß mich! Nein, ich leide keine Gewalt!
Fasse mich nicht so mörderisch an!
Sonst hab' ich dir ja alles zu Lieb' getan.

FAUST. Der Tag graut! Liebchen! Liebchen!

MARGARETE.
Tag! Ja es wird Tag! der letzte Tag dringt herein; 4580
Mein Hochzeittag sollt' es sein!
Sag niemand, daß du schon bei Gretchen warst.
Weh meinem Kranze!
Es ist eben geschehn!
Wir werden uns wiedersehn; 4585
Aber nicht beim Tanze.
Die Menge drängt sich, man hört sie nicht.
Der Platz, die Gassen
Können sie nicht fassen.
Die Glocke[198] ruft, das Stäbchen bricht[199]. 4590
Wie sie mich binden und packen!
Zum Blutstuhl[200] bin ich schon entrückt.
Schon zuckt nach jedem Nacken
Die Schärfe, die nach meinem zückt.
Stumm liegt die Welt wie das Grab! 4595

FAUST. O wär' ich nie geboren!

MEPHISTOPHELES *erscheint draußen.*
Auf! oder ihr seid verloren.
Unnützes Zagen! Zaudern und Plaudern!
Meine Pferde schaudern,
Der Morgen dämmert auf. 4600

MARGARETE. Was steigt aus dem Boden herauf?
Der! der! Schick' ihn fort!
Was will der an dem heiligen Ort?
Er will mich!

---

198 Glocke: die Armesünderglocke läutet während der Hinrichtung
199 Stäbchen bricht: Es war Brauch, dass bei der Hinrichtung ein Stäbchen über dem Hinzurichtenden gebrochen wurde. Das zerbrochene Stäbchen wurde diesem vor die Füße geworfen zum Zeichen, dass sein Leben verwirkt ist.
200 Blutstuhl: wurde bei Hinrichtungen verwendet. Verurteilte wurden auf dem Blutstuhl enthauptet.

FAUST.   Du sollst leben!

MARGARETE.
Gericht Gottes! dir hab' ich mich übergeben! 4605

MEPHISTOPHELES *zu Faust.*
Komm! komm! Ich lasse dich mit ihr im Stich.

MARGARETE. Dein bin ich, Vater! Rette mich!
Ihr Engel! Ihr heiligen Scharen,
Lagert euch umher, mich zu bewahren!
Heinrich! Mir graut's vor dir. 4610

MEPHISTOPHELES. Sie ist gerichtet!

STIMME *von oben.*   Ist gerettet!

MEPHISTOPHELES *zu Faust.*   Her zu mir!

Verschwindet mit Faust.

STIMME *von innen, verhallend.*
Heinrich! Heinrich!

Faust.
Der Tragödie zweiter Teil.

1. Akt

Anmutige Gegend

Faust auf blumigen Rasen gebettet, ermüdet, unruhig, schlafsuchend. Dämmerung.
Geisterkreis schwebend bewegt, anmutige kleine Gestalten[201].

ARIEL[202]. *Gesang, von Äolsharfen[203] begleitet.*
    Wenn der Blüten Frühlingsregen
    Über alle schwebend sinkt,
    Wenn der Felder grüner Segen   4615
    Allen Erdgebornen blinkt,
    Kleiner Elfen Geistergröße
    Eilet, wo sie helfen kann,
    Ob er heilig, ob er böse,
    Jammert sie der Unglücksmann.   4620

Die ihr dies Haupt umschwebt im luft'gen Kreise,
Erzeigt euch hier nach edler Elfen Weise,
Besänftiget des Herzens grimmen Strauß,
Entfernt des Vorwurfs glühend bittre Pfeile,
Sein Innres reinigt von erlebtem Graus.   4625
Vier sind die Pausen nächtiger Weile[204],
Nun ohne Säumen füllt sie freundlich aus.
Erst senkt sein Haupt aufs kühle Polster nieder,
Dann badet ihn im Tau aus Lethes[205] Flut;
Gelenk sind bald die krampferstarrten Glieder,   4630
Wenn er gestärkt dem Tag entgegenruht;
Vollbringt der Elfen schönste Pflicht,
Gebt ihn zurück dem heiligen Licht.

CHOR. *Einzeln, zu zweien und vielen, abwechselnd und gesammelt.*
    Wenn sich lau die Lüfte füllen
    Um den grünumschränkten Plan,   4635
    Süße Düfte, Nebelhüllen
    Senkt die Dämmerung heran.
    Lispelt leise süßen Frieden,
    Wiegt das Herz in Kindesruh;

---

201   anmutige kleine Gestalten: Elfen
202   Ariel: Luftgeist aus Shakespeares „Sturm", den hierin den verbannten Herzog Prospero von der Hexe Sycorax befreit und sich dienstbar macht.
203   Äolsharfen: Windharfen, ein Saiteninstrument. Die Saiten werden durch den Wind angespielt. Nach Aeolus benannt, der von den Göttern als Herrscher der Winde eingesetzt wurde.
204   Vier sind die Pausen ...: Bei den Römer gab es in der Schlafenszeit vier Nachtwachen: Abend, Mitternacht, Morgendämmerung und Morgen, die jeweils drei Stunden dauerten. Diesen Wachen bzw. Phasen wenden sich die folgenden vier Strophen des Chores zu.
205   Lethe: in griechischen Mythologie der Fluss in die Unterwelt. Tote tranken aus ihm, um alles Vergangene zu vergessen.

Und den Augen dieses Müden 4640
Schließt des Tages Pforte zu.

Nacht ist schon hereingesunken,
Schließt sich heilig Stern an Stern,
Große Lichter, kleine Funken
Glitzern nah und glänzen fern; 4645
Glitzern hier im See sich spiegelnd,
Glänzen droben klarer Nacht,
Tiefsten Ruhens Glück besiegelnd
Herrscht des Mondes volle Pracht.

Schon verloschen sind die Stunden, 4650
Hingeschwunden Schmerz und Glück;
Fühl es vor! Du wirst gesunden;
Traue neuem Tagesblick.
Täler grünen, Hügel schwellen,
Buschen sich zu Schattenruh; 4655
Und in schwanken Silberwellen
Wogt die Saat der Ernte zu.

Wunsch um Wünsche zu erlangen,
Schaue nach dem Glanze dort!
Leise bist du nur umfangen, 4660
Schlaf ist Schale, wirf sie fort!
Säume nicht, dich zu erdreisten,
Wenn die Menge zaudernd schweift;
Alles kann der Edle leisten,
Der versteht und rasch ergreift. 4665

Ungeheures Getöse verkündet das Herannahen der Sonne.

ARIEL.
Horchet! horcht dem Sturm der Horen[206]!
Tönend wird für Geistesohren
Schon der neue Tag geboren.
Felsentore knarren rasselnd,
Phöbus'[207] Räder[208] rollen prasselnd, 4670
Welch Getöse bringt das Licht!
Es trommetet, es posaunet,
Auge blinzt und Ohr erstaunet,
Unerhörtes hört sich nicht.
Schlüpfet zu den Blumenkronen, 4675
Tiefer, tiefer, still zu wohnen,
In die Felsen, unters Laub;
Trifft es euch, so seid ihr taub.

FAUST. Des Lebens Pulse schlagen frisch lebendig,
Ätherische Dämmerung milde zu begrüßen; 4680
Du, Erde, warst auch diese Nacht beständig

---

206 Sturm der Horen: das Dahineilen der Zeit. Horen sind die Göttinnen der Jahreszeiten.
207 Phöbus: Phöbus Apollon (Helios) der Sonnengott
208 Räder: die Räder des Sonnenwagens, mit dem Phöbus den Himmel verlässt

Und atmest neu erquickt zu meinen Füßen,
Beginnest schon, mit Lust mich zu umgeben,
Du regst und rührst ein kräftiges Beschließen,
Zum höchsten Dasein immerfort zu streben. – 4685
In Dämmerschein liegt schon die Welt erschlossen,
Der Wald ertönt von tausendstimmigem Leben,
Tal aus, Tal ein ist Nebelstreif ergossen,
Doch senkt sich Himmelsklarheit in die Tiefen,
Und Zweig und Äste, frisch erquickt, entsprossen 4690
Dem duft'gen Abgrund, wo versenkt sie schliefen;
Auch Farb' an Farbe klärt sich los vom Grunde,
Wo Blum' und Blatt von Zitterperle triefen –
Ein Paradies wird um mich her die Runde.

Hinaufgeschaut! – Der Berge Gipfelriesen 4695
Verkünden schon die feierlichste Stunde;
Sie dürfen früh des ewigen Lichts genießen,
Das später sich zu uns hernieder wendet.
Jetzt zu der Alpe grüngesenkten Wiesen
Wird neuer Glanz und Deutlichkeit gespendet, 4700
Und stufenweis herab ist es gelungen; –
Sie tritt hervor! – und leider schon geblendet,
Kehr' ich mich weg, vom Augenschmerz durchdrungen.

So ist es also, wenn ein sehnend Hoffen
Dem höchsten Wunsch sich traulich zugerungen, 4705
Erfüllungspforten findet flügeloffen;
Nun aber bricht aus jenen ewigen Gründen
Ein Flammenübermaß, wir stehn betroffen;
Des Lebens Fackel wollten wir entzünden,
Ein Feuermeer umschlingt uns, welch ein Feuer! 4710
Ist's Lieb'? ist's Haß? die glühend uns umwinden,
Mit Schmerz und Freuden wechselnd ungeheuer,
So daß wir wieder nach der Erde blicken,
Zu bergen uns in jugendlichstem Schleier.

So bleibe denn die Sonne mir im Rücken! 4715
Der Wassersturz, das Felsenriff durchbrausend,
Ihn schau' ich an mit wachsendem Entzücken.
Von Sturz zu Sturzen wälzt er jetzt in tausend,
Dann abertausend Strömen sich ergießend,
Hoch in die Lüfte Schaum an Schäume sausend. 4720
Allein wie herrlich, diesem Sturm ersprießend,
Wölbt sich des bunten Bogens[209] Wechseldauer,
Bald rein gezeichnet, bald in Luft zerfließend,
Umher verbreitend duftig kühle Schauer.
Der spiegelt ab das menschliche Bestreben. 4725
Ihm sinne nach, und du begreifst genauer:
Am farbigen Abglanz haben wir das Leben.

---

209 bunten Bogens: Regenbogen

Kaiserliche Pfalz.

Saal des Thrones

Staatsrat in Erwartung des Kaisers. Trompeten. Hofgesinde aller Art, prächtig gekleidet, tritt vor. Der Kaiser gelangt auf den Thron, zu seiner Rechten der Astrolog.

KAISER. Ich grüße die Getreuen, Lieben,
Versammelt aus der Näh' und Weite; –
Den Weisen seh' ich mir zur Seite, 4730
Allein wo ist der Narr geblieben?

JUNKER. Gleich hinter deiner Mantelschleppe
Stürzt' er zusammen auf der Treppe,
Man trug hinweg das Fettgewicht,
Tot oder trunken? weiß man nicht. 4735

ZWEITER JUNKER.
Sogleich mit wunderbarer Schnelle
Drängt sich ein andrer an die Stelle.
Gar köstlich ist er aufgeputzt,
Doch fratzenhaft, daß jeder stutzt;
Die Wache hält ihm an der Schwelle 4740
Kreuzweis die Hellebarden[210] vor –
Da ist er doch, der kühne Tor!

MEPHISTOPHELES *am Throne knieend.*
Was ist verwünscht und stets willkommen?[211]
Was ist ersehnt und stets verjagt?
Was immerfort in Schutz genommen? 4745
Was hart gescholten und verklagt?
Wen darfst du nicht herbeiberufen?
Wen höret jeder gern genannt?
Was naht sich deines Thrones Stufen?
Was hat sich selbst hinweggebannt? 4750

KAISER. Für diesmal spare deine Worte!
Hier sind die Rätsel nicht am Orte,
Das ist die Sache dieser Herrn. –
Da löse du! das hört' ich gern.
Mein alter Narr ging, fürcht' ich, weit ins Weite; 4755
Nimm seinen Platz und komm an meine Seite.

Mephistopheles steigt hinauf und stellt sich zur Linken.

GEMURMEL DER MENGE.
　Ein neuer Narr – Zu neuer Pein –
　Wo kommt er her? – Wie kam er ein? –
　Der alte fiel – Der hat vertan –
　Es war ein Faß – Nun ist's ein Span – 4760

210　Hellebarde: Stoß- und Hiebwaffe, bestehend aus einem langen Stiel mit axtförmiger Klinge und scharfer Spitze
211　Was ist verwünscht …: Die Verse 4743ff. gehören zu einem Rätsel. Lösung: der Narr

KAISER. Und also, ihr Getreuen, Lieben,
Willkommen aus der Näh' und Ferne!
Ihr sammelt euch mit günstigem Sterne,
Da droben ist uns Glück und Heil geschrieben.
Doch sagt, warum in diesen Tagen, 4765
Wo wir der Sorgen uns entschlagen,
Schönbärte[212] mummenschänzlich[213] tragen
Und Heitres nur genießen wollten,
Warum wir uns ratschlagend quälen sollten?
Doch weil ihr meint, es ging' nicht anders an, 4770
Geschehen ist's, so sei's getan.

KANZLER[214].
Die höchste Tugend, wie ein Heiligenschein,
Umgibt des Kaisers Haupt; nur er allein
Vermag sie gültig auszuüben:
Gerechtigkeit! – Was alle Menschen lieben, 4775
Was alle fordern, wünschen, schwer entbehren,
Es liegt an ihm, dem Volk es zu gewähren.
Doch ach! Was hilft dem Menschengeist Verstand,
Dem Herzen Güte, Willigkeit der Hand,
Wenn's fieberhaft durchaus im Staate wütet 4780
Und Übel sich in Übeln überbrütet?
Wer schaut hinab von diesem hohen Raum
Ins weite Reich, ihm scheint's ein schwerer Traum,
Wo Mißgestalt in Mißgestalten schaltet,
Das Ungesetz gesetzlich überwaltet 4785
Und eine Welt des Irrtums sich entfaltet.

Der raubt sich Herden, der ein Weib,
Kelch, Kreuz und Leuchter vom Altare,
Berühmt sich dessen manche Jahre
Mit heiler Haut, mit unverletztem Leib. 4790
Jetzt drängen Kläger sich zur Halle,
Der Richter prunkt auf hohem Pfühl,
Indessen wogt in grimmigem Schwalle
Des Aufruhrs wachsendes Gewühl.
Der darf auf Schand' und Frevel pochen, 4795
Der auf Mitschuldigste sich stützt,
Und: Schuldig! hörst du ausgesprochen,
Wo Unschuld nur sich selber schützt.
So will sich alle Welt zerstückeln,
Vernichtigen, was sich gebührt; 4800
Wie soll sich da der Sinn entwickeln,
Der einzig uns zum Rechten führt?
Zuletzt ein wohlgesinnter Mann
Neigt sich dem Schmeichler, dem Bestecher,

---

212 Schönbärte: bärtige Masken beim Karneval, vom mittelhochdeutschen Wort schême
213 mummenschänzlich: Mummenschanz ist ein Maskenfest, Maskenzug oder Festspiel
214 Kanzler: der erste Würdenträger des Reiches. Der Kanzler war auch Erzbischof von Mainz. Er vertrat den Kaiser, war mit Rechtsprechung betraut und bereitete Königswahlen vor.

Ein Richter, der nicht strafen kann, 4805
Geselli sich endlich zum Verbrecher.
Ich malte schwarz, doch dichtern Flor
Zög' ich dem Bilde lieber vor. *Pause.*
Entschlüsse sind nicht zu vermeiden;
Wenn alle schädigen, alle leiden, 4810
Geht selbst die Majestät zu Raub.

HEERMEISTER. Wie tobt's in diesen wilden Tagen!
Ein jeder schlägt und wird erschlagen,
Und fürs Kommando bleibt man taub.
Der Bürger hinter seinen Mauern, 4815
Der Ritter auf dem Felsennest
Verschwuren sich, uns auszudauern,
Und halten ihre Kräfte fest.
Der Mietsoldat wird ungeduldig,
Mit Ungestüm verlangt er seinen Lohn, 4820
Und wären wir ihm nichts mehr schuldig,
Er liefe ganz und gar davon.
Verbiete wer, was alle wollten,
Der hat ins Wespennest gestört;
Das Reich, das sie beschützen sollten, 4825
Es liegt geplündert und verheert.
Man läßt ihr Toben wütend hausen,
Schon ist die halbe Welt vertan;
Es sind noch Könige da draußen,
Doch keiner denkt, es ging' ihn irgend an. 4830

SCHATZMEISTER.
Wer wird auf Bundsgenossen pochen!
Subsidien[215], die man uns versprochen,
Wie Röhrenwasser bleiben aus.
Auch, Herr, in deinen weiten Staaten
An wen ist der Besitz geraten? 4835
Wohin man kommt, da hält ein Neuer Haus,
Und unabhängig will er leben,
Zusehen muß man, wie er's treibt;
Wir haben so viel Rechte hingegeben,
Daß uns auf nichts ein Recht mehr übrigbleibt. 4840
Auch auf Parteien, wie sie heißen,
Ist heutzutage kein Verlass;
Sie mögen schelten oder preisen,
Gleichgültig wurden Lieb' und Hass.
Die Ghibellinen[216] wie die Guelfen[217] 4845
Verbergen sich, um auszuruhn;
Wer jetzt will seinem Nachbar helfen?
Ein jeder hat für sich zu tun.
Die Goldespforten sind verrammelt,

---

215 Subsidien: Beihilfen
216 Ghibelline: Anhänger der Hohenstaufenkaiser in Italien, Gegner der Guelfen
217 Guelfe: Anhänger päpstlicher Politik

Ein jeder kratzt und scharrt und sammelt, 4850
Und unsre Kassen bleiben leer.

MARSCHALK[218].
Welch Unheil muß auch ich erfahren!
Wir wollen alle Tage sparen
Und brauchen alle Tage mehr,
Und täglich wächst mir neue Pein. 4855
Den Köchen tut kein Mangel wehe;
Wildschweine, Hirsche, Hasen, Rehe,
Welschhühner, Hühner, Gäns' und Enten,
Die Deputate, sichre Renten,
Sie gehen noch so ziemlich ein. 4860
Jedoch am Ende fehlt's an Wein.
Wenn sonst im Keller Faß an Faß sich häufte,
Der besten Berg' und Jahresläufte,
So schlürft unendliches Gesäufte
Der edlen Herrn den letzten Tropfen aus. 4865
Der Stadtrat muß sein Lager auch verzapfen,
Man greift zu Humpen, greift zu Napfen,
Und unterm Tische liegt der Schmaus.
Nun soll ich zahlen, alle lohnen;
Der Jude[219] wird mich nicht verschonen, 4870
Der schafft Antizipationen,
Die speisen Jahr um Jahr voraus.
Die Schweine kommen nicht zu Fette,
Verpfändet ist der Pfühl[220] im Bette,
Und auf den Tisch kommt vorgegessen Brot. 4875

KAISER *nach einigem Nachdenken zu Mephistopheles.*
Sag, weißt du Narr nicht auch noch eine Not?

MEPHISTOPHELES.
Ich? Keineswegs. Den Glanz umher zu schauen,
Dich und die Deinen! – Mangelte Vertrauen,
Wo Majestät unweigerlich gebeut,
Bereite Macht Feindseliges zerstreut? 4880
Wo guter Wille, kräftig durch Verstand,
Und Tätigkeit, vielfältige, zur Hand?
Was könnte da zum Unheil sich vereinen,
Zur Finsternis, wo solche Sterne scheinen?

GEMURMEL.
Das ist ein Schalk – Der's wohl versteht – 4885
Er lügt sich ein – So lang' es geht –
Ich weiß schon – Was dahinter steckt –
Und was denn weiter? – Ein Projekt –

---

218 Marschalk: Marschall, Würdenträger am kaiserlichen Hofe
219 Jude: Juden waren nach der Ständeordnung viele Berufe verwehrt. Sie betätigten sich daher oft als Geldverleiher.
220 Pfühl: Kissen

MEPHISTOPHELES.
Wo fehlt's nicht irgendwo auf dieser Welt?
Dem dies, dem das, hier aber fehlt das Geld. 4890
Vom Estrich zwar ist es nicht aufzuraffen;
Doch Weisheit weiß das Tiefste herzuschaffen.
In Bergesadern, Mauergründen
Ist Gold gemünzt und ungemünzt zu finden,
Und fragt ihr mich, wer es zutage schafft: 4895
Begabten Manns Natur- und Geisteskraft.

KANZLER.
Natur und Geist – so spricht man nicht zu Christen.
Deshalb verbrennt man Atheisten[221],
Weil solche Reden höchst gefährlich sind.
Natur ist Sünde, Geist ist Teufel, 4900
Sie hegen zwischen sich den Zweifel,
Ihr mißgestaltet Zwitterkind.
Uns nicht so! – Kaisers alten Landen
Sind zwei Geschlechter nur entstanden,
Sie stützen würdig seinen Thron: 4905
Die Heiligen sind es und die Ritter;
Sie stehen jedem Ungewitter
Und nehmen Kirch' und Staat zum Lohn.
Dem Pöbelsinn verworrner Geister
Entwickelt sich ein Widerstand: 4910
Die Ketzer sind's! die Hexenmeister!
Und sie verderben Stadt und Land.
Die willst du nun mit frechen Scherzen
In diese hohen Kreise schwärzen;
Ihr hegt euch an verderbtem Herzen, 4915
Dem Narren sind sie nah verwandt.

MEPHISTOPHELES.
Daran erkenn' ich den gelehrten Herrn!
Was ihr nicht tastet, steht euch meilenfern,
Was ihr nicht faßt, das fehlt euch ganz und gar,
Was ihr nicht rechnet, glaubt ihr, sei nicht wahr, 4920
Was ihr nicht wägt, hat für euch kein Gewicht,
Was ihr nicht münzt, das, meint ihr, gelte nicht.

KAISER. Dadurch sind unsre Mängel nicht erledigt,
Was willst du jetzt mit deiner Fastenpredigt?
Ich habe satt das ewige Wie und Wenn; 4925
Es fehlt an Geld, nun gut, so schaff es denn.

MEPHISTOPHELES.
Ich schaffe, was ihr wollt, und schaffe mehr;
Zwar ist es leicht, doch ist das Leichte schwer;
Es liegt schon da, doch um es zu erlangen,
Das ist die Kunst, wer weiß es anzufangen? 4930
Bedenkt doch nur: in jenen Schreckensläuften,
Wo Menschenfluten Land und Volk ersäuften,

---

221 Atheisten: Gottesleugner

Wie der und der, so sehr es ihn erschreckte,
Sein Liebstes da- und dortwohin versteckte.
So war's von je in mächtiger Römer Zeit, 4935
Und so fortan, bis gestern, ja bis heut.
Das alles liegt im Boden still begraben,
Der Boden ist des Kaisers, der soll's haben.

SCHATZMEISTER.
Für einen Narren spricht er gar nicht schlecht,
Das ist fürwahr des alten Kaisers Recht. 4940

KANZLER.
Der Satan legt euch goldgewirkte Schlingen:
Es geht nicht zu mit frommen rechten Dingen.

MARSCHALL.
Schafft' er uns nur zu Hof willkommne Gaben,
Ich wollte gern ein bißchen Unrecht haben.

HEERMEISTER.
Der Narr ist klug, verspricht, was jedem frommt; 4945
Fragt der Soldat doch nicht, woher es kommt.

MEPHISTOPHELES.
Und glaubt ihr euch vielleicht durch mich betrogen,
Hier steht ein Mann! da, fragt den Astrologen!
In Kreis' um Kreise kennt er Stund' und Haus[222];
So sage denn: wie sieht's am Himmel aus? 4950

GEMURMEL.
    Zwei Schelme sind's – Verstehn sich schon –
    Narr und Phantast – So nah dem Thron –
    Ein mattgesungen – Alt Gedicht –
    Der Tor bläst ein – Der Weise spricht –

ASTROLOG *spricht, Mephistopheles bläst ein[223].*
Die Sonne selbst, sie ist ein lautres Gold[224], 4955
Merkur, der Bote, dient um Gunst und Sold,
Frau Venus hat's euch allen angetan,
So früh als spat blickt sie euch lieblich an;
Die keusche Luna launet grillenhaft;
Mars, trifft er nicht, so dräut euch seine Kraft. 4960
Und Jupiter bleibt doch der schönste Schein,
Saturn ist groß, dem Auge fern und klein.
Ihn als Metall verehren wir nicht sehr,
An Wert gering, doch im Gewichte schwer.
Ja! wenn zu Sol[225] sich Luna fein gesellt, 4965
Zum Silber Gold, dann ist es heitre Welt;

---

222 Kreis, Stund, Haus: Begriffe aus der Astrologie, die auch Grundlage für das Erstellen von Horoskopen sind. Die Himmelskugel besteht aus 12 Häusern, die den Tierkreiszeichen zugeordnet werden. In den Häusern durchlaufen die Planeten die Stunden.
223 bläst ein: Mephistopheles sagt dem Astrologen vor
224 Sonne ... Gold: den Himmelskörpern werden Metalle und Götternamen zugeordnet
225 Sol: in röm. Mythologie der Sonnengott

Das übrige ist alles zu erlangen:
Paläste, Gärten, Brüstlein, rote Wangen,
Das alles schafft der hochgelahrte Mann,
Der das vermag, was unser keiner kann. 4970

KAISER. Ich höre doppelt, was er spricht,
Und dennoch überzeugt's mich nicht.

GEMURMEL.
    Was soll uns das? – Gedroschner Spaß –
    Kalenderei[226] – Chymisterei[227] –
    Das hört' ich oft – Und falsch gehofft – 4975
    Und kommt er auch – So ist's ein Gauch[228] –

MEPHISTOPHELES.
Da stehen sie umher und staunen,
Vertrauen nicht dem hohen Fund,
Der eine faselt von Alraunen[229],
Der andre von dem schwarzen Hund. 4980
Was soll es, daß der eine witzelt,
Ein andrer Zauberei verklagt,
Wenn ihm doch auch einmal die Sohle kitzelt[230],
Wenn ihm der sichre Schritt versagt.
Ihr alle fühlt geheimes Wirken 4985
Der ewig waltenden Natur,
Und aus den untersten Bezirken
Schmiegt sich herauf lebend'ge Spur.
Wenn es in allen Gliedern zwackt,
Wenn es unheimlich wird am Platz, 4990
Nur gleich entschlossen grabt und hackt,
Da liegt der Spielmann, liegt der Schatz!

GEMURMEL.   Mir liegt's im Fuß wie Bleigewicht –
    Mir krampft's im Arme – Das ist Gicht –
    Mir krabbelt's an der großen Zeh'[231] – 4995
    Mir tut der ganze Rücken weh –
    Nach solchen Zeichen wäre hier
    Das allerreichste Schatzrevier.

KAISER.
Nur eilig! du entschlüpfst nicht wieder,

---

226 Kalenderei: Kalender machen. Galt wegen der damit verbundenen Prophezeiungen teils als schwarze Magie.
227 Chymisterei: verächtliche Bezeichnung für die Alchemie
228 Gauch: Dummkopf, Narr
229 Alraunen: Wurzeln von giftigen, breitblättrigen und gelbblumigen Pflanzen (Mandragora vernalis und autumnalis). Aus den Wurzeln schnitt man menschliche Gestalten, denen man einen hohen Wert beimaß. Ihr Besitz konnte einem Menschen alles Glück bringen. Man grub die Pflanze unter dem Galgen eines Gehenkten aus der Erde. Dies durfte kein Mensch machen. Man bediente sich dafür eines schwarzen Hundes.
230 Sohle kitzelt: Wenn einem die Sohle kitzelt, steht man nach altem Volksglauben auf einem Schatz.
231 Mir krabbelt's ... Zeh: Mephistopheles hat mit seinen Verdrehungen Erfolg. Die Menschen gehen auf seine Verheißungen ein.

Erprobe deine Lügenschäume
Und zeig uns gleich die edlen Räume.
Ich lege Schwert und Zepter nieder
Und will mit eignen hohen Händen,
Wenn du nicht lügst, das Werk vollenden,
Dich, wenn du lügst, zur Hölle senden!

MEPHISTOPHELES.
Den Weg dahin wüßt' allenfalls zu finden –
Doch kann ich nicht genug verkünden,
Was überall besitzlos harrend liegt.
Der Bauer, der die Furche pflügt,
Hebt einen Goldtopf mit der Scholle,
Salpeter hofft er von der Leimenwand[232]
Und findet golden-goldne Rolle
Erschreckt, erfreut in kümmerlicher Hand.
Was für Gewölbe sind zu sprengen,
In welchen Klüften, welchen Gängen
Muß sich der Schatzbewußte drängen,
Zur Nachbarschaft der Unterwelt!
In weiten, altverwahrten Kellern
Von goldnen Humpen[233], Schüsseln, Tellern
Sieht er sich Reihen aufgestellt;
Pokale stehen aus Rubinen,
Und will er deren sich bedienen,
Daneben liegt uraltes Naß.
Doch – werdet ihr dem Kundigen glauben –
Verfault ist längst das Holz der Dauben[234],
Der Weinstein[235] schuf dem Wein ein Faß.
Essenzen solcher edlen Weine,
Gold und Juwelen nicht alleine
Umhüllen sich mit Nacht und Graus.
Der Weise forscht hier unverdrossen;
Am Tag erkennen, das sind Possen,
Im Finstern sind Mysterien zu Haus.

KAISER.
Die lass' ich dir! Was will das Düstre frommen?
Hat etwas Wert, es muß zu Tage kommen.
Wer kennt den Schelm in tiefer Nacht genau?
Schwarz sind die Kühe, so die Katzen grau.
Die Töpfe drunten, voll von Goldgewicht –
Zieh deinen Pflug und ackre sie ans Licht.

MEPHISTOPHELES.
Nimm Hack' und Spaten, grabe selber,

---

232 Salpeter … Leimenwand: Salpeter bildete sich in kleinen Mengen in der Ackererde und an Steinen. Die Bauern mischten dies dem Viehfütter bei. Im Mauerwerk fanden sie mitunter Schätze.
233 Humpen: Trinkgefäß mit Henkel und aufklappbarem Deckel
234 Daube: gebogenes Seitenbrett eines Fasses
235 Weinstein: in Weintrauben enthaltene kristalline Substanz

Die Bauernarbeit macht dich groß, 5040
Und eine Herde goldner Kälber,
Sie reißen sich vom Boden los.
Dann ohne Zaudern, mit Entzücken
Kannst du dich selbst, wirst die Geliebte schmücken;
Ein leuchtend Farb- und Glanzgestein erhöht 5045
Die Schönheit wie die Majestät.

KAISER.
Nur gleich, nur gleich! Wie lange soll es währen!

ASTROLOG *wie oben.*
Herr, mäßige solch dringendes Begehren,
Laß erst vorbei das bunte Freudenspiel;
Zerstreutes Wesen führt uns nicht zum Ziel. 5050
Erst müssen wir in Fassung uns versühnen,
Das Untre durch das Obere verdienen.
Wer Gutes will, der sei erst gut;
Wer Freude will, besänftige sein Blut;
Wer Wein verlangt, der keltre reife Trauben; 5055
Wer Wunder hofft, der stärke seinen Glauben.

KAISER. So sei die Zeit in Fröhlichkeit vertan!
Und ganz erwünscht kommt Aschermittwoch an.
Indessen feiern wir, auf jeden Fall,
Nur lustiger das wilde Karneval. 5060

Trompeten. Exeunt[236].

MEPHISTOPHELES.
Wie sich Verdienst und Glück verketten,
Das fällt den Toren niemals ein;
Wenn sie den Stein der Weisen hätten,
Der Weise mangelte dem Stein.

Weitläufiger Saal mit Nebengemächern

verziert und aufgeputzt zur Mummenschanz[237].

HEROLD. Denkt nicht, ihr seid in deutschen Grenzen 5065
Von Teufels-, Narren- und Totentänzen;
Ein heitres Fest erwartet euch.
Der Herr, auf seinen Römerzügen[238],
Hat, sich zu Nutz, euch zum Vergnügen,
Die hohen Alpen überstiegen, 5070
Gewonnen sich ein heitres Reich.

---

236 Exeunt: lat. sie gehen ab (lat.)
237 Mummenschanz: Maskenfest, Maskenzug oder Festspiel
238 Römerzug: Heerfahrt der Reichsvasallen nach Rom als Begleitung des deutschen Königs zur Kaiserkrone. Der deutsche König wurde Kaiser vom Heiligen Römischen Reich. Zur Krönung und zur Reichsverwaltung musste er nach Rom ziehen.

Der Kaiser, er, an heiligen Sohlen
Erbat sich erst das Recht zur Macht,
Und als er ging, die Krone sich zu holen,
Hat er uns auch die Kappe mitgebracht[239]. 5075
Nun sind wir alle neugeboren;
Ein jeder weltgewandte Mann
Zieht sie behaglich über Kopf und Ohren;
Sie ähnelt ihn verrückten Toren,
Er ist darunter weise, wie er kann. 5080
Ich sehe schon, wie sie sich scharen,
Sich schwankend sondern, traulich paaren;
Zudringlich schließt sich Chor an Chor.
Herein, hinaus, nur unverdrossen;
Es bleibt doch endlich nach wie vor 5085
Mit ihren hunderttausend Possen
Die Welt ein einzig großer Tor.

GÄRTNERINNEN. *Gesang, begleitet von Mandolinen.*
Euren Beifall zu gewinnen,
Schmückten wir uns diese Nacht,
Junge Florentinerinnen 5090
Folgten deutschen Hofes Pracht;

Tragen wir in braunen Locken
Mancher heitern Blume Zier;
Seidenfäden, Seidenflocken
Spielen ihre Rolle hier. 5095

Denn wir halten es verdienstlich,
Lobenswürdig ganz und gar,
Unsere Blumen, glänzend künstlich,
Blühen fort das ganze Jahr.

Allerlei gefärbten Schnitzeln[240] 5100
Ward symmetrisch Recht getan;
Mögt ihr Stück für Stück bewitzeln,
Doch das Ganze zieht euch an.

Niedlich sind wir anzuschauen,
Gärtnerinnen und galant; 5105
Denn das Naturell der Frauen
Ist so nah mit Kunst verwandt.

HEROLD. Laßt die reichen Körbe sehen,
Die ihr auf den Häupten traget,
Die sich bunt am Arme blähen,
Jeder wähle, was behaget. 5110
Eilig, daß in Laub und Gängen
Sich ein Garten offenbare!
Würdig sind sie zu umdrängen,
Krämerinnen wie die Ware. 5115

---

239 Krone ... Kappe: gemeint sind Kaiserkrone und Narrenkappe
240 Schnitzeln: Stückchen

GÄRTNERINNEN.
    Feilschet nun am heitern Orte,
    Doch kein Markten finde statt!
    Und mit sinnig kurzem Worte
    Wisse jeder, was er hat.

OLIVENZWEIG[241] MIT FRÜCHTEN.
    Keinen Blumenflor beneid' ich,   5120
    Allen Widerstreit vermeid' ich;
    Mir ist's gegen die Natur:
    Bin ich doch das Mark der Lande
    Und, zum sichern Unterpfande,
    Friedenszeichen jeder Flur.   5125
    Heute, hoff' ich, soll mir's glücken,
    Würdig schönes Haupt zu schmücken.

ÄHRENKRANZ[242], *golden*.
    Ceres[243]' Gaben, euch zu putzen,
    Werden hold und lieblich stehn:
    Das Erwünschteste dem Nutzen   5130
    Sei als eure Zierde schön.

PHANTASIEKRANZ.
    Bunte Blumen, Malven ähnlich,
    Aus dem Moos ein Wunderflor!
    Der Natur ist's nicht gewöhnlich,
    Doch die Mode bringt's hervor.   5135

PHANTASIESTRAUSS.
    Meinen Namen euch zu sagen,
    Würde Theophrast[244] nicht wagen;
    Und doch hoff' ich, wo nicht allen,
    Aber mancher zu gefallen,
    Der ich mich wohl eignen möchte,   5140
    Wenn sie mich ins Haar verflöchte,
    Wenn sie sich entschließen könnte,
    Mir am Herzen Platz vergönnte.

ROSENKNOSPEN. *Ausforderung*.
    Mögen bunte Phantasieen
    Für des Tages Mode blühen,   5145
    Wunderseltsam sein gestaltet,
    Wie Natur sich nie entfaltet;
    Grüne Stiele, goldne Glocken,
    Blickt hervor aus reichen Locken! –
    Doch wir – halten uns versteckt: 5150
    Glücklich, wer uns frisch entdeckt.
    Wenn der Sommer sich verkündet,

---

241 Olivenzweig: ist ein Zeichen für Frieden
242 Ährenkranz: ein Zeichen für reiche Ernte
243 Ceres: Göttin der Feldfrucht und des Ackerbaus
244 Theophrast: Schüler von Plato und Aristoteles, Verfasser zahlreicher naturhistorischer Schriften wie die „Naturgeschichte der Pflanzen und einer Physiognomie derselben"

        Rosenknospe sich entzündet,
        Wer mag solches Glück entbehren?
        Das Versprechen, das Gewähren,   5155
        Das beherrscht in Florens Reich
        Blick und Sinn und Herz zugleich.

Unter grünen Laubgängen putzen die Gärtnerinnen zierlich ihren Kram auf.

GÄRTNER. *Gesang, begleitet von Theorben[245].*
        Blumen sehet ruhig sprießen,
        Reizend euer Haupt umzieren;
        Früchte wollen nicht verführen,   5160
        Kostend mag man sie genießen.

        Bieten bräunliche Gesichter
        Kirschen, Pfirschen, Königspflaumen,
        Kauft! denn gegen Zung' und Gaumen
        Hält sich Auge schlecht als Richter.   5165

        Kommt, von allerreifsten Früchten
        Mit Geschmack und Lust zu speisen!
        Über Rosen läßt sich dichten,
        In die Äpfel muß man beißen.

        Sei's erlaubt, uns anzupaaren   5170
        Eurem reichen Jugendflor,
        Und wir putzen reifer Waren
        Fülle nachbarlich empor.

        Unter lustigen Gewinden,
        In geschmückter Lauben Bucht,   5175
        Alles ist zugleich zu finden:
        Knospe, Blätter, Blume, Frucht.

Unter Wechselgesang, begleitet von Gitarren und Theorben, fahren beide Chöre fort, ihre Waren stufenweis in die Höhe zu schmücken und auszubieten.

Mutter und Tochter.

MUTTER.
        Mädchen, als du kamst ans Licht,
        Schmückt' ich dich im Häubchen;
        Warst so lieblich von Gesicht   5180
        Und so zart am Leibchen.
        Dachte dich sogleich als Braut,
        Gleich dem Reichsten angetraut,
        Dachte dich als Weibchen.

        Ach! Nun ist schon manches Jahr   5185
        Ungenützt verflogen,
        Der Sponsierer[246] bunte Schar
        Schnell vorbeigezogen;
        Tanztest mit dem einen flink,

---

245 Theorben: Musikinstrument, tiefe Laute mit zwei Hälsen, bringt Basstöne hervor
246 Sponsierer: Freier, Verehrer oder Verführer

>   Gabst dem andern feinen Wink 5190
>   Mit dem Ellenbogen.
>
>   Welches Fest man auch ersann,
>   Ward umsonst begangen,
>   Pfänderspiel[247] und dritter Mann[248]
>   Wollten nicht verfangen; 5195
>   Heute sind die Narren los,
>   Liebchen, öffne deinen Schoß,
>   Bleibt wohl einer hangen.

Gespielinnen, jung und schön, gesellen sich hinzu, ein vertrauliches Geplauder wird laut. Fischer und Vogelsteller mit Netzen, Angeln und Leimruten, auch sonstigem Geräte treten auf, mischen sich unter die schönen Kinder. Wechselseitige Versuche, zu gewinnen, zu fangen, zu entgehen und festzuhalten, geben zu den angenehmsten Dialogen Gelegenheit.

HOLZHAUER *treten ein, ungestüm und ungeschlacht.*
>   Nur Platz! nur Blöße!
>   Wir brauchen Räume,
>   Wir fällen Bäume, 5200
>   Die krachen, schlagen;
>   Und wenn wir tragen,
>   Da gibt es Stöße.
>   Zu unserm Lobe 5205
>   Bringt dies ins reine;
>   Denn wirkten Grobe
>   Nicht auch im Lande,
>   Wie kämen Feine
>   Für sich zustande, 5210
>   So sehr sie witzten?
>   Des seid belehret!
>   Denn ihr erfröret,
>   Wenn wir nicht schwitzten.

PULCINELLE[249], *täppisch, fast läppisch.*
>   Ihr seid die Toren, 5215
>   Gebückt geboren.
>   Wir sind die Klugen,
>   Die nie was trugen;
>   Denn unsre Kappen,
>   Jacken und Lappen 5220
>   Sind leicht zu tragen;
>   Und mit Behagen
>   Wir immer müßig,
>   Pantoffelfüßig,
>   Durch Markt und Haufen 5225
>   Einherzulaufen,

---

247 Pfänderspiel: Gesellschaftsspiel, Verlierer mussten einen Pfand hinterlassen
248 dritter Mann: Gesellschaftsspiel, Fangspiel
249 Pulcinelle: Figur aus der Commedia dell'Arte, ein Schelm, neapolitanischer Hanswurst und Kommentator der Handlung

  Gaffend zu stehen,
  Uns anzukrähen;
  Auf solche Klänge
  Durch Drang und Menge   5230
  Aalgleich zu schlüpfen,
  Gesamt zu hüpfen,
  Vereint zu toben.
  Ihr mögt uns loben,
  Ihr mögt uns schelten,   5235
  Wir lassen's gelten.

PARASITEN[250], *schmeichelnd-lüstern.*
  Ihr wackern Träger
  Und eure Schwäger,
  Die Kohlenbrenner[251],
  Sind unsre Männer.   5240
  Denn alles Bücken,
  Bejahndes Nicken,
  Gewundne Phrasen,
  Das Doppelblasen,
  Das wärmt und kühlet,   5245
  Wie's einer fühlet,
  Was könnt' es frommen?
  Es möchte Feuer
  Selbst ungeheuer
  Vom Himmel kommen,   5250
  Gäb' es nicht Scheite
  Und Kohlentrachten,
  Die Herdesbreite
  Zur Glut entfachten.
  Da brät's und prudelt's,   5255
  Da kocht's und strudelt's.
  Der wahre Schmecker,
  Der Tellerlecker,
  Er riecht den Braten,
  Er ahnet Fische;   5260
  Das regt zu Taten
  An Gönners Tische.

TRUNKNER *unbewußt.*
  Sei mir heute nichts zuwider!
  Fühle mich so frank und frei;
  Frische Lust und heitre Lieder,   5265
  Holt' ich selbst sie doch herbei.
  Und so trink' ich! Trinke, trinke!
  Stoßet an, ihr! Tinke, Tinke!
  Du dorthinten, komm heran!
  Stoßet an, so ist's getan.   5270

---

250 Parasiten: Schmarotzer, ebenfalls Figuren aus der antiken Komödie
251 Kohlenbrenner: Köhler

Schrie mein Weibchen doch entrüstet,
Rümpfte diesem bunten Rock,
Und, wie sehr ich mich gebrüstet,
Schalt mich einen Maskenstock.
Doch ich trinke! Trinke, trinke! 5275
Angeklungen! Tinke, Tinke!
Maskenstöcke, stoßet an!
Wenn es klingt, so ist's getan.

Saget nicht, daß ich verirrt bin,
Bin ich doch, wo mir's behagt. 5280
Borgt der Wirt nicht, borgt die Wirtin,
Und am Ende borgt die Magd.
Immer trink' ich! Trinke, trinke!
Auf, ihr andern! Tinke, Tinke!
Jeder jedem! so fortan! 5285
Dünkt mich's doch, es sei getan.

Wie und wo ich mich vergnüge,
Mag es immerhin geschehn;
Laßt mich liegen, wo ich liege,
Denn ich mag nicht länger stehn. 5290

CHOR.
Jeder Bruder trinke, trinke!
Toastet frisch ein Tinke, Tinke!
Sitzet fest auf Bank und Span!
Unterm Tisch dem ist's getan.

Der Herold kündigt verschiedene Poeten an, Naturdichter, Hof und Rittersänger, zärtliche sowie Enthusiasten[252]. Im Gedräng von Mitwerbern aller Art läßt keiner den andern zum Vortrag kommen. Einer schleicht mit wenigen Worten vorüber.

SATIRIKER.
Wißt ihr, was mich Poeten 5295
Erst recht erfreuen sollte?
Dürft' ich singen und reden,
Was niemand hören wollte.

Die Nacht- und Grabdichter lassen sich entschuldigen, weil sie so eben im interessantesten Gespräch mit einem frisch erstandenen Vampyren[253] begriffen seien, woraus eine neue Dichtart sich vielleicht entwickeln könnte; der Herold muß es gelten lassen und ruft in dessen die griechische Mythologie hervor, die, selbst in moderner Maske, weder Charakter noch Gefälliges verliert.

Die Grazien[254].

AGLAIA.
Anmut bringen wir ins Leben;
Leget Anmut in das Geben. 5300

---

252 Anspielung auf romantische Dichter
253 Vampire waren bei den Romantikern ein beliebtes Thema.
254 Grazien: römische Göttinnen der Anmut

HEGEMONE.
Leget Anmut ins Empfangen,
Lieblich ist's, den Wunsch erlangen.

EUPHROSYNE.
Und in stiller Tage Schranken
Höchst anmutig sei das Danken.

Die Parzen[255].

ATROPOS.
Mich, die Älteste, zum Spinnen 5305
Hat man diesmal eingeladen;
Viel zu denken, viel zu sinnen
Gibt's beim zarten Lebensfaden.

Daß er euch gelenk und weich sei,
Wußt' ich feinsten Flachs zu sichten; 5310
Daß er glatt und schlank und gleich sei,
Wird der kluge Finger schlichten.

Wolltet ihr bei Lust und Tänzen
Allzu üppig euch erweisen,
Denkt an dieses Fadens Grenzen, 5315
Hütet euch! Er möchte reißen.

KLOTHO.
Wißt, in diesen letzten Tagen
Ward die Schere mir vertraut;
Denn man war von dem Betragen
Unsrer Alten nicht erbaut. 5320

Zerrt unnützeste Gespinste
Lange sie an Licht und Luft,
Hoffnung herrlichster Gewinste
Schleppt sie schneidend zu der Gruft.

Doch auch ich im Jugendwalten 5325
Irrte mich schon hundertmal;
Heute mich im Zaum zu halten,
Schere steckt im Futteral.

Und so bin ich gern gebunden,
Blicke freundlich diesem Ort; 5330
Ihr in diesen freien Stunden
Schwärmt nur immer fort und fort.

LACHESIS.
Mir, die ich allein verständig,
Blieb das Ordnen zugeteilt;
Meine Weife, stets lebendig, 5335
Hat noch nie sich übereilt.

Fäden kommen, Fäden weifen,
Jeden lenk' ich seine Bahn,

---

255 Parzen: Schicksalsgöttinnen

Keinen lass' ich überschweifen,
Füg' er sich im Kreis heran.
Könnt' ich einmal mich vergessen,
Wär' es um die Welt mir bang;
Stunden zählen, Jahre messen,
Und der Weber nimmt den Strang.

HEROLD.
Die jetzo kommen, werdet ihr nicht kennen,
Wärt ihr noch so gelehrt in alten Schriften;
Sie anzusehn, die so viel Übel stiften,
Ihr würdet sie willkommne Gäste nennen.

Die Furien[256] sind es, niemand wird uns glauben,
Hübsch, wohlgestaltet, freundlich, jung von Jahren;
Laßt euch mit ihnen ein, ihr sollt erfahren,
Wie schlangenhaft verletzen solche Tauben.

Zwar sind sie tückisch, doch am heutigen Tage,
Wo jeder Narr sich rühmet seiner Mängel,
Auch sie verlangen nicht den Ruhm als Engel,
Bekennen sich als Stadt- und Landesplage.

Die Furien.

ALEKTO.
Was hilft es euch? ihr werdet uns vertrauen,
Denn wir sind hübsch und jung und Schmeichelkätzchen;
Hat einer unter euch ein Liebeschätzchen,
Wir werden ihm so lang die Ohren krauen,

Bis wir ihm sagen dürfen, Aug' in Auge:
Daß sie zugleich auch dem und jenem winke,
Im Kopfe dumm, im Rücken krumm, und hinke
Und, wenn sie seine Braut ist, gar nichts tauge.

So wissen wir die Braut auch zu bedrängen:
Es hat sogar der Freund, vor wenig Wochen,
Verächtliches von ihr zu der gesprochen! –
Versöhnt man sich, so bleibt doch etwas hängen.

MEGÄRA.
Das ist nur Spaß! denn, sind sie erst verbunden,
Ich nehm' es auf und weiß, in allen Fällen,
Das schönste Glück durch Grille zu vergällen;
Der Mensch ist ungleich, ungleich sind die Stunden.

Und niemand hat Erwünschtes fest in Armen,
Der sich nicht nach Erwünschterem törig sehnte,
Vom höchsten Glück, woran er sich gewöhnte;
Die Sonne flieht er, will den Frost erwarmen.

---

256 Furien: Rachegöttinnen

Mit diesem allen weiß ich zu gebaren
Und führe her Asmodi[257], den Getreuen,
Zu rechter Zeit Unseliges auszustreuen,
Verderbe so das Menschenvolk in Paaren. 5380

TISIPHONE.
    Gift und Dolch statt böser Zungen
    Misch' ich, schärf' ich dem Verräter;
    Liebst du andre, früher, später
    Hat Verderben dich durchdrungen.

    Muß der Augenblicke Süßtes 5385
    Sich zu Gischt und Galle wandeln!
    Hier kein Markten, hier kein Handeln –
    Wie er es beging', er büßt es.

    Singe keiner vom Vergeben!
    Felsen klag' ich meine Sache, 5390
    Echo! horch! erwidert: Rache!
    Und wer wechselt, soll nicht leben.

HEROLD.
Belieb' es euch, zur Seite wegzuweichen,
Denn was jetzt kommt, ist nicht von euresgleichen.
Ihr seht, wie sich ein Berg herangedrängt, 5395
Mit bunten Teppichen die Weichen stolz behängt,
Ein Haupt mit langen Zähnen, Schlangenrüssel,
Geheimnisvoll, doch zeig' ich euch den Schlüssel.
Im Nacken sitzt ihm zierlich-zarte Frau,
Mit feinem Stäbchen lenkt sie ihn genau; 5400
Die andre, droben stehend herrlich-hehr,
Umgibt ein Glanz, der blendet mich zu sehr.
Zur Seite gehn gekettet edle Frauen,
Die eine bang, die andre froh zu schauen;
Die eine wünscht, die andre fühlt sich frei. 5405
Verkünde jede, wer sie sei.

FURCHT.
    Dunstige Fackeln, Lampen, Lichter
    Dämmern durchs verworrne Fest;
    Zwischen diese Truggesichter
    Bannt mich, ach! die Kette fest. 5410

    Fort, ihr lächerlichen Lacher!
    Euer Grinsen gibt Verdacht;
    Alle meine Widersacher
    Drängen mich in dieser Nacht.

    Hier! ein Freund ist Feind geworden, 5415
    Seine Maske kenn' ich schon;
    Jener wollte mich ermorden,
    Nun entdeckt schleicht er davon.

---

257 Asmodi: Eheteufel, Dämon aus der perischen Mythologie

Ach wie gern in jeder Richtung
Flöh' ich zu der Welt hinaus; 5420
Doch von drüben droht Vernichtung,
Hält mich zwischen Dunst und Graus.

HOFFNUNG.
Seid gegrüßt, ihr lieben Schwestern!
Habt ihr euch schon heut' und gestern
In Vermummungen gefallen, 5425
Weiß ich doch gewiß von allen:
Morgen wollt ihr euch enthüllen.
Und wenn wir bei Fackelscheine
Uns nicht sonderlich behagen,
Werden wir in heitern Tagen 5430
Ganz nach unserm eignen Willen
Bald gesellig, bald alleine
Frei durch schöne Fluren wandeln,
Nach Belieben ruhn und handeln
Und in sorgenfreiem Leben 5435
Nie entbehren, stets erstreben;
Überall willkommne Gäste,
Treten wir getrost hinein:
Sicherlich, es muß das Beste
Irgendwo zu finden sein. 5440

KLUGHEIT.
Zwei der größten Menschenfeinde,
Furcht und Hoffnung, angekettet,
Halt' ich ab von der Gemeinde;
Platz gemacht! ihr seid gerettet.

Den lebendigen Kolossen 5445
Führ' ich, seht ihr, turmbeladen,
Und er wandelt unverdrossen
Schritt vor Schritt auf steilen Pfaden.

Droben aber auf der Zinne
Jene Göttin, mit behenden 5450
Breiten Flügeln, zum Gewinne
Allerseits sich hinzuwenden.

Rings umgibt sie Glanz und Glorie,
Leuchtend fern nach allen Seiten;
Und sie nennet sich Viktorie, 5455
Göttin aller Tätigkeiten.

ZOILO[258]-THERSITES[259].
Hu! Hu! da komm' ich eben recht,
Ich schelt' euch allzusammen schlecht!
Doch was ich mir zum Ziel ersah,

---

258 Zoilo: Zoilus lebte im 3. Jh. v. Chr., bekannt als schmähsüchtiger Kritiker von Homers Dichtung

259 Thersites: bösartiger Schwätzer in Homers Illias, der von Odysseus durch Schläge zur Ruhe gebracht wird

                Ist oben Frau Viktoria. 5460
                Mit ihrem weißen Flügelpaar
                Sie dünkt sich wohl, sie sei ein Aar,
                Und wo sie sich nur hingewandt,
                Gehör' ihr alles Volk und Land;
                Doch, wo was Rühmliches gelingt, 5465
                Es mich sogleich in Harnisch bringt.
                Das Tiefe hoch, das Hohe tief,
                Das Schiefe grad, das Grade schief,
                Das ganz allein macht mich gesund,
                So will ich's auf dem Erdenrund. 5470

HEROLD. So treffe dich, du Lumpenhund,
                Des frommen Stabes Meisterstreich[260]!
                Da krümm und winde dich sogleich! –
                Wie sich die Doppelzwerggestalt
                So schnell zum eklen Klumpen ballt! – 5475
                – Doch Wunder! – Klumpen wird zum Ei,
                Das bläht sich auf und platzt entzwei.
                Nun fällt ein Zwillingspaar heraus,
                Die Otter und die Fledermaus[261];
                Die eine fort im Staube kriecht, 5480
                Die andre schwarz zur Decke fliegt.
                Sie eilen draußen zum Verein;
                Da möcht' ich nicht der dritte sein.

GEMURMEL. Frisch! dahinten tanzt man schon –
                Nein! Ich wollt', ich wär' davon – 5485
                Fühlst du, wie uns das umflicht,
                Das gespenstische Gezücht? –
                Saust es mir doch übers Haar –
                Ward ich's doch am Fuß gewahr –
                Keiner ist von uns verletzt – 5490
                Alle doch in Furcht gesetzt –
                Ganz verdorben ist der Spaß –
                Und die Bestien wollten das.

HEROLD. Seit mir sind bei Maskeraden
                Heroldspflichten aufgeladen, 5495
                Wach' ich ernstlich an der Pforte,
                Daß euch hier am lustigen Orte
                Nichts Verderbliches erschleiche,
                Weder wanke, weder weiche.
                Doch ich fürchte, durch die Fenster 5500
                Ziehen luftige Gespenster,
                Und von Spuk und Zaubereien
                Wüßt' ich euch nicht zu befreien.
                Machte sich der Zwerg verdächtig,
                Nun! dort hinten strömt es mächtig. 5505

---

260 Der Herold bringt den Zoilo-Thersites auf die gleiche Weise zum Schweigen wie Odysseus (siehe vorherige Anmerkung).

261 Otter und Fledermaus: Gestalten des Bösen, hinter denen Mephistopheles steckt

Die Bedeutung der Gestalten
Möcht' ich amtsgemäß entfalten.
Aber was nicht zu begreifen,
Wüßt' ich auch nicht zu erklären;
Helfet alle mich belehren! – 5510
Seht ihr's durch die Menge schweifen?
Vierbespannt ein prächtiger Wagen
Wird durch alles durchgetragen;
Doch er teilet nicht die Menge,
Nirgend seh' ich ein Gedränge. 5515
Farbig glitzert's in der Ferne,
Irrend leuchten bunte Sterne
Wie von magischer Laterne,
Schnaubt heran mit Sturmgewalt.
Platz gemacht! Mich schaudert's!

KNABE WAGENLENKER[262]. Halt! 5520
Rosse, hemmet eure Flügel,
Fühlet den gewohnten Zügel,
Meistert euch, wie ich euch meistre,
Rauschet hin, wenn ich begeistre –
Diese Räume laßt uns ehren! 5525
Schaut umher, wie sie sich mehren,
Die Bewundrer, Kreis um Kreise.
Herold auf! nach deiner Weise,
Ehe wir von euch entfliehen,
Uns zu schildern, uns zu nennen; 5530
Denn wir sind Allegorien,
Und so solltest du uns kennen.

HEROLD. Wüßte nicht, dich zu benennen;
Eher könnt' ich dich beschreiben.

KNABE LENKER. So probier's!

HEROLD. Man muß gestehn: 5535
Erstlich bist du jung und schön.
Halbwüchsiger Knabe bist du; doch die Frauen,
Sie möchten dich ganz ausgewachsen schauen.
Du scheinest mir ein künftiger Sponsierer,
Recht so von Haus aus ein Verführer. 5540

KNABE LENKER. Das läßt sich hören! fahre fort,
Erfinde dir des Rätsels heitres Wort.

HEROLD.
Der Augen schwarzer Blitz, die Nacht der Locken,
Erheitert von juwelnem Band!
Und welch ein zierliches Gewand 5545
Fließt dir von Schultern zu den Socken,
Mit Purpursaum und Glitzertand!
Man könnte dich ein Mädchen schelten;

---

262 Knabe Wagenlenker: Personifikation der Poesie und von Euphorion

Doch würdest du, zu Wohl und Weh,
Auch jetzo schon bei Mädchen gelten, 5550
Sie lehrten dich das ABC.

KNABE LENKER. Und dieser, der als Prachtgebilde
Hier auf dem Wagenthrone prangt?

HEROLD. Er scheint ein König reich und milde,
Wohl dem, der seine Gunst erlangt! 5555
Er hat nichts weiter zu erstreben,
Wo's irgend fehlte, späht sein Blick,
Und seine reine Lust zu geben
Ist größer als Besitz und Glück.

KNABE LENKER.
Hiebei darfst du nicht stehen bleiben, 5560
Du mußt ihn recht genau beschreiben.

HEROLD. Das Würdige beschreibt sich nicht.
Doch das gesunde Mondgesicht,
Ein voller Mund, erblühte Wangen,
Die unterm Schmuck des Turbans prangen; 5565
Im Faltenkleid ein reich Behagen!
Was soll ich von dem Anstand sagen?
Als Herrscher scheint er mir bekannt.

KNABE LENKER.
Plutus[263], des Reichtums Gott genannt!
Derselbe kommt in Prunk daher, 5570
Der hohe Kaiser wünscht ihn sehr.

HEROLD. Sag von dir selber auch das Was und Wie!

KNABE LENKER.
Bin die Verschwendung, bin die Poesie;
Bin der Poet, der sich vollendet,
Wenn er sein eigenst Gut verschwendet. 5575
Auch ich bin unermeßlich reich
Und schätze mich dem Plutus gleich,
Beleb' und schmück' ihm Tanz und Schmaus,
Das, was ihm fehlt, das teil' ich aus.

HEROLD. Das Prahlen steht dir gar zu schön, 5580
Doch laß uns deine Künste sehn.

KNABE LENKER.
Hier seht mich nur ein Schnippchen schlagen.
Schon glänzt's und glitzert's um den Wagen.
Da springt eine Perlenschnur hervor!

Immerfort umherschnippend.

Nehmt goldne Spange für Hals und Ohr; 5585
Auch Kamm und Krönchen ohne Fehl,
In Ringen köstlichstes Juwel;

---

263 Plutus: Gott des Reichtums. Faust tritt hier als Plutus auf.

Auch Flämmchen spend' ich dann und wann,
Erwartend, wo es zünden kann.

HEROLD. Wie greift und hascht die liebe Menge! 5590
Fast kommt der Geber ins Gedränge.
Kleinode schnippt er wie ein Traum,
Und alles hascht im weiten Raum.
Doch da erleb' ich neue Pfiffe:
Was einer noch so emsig griffe, 5595
Des hat er wirklich schlechten Lohn,
Die Gabe flattert ihm davon.
Es löst sich auf das Perlenband,
Ihm krabbeln Käfer in der Hand,
Er wirft sie weg, der arme Tropf, 5600
Und sie umsummen ihm den Kopf.
Die andern statt solider Dinge
Erhaschen frevle Schmetterlinge.
Wie doch der Schelm so viel verheißt
Und nur verleiht, was golden gleißt! 5605

KNABE LENKER.
Zwar Masken, merk' ich, weißt du zu verkünden,
Allein der Schale Wesen zu ergründen,
Sind Herolds Hofgeschäfte nicht;
Das fordert schärferes Gesicht.
Doch hüt' ich mich vor jeder Fehde; 5610
An dich, Gebieter, wend' ich Frag' und Rede.

Zu Plutus gewendet.

Hast du mir nicht die Windesbraut
Des Viergespannes anvertraut?
Lenk' ich nicht glücklich, wie du leitest?
Bin ich nicht da, wohin du deutest? 5615
Und wußt' ich nicht auf kühnen Schwingen
Für dich die Palme zu erringen?
Wie oft ich auch für dich gefochten,
Mir ist es jederzeit geglückt:
Wenn Lorbeer deine Stirne schmückt, 5620
Hab' ich ihn nicht mit Sinn und Hand geflochten?

PLUTUS. Wenn's nötig ist, daß ich dir Zeugnis leiste,
So sag' ich gern: Bist Geist von meinem Geiste.
Du handelst stets nach meinem Sinn,
Bist reicher, als ich selber bin. 5625
Ich schätze, deinen Dienst zu lohnen,
Den grünen Zweig vor allen meinen Kronen.
Ein wahres Wort verkünd' ich allen:
Mein lieber Sohn, an dir hab' ich Gefallen.

KNABE LENKER *zur Menge.*
Die größten Gaben meiner Hand, 5630
Seht! hab' ich rings umher gesandt.
Auf dem und jenem Kopfe glüht
Ein Flämmchen, das ich angesprüht;

    Von einem zu dem andern hüpft's,
An diesem hält sich's, dem entschlüpft's,   5635
Gar selten aber flammt's empor,
Und leuchtet rasch in kurzem Flor;
Doch vielen, eh' man's noch erkannt,
Verlischt es, traurig ausgebrannt.

WEIBERGEKLATSCH.
    Da droben auf dem Viergespann   5640
    Das ist gewiß ein Scharlatan;
    Gekauzt da hintendrauf Hanswurst,
    Doch abgezehrt von Hunger und Durst,
    Wie man ihn niemals noch erblickt;
    Er fühlt wohl nicht, wenn man ihn zwickt.   5645

DER ABGEMAGERTE[264].
Vom Leibe mir, ekles Weibsgeschlecht!
Ich weiß, dir komm' ich niemals recht. –
Wie noch die Frau den Herd versah,
Da hieß ich Avaritia[265];
Da stand es gut um unser Haus: 5650
Nur viel herein und nichts hinaus!
Ich eiferte für Kist' und Schrein;
Das sollte wohl gar ein Laster sein.
Doch als in allerneusten Jahren
Das Weib nicht mehr gewohnt zu sparen,   5655
Und, wie ein jeder böser Zahler,
Weit mehr Begierden hat als Taler,
Da bleibt dem Manne viel zu dulden,
Wo er nur hinsieht, da sind Schulden.
Sie wendet's, kann sie was erspulen,   5660
An ihren Leib, an ihren Buhlen;
Auch speist sie besser, trinkt noch mehr
Mit der Sponsierer leidigem Heer;
Das steigert mir des Goldes Reiz:
Bin männlichen Geschlechts, der Geiz!   5665

HAUPTWEIB. Mit Drachen mag der Drache geizen;
Ist's doch am Ende Lug und Trug!
Er kommt, die Männer aufzureizen,
Sie sind schon unbequem genug.

WEIBER IN MASSE.
    Der Strohmann! Reich ihm eine Schlappe!   5670
    Was will das Marterholz uns dräun?
    Wir sollen seine Fratze scheun!
    Die Drachen sind von Holz und Pappe,
    Frisch an und dringt auf ihn hinein!

---

264   Mephistopheles tritt als der Abgemagerte, später auch als Geiz, auf und treibt in dieser Person seinen Spott.
265   Avaritia: Geiz, Habgier; eine der Todsünden

HEROLD. Bei meinem Stabe! Ruh gehalten! – 5675
Doch braucht es meiner Hülfe kaum;
Seht, wie die grimmen Ungestalten,
Bewegt im rasch gewonnenen Raum,
Das Doppel-Flügelpaar entfalten.
Entrüstet schütteln sich der Drachen 5680
Umschuppte, feuerspeiende Rachen;
Die Menge flieht, rein ist der Platz.

Plutus steigt vom Wagen.

HEROLD. Er tritt herab, wie königlich!
Er winkt, die Drachen rühren sich,
Die Kiste haben sie vom Wagen 5685
Mit Gold und Geiz herangetragen,
Sie steht zu seinen Füßen da:
Ein Wunder ist es, wie's geschah.

PLUTUS *zum Lenker.*
Nun bist du los der allzulästigen Schwere,
Bist frei und frank, nun frisch zu deiner Sphäre! 5690
Hier ist sie nicht! Verworren, scheckig, wild
Umdrängt uns hier ein fratzenhaft Gebild.
Nur wo du klar ins holde Klare schaust,
Dir angehörst und dir allein vertraust,
Dorthin, wo Schönes, Gutes nur gefällt, 5695
Zur Einsamkeit! – Da schaffe deine Welt.

KNABE LENKER.
So acht' ich mich als werten Abgesandten,
So lieb' ich dich als nächsten Anverwandten.
Wo du verweilst, ist Fülle; wo ich bin,
Fühlt jeder sich im herrlichsten Gewinn. 5700
Auch schwankt er oft im widersinnigen Leben:
Soll er sich dir? soll er sich mir ergeben?
Die Deinen freilich können müßig ruhn,
Doch wer mir folgt, hat immer was zu tun.
Nicht insgeheim vollführ' ich meine Taten, 5705
Ich atme nur, und schon bin ich verraten.
So lebe wohl! Du gönnst mir ja mein Glück;
Doch lisple leis', und gleich bin ich zurück.

Ab, wie er kam.

PLUTUS. Nun ist es Zeit, die Schätze zu entfesseln!
Die Schlösser treff' ich mit des Herolds Rute. 5710
Es tut sich auf! schaut her! in ehrnen Kesseln
Entwickelt sich's und wallt von goldnem Blute,
Zunächst der Schmuck von Kronen, Ketten, Ringen;
Es schwillt und droht, ihn schmelzend zu verschlingen.

WECHSELGESCHREI DER MENGE.
  Seht hier, o hin! wie's reichlich quillt, 5715
  Die Kiste bis zum Rande füllt. –
  Gefäße, goldne, schmelzen sich,

Gemünzte Rollen wälzen sich. –
Dukaten hüpfen wie geprägt,
O wie mir das den Busen regt – 5720
Wie schau' ich alle mein Begehr!
Da kollern sie am Boden her. –
Man bietet's euch, benutzt's nur gleich
Und bückt euch nur und werdet reich. –
Wir andern, rüstig wie der Blitz, 5725
Wir nehmen den Koffer in Besitz.

HEROLD. Was soll's, ihr Toren? soll mir das?
Es ist ja nur ein Maskenspaß.
Heut abend wird nicht mehr begehrt;
Glaubt ihr, man geb' euch Gold und Wert? 5730
Sind doch für euch in diesem Spiel
Selbst Rechenpfennige zuviel.
Ihr Täppischen! ein artiger Schein
Soll gleich die plumpe Wahrheit sein.
Was soll euch Wahrheit? – Dumpfen Wahn 5735
Packt ihr an allen Zipfeln an. –
Vermummter Plutus, Maskenheld,
Schlag dieses Volk mir aus dem Feld.

PLUTUS. Dein Stab ist wohl dazu bereit,
Verleih ihn mir auf kurze Zeit. – 5740
Ich tauch' ihn rasch in Sud und Glut. –
Nun, Masken, seid auf eurer Hut!
Wie's blitzt und platzt, in Funken sprüht!
Der Stab, schon ist er angeglüht.
Wer sich zu nah herangedrängt, 5745
Ist unbarmherzig gleich versengt. –
Jetzt fang' ich meinen Umgang an.

GESCHREI UND GEDRÄNG.
O weh! Es ist um uns getan. –
Entfliehe, wer entfliehen kann! –
Zurück, zurück, du Hintermann! – 5750
Mir sprüht es heiß ins Angesicht. –
Mich drückt des glühenden Stabs Gewicht –
Verloren sind wir all' und all'. –
Zurück, zurück, du Maskenschwall!
Zurück, zurück, unsinniger Hauf'! – 5755
O hätt' ich Flügel, flög' ich auf. –

PLUTUS. Schon ist der Kreis zurückgedrängt,
Und niemand, glaub' ich, ist versengt.
Die Menge weicht,
Sie ist verscheucht. – 5760
Doch solcher Ordnung Unterpfand
Zieh' ich ein unsichtbares Band.

HEROLD. Du hast ein herrlich Werk vollbracht,
Wie dank' ich deiner klugen Macht!

PLUTUS. Noch braucht es, edler Freund, Geduld: 5765
Es droht noch mancherlei Tumult.

GEIZ. So kann man doch, wenn es beliebt,
Vergnüglich diesen Kreis beschauen;
Denn immerfort sind vornean die Frauen,
Wo's was zu gaffen, was zu naschen gibt. 5770
Noch bin ich nicht so völlig eingerostet!
Ein schönes Weib ist immer schön;
Und heute, weil es mich nichts kostet,
So wollen wir getrost sponsieren gehn.
Doch weil am überfüllten Orte 5775
Nicht jedem Ohr vernehmlich alle Worte,
Versuch' ich klug und hoff', es soll mir glücken,
Mich pantomimisch deutlich auszudrücken.
Hand, Fuß, Gebärde reicht mir da nicht hin,
Da muß ich mich um einen Schwank bemühn. 5780
Wie feuchten Ton will ich das Gold behandeln,
Denn dies Metall läßt sich in alles wandeln.

HEROLD. Was fängt der an, der magre Tor!
Hat so ein Hungermann Humor?
Er knetet alles Gold zu Teig, 5785
Ihm wird es untern Händen weich;
Wie er es drückt und wie es ballt,
Bleibt's immer doch nur ungestalt.
Er wendet sich zu den Weibern dort,
Sie schreien alle, möchten fort, 5790
Gebärden sich gar widerwärtig;
Der Schalk erweist sich übelfertig.
Ich fürchte, daß er sich ergetzt,
Wenn er die Sittlichkeit verletzt.
Dazu darf ich nicht schweigsam bleiben, 5795
Gib meinen Stab, ihn zu vertreiben.

PLUTUS. Er ahnet nicht, was uns von außen droht;
Laß ihn die Narrenteiding[266] treiben!
Ihm wird kein Raum für seine Possen bleiben;
Gesetz ist mächtig, mächtiger ist die Not. 5800

GETÜMMEL UND GESANG.
Das wilde Heer[267], es kommt zumal
Von Bergeshöh' und Waldestal,
Unwiderstehlich schreitet's an:
Sie feiern ihren großen Pan[268].
Sie wissen doch, was keiner weiß, 5805
Und drängen in den leeren Kreis.

---

266 Narreteiding: das Possenspiel, das Mephistopheles treibt
267 wilde Heer: In der germanischen Mythologie ein von Wotan angeführter Sturmwind von Seelen. Goethe versetzt diesen Zug in die Antike.
268 Pan: griechische Gott der Natur, der Hirten, Wald und Weiden

PLUTUS. Ich kenn' euch wohl und euren großen Pan[269]!
Zusammen habt ihr kühnen Schritt getan.
Ich weiß recht gut, was nicht ein jeder weiß,
Und öffne schuldig diesen engen Kreis. 5810
Mag sie ein gut Geschick begleiten!
Das Wunderlichste kann geschehn;
Sie wissen nicht, wohin sie schreiten,
Sie haben sich nicht vorgesehn.

WILDGESANG.
    Geputztes Volk du, Flitterschau! 5815
    Sie kommen roh, sie kommen rauh,
    In hohem Sprung, in raschem Lauf,
    Sie treten derb und tüchtig auf.

FAUNEN[270]. Die Faunenschar
Im lustigen Tanz, 5820
Den Eichenkranz
Im krausen Haar,
Ein feines zugespitztes Ohr
Dringt an dem Lockenkopf hervor,
Ein stumpfes Näschen, ein breit Gesicht, 5825
Das schadet alles bei Frauen nicht:
Dem Faun, wenn er die Patsche[271] reicht,
Versagt die Schönste den Tanz nicht leicht.

SATYR[272]. Der Satyr hüpft nun hinterdrein
Mit Ziegenfuß und dürrem Bein, 5830
Ihm sollen sie mager und sehnig sein,
Und gemsenartig auf Bergeshöhn
Belustigt er sich, umherzusehn.
In Freiheitsluft erquickt alsdann,
Verhöhnt er Kind und Weib und Mann, 5835
Die tief in Tales Dampf und Rauch
Behaglich meinen, sie lebten auch,
Da ihm doch rein und ungestört
Die Welt dort oben allein gehört.

GNOMEN[273]. Da trippelt ein die kleine Schar, 5840
Sie hält nicht gern sich Paar und Paar;
Im moosigen Kleid mit Lämplein hell
Bewegt sich's durcheinander schnell,
Wo jedes für sich selber schafft,
Wie Leucht-Ameisen wimmelhaft; 5845
Und wuselt emsig hin und her,

---

269   großer Pan: gemeint ist der Kaiser
270   Faun: altrömischer Flur- und Waldgott, später Waldgeist, ist gehörnt und bocksfüßig; Symbol für starke, ungehemmte sexuelle Triebhaftigkeit
271   Patsche: Hand
272   Satyr: Waldgeist aus griechischer Mythologie, Begleiter Dionysos' mit menschlichem Körper und tierischen Zügen
273   Gnomen: Erd- und Berggeister aus der geramnischen Mythologie, behüten unterirdische Schätze, haben verschiedene Gestalt

Beschäftigt in die Kreuz und Quer.
Den frommen Gütchen²⁷⁴ nah verwandt,
Als Felschirurgen wohlbekannt;
Die hohen Berge schröpfen wir, 5850
Aus vollen Adern schöpfen wir;
Metalle stürzen wir zuhauf,
Mit Gruß getrost: Glück auf! Glück auf!
Das ist von Grund aus wohlgemeint:
Wir sind der guten Menschen Freund. 5855
Doch bringen wir das Gold zu Tag,
Damit man stehlen und kuppeln mag,
Nicht Eisen fehle dem stolzen Mann,
Der allgemeinen Mord ersann.
Und wer die drei Gebot'²⁷⁵ veracht't, 5860
Sich auch nichts aus den andern macht.
Das alles ist nicht unsre Schuld;
Drum habt so fort, wie wir, Geduld.

RIESEN. Die wilden Männer sind s' genannt,
Am Harzgebirge wohlbekannt; 5865
Natürlich nackt in aller Kraft,
Sie kommen sämtlich riesenhaft.
Den Fichtenstamm in rechter Hand
Und um den Leib ein wulstig Band,
Den derbsten Schurz von Zweig und Blatt, 5870
Leibwache, wie der Papst nicht hat.

NYMPHEN²⁷⁶ IM CHOR. Sie umschließen den großen Pan.
Auch kommt er an! –
Das All der Welt
Wird vorgestellt
Im großen Pan. 5875
Ihr Heitersten, umgebet ihn,
Im Gaukeltanz umschwebet ihn:
Denn weil er ernst und gut dabei,
So will er, daß man fröhlich sei.
Auch unterm blauen Wölbedach 5880
Verhielt' er sich beständig wach;
Doch rieseln ihm die Bäche zu,
Und Lüftlein wiegen ihn mild in Ruh.
Und wenn er zu Mittage schläft,
Sich nicht das Blatt am Zweige regt; 5885
Gesunder Pflanzen Balsamduft
Erfüllt die schweigsam stille Luft;
Die Nymphe darf nicht munter sein,
Und wo sie stand, da schläft sie ein.
Wenn unerwartet mit Gewalt 5890

---

274 Gütchen: Wichtelmänner; Kobolde, die dem Menschen gut gesinnt sind
275 drei Gebot: du sollst nicht töten, du sollst nicht ehebrechen, du sollst nicht stehlen – wurden in den vorangegangenen Versen beschrieben
276 Nymphen: in griechischer und römischer Mythologie anmutige weibliche Naturgottheiten

Dann aber seine Stimm' erschallt,
Wie Blitzes Knattern, Meergebraus,
Dann niemand weiß, wo ein noch aus,
Zerstreut sich tapfres Heer im Feld,
Und im Getümmel bebt der Held. 5895
So Ehre dem, dem Ehre gebührt,
Und Heil ihm, der uns hergeführt!

DEPUTATION DER GNOMEN *an den großen Pan.*
    Wenn das glänzend reiche Gute
    Fadenweis durch Klüfte streicht,
    Nur der klugen Wünschelrute 5900
    Seine Labyrinthe zeigt,

    Wölben wir in dunklen Grüften
    Troglodytisch[277] unser Haus,
    Und an reinen Tageslüften
    Teilst du Schätze gnädig aus. 5905

    Nun entdecken wir hieneben
    Eine Quelle wunderbar,
    Die bequem verspricht zu geben,
    Was kaum zu erreichen war.

    Dies vermagst du zu vollenden, 5910
    Nimm es, Herr, in deine Hut:
    Jeder Schatz in deinen Händen
    Kommt der ganzen Welt zugut.

PLUTUS *zum Herold.*
Wir müssen uns im hohen Sinne fassen
Und, was geschieht, getrost geschehen lassen, 5915
Du bist ja sonst des stärksten Mutes voll.
Nun wird sich gleich ein Greulichstes eräugnen,
Hartnäckig wird es Welt und Nachwelt leugnen:
Du schreib es treulich in dein Protokoll.

HEROLD *den Stab anfassend, welchen Plutus in der Hand behält.*
Die Zwerge führen den großen Pan 5920
Zur Feuerquelle sacht heran;
Sie siedet auf vom tiefsten Schlund,
Dann sinkt sie wieder hinab zum Grund,
Und finster steht der offne Mund;
Wallt wieder auf in Glut und Sud, 5925
Der große Pan steht wohlgemut,
Freut sich des wundersamen Dings,
Und Perlenschaum sprüht rechts und links.
Wie mag er solchem Wesen traun?
Er bückt sich tief hineinzuschaun. – 5930
Nun aber fällt sein Bart hinein! –
Wer mag das glatte Kinn wohl sein?
Die Hand verbirgt es unserm Blick. –

---

277 troglodytisch: unterirdisch

Nun folgt ein großes Ungeschick[278]:
Der Bart entflammt und fliegt zurück, 5935
Entzündet Kranz und Haupt und Brust,
Zu Leiden wandelt sich die Lust. –
Zu löschen läuft die Schar herbei,
Doch keiner bleibt von Flammen frei,
Und wie es patscht und wie es schlägt, 5940
Wird neues Flammen aufgeregt;
Verflochten in das Element,
Ein ganzer Maskenklump verbrennt.

Was aber, hör' ich, wird uns kund
Von Ohr zu Ohr, von Mund zu Mund! 5945
O ewig unglücksel'ge Nacht,
Was hast du uns für Leid gebracht!
Verkünden wird der nächste Tag,
Was niemand willig hören mag;
Doch hör' ich aller Orten schrein: 5950
»Der Kaiser leidet solche Pein.«
O wäre doch ein andres wahr!
Der Kaiser brennt und seine Schar.
Sie sei verflucht, die ihn verführt,
In harzig Reis sich eingeschnürt, 5955
Zu toben her mit Brüllgesang
Zu allerseitigem Untergang.
O Jugend, Jugend, wirst du nie
Der Freude reines Maß Bezirken?
O Hoheit, Hoheit, wirst du nie 5960
Vernünftig wie allmächtig wirken?

Schon geht der Wald in Flammen auf,
Sie züngeln leckend spitz hinauf
Zum holzverschränkten Deckenband;
Uns droht ein allgemeiner Brand. 5965
Des Jammers Maß ist übervoll,
Ich weiß nicht, wer uns retten soll.
Ein Aschenhaufen einer Nacht
Liegt morgen reiche Kaiserpracht.

PLUTUS.
Schrecken ist genug verbreitet, 5970
Hilfe sei nun eingeleitet! –
Schlage, heil'gen Stabs Gewalt,
Daß der Boden bebt und schallt!
Du, geräumig weite Luft,
Fülle dich mit kühlem Duft! 5975
Zieht heran, umherzuschweifen,
Nebeldünste, schwangre Streifen,
Deckt ein flammendes Gewühl!

---

278 großes Ungeschick: 1394 wurde das Kostüm des als Satyr verkleideten Königs Karl VI. bei einem Maskenfest unabsichtlich mit einer Fackel entzündet. Es kam zum Saalbrand, dem Hofleute zum Opfer fielen. Das Ereignis soll den König in den Wahnsinn getrieben haben.

Rieselt, säuselt, Wölkchen kräuselt,
Schlüpfet wallend, leise dämpfet, 5980
Löschend überall bekämpfet,
Ihr, die lindernden, die feuchten,
Wandelt in ein Wetterleuchten
Solcher eitlen Flamme Spiel! –
Drohen Geister, uns zu schädigen, 5985
Soll sich die Magie betätigen.

Lustgarten

Morgensonne.
Der Kaiser, Hofleute, Faust, Mephistopheles, anständig, nicht auffallend, nach Sitte gekleidet; beide knieen.

FAUST.
Verzeihst du, Herr, das Flammengaukelspiel?

KAISER *zum Aufstehn winkend.*
Ich wünsche mir dergleichen Scherze viel. –
Auf einmal sah ich mich in glühnder Sphäre,
Es schien mir fast, als ob ich Pluto[279] wäre. 5990
Aus Nacht und Kohlen lag ein Felsengrund[280],
Von Flämmchen glühend. Dem und jenem Schlund
Aufwirbelten viel tausend wilde Flammen
Und flackerten in ein Gewölb' zusammen.
Zum höchsten Dome züngelt' es empor, 5995
Der immer ward und immer sich verlor.
Durch fernen Raum gewundner Feuersäulen
Sah ich bewegt der Völker lange Zeilen,
Sie drängten sich im weiten Kreis heran
Und huldigten, wie sie es stets getan. 6000
Von meinem Hof erkannt' ich ein und andern,
Ich schien ein Fürst von tausend Salamandern[281].

MEPHISTOPHELES.
Das bist du, Herr! weil jedes Element
Die Majestät als unbedingt erkennt.
Gehorsam Feuer hast du nun erprobt; 6005
Wirf dich ins Meer, wo es am wildsten tobt,
Und kaum betrittst du perlenreichen Grund,
So bildet wallend sich ein herrlich Rund;
Siehst auf und ab lichtgrüne schwanke Wellen,
Mit Purpursaum, zur schönsten Wohnung schwellen 6010

---

279 Pluto: in griech. Mythologie Gott der Unterwelt (ein Beiname von Hades), Gott des in der Erde liegenden Reichtums

280 Aus Nacht und Kohlen ...(V. 5991ff.): angelehnt an ein Bild aus Dantes „Göttlicher Komödie" aus dem 8. Kreis der Hölle, in dem sich christliche Würdenträger befinden, die Ämter verschachert haben

281 Salamander: Elementargeist des Feuers, der nicht verbrennen kann

Um dich, den Mittelpunkt. Bei jedem Schritt,
Wohin du gehst, gehn die Paläste mit.
Die Wände selbst erfreuen sich des Lebens,
Pfeilschnellen Wimmlens, Hin- und Widerstrebens.
Meerwunder drängen sich zum neuen milden Schein, 6015
Sie schießen an, und keines darf herein.
Da spielen farbig goldbeschuppte Drachen,
Der Haifisch klafft, du lachst ihm in den Rachen.
Wie sich auch jetzt der Hof um dich entzückt,
Hast du doch nie ein solch Gedräng' erblickt 6020
Doch bleibst du nicht vom Lieblichsten geschieden:
Es nahen sich neugierige Nereiden[282]
Der prächt'gen Wohnung in der ew'gen Frische,
Die jüngsten scheu und lüstern wie die Fische,
Die spätern klug. Schon wird es Thetis[283] kund, 6025
Dem zweiten Peleus[284] reicht sie Hand und Mund. –
Den Sitz alsdann auf des Olymps Revier...

KAISER. Die luft'gen Räume, die erlass' ich dir:
Noch früh genug besteigt man jenen Thron.

MEPHISTOPHELES.
Und, höchster Herr! die Erde hast du schon. 6030

KAISER.
Welch gut Geschick hat dich hieher gebracht,
Unmittelbar aus Tausend Einer Nacht?
Gleichst du an Fruchtbarkeit Scheherazaden[285],
Versichr' ich dich der höchsten aller Gnaden.
Sei stets bereit, wenn eure Tageswelt, 6035
Wie's oft geschieht, mir widerlichst mißfällt.

MARSCHALK *tritt eilig auf.*
Durchlauchtigster, ich dacht' in meinem Leben
Vom schönsten Glück Verkündung nicht zu geben
Als diese, die mich hoch beglückt,
In deiner Gegenwart entzückt: 6040
Rechnung für Rechnung ist berichtigt,
Die Wucherklauen sind beschwichtigt,
Los bin ich solcher Höllenpein;
Im Himmel kann's nicht heitrer sein.

HEERMEISTER *folgt eilig.*
Abschläglich ist der Sold entrichtet, 6045
Das ganze Heer aufs neu' verpflichtet,
Der Landsknecht fühlt sich frisches Blut,
Und Wirt und Dirnen haben's gut.

---

282 Nereiden: im Meer lebende Nymphen
283 Thetis: eine der Nereiden, die mit Peleus vermäht wurde; Thetis und Peleus sind die Eltern von Achilles
284 zweiten Peleus: gemeint ist der Kaiser
285 Scheherazade: sie erzählt dem Sultan die Märchen aus Tausendundeiner Nacht

KAISER. Wie atmet eure Brust erweitert!
Das faltige Gesicht erheitert! 6050
Wie eilig tretet ihr heran!

SCHATZMEISTER *der sich einfindet.*
Befrage diese, die das Werk getan.

FAUST.
Dem Kanzler ziemt's, die Sache vorzutragen.

KANZLER, *der langsam herankommt.*
Beglückt genug in meinen alten Tagen. –
So hört und schaut das schicksalschwere Blatt[286], 6055
Das alles Weh in Wohl verwandelt hat.
Er liest. »Zu wissen sei es jedem, der's begehrt:
Der Zettel hier ist tausend Kronen wert.
Ihm liegt gesichert, als gewisses Pfand,
Unzahl vergrabnen Guts im Kaiserland. 6060
Nun ist gesorgt, damit der reiche Schatz,
Sogleich gehoben, diene zum Ersatz.«

KAISER. Ich ahne Frevel, ungeheuren Trug!
Wer fälschte hier des Kaisers Namenszug?
Ist solch Verbrechen ungestraft geblieben? 6065

SCHATZMEISTER.
Erinnre dich! hast selbst es unterschrieben;
Erst heute nacht. Du standst als großer Pan,
Der Kanzler sprach mit uns zu dir heran:
»Gewähre dir das hohe Festvergnügen,
Des Volkes Heil, mit wenig Federzügen.« 6070
Du zogst sie rein, dann ward's in dieser Nacht
Durch Tausendkünstler schnell vertausendfacht.
Damit die Wohltat allen gleich gedeihe,
So stempelten wir gleich die ganze Reihe,
Zehn, Dreißig, Funfzig, Hundert sind parat. 6075
Ihr denkt euch nicht, wie wohl's dem Volke tat.
Seht eure Stadt, sonst halb im Tod verschimmelt,
Wie alles lebt und lustgenießend wimmelt!
Obschon dein Name längst die Welt beglückt,
Man hat ihn nie so freundlich angeblickt. 6080
Das Alphabet ist nun erst überzählig,
In diesem Zeichen wird nun jeder selig.

KAISER. Und meinen Leuten gilt's für gutes Gold?
Dem Heer, dem Hofe gnügt's zu vollem Sold?
So sehr mich's wundert, muß ich's gelten lassen. 6085

MARSCHALK.
Unmöglich wär's, die Flüchtigen einzufassen;
Mit Blitzeswink zerstreute sich's im Lauf.
Die Wechslerbänke stehen sperrig auf:

---

286 schicksalsschwere Blatt: gemeint ist Papiergeld. 1716 führte der Bankier John Law das Papiergeld ein, um die französische Staatsschulden zu tilgen.

Man honoriert daselbst ein jedes Blatt
Durch Gold und Silber, freilich mit Rabatt. 6090
Nun geht's von da zum Fleischer, Bäcker, Schenken;
Die halbe Welt scheint nur an Schmaus zu denken,
Wenn sich die andre neu in Kleidern bläht.
Der Krämer schneidet aus, der Schneider näht.
Bei »Hoch dem Kaiser!« sprudelt's in den Kellern, 6095
Dort kocht's und brät's und klappert mit den Tellern.

MEPHISTOPHELES.
Wer die Terrassen einsam abspaziert,
Gewahrt die Schönste, herrlich aufgeziert,
Ein Aug' verdeckt vom stolzen Pfauenwedel,
Sie schmunzelt uns und blickt nach solcher Schedel[287]; 6100
Und hurt'ger als durch Witz und Redekunst
Vermittelt sich die reichste Liebesgunst.
Man wird sich nicht mit Börs' und Beutel plagen,
Ein Blättchen ist im Busen leicht zu tragen,
Mit Liebesbrieflein paart's bequem sich hier. 6105
Der Priester trägt's andächtig im Brevier,
Und der Soldat, um rascher sich zu wenden,
Erleichtert schnell den Gürtel seiner Lenden.
Die Majestät verzeihe, wenn ins Kleine
Das hohe Werk ich zu erniedern scheine. 6110

FAUST. Das Übermaß der Schätze, das, erstarrt,
In deinen Landen tief im Boden harrt,
Liegt ungenutzt. Der weiteste Gedanke
Ist solchen Reichtums kümmerlichste Schranke;
Die Phantasie, in ihrem höchsten Flug, 6115
Sie strengt sich an und tut sich nie genug.
Doch fassen Geister, würdig, tief zu schauen,
Zum Grenzenlosen grenzenlos Vertrauen.

MEPHISTOPHELES.
Ein solch Papier, an Gold und Perlen Statt,
Ist so bequem, man weiß doch, was man hat; 6120
Man braucht nicht erst zu markten, noch zu tauschen,
Kann sich nach Lust in Lieb' und Wein berauschen.
Will man Metall, ein Wechsler[288] ist bereit,
Und fehlt es da, so gräbt man eine Zeit.
Pokal und Kette wird verauktioniert, 6125
Und das Papier, sogleich amortisiert,
Beschämt den Zweifler, der uns frech verhöhnt.
Man will nichts anders, ist daran gewöhnt.
So bleibt von nun an allen Kaiserlanden
An Kleinod, Gold, Papier genug vorhanden. 6130

KAISER. Das hohe Wohl verdankt euch unser Reich;
Wo möglich sei der Lohn dem Dienste gleich.

---

287 Schedel: aus dem Lateinischen für Blättchen, hier das Papiergeld
288 Wechsler: Geldwechsler

Vertraut sei euch des Reiches innrer Boden,
Ihr seid der Schätze würdigste Kustoden[289].
Ihr kennt den weiten, wohlverwahrten Hort, 6135
Und wenn man gräbt, so sei's auf euer Wort.
Vereint euch nun, ihr Meister unsres Schatzes,
Erfüllt mit Lust die Würden eures Platzes,
Wo mit der obern sich die Unterwelt,
In Einigkeit beglückt, zusammenstellt. 6140

SCHATZMEISTER.
Soll zwischen uns kein fernster Zwist sich regen,
Ich liebe mir den Zauberer zum Kollegen.

Ab mit Faust.

KAISER.
Beschenk' ich nun bei Hofe Mann für Mann,
Gesteh' er mir, wozu er's brauchen kann.

PAGE.
Empfangend. Ich lebe lustig, heiter, guter Dinge. 6145

EIN ANDRER *gleichfalls.*
Ich schaffe gleich dem Liebchen Kett' und Ringe.

KÄMMERER *annehmend.*
Von nun an trink' ich doppelt beßre Flasche.

EIN ANDRER *gleichfalls.*
Die Würfel jucken mich schon in der Tasche.

BANNERHERR[290] *mit Bedacht.*
Mein Schloß und Feld, ich mach' es schuldenfrei.

EIN ANDRER *gleichfalls.*
Es ist ein Schatz, den leg' ich Schätzen bei. 6150

KAISER. Ich hoffte Lust und Mut zu neuen Taten;
Doch wer euch kennt, der wird euch leicht erraten.
Ich merk' es wohl: bei aller Schätze Flor,
Wie ihr gewesen, bleibt ihr nach wie vor.

NARR, *herbeikommend.*
Ihr spendet Gnaden, gönnt auch mir davon! 6155

KAISER.
Und lebst du wieder, du vertrinkst sie schon.

NARR.
Die Zauberblätter! ich versteh's nicht recht.

KAISER.
Das glaub' ich wohl, denn du gebrauchst sie schlecht.

---

289 Kustode: Wächter, Behüter
290 Bannerherr: Ritter mit dem Recht und dem Geld, ein eigenes Feldzeichen tragen zu dürfen

NARR.
Da fallen andere; weiß nicht, was ich tu'.

KAISER.
Nimm sie nur hin, sie fielen dir ja zu. *Ab.* 6160

NARR.
Fünftausend Kronen wären mir zu Handen!

MEPHISTOPHELES.
Zweibeiniger Schlauch, bist wieder auferstanden?

NARR.
Geschieht mir oft, doch nicht so gut als jetzt.

MEPHISTOPHELES.
Du freust dich so, daß dich's in Schweiß versetzt.

NARR.
Da seht nur her, ist das wohl Geldes wert? 6165

MEPHISTOPHELES.
Du hast dafür, was Schlund und Bauch begehrt.

NARR.
Und kaufen kann ich Acker, Haus und Vieh?

MEPHISTOPHELES.
Versteht sich! Biete nur, das fehlt dir nie.

NARR.
Und Schloß, mit Wald und Jagd und Fischbach?

MEPHISTOPHELES. Traun!
Ich möchte dich gestrengen Herrn wohl schaun! 6170

NARR.
Heut abend wieg' ich mich im Grundbesitz! –

Ab.

MEPHISTOPHELES *solus*[291].
Wer zweifelt noch an unsres Narren Witz!

Finstere Galerie

Faust. Mephistopheles.

MEPHISTOPHELES.
Was ziehst du mich in diese düstern Gänge?
Ist nicht da drinnen Lust genug,
Im dichten, bunten Hofgedränge 6175
Gelegenheit zu Spaß und Trug?

---

291 solus: solo (latein.)

FAUST. Sag mir das nicht, du hast's in alten Tagen
Längst an den Sohlen abgetragen;
Doch jetzt dein Hin- und Widergehn
Ist nur, um mir nicht Wort zu stehn. 6180
Ich aber bin gequält zu tun:
Der Marschalk und der Kämmrer treibt mich nun.
Der Kaiser will, es muß sogleich geschehn,
Will Helena[292] und Paris[293] vor sich sehn;
Das Musterbild der Männer so der Frauen 6185
In deutlichen Gestalten will er schauen.
Geschwind ans Werk! ich darf mein Wort nicht brechen.

MEPHISTOPHELES.
Unsinnig war's, leichtsinnig zu versprechen.

FAUST. Du hast, Geselle, nicht bedacht,
Wohin uns deine Künste führen; 6190
Erst haben wir ihn reich gemacht,
Nun sollen wir ihn amüsieren.

MEPHISTOPHELES.
Du wähnst, es füge sich sogleich;
Hier stehen wir vor steilern Stufen,
Greifst in ein fremdestes Bereich, 6195
Machst frevelhaft am Ende neue Schulden,
Denkst Helenen so leicht hervorzurufen
Wie das Papiergespenst der Gulden. –
Mit Hexen-Fexen[294], mit Gespenst-Gespinsten,
Kielkröpfigen Zwergen steh' ich gleich zu Diensten; 6200
Doch Teufels-Liebchen, wenn auch nicht zu schelten,
Sie können nicht für Heroinen[295] gelten.

FAUST. Da haben wir den alten Leierton!
Bei dir gerät man stets ins Ungewisse.
Der Vater bist du aller Hindernisse, 6205
Für jedes Mittel willst du neuen Lohn.
Mit wenig Murmeln, weiß ich, ist's getan;
Wie man sich umschaut, bringst du sie zur Stelle.

MEPHISTOPHELES.
Das Heidenvolk geht mich nichts an,
Es haust in seiner eignen Hölle; 6210
Doch gibt's ein Mittel.

FAUST. Sprich, und ohne Säumnis!

MEPHISTOPHELES.
Ungern entdeck' ich höheres Geheimnis.
Göttinnen thronen hehr in Einsamkeit,

---

292 Helena: war die schönste aller Frauen und Gemahlin von Menelaos, König von Sparta
293 Paris: Sohn des trojanischen Königs Priamos, der Helena nach Troja entführte und hierdurch den Trojanischen Krieg auslöste
294 Hexen-Fexen: hexenhafte Possenreiter
295 Heroine: Heldinnen, auch Töchter von Helden

Um sie kein Ort, noch weniger eine Zeit;
Von ihnen sprechen ist Verlegenheit.
Die Mütter[296] sind es!

FAUST, *aufgeschreckt.* Mütter!

MEPHISTOPHELES. Schaudert's dich?
Faust. Die Mütter! Mütter! – 's klingt so wunderlich!

MEPHISTOPHELES.
Das ist es auch. Göttinnen, ungekannt
Euch Sterblichen, von uns nicht gern genannt.
Nach ihrer Wohnung magst ins Tiefste schürfen;
Du selbst bist schuld, daß ihrer wir bedürfen.

FAUST. Wohin der Weg?

MEPHISTOPHELES. Kein Weg! Ins Unbetretene,
Nicht zu Betretende; ein Weg ans Unerbetene,
Nicht zu Erbittende. Bist du bereit? –
Nicht Schlösser sind, nicht Riegel wegzuschieben,
Von Einsamkeiten wirst umhergetrieben.
Hast du Begriff von Öd' und Einsamkeit?

FAUST. Du spartest, dächt' ich, solche Sprüche;
Hier wittert's nach der Hexenküche,
Nach einer längst vergangnen Zeit.
Mußt' ich nicht mit der Welt verkehren?
Das Leere lernen, Leeres lehren? –
Sprach ich vernünftig, wie ich's angeschaut,
Erklang der Widerspruch gedoppelt laut;
Mußt' ich sogar vor widerwärtigen Streichen
Zur Einsamkeit, zur Wildernis entweichen
Und, um nicht ganz versäumt allein zu leben,
Mich doch zuletzt dem Teufel übergeben.

MEPHISTOPHELES.
Und hättest du den Ozean durchschwommen,
Das Grenzenlose dort geschaut,
So sähst du dort doch Well' auf Welle kommen,
Selbst wenn es dir vorm Untergange graut.
Du sähst doch etwas. Sähst wohl in der Grüne
Gestillter Meere streichende Delphine;
Sähst Wolken ziehen, Sonne, Mond und Sterne –
Nichts wirst du sehn in ewig leerer Ferne,
Den Schritt nicht hören, den du tust,
Nichts Festes finden, wo du ruhst.

FAUST. Du sprichst als erster aller Mystagogen[297],
Die treue Neophyten[298] je betrogen;

---

296 Mütter: Die Mütter sind das alles schaffende und erhaltende Prinzip, gestalt-, form- und zeitlos.
297 Mystagoge: weiht andere in die Mysterien ein
298 Neophyten: Neulinge, die bei den Griechen in einen geheimen Bund oder eine neue Lehre eingeweiht wurden

Nur umgekehrt. Du sendest mich ins Leere,
Damit ich dort so Kunst als Kraft vermehre;
Behandelst mich, daß ich, wie jene Katze,
Dir die Kastanien aus den Gluten kratze.
Nur immer zu! wir wollen es ergründen, 6255
In deinem Nichts hoff' ich das All zu finden.

MEPHISTOPHELES.
Ich rühme dich, eh' du dich von mir trennst,
Und sehe wohl, daß du den Teufel kennst;
Hier diesen Schlüssel nimm.

FAUST. Das kleine Ding!

MEPHISTOPHELES.
Erst faß ihn an und schätz ihn nicht gering. 6260

FAUST.
Er wächst in meiner Hand! er leuchtet, blitzt!

MEPHISTOPHELES.
Merkst du nun bald, was man an ihm besitzt?
Der Schlüssel wird die rechte Stelle wittern,
Folg ihm hinab, er führt dich zu den Müttern.

FAUST *schaudernd.*
Den Müttern! Trifft's mich immer wie ein Schlag! 6265
Was ist das Wort, das ich nicht hören mag?

MEPHISTOPHELES.
Bist du beschränkt, daß neues Wort dich stört?
Willst du nur hören, was du schon gehört?
Dich störe nichts, wie es auch weiter klinge,
Schon längst gewohnt der wunderbarsten Dinge. 6270

FAUST. Doch im Erstarren such' ich nicht mein Heil,
Das Schaudern ist der Menschheit bestes Teil;
Wie auch die Welt ihm das Gefühl verteure,
Ergriffen, fühlt er tief das Ungeheure.

MEPHISTOPHELES.
Versinke denn! Ich könnt' auch sagen: steige! 6275
,s ist einerlei. Entfliehe dem Entstandnen
In der Gebilde losgebundne Reiche!
Ergetze dich am längst nicht mehr Vorhandnen;
Wie Wolkenzüge schlingt sich das Getreibe,
Den Schlüssel schwinge, halte sie vom Leibe! 6280

FAUST *begeistert.*
Wohl! fest ihn fassend fühl' ich neue Stärke,
Die Brust erweitert, hin zum großen Werke.

MEPHISTOPHELES.
Ein glühnder Dreifuß[299] tut dir endlich kund,

---

299 Dreifuß: Gerät bzw. Gestell, diente zum Aufstellen von Gegenständen auf Feuer; Symbol des Mütter-Kultus

Du seist im tiefsten, allertiefsten Grund.
Bei seinem Schein wirst du die Mütter sehn, 6285
Die einen sitzen, andre stehn und gehn,
Wie's eben kommt. Gestaltung, Umgestaltung,
Des ewigen Sinnes ewige Unterhaltung.
Umschwebt von Bildern aller Kreatur;
Sie sehn dich nicht, denn Schemen sehn sie nur. 6290
Da faß ein Herz, denn die Gefahr ist groß,
Und gehe grad' auf jenen Dreifuß los,
Berühr ihn mit dem Schlüssel!

FAUST *macht eine entschieden gebietende Attitüde[300] mit dem Schlüssel.*

MEPHISTOPHELES *ihn betrachtend.*
                So ist's recht!
Er schließt sich an, er folgt als treuer Knecht;
Gelassen steigst du, dich erhebt das Glück, 6295
Und eh' sie's merken, bist mit ihm zurück.
Und hast du ihn einmal hierher gebracht,
So rufst du Held und Heldin aus der Nacht,
Der erste, der sich jener Tat erdreistet;
Sie ist getan, und du hast es geleistet. 6300
Dann muß fortan, nach magischem Behandeln,
Der Weihrauchsnebel sich in Götter wandeln.

FAUST. Und nun was jetzt?

MEPHISTOPHELES.   Dein Wesen strebe nieder;
Versinke stampfend, stampfend steigst du wieder.

FAUST *stampft und versinkt.*

MEPHISTOPHELES.
Wenn ihm der Schlüssel nur zum besten frommt! 6305
Neugierig bin ich, ob er wiederkommt.

Hell erleuchtete Säle

Kaiser und Fürsten, Hof in Bewegung.

KÄMMERER *zu Mephistopheles.*
Ihr seid uns noch die Geisterszene schuldig;
Macht Euch daran! der Herr ist ungeduldig.

MARSCHALK. Soeben fragt der Gnädigste darnach;
Ihr! zaudert nicht der Majestät zur Schmach. 6310

MEPHISTOPHELES.
Ist mein Kumpan doch deshalb weggegangen;
Er weiß schon, wie es anzufangen,
Und laboriert verschlossen still,

---

300 Attitüde: affektierte Geste

Muß ganz besonders sich befleißen;
Denn wer den Schatz, das Schöne, heben will, 6315
Bedarf der höchsten Kunst, Magie der Weisen.

MARSCHALK.
Was ihr für Künste braucht, ist einerlei:
Der Kaiser will, daß alles fertig sei.

BLONDINE *zu Mephistopheles.*
Ein Wort, mein Herr! Ihr seht ein klar Gesicht,
Jedoch so ist's im leidigen Sommer nicht! 6320
Da sprossen hundert bräunlich rote Flecken,
Die zum Verdruß die weiße Haut bedecken.
Ein Mittel!

MEPHISTOPHELES.
       Schade! so ein leuchtend Schätzchen
Im Mai getupft wie eure Pantherkätzchen.
Nehmt Froschlaich, Krötenzungen, kohobiert[301], 6325
Im vollsten Mondlicht sorglich distilliert
Und, wenn er abnimmt, reinlich aufgestrichen,
Der Frühling kommt, die Tupfen sind entwichen.

BRAUNE.
Die Menge drängt heran, Euch zu umschranzen.
Ich bitt' um Mittel! Ein erfrorner Fuß 6330
Verhindert mich am Wandeln wie am Tanzen,
Selbst ungeschickt beweg' ich mich zum Gruß.

MEPHISTOPHELES.
Erlaubet einen Tritt von meinem Fuß.

BRAUNE.
Nun, das geschieht wohl unter Liebesleuten.

MEPHISTOPHELES.
Mein Fußtritt, Kind! hat Größres zu bedeuten. 6335
Zu Gleichem Gleiches, was auch einer litt;
Fuß heilet Fuß, so ist's mit allen Gliedern.
Heran! Gebt acht! Ihr sollt es nicht erwidern.

BRAUNE *schreiend.*
Weh! Weh! das brennt! das war ein harter Tritt,
Wie Pferdehuf.

MEPHISTOPHELES.
       Die Heilung nehmt Ihr mit. 6340
Du kannst nunmehr den Tanz nach Lust verüben,
Bei Tafel schwelgend füßle mit dem Lieben.

DAME *herandringend.*
Laßt mich hindurch! Zu groß sind meine Schmerzen,
Sie wühlen siedend mir im tiefsten Herzen;

---

301 kohobiert: chemischer Ausdruck, wiederholtes Destillieren von Stoffen

Bis gestern sucht' Er Heil in meinen Blicken, 6345
Er schwatzt mit ihr und wendet mir den Rücken.

MEPHISTOPHELES.
Bedenklich ist es, aber höre mich.
An ihn heran mußt du dich leise drücken;
Nimm diese Kohle, streich ihm einen Strich
Auf Ärmel, Mantel, Schulter, wie sich's macht; 6350
Er fühlt im Herzen holden Reuestich.
Die Kohle doch mußt du sogleich verschlingen,
Nicht Wein, nicht Wasser an die Lippen bringen;
Er seufzt vor deiner Tür noch heute nacht.

DAME. Ist doch kein Gift?

MEPHISTOPHELES *entrüstet.*
 Respekt, wo sich's gebührt! 6355
Weit müßtet Ihr nach solcher Kohle laufen;
Sie kommt von einem Scheiterhaufen,
Den wir sonst emsiger angeschürt.

PAGE. Ich bin verliebt, man hält mich nicht für voll.

MEPHISTOPHELES *beiseite.*
Ich weiß nicht mehr, wohin ich hören soll. 6360
Zum Pagen. Müßt Euer Glück nicht auf die Jüngste setzen.
Die Angejahrten wissen Euch zu schätzen. –

Andere drängen sich herzu.

Schon wieder Neue! Welch ein harter Strauß!
Ich helfe mir zuletzt mit Wahrheit aus;
Der schlechteste Behelf! Die Not ist groß. – 6365
O Mütter, Mütter! Laßt nur Fausten los!

Umherschauend.

Die Lichter brennen trübe schon im Saal,
Der ganze Hof bewegt sich auf einmal.
Anständig seh' ich sie in Folge ziehn
Durch lange Gänge, ferne Galerien. 6370
Nun! sie versammeln sich im weiten Raum
Des alten Rittersaals, er faßt sie kaum.
Auf breite Wände Teppiche spendiert,
Mit Rüstung Eck' und Nischen ausgeziert.
Hier braucht es, dächt' ich, keine Zauberworte; 6375
Die Geister finden sich von selbst zum Orte.

Rittersaal

Dämmernde Beleuchtung.
Kaiser und Hof sind eingezogen.

HEROLD.
Mein alt Geschäft, das Schauspiel anzukünden,
Verkümmert mir der Geister heimlich Walten;
Vergebens wagt man, aus verständigen Gründen
Sich zu erklären das verworrene Schalten. 6380
Die Sessel sind, die Stühle schon zur Hand;
Den Kaiser setzt man grade vor die Wand;
Auf den Tapeten mag er da die Schlachten
Der großen Zeit bequemlichstens betrachten.
Hier sitzt nun alles, Herr und Hof im Runde, 6385
Die Bänke drängen sich im Hintergrunde;
Auch Liebchen hat, in düstern Geisterstunden,
Zur Seite Liebchens lieblich Raum gefunden.
Und so, da alle schicklich Platz genommen,
Sind wir bereit; die Geister mögen kommen! 6390

Posaunen.

ASTROLOG. Beginne gleich das Drama seinen Lauf,
Der Herr befiehlt's, ihr Wände tut euch auf!
Nichts hindert mehr, hier ist Magie zur Hand:
Die Teppiche schwinden, wie gerollt vom Brand;
Die Mauer spaltet sich, sie kehrt sich um, 6395
Ein tief Theater scheint sich aufzustellen,
Geheimnisvoll ein Schein uns zu erhellen,
Und ich besteige das Proszenium[302].

MEPHISTOPHELES, *aus dem Souffleurloche[303] auftauchend.*
Von hier aus hoff' ich allgemeine Gunst,
Einbläsereien sind des Teufels Redekunst. 6400

Zum Astrologen.

Du kennst den Takt, in dem die Sterne gehn,
Und wirst mein Flüstern meisterlich verstehn.

ASTROLOG.
Durch Wunderkraft erscheint allhier zur Schau,
Massiv genug, ein alter Tempelbau.
Dem Atlas[304] gleich, der einst den Himmel trug, 6405
Stehn reihenweis der Säulen hier genug;
Sie mögen wohl der Felsenlast genügen,
Da zwei schon ein groß Gebäude trügen.

---

302 Proszenium: Bühne, vorderster Teil der Bühne
303 Souffleurloche: Souffleurkasten
304 Atlas: in der griech. Mythologie einer der Titanen, der die Welt auf seinen Schultern trägt

ARCHITEKT.
Das wär' antik! Ich wüßt' es nicht zu preisen,
Es sollte plump und überlästig heißen.
Roh nennt man edel, unbehülflich groß.
Schmalpfeiler lieb' ich, strebend, grenzenlos;
Spitzbögiger Zenit erhebt den Geist;
Solch ein Gebäu erbaut uns allermeist.

ASTROLOG.
Empfangt mit Ehrfurcht sterngegönnte Stunden;
Durch magisch Wort sei die Vernunft gebunden;
Dagegen weit heran bewege frei
Sich herrliche verwegne Phantasei.
Mit Augen schaut nun, was ihr kühn begehrt,
Unmöglich ist's, drum eben glaubenswert.

Faust steigt auf der andern Seite des Prosceniums herauf.

ASTROLOG.
Im Priesterkleid, bekränzt, ein Wundermann,
Der nun vollbringt, was er getrost begann.
Ein Dreifuß steigt mit ihm aus hohler Gruft,
Schon ahn' ich aus der Schale Weihrauchduft.
Er rüstet sich, das hohe Werk zu segnen;
Es kann fortan nur Glückliches begegnen.

FAUST *großartig.*
In eurem Namen, Mütter, die ihr thront
Im Grenzenlosen, ewig einsam wohnt,
Und doch gesellig. Euer Haupt umschweben
Des Lebens Bilder, regsam, ohne Leben.
Was einmal war, in allem Glanz und Schein,
Es regt sich dort; denn es will ewig sein.
Und ihr verteilt es, allgewaltige Mächte,
Zum Zelt des Tages, zum Gewölb der Nächte.
Die einen faßt des Lebens holder Lauf,
Die andern sucht der kühne Magier auf;
In reicher Spende läßt er, voll Vertrauen,
Was jeder wünscht, das Wunderwürdige schauen.

ASTROLOG.
Der glühnde Schlüssel rührt die Schale kaum,
Ein dunstiger Nebel deckt sogleich den Raum;
Er schleicht sich ein, er wogt nach Wolkenart,
Gedehnt, geballt, verschränkt, geteilt, gepaart.
Und nun erkennt ein Geister-Meisterstück!
So wie sie wandeln, machen sie Musik.
Aus luft'gen Tönen quillt ein Weißnichtwie,
Indem sie ziehn, wird alles Melodie.
Der Säulenschaft, auch die Triglyphe[305] klingt,
Ich glaube gar, der ganze Tempel singt.

---

305 Triglyphe: eine Platte am Fries der dorischen Säule mit zwei vollen inneren und zwei halben äußeren Rillen

Das Dunstige senkt sich; aus dem leichten Flor
Ein schöner Jüngling tritt im Takt hervor. 6450
Hier schweigt mein Amt, ich brauch' ihn nicht zu nennen,
Wer sollte nicht den holden Paris kennen!

Paris hervortretend.

DAME.
O! welch ein Glanz aufblühender Jugendkraft!

ZWEITE.
Wie eine Pfirsche frisch und voller Saft!

DRITTE.
Die fein gezognen, süß geschwollnen Lippen! 6455

VIERTE.
Du möchtest wohl an solchem Becher nippen?

FÜNFTE.
Er ist gar hübsch, wenn auch nicht eben fein.

SECHSTE.
Ein bißchen könnt' er doch gewandter sein.

RITTER.
Den Schäferknecht glaub' ich allhier zu spüren,
Vom Prinzen nichts und nichts von Hofmanieren. 6460

ANDRER.
Eh nun! halb nackt ist wohl der Junge schön,
Doch müßten wir ihn erst im Harnisch sehn!

DAME.
Er setzt sich nieder, weichlich, angenehm.

RITTER.
Auf seinem Schoße wär' Euch wohl bequem?

ANDRE.
Er lehnt den Arm so zierlich übers Haupt. 6465

KÄMMERER.
Die Flegelei! Das find' ich unerlaubt!

DAME.
Ihr Herren wißt an allem was zu mäkeln.

DERSELBE.
In Kaisers Gegenwart sich hinzuräkeln!

DAME.
Er stellt's nur vor! Er glaubt sich ganz allein.

DERSELBE.
Das Schauspiel selbst, hier sollt' es höflich sein. 6470

DAME.
Sanft hat der Schlaf den Holden übernommen.

DERSELBE.
Er schnarcht nun gleich; natürlich ist's, vollkommen!
JUNGE DAME *entzückt.*
Zum Weihrauchsdampf was duftet so gemischt,
Das mir das Herz zum innigsten erfrischt?
ÄLTERE.
Fürwahr! Es dringt ein Hauch tief ins Gemüte, 6475
Er kommt von ihm!
ÄLTESTE.   Es ist des Wachstums Blüte,
Im Jüngling als Ambrosia[306] bereitet
Und atmosphärisch ringsumher verbreitet.

Helena hervortretend.

MEPHISTOPHELES.
Das wär' sie denn! Vor dieser hätt' ich Ruh';
Hübsch ist sie wohl, doch sagt sie mir nicht zu. 6480
ASTROLOG.
Für mich ist diesmal weiter nichts zu tun,
Als Ehrenmann gesteh', bekenn' ich's nun.
Die Schöne kommt, und hätt' ich Feuerzungen! –
Von Schönheit ward von jeher viel gesungen –
Wem sie erscheint, wird aus sich selbst entrückt, 6485
Wem sie gehörte, ward zu hoch beglückt.
FAUST. Hab' ich noch Augen? Zeigt sich tief im Sinn
Der Schönheit Quelle reichlichstens ergossen?
Mein Schreckensgang bringt seligsten Gewinn.
Wie war die Welt mir nichtig, unerschlossen! 6490
Was ist sie nun seit meiner Priesterschaft?
Erst wünschenswert, gegründet, dauerhaft!
Verschwinde mir des Lebens Atemkraft,
Wenn ich mich je von dir zurückgewöhne! –
Die Wohlgestalt, die mich voreinst entzückte, 6495
In Zauberspiegelung beglückte,
War nur ein Schaumbild solcher Schöne! –
Du bist's, der ich die Regung aller Kraft,
Den Inbegriff der Leidenschaft,
Dir Neigung, Lieb', Anbetung, Wahnsinn zolle. 6500
MEPHISTOPHELES *aus dem Kasten.*
So faßt Euch doch und fallt nicht aus der Rolle!
ÄLTERE DAME.
Groß, wohlgestaltet, nur der Kopf zu klein.
JÜNGERE.
Seht nur den Fuß! Wie könnt' er plumper sein!
DIPLOMAT. Fürstinnen hab' ich dieser Art gesehn,
Mich deucht, sie ist vom Kopf zum Fuße schön. 6505

---

306 Ambrosia: Speise der Götter (aus der griechischen Mythologie)

HOFMANN. Sie nähert sich dem Schläfer listig mild.

DAME. Wie häßlich neben jugendreinem Bild!

POET. Von ihrer Schönheit ist er angestrahlt.

DAME. Endymion und Luna[307]! wie gemalt!

DERSELBE.
Ganz recht! Die Göttin scheint herabzusinken, 6510
Sie neigt sich über, seinen Hauch zu trinken;
Beneidenswert! – Ein Kuß! – Das Maß ist voll.

DUENNA. Vor allen Leuten! Das ist doch zu toll!

FAUST. Furchtbare Gunst dem Knaben! –

MEPHISTOPHELES. Ruhig! still!
Laß das Gespenst doch machen, was es will. 6515

HOFMANN.
Sie schleicht sich weg, leichtfüßig; er erwacht.

DAME. Sie sieht sich um! Das hab' ich wohl gedacht.

HOFMANN.
Er staunt! Ein Wunder ist's, was ihm geschieht.

DAME. Ihr ist kein Wunder, was sie vor sich sieht.

HOFMANN.
Mit Anstand kehrt sie sich zu ihm herum. 6520

DAME. Ich merke schon, sie nimmt ihn in die Lehre;
In solchem Fall sind alle Männer dumm,
Er glaubt wohl auch, daß er der erste wäre.

RITTER. Laßt mir sie gelten! Majestätisch fein! –

DAME. Die Buhlerin! Das nenn' ich doch gemein! 6525

PAGE. Ich möchte wohl an seiner Stelle sein!

HOFMANN.
Wer würde nicht in solchem Netz gefangen?

DAME.
Das Kleinod ist durch manche Hand gegangen,
Auch die Verguldung ziemlich abgebraucht.

ANDRE. Vom zehnten Jahr an hat sie nichts getaugt. 6530

RITTER. Gelegentlich nimmt jeder sich das Beste;
Ich hielte mich an diese schönen Reste.

GELAHRTER.
Ich seh' sie deutlich, doch gesteh' ich frei:
Zu zweifeln ist, ob sie die rechte sei.

---

307 Endymion und Luna: Zeus verlieh Endymion ewige Jugend und Unsterblichkeit, der aber nicht erwachen durfte. Luna war seine Geliebte, die jede Nacht zu ihm hinabstieg und ihn küßte.

Die Gegenwart verführt ins Übertriebne, 6535
Ich halte mich vor allem ans Geschriebne.
Da les' ich denn, sie habe wirklich allen
Graubärten Trojas sonderlich gefallen;
Und wie mich dünkt, vollkommen paßt das hier:
Ich bin nicht jung, und doch gefällt sie mir. 6540

ASTROLOG.
Nicht Knabe mehr! Ein kühner Heldenmann,
Umfaßt er sie, die kaum sich wehren kann.
Gestärkten Arms hebt er sie hoch empor,
Entführt er sie wohl gar?

FAUST.   Verwegner Tor!
Du wagst! Du hörst nicht! halt! das ist zu viel! 6545

MEPHISTOPHELES.
Machst du's doch selbst, das Fratzengeisterspiel[308]!

ASTROLOG.
Nur noch ein Wort! Nach allem, was geschah,
Nenn' ich das Stück den Raub der Helena.

FAUST.
Was Raub! Bin ich für nichts an dieser Stelle!
Ist dieser Schlüssel nicht in meiner Hand! 6550
Er führte mich, durch Graus und Wog' und Welle
Der Einsamkeiten, her zum festen Strand.
Hier fass' ich Fuß! Hier sind es Wirklichkeiten,
Von hier aus darf der Geist mit Geistern streiten,
Das Doppelreich, das große, sich bereiten. 6555
So fern sie war, wie kann sie näher sein!
Ich rette sie, und sie ist doppelt mein.
Gewagt! Ihr Mütter! Mütter! müßt's gewähren!
Wer sie erkannt, der darf sie nicht entbehren.

ASTROLOG.
Was tust du, Fauste! Fauste! – Mit Gewalt 6560
Faßt er sie an, schon trübt sich die Gestalt.
Den Schlüssel kehrt er nach dem Jüngling zu,
Berührt ihn! – Weh uns, Wehe! Nu! im Nu!

Explosion, Faust liegt am Boden.
Die Geister gehen in Dunst auf.

MEPHISTOPHELES, *der Fausten auf die Schulter nimmt.*
Da habt ihr's nun! mit Narren sich beladen,
Das kommt zuletzt dem Teufel selbst zu Schaden. 6565

Finsternis, Tumult.

---

308 Fratzengeisterspiel: Herbeiführung der Erscheinungen von Paris und Helena

2. Akt

Hochgewölbtes enges gotisches Zimmer

ehemals Faustens, unverändert.

MEPHISTOPHELES *hinter einem Vorhang hervortretend. Indem er ihn aufhebt und zurücksieht, erblickt man Fausten hingestreckt auf einem altväterischen Bette.*
Hier lieg, Unseliger! verführt
Zu schwergelöstem Liebesbande!
Wen Helena paralysiert,
Der kommt so leicht nicht zu Verstande.

Sich umschauend.

Blick' ich hinauf, hierher, hinüber,	6570
Allunverändert ist es, unversehrt;	
Die bunten Scheiben sind, so dünkt mich, trüber,	
Die Spinneweben haben sich vermehrt;	
Die Tinte starrt, vergilbt ist das Papier;	
Doch alles ist am Platz geblieben;	6575
Sogar die Feder liegt noch hier,	
Mit welcher Faust dem Teufel sich verschrieben.	
Ja! tiefer in dem Rohre stockt	
Ein Tröpflein Blut, wie ich's ihm abgelockt.	
Zu einem solchen einzigen Stück	6580
Wünscht' ich dem größten Sammler Glück.	
Auch hängt der alte Pelz am alten Haken,	
Erinnert mich an jene Schnaken,	
Wie ich den Knaben einst belehrt,	
Woran er noch vielleicht als Jüngling zehrt.	6585
Es kommt mir wahrlich das Gelüsten,	
Rauchwarme Hülle, dir vereint	
Mich als Dozent noch einmal zu erbrüsten,	
Wie man so völlig recht zu haben meint.	
Gelehrte wissen's zu erlangen,	6590
Dem Teufel ist es längst vergangen.	

Er schüttelt den herabgenommenen Pelz; Zikaden[309], Käfer und Farfarellen[310] fahren heraus.

CHOR DER INSEKTEN.
    Willkommen! willkommen,
    Du alter Patron!
    Wir schweben und summen
    Und kennen dich schon.   6595
    Nur einzeln im stillen
    Du hast uns gepflanzt;

---

309 Zikade: Insekt, der Grille ähnlich
310 Farfarelle: Schmetterling oder Motte

    Zu Tausenden kommen wir,
    Vater, getanzt.
    Der Schalk in dem Busen 6600
    Verbirgt sich so sehr,
    Vom Pelze die Läuschen
    Enthüllen sich eh'r.

MEPHISTOPHELES.
Wie überraschend mich die junge Schöpfung freut!
Man säe nur, man erntet mit der Zeit. 6605
Ich schüttle noch einmal den alten Flaus,
Noch eines flattert hier und dort hinaus. –
Hinauf! umher! in hunderttausend Ecken
Eilt euch, ihr Liebchen, zu verstecken.
Dort, wo die alten Schachteln stehn, 6610
Hier im bebräunten Pergamen[311],
In staubigen Scherben alter Töpfe,
Dem Hohlaug' jener Totenköpfe.
In solchem Wust und Moderleben
Muß es für ewig Grillen geben. 6615

Schlüpft in den Pelz.

Komm, decke mir die Schultern noch einmal!
Heut bin ich wieder Prinzipal[312].
Doch hilft es nichts, mich so zu nennen;
Wo sind die Leute, die mich anerkennen?

Er zieht die Glocke, die einen gellenden, durchdringenden Ton erschallen läßt, wovon die Hallen erbeben und die Türen aufspringen.

FAMULUS[313], *den langen finstern Gang herwankend.*
    Welch ein Tönen! welch ein Schauer! 6620
    Treppe schwankt, es bebt die Mauer;
    Durch der Fenster buntes Zittern
    Seh' ich wetterleuchtend Wittern.
    Springt das Estrich, und von oben
    Rieselt Kalk und Schutt verschoben. 6625
    Und die Türe, fest verriegelt,
    Ist durch Wunderkraft entsiegelt. –
    Dort! Wie fürchterlich! Ein Riese
    Steht in Faustens altem Vliese!
    Seinen Blicken, seinem Winken 6630
    Möcht' ich in die Kniee sinken.
    Soll ich fliehen? Soll ich stehn?
    Ach, wie wird es mir ergehn!

MEPHISTOPHELES *winkend.*
Heran, mein Freund! – Ihr heißet Nikodemus.

---

311 Pergamen: Pergament
312 Prinzipal: Mephisto nimmt an Fausts Stelle wieder die Rolle des Professors ein
313 Famulus: Wagners studentische Hilfskraft, die Nikodemus heißt

FAMULUS.
Hochwürdiger Herr! so ist mein Nam' – Oremus[314]. 6635

MEPHISTOPHELES. Das lassen wir!

FAMULUS. Wie froh, daß Ihr mich kennt!

MEPHISTOPHELES.
Ich weiß es wohl, bejahrt und noch Student,
Bemooster Herr[315]! Auch ein gelehrter Mann
Studiert so fort, weil er nicht anders kann.
So baut man sich ein mäßig Kartenhaus, 6640
Der größte Geist baut's doch nicht völlig aus.
Doch Euer Meister, das ist ein Beschlagner:
Wer kennt ihn nicht, den edlen Doktor Wagner,
Den Ersten jetzt in der gelehrten Welt!
Er ist's allein, der sie zusammenhält, 6645
Der Weisheit täglicher Vermehrer.
Allwißbegierige Horcher, Hörer
Versammeln sich um ihn zuhauf.
Er leuchtet einzig vom Katheder;
Die Schlüssel übt er wie Sankt Peter, 6650
Das Untre so das Obre schließt er auf.
Wie er vor allen glüht und funkelt,
Kein Ruf, kein Ruhm hält weiter stand;
Selbst Faustus' Name wird verdunkelt,
Er ist es, der allein erfand. 6655

FAMULUS.
Verzeiht, hochwürdiger Herr! wenn ich Euch sage,
Wenn ich zu widersprechen wage:
Von allem dem ist nicht die Frage;
Bescheidenheit ist sein beschieden Teil.
Ins unbegreifliche Verschwinden 6660
Des hohen Manns weiß er sich nicht zu finden;
Von dessen Wiederkunft erfleht er Trost und Heil.
Das Zimmer, wie zu Doktor Faustus' Tagen,
Noch unberührt seitdem er fern,
Erwartet seinen alten Herrn. 6665
Kaum wag' ich's, mich hereinzuwagen.
Was muß die Sternenstunde sein? –
Gemäuer scheint mir zu erbangen;
Türpfosten bebten, Riegel sprangen,
Sonst kamt Ihr selber nicht herein. 6670

MEPHISTOPHELES.
Wo hat der Mann sich hingetan?
Führt mich zu ihm, bringt ihn heran!

FAMULUS. Ach! sein Verbot ist gar zu scharf,
Ich weiß nicht, ob ich's wagen darf.

---

314 Oremus: Beten (latein)
315 Bemooster Herr: Langzeitstudent ohne Abschluss

Monatelang, des großen Werkes willen, 6675
Lebt' er im allerstillsten Stillen.
Der zarteste gelehrter Männer,
Er sieht aus wie ein Kohlenbrenner,
Geschwärzt vom Ohre bis zur Nasen,
Die Augen rot vom Feuerblasen, 6680
So lechzt er jedem Augenblick;
Geklirr der Zange gibt Musik.

MEPHISTOPHELES.
Sollt' er den Zutritt mir verneinen?
Ich bin der Mann, das Glück ihm zu beschleunen.

Der Famulus geht ab, Mephistopheles setzt sich gravitätisch nieder.

Kaum hab' ich Posto hier gefaßt, 6685
Regt sich dort hinten, mir bekannt, ein Gast.
Doch diesmal ist er von den Neusten,
Er wird sich grenzenlos erdreusten.

BACCALAUREUS[316], *den Gang herstürmend.*
    Tor und Türe find' ich offen!
    Nun, da läßt sich endlich hoffen, 6690
    Daß nicht, wie bisher, im Moder
    Der Lebendige wie ein Toter
    Sich verkümmere, sich verderbe
    Und am Leben selber sterbe.

    Diese Mauern, diese Wände 6695
    Neigen, senken sich zum Ende,
    Und wenn wir nicht bald entweichen,
    Wird uns Fall und Sturz erreichen.
    Bin verwegen, wie nicht einer,
    Aber weiter bringt mich keiner. 6700

    Doch was soll ich heut erfahren!
    War's nicht hier, vor so viel Jahren,
    Wo ich, ängstlich und beklommen,
    War als guter Fuchs[317] gekommen?
    Wo ich diesen Bärtigen[318] traute, 6705
    Mich an ihrem Schnack erbaute?

    Aus den alten Bücherkrusten
    Logen sie mir, was sie wußten,
    Was sie wußten, selbst nicht glaubten,
    Sich und mir das Leben raubten. 6710
    Wie? – Dort hinten in der Zelle
    Sitzt noch einer dunkel-helle!

    Nahend seh' ich's mit Erstaunen,
    Sitzt er noch im Pelz, dem braunen,

---

316 Baccalaureus: niedrigster akademischer Grad
317 Fuchs: Studentensprache, Student im ersten Semester
318 Bärtiger: Studentensprache, Professor

Wahrlich, wie ich ihn verließ, 6715
Noch gehüllt im rauhen Vlies!
Damals schien er zwar gewandt,
Als ich ihn noch nicht verstand.
Heute wird es nichts verfangen,
Frisch an ihn herangegangen! 6720

Wenn, alter Herr, nicht Lethes trübe Fluten
Das schiefgesenkte, kahle Haupt durchschwommen,
Seht anerkennend hier den Schüler kommen,
Entwachsen akademischen Ruten.
Ich find' Euch noch, wie ich Euch sah; 6725
Ein anderer bin ich wieder da.

MEPHISTOPHELES.
Mich freut, daß ich Euch hergeläutet.
Ich schätzt' Euch damals nicht gering;
Die Raupe schon, die Chrysalide[319] deutet
Den künftigen bunten Schmetterling. 6730
Am Lockenkopf und Spitzenkragen
Empfandet Ihr ein kindliches Behagen. –
Ihr trugt wohl niemals einen Zopf? –
Heut schau' ich Euch im Schwedenkopf[320].
Ganz resolut und wacker seht Ihr aus; 6735
Kommt nur nicht absolut nach Haus.

BACCALAUREUS.
Mein alter Herr! Wir sind am alten Orte;
Bedenkt jedoch erneuter Zeiten Lauf
Und sparet doppelsinnige Worte;
Wir passen nun ganz anders auf. 6740
Ihr hänseltet den guten treuen Jungen;
Das ist Euch ohne Kunst gelungen,
Was heutzutage niemand wagt.

MEPHISTOPHELES.
Wenn man der Jugend reine Wahrheit sagt,
Die gelben Schnäbeln keineswegs behagt, 6745
Sie aber hinterdrein nach Jahren
Das alles derb an eigner Haut erfahren,
Dann dünkeln sie, es käm aus eignem Schopf;
Da heißt es denn: der Meister war ein Tropf.

BACCALAUREUS.
Ein Schelm vielleicht! – denn welcher Lehrer spricht 6750
Die Wahrheit uns direkt ins Angesicht?
Ein jeder weiß zu mehren wie zu mindern,
Bald ernst, bald heiter klug zu frommen Kindern.

MEPHISTOPHELES.
Zum Lernen gibt es freilich eine Zeit;

---

319 Chrysalide: Puppe des Schmetterlings
320 Schwedenkopf: Ausdruck für kurz geschorenes Haar; der Haarschnitt von Gustav Adolph von Schweden

Zum Lehren seid Ihr, merk' ich, selbst bereit. 6755
Seit manchen Monden, einigen Sonnen
Erfahrungsfülle habt Ihr wohl gewonnen.

BACCALAUREUS.
Erfahrungswesen! Schaum und Dust!
Und mit dem Geist nicht ebenbürtig.
Gesteht! was man von je gewußt, 6760
Es ist durchaus nicht wissenswürdig.

MEPHISTOPHELES *nach einer Pause.*
Mich deucht es längst. Ich war ein Tor,
Nun komm' ich mir recht schal und albern vor.

BACCALAUREUS.
Das freut mich sehr! Da hör' ich doch Verstand;
Der erste Greis, den ich vernünftig fand! 6765

MEPHISTOPHELES.
Ich suchte nach verborgen-goldnem Schatze,
Und schauerliche Kohlen trug ich fort.

BACCALAUREUS.
Gesteht nur, Euer Schädel, Eure Glatze
Ist nicht mehr wert als jene hohlen dort?

MEPHISTOPHELES *gemütlich.*
Du weißt wohl nicht, mein Freund, wie grob du bist? 6770

BACCALAUREUS.
Im Deutschen lügt man, wenn man höflich ist.

MEPHISTOPHELES, *der mit seinem Rollstuhle immer näher ins Proszenium rückt, zum Parterre.*
Hier oben wird mir Licht und Luft benommen;
Ich finde wohl bei euch ein Unterkommen?

BACCALAUREUS.
Anmaßlich find' ich, daß zur schlechtsten Frist
Man etwas sein will, wo man nichts mehr ist. 6775
Des Menschen Leben lebt im Blut, und wo
Bewegt das Blut sich wie im Jüngling so?
Das ist lebendig Blut in frischer Kraft,
Das neues Leben sich aus Leben schafft.
Da regt sich alles, da wird was getan, 6780
Das Schwache fällt, das Tüchtige tritt heran.
Indessen wir die halbe Welt gewonnen,
Was habt Ihr denn getan? genickt, gesonnen,
Geträumt, erwogen, Plan und immer Plan.
Gewiß! das Alter ist ein kaltes Fieber 6785
Im Frost von grillenhafter Not.
Hat einer dreißig Jahr vorüber,
So ist er schon so gut wie tot.
Am besten wär's, euch zeitig totzuschlagen.

MEPHISTOPHELES.
Der Teufel hat hier weiter nichts zu sagen. 6790

BACCALAUREUS. Wenn ich nicht will, so darf kein Teufel sein.

MEPHISTOPHELES *abseits.*
Der Teufel stellt dir nächstens doch ein Bein.

BACCALAUREUS.
Dies ist der Jugend edelster Beruf!
Die Welt, sie war nicht, eh' ich sie erschuf;
Die Sonne führt' ich aus dem Meer herauf; 6795
Mit mir begann der Mond des Wechsels Lauf;
Da schmückte sich der Tag auf meinen Wegen,
Die Erde grünte, blühte mir entgegen.
Auf meinen Wink, in jener ersten Nacht,
Entfaltete sich aller Sterne Pracht. 6800
Wer, außer mir, entband euch aller Schranken
Philisterhaft[321] einklemmender Gedanken?
Ich aber frei, wie mir's im Geiste spricht,
Verfolge froh mein innerliches Licht,
Und wandle rasch, im eigensten Entzücken, 6805
Das Helle vor mir, Finsternis im Rücken. *Ab.*

MEPHISTOPHELES.
Original, fahr hin in deiner Pracht! –
Wie würde dich die Einsicht kränken:
Wer kann was Dummes, wer was Kluges denken,
Das nicht die Vorwelt schon gedacht? – 6810
Doch sind wir auch mit diesem nicht gefährdet,
In wenig Jahren wird es anders sein:
Wenn sich der Most auch ganz absurd gebärdet,
Es gibt zuletzt doch noch e' Wein.

Zu dem jüngern Parterre, das nicht applaudiert.

Ihr bleibt bei meinem Worte kalt, 6815
Euch guten Kindern laß ich's gehen;
Bedenkt: der Teufel, der ist alt,
So werdet alt, ihn zu verstehen!

Laboratorium

im Sinne des Mittelalters, weitläufige unbehülfliche Apparate zu phantastischen Zwecken.

WAGNER *am Herde.*
Die Glocke tönt, die fürchterliche,
Durchschauert die berußten Mauern. 6820
Nicht länger kann das Ungewisse
Der ernstesten Erwartung dauern.
Schon hellen sich die Finsternisse;

---

321 Philisterhaft: wie ein kleinbürgerlich-engstirniger Mensch

Schon in der innersten Phiole³²²
Erglüht es wie lebendige Kohle, 6825
Ja wie der herrlichste Karfunkel³²³,
Verstrahlend Blitze durch das Dunkel.
Ein helles weißes Licht erscheint!
O daß ich's diesmal nicht verliere! –
Ach Gott! was rasselt an der Türe? 6830

MEPHISTOPHELES *eintretend.*
Willkommen! es ist gut gemeint.

WAGNER *ängstlich.*
Willkommen zu dem Stern der Stunde!
Leise. Doch haltet Wort und Atem fest im Munde,
Ein herrlich Werk ist gleich zustand gebracht.

MEPHISTOPHELES *leiser.*
Was gibt es denn?

WAGNER *leiser.*   Es wird ein Mensch gemacht. 6835

MEPHISTOPHELES.
Ein Mensch? Und welch verliebtes Paar
Habt ihr ins Rauchloch eingeschlossen?

WAGNER.
Behüte Gott! wie sonst das Zeugen Mode war,
Erklären wir für eitel Possen.
Der zarte Punkt, aus dem das Leben sprang, 6840
Die holde Kraft, die aus dem Innern drang
Und nahm und gab, bestimmt sich selbst zu zeichnen,
Erst Nächstes, dann sich Fremdes anzueignen,
Die ist von ihrer Würde nun entsetzt;
Wenn sich das Tier noch weiter dran ergetzt, 6845
So muß der Mensch mit seinen großen Gaben
Doch künftig höhern, höhern Ursprung haben.

Zum Herd gewendet.

Es leuchtet! seht! – Nun läßt sich wirklich hoffen,
Daß, wenn wir aus viel hundert Stoffen
Durch Mischung – denn auf Mischung kommt es an – 6850
Den Menschenstoff gemächlich komponieren,
In einen Kolben verlutieren³²⁴
Und ihn gehörig kohobieren³²⁵,
So ist das Werk im stillen abgetan.

Zum Herd gewendet.

Es wird! die Masse regt sich klarer! 6855
Die Überzeugung wahrer, wahrer:

---

322 Phiole: Gefäß mit breitem Bauch und langem, schmalem Hals
323 Karfunkel: feuerroter Edelstein
324 verlutieren: Ausdruck aus der Chemie, mit Lehm verschließen
325 kohobieren: aus der Chemie, mehrfach destillieren

Was man an der Natur Geheimnisvolles pries,
Das wagen wir verständig zu probieren,
Und was sie sonst organisieren ließ,
Das lassen wir kristallisieren. 6860

MEPHISTOPHELES.
Wer lange lebt, hat viel erfahren,
Nichts Neues kann für ihn auf dieser Welt geschehn.
Ich habe schon in meinen Wanderjahren
Kristallisiertes Menschenvolk[326] gesehn.

WAGNER *bisher immer aufmerksam auf die Phiole.*
Es steigt, es blitzt, es häuft sich an, 6865
Im Augenblick ist es getan.
Ein großer Vorsatz scheint im Anfang toll;
Doch wollen wir des Zufalls künftig lachen,
Und so ein Hirn, das trefflich denken soll,
Wird künftig auch ein Denker machen. 6870

Entzückt die Phiole betrachtend.

Das Glas erklingt von lieblicher Gewalt,
Es trübt, es klärt sich; also muß es werden!
Ich seh' in zierlicher Gestalt
Ein artig Männlein sich gebärden.
Was wollen wir, was will die Welt nun mehr? 6875
Denn das Geheimnis liegt am Tage.
Gebt diesem Laute nur Gehör,
Er wird zur Stimme, wird zur Sprache.

HOMUNCULUS[327] *in der Phiole zu Wagner.*
Nun Väterchen! wie steht's? es war kein Scherz.
Komm, drücke mich recht zärtlich an dein Herz! 6880
Doch nicht zu fest, damit das Glas nicht springe.
Das ist die Eigenschaft der Dinge:
Natürlichem genügt das Weltall kaum,
Was künstlich ist, verlangt geschloßnen Raum.

Zu Mephistopheles.

Du aber, Schalk, Herr Vetter, bist du hier 6885
Im rechten Augenblick? ich danke dir.
Ein gut Geschick führt dich zu uns herein;
Dieweil ich bin, muß ich auch tätig sein.
Ich möchte mich sogleich zur Arbeit schürzen.
Du bist gewandt, die Wege mir zu kürzen. 6890

WAGNER.
Nur noch ein Wort! Bisher mußt' ich mich schämen,
Denn alt und jung bestürmt mich mit Problemen.
Zum Beispiel nur: noch niemand konnt' es fassen,
Wie Seel' und Leib so schön zusammenpassen,

---

326 Kristallisiertes Menschenvolk: versteinerte oder zur Salzsäule erstarrte Menschen
327 Homunculus: Menschlein (lat.), ein künstlich geschaffener Mensch

So fest sich halten, als um nie zu scheiden, 6895
Und doch den Tag sich immerfort verleiden.
Sodann –

MEPHISTOPHELES.
Halt ein! ich wollte lieber fragen:
Warum sich Mann und Frau so schlecht vertragen?
Du kommst, mein Freund, hierüber nie ins reine.
Hier gibt's zu tun, das eben will der Kleine. 6900

HOMUNCULUS. Was gibt's zu tun?

MEPHISTOPHELES, *auf eine Seitentüre deutend.*
Hier zeige deine Gabe!

WAGNER, *immer in die Phiole schauend.*
Fürwahr, du bist ein allerliebster Knabe!

Die Seitentür öffnet sich, man sieht Faust auf dem Lager hingestreckt.

HOMUNCULUS *erstaunt.*
Bedeutend! –

Die Phiole entschlüpft aus Wagners Händen, schwebt über Faust und beleuchtet ihn.

Schön umgeben! – Klar Gewässer[328]
Im dichten Haine! Fraun, die sich entkleiden,
Die allerliebsten! – Das wird immer besser. 6905
Doch eine läßt sich glänzend unterscheiden,
Aus höchstem Helden-, wohl aus Götterstamme.
Sie setzt den Fuß in das durchsichtige Helle;
Des edlen Körpers holde Lebensflamme
Kühlt sich im schmiegsamen Kristall der Welle. – 6910
Doch welch Getöse rasch bewegter Flügel,
Welch Sausen, Plätschern wühlt im glatten Spiegel?
Die Mädchen fliehn verschüchtert; doch allein
Die Königin, sie blickt gelassen drein
Und sieht mit stolzem weiblichem Vergnügen 6915
Der Schwäne Fürsten ihrem Knie sich schmiegen,
Zudringlich-zahm. Er scheint sich zu gewöhnen. –
Auf einmal aber steigt ein Dunst empor
Und deckt mit dichtgewebtem Flor
Die lieblichste von allen Szenen. 6920

MEPHISTOPHELES.
Was du nicht alles zu erzählen hast!
So klein du bist, so groß bist du Phantast.
Ich sehe nichts –

HOMUNCULUS. Das glaub' ich. Du aus Norden,
Im Nebelalter jung geworden,
Im Wust von Rittertum und Pfäfferei, 6925

---

328 Klar Gewässer ... (V. 6903ff.): Faust träumt von Ledas Enführung durch Zeus, der in Schwanengestalt auftritt. Mit ihr zeugt er die schöne Helena.

Wo wäre da dein Auge frei!
Im Düstern bist du nur zu Hause.

Umherschauend.

Verbräunt Gestein, bemodert, widrig,
Spitzbögig, schnörkelhaftest, niedrig! –
Erwacht uns dieser, gibt es neue Not, 6930
Er bleibt gleich auf der Stelle tot.
Waldquellen, Schwäne, nackte Schönen,
Das war sein ahnungsvoller Traum;
Wie wollt' er sich hierher gewöhnen!
Ich, der Bequemste, duld' es kaum. 6935
Nun fort mit ihm!

MEPHISTOPHELES.   Der Ausweg soll mich freuen.

HOMUNCULUS.
Befiehl den Krieger in die Schlacht,
Das Mädchen führe du zum Reihen,
So ist gleich alles abgemacht.
Jetzt eben, wie ich schnell bedacht, 6940
Ist klassische Walpurgisnacht;
Das Beste, was begegnen könnte.
Bringt ihn zu seinem Elemente!

MEPHISTOPHELES.
Dergleichen hab' ich nie vernommen.

HOMUNCULUS.
Wie wollt' es auch zu euren Ohren kommen? 6945
Romantische Gespenster kennt ihr nur allein;
Ein echt Gespenst, auch klassisch hat's zu sein.

MEPHISTOPHELES.
Wohin denn aber soll die Fahrt sich regen?
Mich widern schon antikische Kollegen.

HOMUNCULUS.
Nordwestlich, Satan, ist dein Lustrevier, 6950
Südöstlich diesmal aber segeln wir –
An großer Fläche fließt Peneios[329] frei,
Umbuscht, umbaumt, in still- und feuchten Buchten;
Die Ebne dehnt sich zu der Berge Schluchten,
Und oben liegt Pharsalus[330], alt und neu. 6955

MEPHISTOPHELES.
O weh! hinweg! und laßt mir jene Streite

---

329   Peneios: Fluss in Thessalien, der auf dem Pindus entspringt, das Tal Tempe durchfließt und im Thermaischen Meerbusen endet. Seine Ufer sind der Schauplatz der klassischen Walpurgisnacht.

330   Pharsalus: Pharsalische Felder liegen am Enipeus, einem Nebenfluss des Peneus. In einer Entscheidungsschlacht bei Pharsalus 48 v. Chr. errang Cäsar die Alleinherrschaft. Damit begann das römische Kaiserreich und setzte ein kultureller Wechsel ein, bei dem die römische Kultur bestimmend wurde.

Von Tyrannei und Sklaverei beiseite.
Mich langeweilt's; denn kaum ist's abgetan,
So fangen sie von vorne wieder an;
Und keiner merkt: er ist doch nur geneckt 6960
Vom Asmodeus[331], der dahinter steckt.
Sie streiten sich, so heißt's, um Freiheitsrechte;
Genau besehn, sind's Knechte gegen Knechte.

HOMUNCULUS.
Den Menschen laß ihr widerspenstig Wesen,
Ein jeder muß sich wehren, wie er kann, 6965
Vom Knaben auf, so wird's zuletzt ein Mann.
Hier fragt sich's nur, wie dieser kann genesen.
Hast du ein Mittel, so erprob' es hier,
Vermagst du's nicht, so überlaß es mir.

MEPHISTOPHELES.
Manch Brockenstückchen wäre durchzuproben, 6970
Doch Heidenriegel find' ich vorgeschoben.
Das Griechenvolk, es taugte nie recht viel!
Doch blendet's euch mit freiem Sinnenspiel,
Verlockt des Menschen Brust zu heitern Sünden;
Die unsern wird man immer düster finden. 6975
Und nun, was soll's?

HOMUNCULUS. Du bist ja sonst nicht blöde;
Und wenn ich von thessalischen Hexen[332] rede,
So denk' ich, hab' ich was gesagt.

MEPHISTOPHELES *lüstern.*
Thessalische Hexen! Wohl! das sind Personen,
Nach denen hab' ich lang' gefragt. 6980
Mit ihnen Nacht für Nacht zu wohnen,
Ich glaube nicht, daß es behagt;
Doch zum Besuch, Versuch –

HOMUNCULUS. Den Mantel her,
Und um den Ritter umgeschlagen!
Der Lappen wird euch, wie bisher, 6985
Den einen mit dem andern tragen;
Ich leuchte vor.

WAGNER *ängstlich.* Und ich?

HOMUNCULUS. Eh nun,
Du bleibst zu Hause, Wichtigstes zu tun.
Entfalte du die alten Pergamente,
Nach Vorschrift sammle Lebenselemente 6990
Und füge sie mit Vorsicht eins ans andre.
Das Was bedenke, mehr bedenke Wie.
Indessen ich ein Stückchen Welt durchwandre,

---

331 Asmodeus: der Teufel
332 thessalische Hexen: Totenbeschwörerinnen und Meisterinnen des Liebeszaubers, konnten durch ihre Gesänge den Mond herunterziehen

Entdeck' ich wohl das Tüpfchen auf das i.
Dann ist der große Zweck erreicht; 6995
Solch einen Lohn verdient ein solches Streben:
Gold, Ehre, Ruhm, gesundes langes Leben,
Und Wissenschaft und Tugend – auch vielleicht.
Leb wohl!

WAGNER *betrübt.*
      Leb wohl! Das drückt das Herz mir nieder.
Ich fürchte schon, ich seh' dich niemals wieder. 7000

MEPHISTOPHELES. Nun zum Peneios frisch hinab!
Herr Vetter ist nicht zu verachten.

Ad spectatores[333].

Am Ende hängen wir doch ab
Von Kreaturen, die wir machten.

Klassische Walpurgisnacht[334]

Pharsalische Felder

Finsternis.

ERICHTHO[335].
Zum Schauderfeste dieser Nacht, wie öfter schon, 7005
Tret' ich einher, Erichtho, ich, die düstere;
Nicht so abscheulich, wie die leidigen Dichter mich
Im Übermaß verlästern... Endigen sie doch nie
In Lob und Tadel... Überbleicht erscheint mir schon
Von grauer Zelten Woge weit das Tal dahin, 7010
Als Nachgesicht der sorg- und grauenvollsten Nacht.
Wie oft schon wiederholt' sich's! wird sich immerfort
Ins Ewige wiederholen... Keiner gönnt das Reich
Dem andern; dem gönnt's keiner, der's mit Kraft erwarb
Und kräftig herrscht. Denn jeder, der sein inneres Selbst 7015
Nicht zu regieren weiß, regierte gar zu gern
Des Nachbars Willen, eignem stolzem Sinn gemäß...
Hier aber ward ein großes Beispiel durchgekämpft:
Wie sich Gewalt Gewaltigeren entgegenstellt,
Der Freiheit holder, tausendblumiger Kranz zerreißt, 7020
Der starre Lorbeer sich ums Haupt des Herrschers biegt.
Hier träumte Magnus[336] früher Größe Blütentag,

---

333 Ad spectatores: zu den Zuschauern
334 Klassische Walpurgisnacht: eine Parallele zur Walpurgisnacht in Faust I; Goethe verwendet Bilder aus der griech. und röm. Mythologie
335 Erichtho: thessalische Hexe, die von Sextus Pompejus über den Ausgang der bevorstehenden Schlacht bei Parphalus befragt wurde
336 Magnus: Beiname des Pompejus, der Gegner Cäsars in der Schlacht bei Parphalus

Dem schwanken Zünglein lauschend wachte Cäsar dort!
Das wird sich messen. Weiß die Welt doch, wem's gelang.

Wachfeuer glühen, rote Flammen spendende, 7025
Der Boden haucht vergoßnen Blutes Widerschein,
Und angelockt von seltnem Wunderglanz der Nacht,
Versammelt sich hellenischer Sage Legion.
Um alle Feuer schwankt unsicher oder sitzt
Behaglich alter Tage fabelhaft Gebild... 7030
Der Mond, zwar unvollkommen, aber leuchtend hell,
Erhebt sich, milden Glanz verbreitend überall;
Der Zelten Trug verschwindet, Feuer brennen blau.

Doch über mir! welch unerwartet Meteor?
Es leuchtet und beleuchtet körperlichen Ball. 7035
Ich wittre Leben. Da geziemen will mir's nicht,
Lebendigem zu nahen, dem ich schädlich bin;
Das bringt mir bösen Ruf und frommt mir nicht.
Schon sinkt es nieder. Weich' ich aus mit Wohlbedacht!

Entfernt sich.
Die Luftfahrer oben.

HOMUNCULUS.
    Schwebe noch einmal die Runde 7040
    Über Flamm- und Schaudergrauen;
    Ist es doch in Tal und Grunde
    Gar gespenstisch anzuschauen.

MEPHISTOPHELES.
    Seh' ich, wie durchs alte Fenster
    In des Nordens Wust und Graus, 7045
    Ganz abscheuliche Gespenster,
    Bin ich hier wie dort zu Haus.

HOMUNCULUS.
    Sieh! da schreitet eine Lange
    Weiten Schrittes vor uns hin.

MEPHISTOPHELES.
    Ist es doch, als wär' ihr bange; 7050
    Sah uns durch die Lüfte ziehn.

HOMUNCULUS.
    Laß sie schreiten! setz ihn nieder,
    Deinen Ritter, und sogleich
    Kehret ihm das Leben wieder,
    Denn er sucht's im Fabelreich. 7055

FAUST, *den Boden berührend.*
Wo ist sie? –

HOMUNCULUS.
    Wüßten's nicht zu sagen,
Doch hier wahrscheinlich zu erfragen.
In Eile magst du, eh' es tagt,
Von Flamm' zu Flamme spürend gehen:

Wer zu den Müttern sich gewagt, 7060
Hat weiter nichts zu überstehen.

MEPHISTOPHELES.
Auch ich bin hier an meinem Teil;
Doch wüßt' ich Besseres nicht zu unserm Heil,
Als: jeder möge durch die Feuer
Versuchen sich sein eigen Abenteuer. 7065
Dann, um uns wieder zu vereinen,
Laß deine Leuchte, Kleiner, tönend scheinen.

HOMUNCULUS. So soll es blitzen, soll es klingen.
Das Glas dröhnt und leuchtet gewaltig.
Nun frisch zu neuen Wunderdingen!

FAUST *allein.*
Wo ist sie? – Frage jetzt nicht weiter nach... 7070
Wär's nicht die Scholle, die sie trug,
Die Welle nicht, die ihr entgegenschlug,
So ist's die Luft, die ihre Sprache sprach.
Hier! durch ein Wunder, hier in Griechenland!
Ich fühlte gleich den Boden, wo ich stand; 7075
Wie mich, den Schläfer, frisch ein Geist durchglühte,
So steh' ich, ein Antäus[337] an Gemüte.
Und find' ich hier das Seltsamste beisammen,
Durchforsch' ich ernst dies Labyrinth der Flammen.

Entfernt sich.

Am oberen Peneios.

MEPHISTOPHELES *umherspürend.*
Und wie ich diese Feuerchen durchschweife, 7080
So find' ich mich doch ganz und gar entfremdet,
Fast alles nackt, nur hie und da behemdet:
Die Sphinxe[338] schamlos, unverschämt die Greife[339],
Und was nicht alles, lockig und beflügelt,
Von vorn und hinten sich im Auge spiegelt... 7085
Zwar sind auch wir von Herzen unanständig,
Doch das Antike find' ich zu lebendig;
Das müßte man mit neustem Sinn bemeistern
Und mannigfaltig modisch überkleistern...
Ein widrig Volk! Doch darf mich's nicht verdrießen, 7090
Als neuer Gast anständig sie zu grüßen...
Glückzu den schönen Fraun, den klugen Greisen!

---

337 Antäus: einer der Riesen, Sohn von Poseidon und Gäa (Erde), daher auch „Erdensohn" genannt; im Kampf gewann er durch die Berührung der Erde (seine Mutter) neue Kraft

338 Sphinxe: mythologische Gestalten mit menschlichem Oberkörper und einem Unterleib von Löwen

339 Greife: geflügelte Löwen mit Adlerköpfen, Wächter von Schätzen

GREIF *schnarrend.*
Nicht Greisen! Greifen! – Niemand hört es gern,
Daß man ihn Greis nennt. Jedem Worte klingt
Der Ursprung nach, wo es sich her bedingt: 7095
Grau, grämlich, griesgram, greulich, Gräber, grimmig,
Etymologisch gleicherweise stimmig,
Verstimmen uns.

MEPHISTOPHELES.
               Und doch, nicht abzuschweifen,
Gefällt das Grei im Ehrentitel Greifen.

GREIF *wie oben und immer so fort.*
Natürlich! Die Verwandtschaft ist erprobt, 7100
Zwar oft gescholten, mehr jedoch gelobt;
Man greife nun nach Mädchen, Kronen, Gold,
Dem Greifenden ist meist Fortuna hold.

AMEISEN[340] *von der kolossalen Art.*
Ihr sprecht von Gold, wir hatten viel gesammelt,
In Fels- und Höhlen heimlich eingerammelt; 7105
Das Arimaspen-Volk hat's ausgespürt,
Sie lachen dort, wie weit sie's weggeführt.

GREIFE.
Wir wollen sie schon zum Geständnis bringen.

ARIMASPEN[341]. Nur nicht zur freien Jubelnacht.
Bis morgen ist's alles durchgebracht, 7110
Es wird uns diesmal wohl gelingen.

MEPHISTOPHELES *hat sich zwischen die Sphinxe gesetzt.*
Wie leicht und gern ich mich hierher gewöhne,
Denn ich verstehe Mann für Mann.

SPHINX. Wir hauchen unsre Geistertöne,
Und ihr verkörpert sie alsdann. 7115
Jetzt nenne dich, bis wir dich weiter kennen.

MEPHISTOPHELES.
Mit vielen Namen glaubt man mich zu nennen –
Sind Briten hier? Sie reisen sonst so viel,
Schlachtfeldern nachzuspüren, Wasserfällen,
Gestürzten Mauern, klassisch dumpfen Stellen; 7120
Das wäre hier für sie ein würdig Ziel.
Sie zeugten auch: Im alten Bühnenspiel
Sah man mich dort als old Iniquity[342].

SPHINX. Wie kam man drauf?

---

340 Ameisen: Nach Beschreibung von Herodot gab es Ameisen in der Farbe von Katzen und der Größe von ägyptischen Wölfen, die nach Gold scharrten.

341 Arimaspen: ein sagenhaftes nordeuropäisches Volk, das im Krieg mit den Ameisen deren Gold raubte; Arimaspen sollen einäugig gewesen sein

342 old Iniquity: allegorische Figur des Bösen aus dem Gefolge des Teufels

MEPHISTOPHELES. Ich weiß es selbst nicht wie.

SPHINX.
Mag sein! Hast du von Sternen einige Kunde? 7125
Was sagst du zu der gegenwärt'gen Stunde?

MEPHISTOPHELES *aufschauend.*
Stern schießt nach Stern, beschnittner Mond scheint helle,
Und mir ist wohl an dieser trauten Stelle,
Ich wärme mich an deinem Löwenfelle.
Hinauf sich zu versteigen, wär' zum Schaden; 7130
Gib Rätsel auf, gib allenfalls Scharaden[343].

SPHINX.
Sprich nur dich selbst aus, wird schon Rätsel sein.
Versuch einmal, dich innigst aufzulösen[344]:
»Dem frommen Manne nötig wie dem bösen,
Dem ein Plastron[345], aszetisch[346] zu rapieren[347], 7135
Kumpan[348] dem andern, Tolles zu vollführen,
Und beides nur, um Zeus zu amüsieren.«

ERSTER GREIF *schnarrend.* Den mag ich nicht!

ZWEITER GREIF *stärker schnarrend.*
Was will uns der?

BEIDE. Der Garstige gehöret nicht hierher!

MEPHISTOPHELES *brutal.*
Du glaubst vielleicht, des Gastes Nägel krauen 7140
Nicht auch so gut wie deine scharfen Klauen?
Versuch's einmal!

SPHINX *milde.* Du magst nur immer bleiben,
Wird dich's doch selbst aus unsrer Mitte treiben;
In deinem Lande tust dir was zugute,
Doch, irr' ich nicht, hier ist dir schlecht zumute. 7145

MEPHISTOPHELES.
Du bist recht appetitlich oben anzuschauen,
Doch untenhin die Bestie macht mir Grauen.

SPHINX.
Du Falscher kommst zu deiner bittern Buße,
Denn unsre Tatzen sind gesund;
Dir mit verschrumpftem Pferdefuße 7150
Behagt es nicht in unserem Bund.

---

343 Scharaden: Rätsel, Rätselspiel
344 Das Rätsel der Sphinx geht um den Teufel.
345 Plastron: Brustharnisch
346 aszetisch: askesisch
347 rapieren: fechten
348 Kumpan: Freund

Sirenen[349] präludieren[350] oben.

MEPHISTOPHELES.
Wer sind die Vögel, in den Ästen
Des Pappelstromes hingewiegt?

SPHINX. Gewahrt euch nur! Die Allerbesten
Hat solch ein Singsang schon besiegt. 7155

SIRENEN.
    Ach was wollt ihr euch verwöhnen
    In dem Häßlich-Wunderbaren!
    Horcht, wir kommen hier zu Scharen
    Und in wohlgestimmten Tönen;
    So geziemet es Sirenen. 7160

SPHINXE, *sie verspottend in derselben Melodie.*
    Nötigt sie, herabzusteigen!
    Sie verbergen in den Zweigen
    Ihre garstigen Habichtskrallen,
    Euch verderblich anzufallen,
    Wenn ihr euer Ohr verleiht. 7165

SIRENEN.
    Weg das Hassen! weg das Neiden!
    Sammeln wir die klarsten Freuden,
    Unterm Himmel ausgestreut!
    Auf dem Wasser, auf der Erde
    Sei's die heiterste Gebärde, 7170
    Die man dem Willkommnen beut.

MEPHISTOPHELES.
Das sind die saubern Neuigkeiten,
Wo aus der Kehle, von den Saiten
Ein Ton sich um den andern flicht.
Das Trallern ist bei mir verloren: 7175
Es krabbelt wohl mir um die Ohren,
Allein zum Herzen dringt es nicht.

SPHINXE. Sprich nicht vom Herzen! das ist eitel;
Ein lederner verschrumpfter Beutel,
Das paßt dir eher zu Gesicht. 7180

FAUST *herantretend.*
Wie wunderbar! das Anschaun tut mir Gnüge,
Im Widerwärtigen große, tüchtige Züge.
Ich ahne schon ein günstiges Geschick;
Wohin versetzt mich dieser ernste Blick?

Auf Sphinxe bezüglich.

---

349 Sirenen: mythische Wesen, Jungfrauen mit menschlichem Oberkörper und einem Unterkörper von Fischen oder Vögeln; lockten Seefahrer durch ihren Gesang an und töten sie
350 präludieren: vorspielen

Vor solchen hat einst Ödipus[351] gestanden; 7185

Auf Sirenen bezüglich.

Vor solchen krümmte sich Ulyß[352] in hänfnen Banden;

Auf Ameisen bezüglich.

Von solchen ward der höchste Schatz gespart,

Auf Greife bezüglich.

Von diesen treu und ohne Fehl bewahrt.
Vom frischen Geiste fühl' ich mich durchdrungen;
Gestalten groß, groß die Erinnerungen. 7190

MEPHISTOPHELES.
Sonst hättest du dergleichen weggeflucht,
Doch jetzo scheint es dir zu frommen;
Denn wo man die Geliebte sucht,
Sind Ungeheuer selbst willkommen.

FAUST *zu den Sphinxen.*
Ihr Frauenbilder müßt mir Rede stehn: 7195
Hat eins der Euren Helena gesehn?

SPHINXE. Wir reichen nicht hinauf zu ihren Tagen,
Die letztesten hat Herkules erschlagen.
Von Chiron[353] könntest du's erfragen;
Der sprengt herum in dieser Geisternacht; 7200
Wenn er dir steht, so hast du's weit gebracht.

SIRENEN.
  Sollte dir's doch auch nicht fehlen!...
  Wie Ulyß bei uns verweilte,
  Schmähend nicht vorübereilte,
  Wußt' er vieles zu erzählen; 7205
  Würden alles dir vertrauen,
  Wolltest du zu unsern Gauen
  Dich ans grüne Meer verfügen.

SPHINX. Laß dich, Edler, nicht betrügen.
Statt daß Ulyß sich binden ließ, 7210
Laß unsern guten Rat dich binden;
Kannst du den hohen Chiron finden,
Erfährst du, was ich dir verhieß.

Faust entfernt sich.

MEPHISTOPHELES *verdrießlich.*
Was krächzt vorbei mit Flügelschlag?
So schnell, daß man's nicht sehen mag, 7215

---

351 Ödipus: wurde König von Theben als er ein Rätsel der Sphinx löste

352 Ulyß: Odysseus, auch Ulysses; ließ sich bei der Vorbeifahrt bei den Sirenen an den Mast seines Schiffes binden

353 Chiron: ein gerechter Zentaur (halb Mensch, halb Pferd), war Erzieher der Argonauten und u.a. auch von Odysseus, Achilles und Herkules

Und immer eins dem andern nach,
Den Jäger würden sie ermüden.

SPHINX. Dem Sturm des Winterwinds vergleichbar,
Alcides'[354] Pfeilen kaum erreichbar;
Es sind die raschen Stymphaliden[355], 7220
Und wohlgemeint ihr Krächzegruß,
Mit Geierschnabel und Gänsefuß.
Sie möchten gern in unsern Kreisen
Als Stammverwandte sich erweisen.

MEPHISTOPHELES, *wie verschüchtert.*
Noch andres Zeug zischt zwischen drein. 7225

SPHINX. Vor diesen sei Euch ja nicht bange!
Es sind die Köpfe der lernäischen Schlange,[356]
Vom Rumpf getrennt, und glauben was zu sein.
Doch sagt, was soll nur aus Euch werden?
Was für unruhige Gebärden? 7230
Wo wollt Ihr hin? Begebt Euch fort!...
Ich sehe, jener Chorus dort
Macht Euch zum Wendehals. Bezwingt Euch nicht,
Geht hin! begrüßt manch reizendes Gesicht!
Die Lamien[357] sind's, lustfeine Dirnen, 7235
Mit Lächelmund und frechen Stirnen,
Wie sie dem Satyrvolk behagen;
Ein Bocksfuß darf dort alles wagen.

MEPHISTOPHELES.
Ihr bleibt doch hier? daß ich euch wiederfinde.

SPHINXE. Ja! Mische dich zum luftigen Gesinde. 7240
Wir, von Ägypten her, sind längst gewohnt,
Daß unsereins in tausend Jahre thront.
Und respektiert nur unsre Lage,
So regeln wir die Mond- und Sonnentage.
    Sitzen vor den Pyramiden, 7245
    Zu der Völker Hochgericht;
    Überschwemmung, Krieg und Frieden –
    Und verziehen kein Gesicht.

---

354 Alcides: Herkules

355 Stymphaliden: Vogelscharen am Sumpf Stymphalis in Arkadien. Herkules hatte die Aufgabe, sie zu töten.

356 lernäischen Schlange: Schlange mit neun Köpfen. Schlug man einen Kopf ab, wuchsen zwei neue Köpfe nach. Herakles konnte die Schlange besiegen. Er brannte die Stümpfe aus, ehe neue Köpfe nachwachsen konnten.

357 Lamien: eine Geliebte des Zeus, die in ein Kinder raubendes und fressendes Ungeheuer verwandelt wurde; auch ein weiblicher Dämon, der junge Männer anlockte, um ihnen das Blut auszusaugen

Am unteren Peneios.

Peneios umgeben von Gewässern und Nymphen.

PENEIOS[358]. Rege dich, du Schilfgeflüster!
Hauche leise, Rohrgeschwister, 7250
Säuselt, leichte Weidensträuche,
Lispelt, Pappelzitterzweige,
Unterbrochnen Träumen zu!...
Weckt mich doch ein grauslich Wittern,
Heimlich allbewegend Zittern 7255
Aus dem Wallestrom und Ruh'.

FAUST, *an den Fluß tretend.*
Hör' ich recht, so muß ich glauben:
Hinter den verschränkten Lauben
Dieser Zweige, dieser Stauden
Tönt ein menschenähnlichs Lauten. 7260
Scheint die Welle doch ein Schwätzen,
Lüftlein wie – ein Scherzergetzen.

NYMPHEN *zu Faust.*
   Am besten geschäh' dir,
   Du legtest dich nieder,
   Erholtest im Kühlen 7265
   Ermüdete Glieder,
   Genössest der immer
   Dich meidenden Ruh;
   Wir säuseln, wir rieseln,
   Wir flüstern dir zu. 7270

FAUST. Ich wache ja! O laßt sie walten,
Die unvergleichlichen Gestalten,
Wie sie dorthin mein Auge schickt.
So wunderbar bin ich durchdrungen!
Sind's Träume? Sind's Erinnerungen? 7275
Schon einmal warst du so beglückt.
Gewässer schleichen durch die Frische
Der dichten, sanft bewegten Büsche,
Nicht rauschen sie, sie rieseln kaum;
Von allen Seiten hundert Quellen 7280
Vereinen sich im reinlich hellen,
Zum Bade flach vertieften Raum.
Gesunde junge Frauenglieder,
Vom feuchten Spiegel doppelt wieder
Ergetztem Auge zugebracht! 7285
Gesellig dann und fröhlich badend,
Erdreistet schwimmend, furchtsam watend;
Geschrei zuletzt und Wasserschlacht.
Begnügen sollt' ich mich an diesen,
Mein Auge sollte hier genießen, 7290
Doch immer weiter strebt mein Sinn.

---

358 Peneios: Flussgott des gleichnamigen Flusses

Der Blick dringt scharf nach jener Hülle,
Das reiche Laub der grünen Fülle
Verbirgt die hohe Königin.

Wundersam! auch Schwäne kommen 7295
Aus den Buchten hergeschwommen,
Majestätisch rein bewegt.
Ruhig schwebend, zart gesellig,
Aber stolz und selbstgefällig,
Wie sich Haupt und Schnabel regt... 7300
Einer aber scheint vor allen
Brüstend kühn sich zu gefallen,
Segelnd rasch durch alle fort;
Sein Gefieder bläht sich schwellend,
Welle selbst, auf Wogen wellend, 7305
Dringt er zu dem heiligen Ort...
Die andern schwimmen hin und wider
Mit ruhig glänzendem Gefieder,
Bald auch in regem prächtigen Streit,
Die scheuen Mädchen abzulenken, 7310
Daß sie an ihren Dienst nicht denken,
Nur an die eigne Sicherheit.

NYMPHEN.
　Leget, Schwestern, euer Ohr
　An des Ufers grüne Stufe;
　Hör' ich recht, so kommt mir's vor 7315
　Als der Schall von Pferdes Hufe.
　Wüßt' ich nur, wer dieser Nacht
　Schnelle Botschaft zugebracht.

FAUST. Ist mir doch, als dröhnt' die Erde,
Schallend unter eiligem Pferde. 7320
　　Dorthin mein Blick!
　　Ein günstiges Geschick,
　　Soll es mich schon erreichen?
　　O Wunder ohnegleichen!
Ein Reuter kommt herangetrabt, 7325
Er scheint von Geist und Mut begabt,
Von blendend-weißem Pferd getragen....
Ich irre nicht, ich kenn' ihn schon,
Der Philyra berühmter Sohn! –
Halt, Chiron! halt! Ich habe dir zu sagen... 7330

CHIRON. Was gibt's? Was ist's?

FAUST. 　　　　　Bezähme deinen Schritt!

CHIRON. Ich raste nicht.

FAUST. 　　　　So bitte! nimm mich mit!

CHIRON. Sitz auf! so kann ich nach Belieben fragen:
Wohin des Wegs? Du stehst am Ufer hier,
Ich bin bereit, dich durch den Fluß zu tragen... 7335

FAUST *aufsitzend.*
Wohin du willst. Für ewig dank' ich's dir...
Der große Mann, der edle Pädagog,
Der, sich zum Ruhm, ein Heldenvolk erzog,
Den schönen Kreis der edlen Argonauten[359]
Und alle, die des Dichters Welt erbauten. 7340

CHIRON. Das lassen wir an seinem Ort!
Selbst Pallas[360] kommt als Mentor nicht zu Ehren;
Am Ende treiben sie's nach ihrer Weise fort,
Als wenn sie nicht erzogen wären.

FAUST. Den Arzt, der jede Pflanze nennt, 7345
Die Wurzeln bis ins tiefste kennt,
Dem Kranken Heil, dem Wunden Lindrung schafft,
Umarm' ich hier in Geist- und Körperkraft!

CHIRON. Ward neben mir ein Held verletzt,
Da wußt' ich Hülf' und Rat zu schaffen; 7350
Doch ließ ich meine Kunst zuletzt
Den Wurzelweibern und den Pfaffen.

FAUST. Du bist der wahre große Mann,
Der Lobeswort nicht hören kann.
Er sucht bescheiden auszuweichen 7355
Und tut, als gäb' es seinesgleichen.

CHIRON. Du scheinest mir geschickt zu heucheln,
Dem Fürsten wie dem Volk zu schmeicheln.

FAUST. So wirst du mir denn doch gestehn:
Du hast die Größten deiner Zeit gesehn, 7360
Dem Edelsten in Taten nachgestrebt,
Halbgöttlich ernst die Tage durchgelebt.
Doch unter den heroischen Gestalten
Wen hast du für den Tüchtigsten gehalten?

CHIRON. Im hehren Argonautenkreise 7365
War jeder brav nach seiner eignen Weise,
Und nach der Kraft, die ihn beseelte,
Konnt' er genügen, wo's den andern fehlte.
Die Dioskuren[361] haben stets gesiegt,
Wo Jugendfüll' und Schönheit überwiegt. 7370
Entschluß und schnelle Tat zu andrer Heil,
Den Boreaden[362] ward's zum schönen Teil.
Nachsinnend, kräftig, klug, im Rat bequem,
So herrschte Jason, Frauen angenehm.

---

359 Argonauten: griech. Helden, segelten mit ihrem Schiff Argos nach Kolchis, um das Goldene Vlies zu holen; zu den Argonauten gehören: Kastor, Pollux, Theseus, Lykenus, die Boreaden u. a.

360 Palas: Athene, Göttin der Weisheit; verwandelte sich in Mentor, um Odysseus' Sohn (mit mäßigem Erfolg) zu erziehen

361 Dioskuren: Kastor und Pollux, die unzertrennlichen Söhne des Zeus

362 Boreaden: Zetes und Kalais, Söhne von Boreas, Teilnehmer der Argonautenfahrt

Dann Orpheus: zart und immer still bedächtig, 7375
Schlug er die Leier allen übermächtig.
Scharfsichtig Lynceus, der bei Tag und Nacht
Das heil'ge Schiff durch Klipp' und Strand gebracht...
Gesellig nur läßt sich Gefahr erproben:
Wenn einer wirkt, die andern alle loben. 7380

FAUST. Von Herkules[363] willst nichts erwähnen?

CHIRON. O weh! errege nicht mein Sehnen...
Ich hatte Phöbus[364] nie gesehn,
Noch Ares[365], Hermes[366], wie sie heißen;
Da sah ich mir vor Augen stehn, 7385
Was alle Menschen göttlich preisen.
So war er ein geborner König,
Als Jüngling herrlichst anzuschaun;
Dem ältern Bruder untertänig
Und auch den allerliebsten Fraun. 7390
Den zweiten zeugt nicht Gäa[367] wieder,
Nicht führt ihn Hebe[368] himmelein;
Vergebens mühen sich die Lieder,
Vergebens quälen sie den Stein.

FAUST. So sehr auch Bildner auf ihn pochen, 7395
So herrlich kam er nie zur Schau.
Vom schönsten Mann hast du gesprochen,
Nun sprich auch von der schönsten Frau!

CHIRON.
Was!... Frauenschönheit will nichts heißen,
Ist gar zu oft ein starres Bild; 7400
Nur solch ein Wesen kann ich preisen,
Das froh und lebenslustig quillt.
Die Schöne bleibt sich selber selig;
Die Anmut macht unwiderstehlich,
Wie Helena, da ich sie trug. 7405

FAUST. Du trugst sie?

CHIRON. Ja, auf diesem Rücken.

FAUST. Bin ich nicht schon verwirrt genug?
Und solch ein Sitz muß mich beglücken!

CHIRON. Sie faßte so mich in das Haar,
Wie du es tust.

---

363   Herkules: griechischer Held
364   Phöbus: Beiname von Apollon, Lichtgott, Gott der Poesie
365   Ares: Kriegsgott
366   Hermes: Götterbote
367   Gäa: Mutter Erde, Göttin der Erde
368   Hebe: Tochter von Zeus, die mit Herakles verheiratet wird, nachdem dieser in den Olymp aufgenommen wurde

FAUST.   O ganz und gar 7410
Verlier' ich mich! Erzähle, wie?
Sie ist mein einziges Begehren!
Woher, wohin, ach, trugst du sie?

CHIRON. Die Frage läßt sich leicht gewähren.
Die Dioskuren hatten jener Zeit 7415
Das Schwesterchen aus Räuberfaust befreit.
Doch diese, nicht gewohnt, besiegt zu sein,
Ermannten sich und stürmten hinterdrein.
Da hielten der Geschwister eiligen Lauf
Die Sümpfe bei Eleusis[369] auf; 7420
Die Brüder wateten, ich patschte, schwamm hinüber;
Da sprang sie ab und streichelte
Die feuchte Mähne, schmeichelte
Und dankte lieblich-klug und selbstbewußt.
Wie war sie reizend! jung, des Alten Lust! 7425

FAUST. Erst zehen Jahr!...

CHIRON.   Ich seh; die Philologen,
Sie haben dich so wie sich selbst betrogen.
Ganz eigen ist's mit mythologischer Frau,
Der Dichter bringt sie, wie er's braucht, zur Schau:
Nie wird sie mündig, wird nicht alt, 7430
Stets appetitlicher Gestalt,
Wird jung entführt, im Alter noch umfreit;
Gnug, den Poeten bindet keine Zeit.

FAUST. So sei auch sie durch keine Zeit gebunden!
Hat doch Achill auf Pherä[370] sie gefunden, 7435
Selbst außer aller Zeit. Welch seltnes Glück:
Errungen Liebe gegen das Geschick!
Und sollt' ich nicht, sehnsüchtigster Gewalt,
Ins Leben ziehn die einzigste Gestalt?
Das ewige Wesen, Göttern ebenbürtig, 7440
So groß als zart, so hehr als liebenswürdig?
Du sahst sie einst; heut hab' ich sie gesehn,
So schön wie reizend, wie ersehnt so schön.
Nun ist mein Sinn, mein Wesen streng umfangen;
Ich lebe nicht, kann ich sie nicht erlangen. 7445

CHIRON.
Mein fremder Mann! als Mensch bist du entzückt;
Doch unter Geistern scheinst du wohl verrückt.
Nun trifft sich's hier zu deinem Glücke;
Denn alle Jahr, nur wenig Augenblicke,
Pfleg' ich bei Manto[371] vorzutreten, 7450

---

369 Eleusis: eine griechische Stadt in der Nähe Athens
370 Achill auf Pherä: Einer Sage zufolge hat der auferstandene Achilles Helena auf der Insel Leuke geheiratet. Hier ist es aber auf Pherä, eine Stadt in Thessalien.
371 Manto: Priesterin Apollons, eine Tochter des blinden thebäischen Weissagers Tiresias; Goethe macht sie zur Tochter des Äskulap

Der Tochter Äskulaps[372]; im stillen Beten
Fleht sie zum Vater, daß, zu seiner Ehre,
Er endlich doch der Ärzte Sinn verkläre
Und vom verwegnen Totschlag sie bekehre...
Die liebste mir aus der Sibyllengilde[373], 7455
Nicht fratzenhaft bewegt, wohltätig milde;
Ihr glückt es wohl, bei einigem Verweilen,
Mit Wurzelkräften dich von Grund zu heilen.

FAUST.
Geheilt will ich nicht sein, mein Sinn ist mächtig;
Da wär' ich ja wie andre niederträchtig. 7460

CHIRON. Versäume nicht das Heil der edlen Quelle!
Geschwind herab! Wir sind zur Stelle.

FAUST. Sag an! Wohin hast du, in grauser Nacht,
Durch Kiesgewässer mich ans Land gebracht?

CHIRON.
Hier trotzten Rom und Griechenland im Streite, 7465
Peneios rechts, links den Olymp zur Seite,
Das größte Reich, das sich im Sand verliert;
Der König flieht, der Bürger triumphiert.
Blick auf! hier steht, bedeutend nah,
Im Mondenschein der ewige Tempel da. 7470

MANTO *inwendig träumend.*
    Von Pferdes Hufe
    Erklingt die heilige Stufe,
    Halbgötter treten heran.

CHIRON.
    Ganz recht!
    Nur die Augen aufgetan! 7475

MANTO *erwachend.*
Willkommen! ich seh', du bleibst nicht aus.

CHIRON. Steht dir doch auch dein Tempelhaus!

MANTO. Streifst du noch immer unermüdet?

CHIRON. Wohnst du doch immer still umfriedet,
Indes zu kreisen mich erfreut. 7480

MANTO. Ich harre, mich umkreist die Zeit.
Und dieser?

CHIRON.   Die verrufene Nacht
Hat strudelnd ihn hierher gebracht.
Helenen, mit verrückten Sinnen,
Helenen will er sich gewinnen 7485

---

372 Äskulap: Gott der Heilkunde
373 Sibyllengilde: die Wahrsagekunst der Sibyllen wird hier als Berufsstand bezeichnet

Und weiß nicht, wie und wo beginnen;
Asklepischer Kur vor andern wert.

MANTO. Den lieb' ich, der Unmögliches begehrt.

Chiron ist schon weit weg.

MANTO. Tritt ein, Verwegner, sollst dich freuen!
Der dunkle Gang führt zu Persephoneien[374]. 7490
In des Olympus hohlem Fuß
Lauscht sie geheim verbotnem Gruß.
Hier hab' ich einst den Orpheus eingeschwärzt;
Benutz es besser! frisch! beherzt!

Sie steigen hinab.

Am obern Peneios.

Wie zuvor.

SIRENEN.
    Stürzt euch in Peneios' Flut! 7495
    Plätschernd ziemt es da zu schwimmen,
    Lied um Lieder anzustimmen,
    Dem unseligen Volk zugut.
    Ohne Wasser ist kein Heil!
    Führen wir mit hellem Heere 7500
    Eilig zum Ägäischen Meere,
    Würd' uns jede Lust zuteil.

Erdbeben.

    Schäumend kehrt die Welle wieder,
    Fließt nicht mehr im Bett darnieder;
    Grund erbebt, das Wasser staucht, 7505
    Kies und Ufer berstend raucht.
    Flüchten wir! Kommt alle, kommt!
    Niemand, dem das Wunder frommt.

    Fort! ihr edlen frohen Gäste,
    Zu dem seeisch heitern Feste, 7510
    Blinkend, wo die Zitterwellen,
    Ufernetzend, leise schwellen;
    Da, wo Luna[375] doppelt leuchtet,
    Uns mit heil'gem Tau befeuchtet.
    Dort ein freibewegtes Leben, 7515
    Hier ein ängstlich Erdebeben;
    Eile jeder Kluge fort!
    Schauderhaft ist's um den Ort.

---

374 Persephoneien: Persephoneia ist die Frau von Hades und die Herrscherin der Unterwelt; Manto zeigt Faust den Weg zu ihr, damit er Helena zurück auf die Erde holen kann.

375 Luna: Göttin des Mondes, auch Personifikation des Mondes

SEISMOS[376], *in der Tiefe brummend und polternd.*
   Einmal noch mit Kraft geschoben,
   Mit den Schultern brav gehoben!
   So gelangen wir nach oben,
   Wo uns alles weichen muß.

SPHINXE.
   Welch ein widerwärtig Zittern,
   Häßlich grausenhaftes Wittern!
   Welch ein Schwanken, welches Beben,
   Schaukelnd Hin- und Widerstreben!
   Welch unleidlicher Verdruß!
   Doch wir ändern nicht die Stelle,
   Bräche los die ganze Hölle.

   Nun erhebt sich ein Gewölbe
   Wundersam. Es ist derselbe,
   Jener Alte, längst Ergraute,
   Der die Insel Delos baute,
   Einer Kreißenden zulieb'
   Aus der Wog' empor sie trieb.
   Er, mit Streben, Drängen, Drücken,
   Arme straff, gekrümmt den Rücken,
   Wie ein Atlas an Gebärde,
   Hebt er Boden, Rasen, Erde,
   Kies und Grieß und Sand und Letten[377],
   Unsres Ufers stille Betten.
   So zerreißt er eine Strecke
   Quer des Tales ruhige Decke.
   Angestrengtest, nimmer müde,
   Kolossale Karyatide[378],
   Trägt ein furchtbar Steingerüste,
   Noch im Boden bis zur Büste;
   Weiter aber soll's nicht kommen,
   Sphinxe haben Platz genommen.

SEISMOS.
   Das hab' ich ganz allein vermittelt,
   Man wird mir's endlich zugestehn;
   Und hätt' ich nicht geschüttelt und gerüttelt,
   Wie wäre diese Welt so schön? –
   Wie ständen eure Berge droben
   In prächtig-reinem Ätherblau,
   Hätt' ich sie nicht hervorgeschoben
   Zu malerisch-entzückter Schau?

---

376 Seismos: ein Beiname Poseidons, heißt auch Erdbeben; Seismos erschafft hier eine neue Welt. Ähnlich hatte er einst die Insel Delos geschaffen als Schutzraum für Leto, die dort ihre Kinder Artemis und Apollon – geschützt vor der eifersüchtigen Hera, der Gattin Zeus' – auf die Welt bringen konnte.

377 Letten: schlammiger Boden

378 Karyatide: Trägerinnen von Gebälk in der Architektur. Der Name stammt von Tänzerinnen aus dem spartanischen Ort Karyä, die einen korbähnlichen Schmuck trugen und daher einen besonders aufrechten Gang pflegten.

Als, angesichts der höchsten Ahnen,
Der Nacht, des Chaos[379], ich mich stark betrug
Und, in Gesellschaft von Titanen[380], 7560
Mit Pelion und Ossa[381] als mit Ballen schlug,
Wir tollten fort in jugendlicher Hitze,
Bis überdrüssig noch zuletzt
Wir dem Parnaß[382], als eine Doppelmütze,
Die beiden Berge frevelnd aufgesetzt... 7565
Apollen hält ein froh Verweilen
Dort nun mit seliger Musen Chor.
Selbst Jupitern und seinen Donnerkeilen
Hob ich den Sessel hoch empor.
Jetzt so, mit ungeheurem Streben, 7570
Drang aus dem Abgrund ich herauf
Und fordre laut, zu neuem Leben,
Mir fröhliche Bewohner auf.

SPHINXE.
Uralt, müßte man gestehen,
Sei das hier Emporgebürgte, 7575
Hätten wir nicht selbst gesehen,
Wie sich's aus dem Boden würgte.
Bebuschter Wald verbreitet sich hinan,
Noch drängt sich Fels auf Fels bewegt heran;
Ein Sphinx wird sich daran nicht kehren: 7580
Wir lassen uns im heiligen Sitz nicht stören.

GREIFE.
Gold in Blättchen, Gold in Flittern
Durch die Ritzen seh ich zittern.
Laßt euch solchen Schatz nicht rauben,
Imsen[383], auf! es auszuklauben. 7585

CHOR DER AMEISEN.
    Wie ihn die Riesigen
    Emporgeschoben,
    Ihr Zappelfüßigen,
    Geschwind nach oben!
    Behendest aus und ein! 7590
    In solchen Ritzen
    Ist jedes Bröselein
    Wert zu besitzen.

---

379 Nacht, Chaos: Dies sind nach dem griechischen Schöpfungsmythos Urstoffe der Welt, die in Vers 7558 als „höchste Ahnen" bezeichnet werden.

380 Titanen: ein frühes Herrschergeschlecht des Himmels; wurden von Zeus gestürzt und in den Tartaros geworfen; Kronos und Prometheus waren Titanen

381 Pelion und Ossa: zwei Gebirge Thessaliens; die Titanen sollen sie aufeinander getürmt haben, um den Olymp erobern zu können

382 Parnaß: heiliges Gebirge im mittleren Griechenland mit zwei Gipfeln (Doppelmütze). An dessen Fuss liegt Delphi. Die Gipfel waren Apollon und Artemis bzw. Dionysios geweiht.

383 Imsen: Ameisen

    Das Allermindeste
    Müßt ihr entdecken   7595
    Auf das geschwindeste
    In allen Ecken.
    Allemsig müßt ihr sein,
    Ihr Wimmelscharen;
    Nur mit dem Gold herein!   7600
    Den Berg laßt fahren.

GREIFE.
    Herein! Herein! Nur Gold zu Hauf!
    Wir legen unsre Klauen drauf;
    Sind Riegel von der besten Art,
    Der größte Schatz ist wohlverwahrt.   7605

PYGMÄEN[384].
    Haben wirklich Platz genommen,
    Wissen nicht, wie es geschah.
    Fraget nicht, woher wir kommen,
    Denn wir sind nun einmal da!
    Zu des Lebens lustigem Sitze   7610
    Eignet sich ein jedes Land;
    Zeigt sich eine Felsenritze,
    Ist auch schon der Zwerg zur Hand.
    Zwerg und Zwergin, rasch zum Fleiße,
    Musterhaft ein jedes Paar;   7615
    Weiß nicht, ob es gleicher Weise
    Schon im Paradiese war.
    Doch wir finden's hier zum besten,
    Segnen dankbar unsern Stern;
    Denn im Osten wie im Westen   7620
    Zeugt die Mutter Erde gern.

DAKTYLE[385].
    Hat sie in einer Nacht
    Die Kleinen hervorgebracht,
    Sie wird die Kleinsten erzeugen;
    Finden auch ihresgleichen.   7625

PYGMÄEN-ÄLTESTE.
    Eilet, bequemen
    Sitz einzunehmen!
    Eilig zum Werke!
    Schnelle für Stärke!
    Noch ist es Friede;   7630
    Baut euch die Schmiede,
    Harnisch und Waffen
    Dem Heer zu schaffen.

---

384 Pygmäen: Volk von Kleinwüchsigen in Äthiopien, das mit den Kranichen Krieg führte; Pygmäen fanden bereits in Homers Illias Erwähnung

385 Daktyle: Däumlinge; in griech. Mythologie Dämonen in Phrygien, auch Erz- und Bergarbeiter in Creta, wo sie im Dienst der Cybele stehen

Ihr Imsen alle,
Rührig im Schwalle, 7635
Schafft uns Metalle!
Und ihr Daktyle,
Kleinste, so viele,
Euch sei befohlen,
Hölzer zu holen! 7640
Schichtet zusammen
Heimliche Flammen,
Schaffet uns Kohlen.

GENERALISSIMUS[386].
Mit Pfeil und Bogen
Frisch ausgezogen! 7645
An jenem Weiher
Schießt mir die Reiher,
Unzählig niesende,
Hochmütig brüstende,
Auf einen Ruck, 7650
Alle wie einen!
Daß wir erscheinen
Mit Helm und Schmuck.

IMSEN UND DAKTYLE.
Wer wird uns retten!
Wir schaffen's Eisen, 7655
Sie schmieden Ketten.
Uns loszureißen,
Ist noch nicht zeitig,
Drum seid geschmeidig.

DIE KRANICHE DES IBYKUS[387].
Mordgeschrei und Sterbeklagen! 7660
Ängstlich Flügelflatterschlagen!
Welch ein Ächzen, welch Gestöhn
Dringt herauf zu unsern Höhn!
Alle sind sie schon ertötet,
See von ihrem Blut gerötet. 7665
Mißgestaltete Begierde
Raubt des Reihers edle Zierde.
Weht sie doch schon auf dem Helme
Dieser Fettbauch-Krummbein-Schelme.
Ihr Genossen unsres Heeres, 7670
Reihenwanderer des Meeres,
Euch berufen wir zur Rache
In so nahverwandter Sache.
Keiner spare Kraft und Blut,
Ewige Feindschaft dieser Brut! 7675

Zerstreuen sich krächzend in den Lüften.

---

386 Generalissimus: General der Pygmäen, oberster Befehlshaber
387 Kraniche des Ibykus: Kraniche waren die Zeugen des Mordes an dem Dichter Ibykus. Durch sie konnten die Mörder überführt werden.

MEPHISTOPHELES, *in der Ebne.*
Die nordischen Hexen wußt' ich wohl zu meistern,
Mir wird's nicht just mit diesen fremden Geistern.
Der Blocksberg[388] bleibt ein gar bequem Lokal,
Wo man auch sei, man findet sich zumal.
Frau Ilse[389] wacht für uns auf ihrem Stein, 7680
Auf seiner Höh' wird Heinrich[390] munter sein,
Die Schnarcher[391] schnauzen zwar das Elend[392] an,
Doch alles ist für tausend Jahr getan.
Wer weiß denn hier nur, wo er geht und steht,
Ob unter ihm sich nicht der Boden bläht?... 7685
Ich wandle lustig durch ein glattes Tal,
Und hinter mir erhebt sich auf einmal
Ein Berg, zwar kaum ein Berg zu nennen,
Von meinen Sphinxen mich jedoch zu trennen
Schon hoch genug – hier zuckt noch manches Feuer 7690
Das Tal hinab und flammt ums Abenteuer...
Noch tanzt und schwebt mir lockend, weichend vor,
Spitzbübisch gaukelnd, der galante Chor.
Nur sachte drauf! Allzugewohnt ans Naschen,
Wo es auch sei, man sucht was zu erhaschen. 7695

LAMIEN, *Mephistopheles nach sich ziehend.*
    Geschwind, geschwinder!
    Und immer weiter!
    Dann wieder zaudernd,
    Geschwätzig plaudernd.
    Es ist so heiter, 7700
    Den alten Sünder
    Uns nachzuziehen,
    Zu schwerer Buße.
    Mit starrem Fuße
    Kommt er geholpert, 7705
    Einhergestolpert;
    Er schleppt das Bein,
    Wie wir ihn fliehen,
    Uns hinterdrein!

MEPHISTOPHELES *stillstehend.*
Verflucht Geschick! Betrogne Mannsen[393]! 7710
Von Adam her verführte Hansen[394]!
Alt wird man wohl, wer aber klug?
Warst du nicht schon vernarrt genug!

---

388 Blocksberg: Berg im Harz (Brocken), Ort der nordischen Walpurgisnacht in Faust I
389 Ort im Harz; der Ilsenstein ist ein Granitfelsen bei Ilsenburg
187 Heinrich: die Heinrichshöhe; eine Felswand des Brockens
391 Schnarcher: Felsen im Harz bei Schierke
392 Elend: Ort im Harz, Nachbarort von Schierke
393 Mannsen: Männer
394 Hansen: Dummköpfe

Man weiß, das Volk taugt aus dem Grunde nichts,
Geschnürten Leibs, geschminkten Angesichts. 7715
Nichts haben sie Gesundes zu erwidern,
Wo man sie anfaßt, morsch in allen Gliedern.
Man weiß, man sieht's, man kann es greifen,
Und dennoch tanzt man, wenn die Luder pfeifen!

LAMIEN *innehaltend.*
Halt! er besinnt sich, zaudert, steht; 7720
Entgegnet ihm, daß er euch nicht entgeht!

MEPHISTOPHELES *fortschreitend.*
Nur zu! und laß dich ins Gewebe
Der Zweifelei nicht törig ein;
Denn wenn es keine Hexen gäbe,
Wer Teufel möchte Teufel sein! 7725

LAMIEN *anmutigst.*
Kreisen wir um diesen Helden!
Liebe wird in seinem Herzen
Sich gewiß für eine melden.

MEPHISTOPHELES.
Zwar bei ungewissem Schimmer
Scheint ihr hübsche Frauenzimmer, 7730
Und so möcht' ich euch nicht schelten.

EMPUSE[395] *eindringend.*
Auch nicht mich! als eine solche
Laßt mich ein in eure Folge.

LAMIEN. Die ist in unserm Kreis zuviel,
Verdirbt doch immer unser Spiel. 7735

EMPUSE *zu Mephistopheles.*
Begrüßt von Mühmichen[396] Empuse,
Der Trauten mit dem Eselsfuße!
Du hast nur einen Pferdefuß,
Und doch, Herr Vetter, schönsten Gruß!

MEPHISTOPHELES.
Hier dacht' ich lauter Unbekannte 7740
Und finde leider Nahverwandte;
Es ist ein altes Buch zu blättern:
Vom Harz bis Hellas immer Vettern!

EMPUSE. Entschieden weiß ich gleich zu handeln,
In vieles könnt' ich mich verwandeln; 7745
Doch Euch zu Ehren hab' ich jetzt
Das Eselsköpfchen[397] aufgesetzt.

---

395 Empuse: Nachtgespenst, den Lamien verwandt; ein einfüßiges Ungeheuer mit einen Eselfuß
396 Mühmchen: die Lamien
397 Eselsköpfchen: eine Erweiterung des Bildes durch Goethe; angelehnt an den Sommernachtstraum von Shakespeare

MEPHISTOPHELES.
Ich merk', es hat bei diesen Leuten
Verwandtschaft Großes zu bedeuten;
Doch mag sich, was auch will, eräugnen, 7750
Den Eselskopf möcht' ich verleugnen.

LAMIEN. Laß diese Garstige, sie verscheucht,
Was irgend schön und lieblich deucht;
Was irgend schön und lieblich wär' –
Sie kommt heran, es ist nicht mehr! 7755

MEPHISTOPHELES.
Auch diese Mühmchen zart und schmächtig,
Sie sind mir allesamt verdächtig;
Und hinter solcher Wänglein Rosen
Fürcht' ich doch auch Metamorphosen.

LAMIEN. Versuch es doch! sind unsrer viele. 7760
Greif zu! Und hast du Glück im Spiele,
Erhasche dir das beste Los.
Was soll das lüsterne Geleier?
Du bist ein miserabler Freier,
Stolzierst einher und tust so groß! – 7765
Nun mischt er sich in unsre Scharen;
Laßt nach und nach die Masken fahren
Und gebt ihm euer Wesen bloß.

MEPHISTOPHELES.
Die Schönste hab' ich mir erlesen...
Sie umfassend. O weh mir! welch ein dürrer Besen! 7770

Eine andere ergreifend.

Und diese?... Schmähliches Gesicht!

LAMIEN. Verdienst du's besser? dünk es nicht.

MEPHISTOPHELES.
Die Kleine möcht' ich mir verpfänden...
Lacerte[398] schlüpft mir aus den Händen!
Und schlangenhaft der glatte Zopf. 7775
Dagegen fass' ich mir die Lange...
Da pack' ich eine Thyrsusstange[399],
Den Pinienapfel als den Kopf!
Wo will's hinaus?... Noch eine Dicke,
An der ich mich vielleicht erquicke; 7780
Zum letztenmal gewagt! Es sei!
Recht quammig, quappig, das bezahlen

---

398 Lacerte: Eine der Lamien hat sich als Eidechse verwandelt, um Mephisto zu entkommen.

399 Thyrsusstange: langer mit Efeu und Weinlaub umrankter Stab, der oben in einen Pinien- oder Fichtenzapfen auslief. In eine solche verwandelt sich eine Lamien, als Mephisto sie festhalten will.

Mit hohem Preis Orientalen...
Doch ach! der Bovist[400] platzt entzwei!

LAMIEN. Fahrt auseinander, schwankt und schwebet 7785
Blitzartig, schwarzen Flugs umgebet
Den eingedrungnen Hexensohn!
Unsichre, schauderhafte Kreise!
Schweigsamen Fittichs, Fledermäuse!
Zu wohlfeil kommt er doch davon. 7790

MEPHISTOPHELES *sich schüttelnd.*
Viel klüger, scheint es, bin ich nicht geworden;
Absurd ist's hier, absurd im Norden,
Gespenster hier wie dort vertrackt,
Volk und Poeten abgeschmackt.
Ist eben hier eine Mummenschanz 7795
Wie überall, ein Sinnentanz.
Ich griff nach holden Maskenzügen
Und faßte Wesen, daß mich's schauerte...
Ich möchte gerne mich betrügen,
Wenn es nur länger dauerte. 7800

Sich zwischen dem Gestein verirrend.

Wo bin ich denn? Wo will's hinaus?
Das war ein Pfad, nun ist's ein Graus.
Ich kam daher auf glatten Wegen,
Und jetzt steht mir Geröll entgegen.
Vergebens klettr' ich auf und nieder, 7805
Wo find' ich meine Sphinxe wieder?
So toll hätt' ich mir's nicht gedacht,
Ein solch Gebirg in einer Nacht!
Das heiß' ich frischen Hexenritt,
Die bringen ihren Blocksberg mit. 7810

OREAS[401] *vom Naturfels.*
Herauf hier! Mein Gebirg ist alt,
Steht in ursprünglicher Gestalt.
Verehre schroffe Felsensteige,
Des Pindus letztgedehnte Zweige!
Schon stand ich unerschüttert so, 7815
Als über mich Pompejus floh.
Daneben das Gebild des Wahns
Verschwindet schon beim Krähn des Hahns.
Dergleichen Märchen seh' ich oft entstehn
Und plötzlich wieder untergehn. 7820

MEPHISTOPHELES.
Sei Ehre dir, ehrwürdiges Haupt,
Von hoher Eichenkraft umlaubt!

---

400 Bovist: eine Pilzart
401 Oreas: Bergnymphe; Symbol für Gebirgszüge wie den Pindus, der Thessalien von Epeiros trennt

Der allerklarste Mondenschein
Dringt nicht zur Finsternis herein. –
Doch neben am Gebüsche zieht 7825
Ein Licht, das gar bescheiden glüht.
Wie sich das alles fügen muß!
Fürwahr, es ist Homunculus!
Woher des Wegs, du Kleingeselle?

HOMUNCULUS.
Ich schwebe so von Stell' zu Stelle 7830
Und möchte gern im besten Sinn entstehn,
Voll Ungeduld, mein Glas entzweizuschlagen;
Allein, was ich bisher gesehn,
Hinein da möcht' ich mich nicht wagen.
Nur, um dir's im Vertraun zu sagen: 7835
Zwei Philosophen bin ich auf der Spur,
Ich horchte zu, es hieß: Natur, Natur!
Von diesen will ich mich nicht trennen,
Sie müssen doch das irdische Wesen kennen;
Und ich erfahre wohl am Ende, 7840
Wohin ich mich am allerklügsten wende.

MEPHISTOPHELES.
Das tu auf deine eigne Hand.
Denn wo Gespenster Platz genommen,
Ist auch der Philosoph willkommen.
Damit man seiner Kunst und Gunst sich freue, 7845
Erschafft er gleich ein Dutzend neue.
Wenn du nicht irrst, kommst du nicht zu Verstand.
Willst du entstehn, entsteh auf eigne Hand!

HOMUNCULUS.
Ein guter Rat ist auch nicht zu verschmähn.

MEPHISTOPHELES.
So fahre hin! Wir wollen's weiter sehn. 7850

Trennen sich.

ANAXAGORAS[402] *zu Thales.*
Dein starrer Sinn will sich nicht beugen;
Bedarf es Weitres, dich zu überzeugen?

THALES[403]. Die Welle beugt sich jedem Winde gern,
Doch hält sie sich vom schroffen Felsen fern.

ANAXAGORAS.
Durch Feuerdunst ist dieser Fels zu Handen. 7855

THALES. Im Feuchten ist Lebendiges erstanden.

---

402 Anaxagoras: Philosoph der Antike (500–428 v. chr. Z.); Vertreter des Vulkanismus, für ihn war Feuer eine Urkraft der Welt; Goethe war Gegner dieser Theorie.

403 Thales: berühmter griechischer Philosoph (639–546 v. chr. Z.); Vertreter der Naturanschauung, der auch Goethe anhing; Wasser war für ihn Ursprung und treibendes Mittel für die Bildung der Erde und deren Veränderung

HOMUNCULUS, *zwischen beiden.*
Laßt mich an eurer Seite gehn.
Mir selbst gelüstet's, zu entstehn!

ANAXAGORAS.
Hast du, o Thales, je in einer Nacht
Solch einen Berg aus Schlamm hervorgebracht?   7860

THALES. Nie war Natur und ihr lebendiges Fließen
Auf Tag und Nacht und Stunden angewiesen.
Sie bildet regelnd jegliche Gestalt,
Und selbst im Großen ist es nicht Gewalt.

ANAXAGORAS.
Hier aber war's! Plutonisch grimmig Feuer,   7865
Äolischer Dünste Knallkraft, ungeheuer,
Durchbrach des flachen Bodens alte Kruste,
Daß neu ein Berg sogleich entstehen mußte.

THALES. Was wird dadurch nun weiter fortgesetzt?
Er ist auch da, und das ist gut zuletzt.   7870
Mit solchem Streit verliert man Zeit und Weile
Und führt doch nur geduldig Volk am Seile.

ANAXAGORAS.
Schnell quillt der Berg von Myrmidonen[404],
Die Felsenspalten zu bewohnen;
Pygmäen, Imsen, Däumerlinge   7875
Und andre tätig kleine Dinge.

Zum Homunculus.

Nie hast du Großem nachgestrebt,
Einsiedlerisch-beschränkt gelebt;
Kannst du zur Herrschaft dich gewöhnen,
So laß ich dich als König krönen.   7880

HOMUNCULUS. Was sagt mein Thales?

THALES.   Will's nicht raten;
Mit Kleinen tut man kleine Taten,
Mit Großen wird der Kleine groß.
Sieh hin! die schwarze Kranichwolke!
Sie droht dem aufgeregten Volke   7885
Und würde so dem König drohn.
Mit scharfen Schnäbeln, krallen Beinen,
Sie stechen nieder auf die Kleinen;
Verhängnis wetterleuchtet schon.
Ein Frevel tötete die Reiher,   7890
Umstellend ruhigen Friedensweiher.
Doch jener Mordgeschosse Regen
Schafft grausam-blut'gen Rachesegen,
Erregt der Nahverwandten Wut

---

404 Myrmidonen: Volk im Süden Thessaliens; Zeus hat der Mythe nach die Myrmidonen aus Ameisen geschaffen

Nach der Pygmäen frevlem Blut. 7895
Was nützt nun Schild und Helm und Speer?
Was hilft der Reiherstrahl den Zwergen?
Wie sich Daktyl und Imse bergen!
Schon wankt, es flieht, es stürzt das Heer.

ANAXAGORAS *nach einer Pause feierlich.*
Konnt' ich bisher die Unterirdischen loben, 7900
So wend' ich mich in diesem Fall nach oben...
Du! droben ewig Unveraltete,
Dreinamig – Dreigestaltete[405],
Dich ruf' ich an bei meines Volkes Weh,
Diana, Luna, Hekate! 7905
Du Brusterweiternde, im Tiefsten Sinnige,
Du Ruhigscheinende, Gewaltsam-Innige,
Eröffne deiner Schatten grausen Schlund,
Die alte Macht sei ohne Zauber kund! *Pause.*
    Bin ich zu schnell erhört? 7910
    Hat mein Flehn
    Nach jenen Höhn
    Die Ordnung der Natur gestört?

Und größer, immer größer nahet schon
Der Göttin rundumschriebner Thron, 7915
Dem Auge furchtbar, ungeheuer!
Ins Düstre rötet sich sein Feuer...
Nicht näher, drohend-mächtige Runde!
Du richtest uns und Land und Meer zugrunde!

So wär' es wahr, daß dich thessalische Frauen 7920
In frevelnd magischem Vertrauen
Von deinem Pfad herabgesungen,
Verderblichstes dir abgerungen?...
Das lichte Schild hat sich umdunkelt,
Auf einmal reißt's und blitzt und funkelt! 7925
Welch ein Geprassel! Welch ein Zischen!
Ein Donnern, Windgetüm dazwischen! –
Demütig zu des Thrones Stufen! –
Verzeiht! Ich hab' es hergerufen.

Wirft sich aufs Angesicht.

THALES. Was dieser Mann nicht alles hört' und sah! 7930
Ich weiß nicht recht, wie uns geschah,
Auch hab' ich's nicht mit ihm empfunden.
Gestehen wir, es sind verrückte Stunden,
Und Luna wiegt sich ganz bequem
An ihrem Platz, so wie vordem. 7935

HOMUNCULUS. Schaut hin nach der Pygmäen Sitz!
Der Berg war rund, jetzt ist er spitz.

---

405 Dreinamig – Dreigestaltene: der Mond in drei Gestalten als zunehmender Mond, Vollmond und abnehmender Mond. Ihnen waren die Göttinnen Luna, Diana (Jagdgöttin) und Hekate (Unterwelt – auch als Persophoneia bekannt) zugeordnet.

Ich spürt' ein ungeheures Prallen,
Der Fels war aus dem Mond gefallen;
Gleich hat er, ohne nachzufragen, 7940
So Freund als Feind gequetscht, erschlagen.
Doch muß ich solche Künste loben,
Die schöpferisch, in einer Nacht,
Zugleich von unten und von oben,
Dies Berggebäu zustand gebracht. 7945

THALES. Sei ruhig! Es war nur gedacht.
Sie fahre hin, die garstige Brut!
Daß du nicht König warst, ist gut.
Nun fort zum heitern Meeresfeste,
Dort hofft und ehrt man Wundergäste. 7950

Entfernen sich.

MEPHISTOPHELES, *an der Gegenseite kletternd.*
Da muß ich mich durch steile Felsentreppen,
Durch alter Eichen starre Wurzeln schleppen!
Auf meinem Harz der harzige Dunst
Hat was vom Pech, und das hat meine Gunst,
Zunächst dem Schwefel... Hier, bei diesen Griechen 7955
Ist von dergleichen kaum die Spur zu riechen;
Neugierig aber wär' ich, nachzuspüren,
Womit sie Höllenqual und – flamme schüren.

DRYAS[406]. In deinem Lande sei einheimisch klug,
Im fremden bist du nicht gewandt genug. 7960
Du solltest nicht den Sinn zur Heimat kehren,
Der heiligen Eichen Würde hier verehren.

MEPHISTOPHELES.
Man denkt an das, was man verließ;
Was man gewohnt war, bleibt ein Paradies.
Doch sagt: was in der Höhle dort, 7965
Bei schwachem Licht, sich dreifach hingekauert?

DRYAS. Die Phorkyaden[407]! Wage dich zum Ort
Und sprich sie an, wenn dich nicht schauert.

MEPHISTOPHELES.
Warum denn nicht! – Ich sehe was, und staune!
So stolz ich bin, muß ich mir selbst gestehn: 7970
Dergleichen hab' ich nie gesehn,
Die sind ja schlimmer als Alraune...
Wird man die urverworfnen Sünden
Im mindesten noch häßlich finden,
Wenn man dies Dreigetüm erblickt? 7975
Wir litten sie nicht auf den Schwellen
Der grauenvollsten unsrer Höllen.

---

406 Dryas: eine Baumnymphe
407 Phorkyaden: drei Töchter des Phorkys; abscheuliche Frauen, die zusammen nur ein Auge hatten; Wächterinnen ihrer Schwestern, der Gorgonen

Hier wurzelt's in der Schönheit Land,
Das wird mit Ruhm antik genannt...
Sie regen sich, sie scheinen mich zu spüren, 7980
Sie zwitschern pfeifend, Fledermaus-Vampyren.

PHORKYAS.
Gebt mir das Auge, Schwestern, daß es frage,
Wer sich so nah an unsre Tempel wage.

MEPHISTOPHELES.
Verehrteste! Erlaubt mir, euch zu nahen
Und euren Segen dreifach zu empfahen. 7985
Ich trete vor, zwar noch als Unbekannter,
Doch, irr' ich nicht, weitläufiger Verwandter.
Altwürdige Götter hab' ich schon erblickt,
Vor Ops und Rhea[408] tiefstens mich gebückt;
Die Parzen selbst, des Chaos, eure Schwestern, 7990
Ich sah sie gestern – oder ehegestern;
Doch euresgleichen hab' ich nie erblickt.
Ich schweige nun und fühle mich entzückt.

PHORKYADEN.
Er scheint Verstand zu haben, dieser Geist.

MEPHISTOPHELES.
Nur wundert's mich, daß euch kein Dichter preist. 7995
Und sagt: wie kam's, wie konnte das geschehn?
Im Bilde hab' ich nie euch Würdigste sehn;
Versuch's der Meißel doch, euch zu erreichen,
Nicht Juno, Pallas, Venus und dergleichen.

PHORKYADEN.
Versenkt in Einsamkeit und stillste Nacht, 8000
Hat unser Drei noch nie daran gedacht!

MEPHISTOPHELES.
Wie sollt' es auch? da ihr, der Welt entrückt,
Hier niemand seht und niemand euch erblickt.
Da müßtet ihr an solchen Orten wohnen,
Wo Pracht und Kunst auf gleichem Sitze thronen, 8005
Wo jeden Tag, behend, im Doppelschritt,
Ein Marmorblock als Held ins Leben tritt.
Wo –

PHORKYADEN.
    Schweige still und gib uns kein Gelüsten!
Was hülf' es uns, und wenn wir's besser wüßten?
In Nacht geboren, Nächtlichem verwandt, 8010
Beinah uns selbst, ganz allen unbekannt.

MEPHISTOPHELES.
In solchem Fall hat es nicht viel zu sagen,
Man kann sich selbst auch andern übertragen.

---

408 Ops und Rhea: Namen für die Mutter von Zeus

Euch dreien gnügt ein Auge, gnügt ein Zahn;
Da ging' es wohl auch mythologisch an, 8015
In zwei die Wesenheit der drei zu fassen,
Der Dritten Bildnis mir zu überlassen,
Auf kurze Zeit.

    EINE.   Wie dünkt's euch? ging' es an?

    DIE ANDERN.
Versuchen wir's! – doch ohne Aug' und Zahn.

    MEPHISTOPHELES.
Nun habt ihr grad das Beste weggenommen; 8020
Wie würde da das strengste Bild vollkommen!

    EINE. Drück du ein Auge zu, 's ist leicht geschehn,
Laß alsofort den einen Raffzahn sehn,
Und im Profil wirst du sogleich erreichen,
Geschwisterlich vollkommen uns zu gleichen. 8025

    MEPHISTOPHELES. Viel Ehr'! Es sei!

    PHORKYADEN.   Es sei!

    MEPHISTOPHELES *als Phorkyas im Profil.*
                            Da steh' ich schon,
Des Chaos vielgeliebter Sohn!

    PHORKYADEN.
Des Chaos Töchter sind wir unbestritten.

    MEPHISTOPHELES.
Man schilt mich nun, o Schmach, Hermaphroditen[409].

    PHORKYADEN.
Im neuen Drei der Schwestern welche Schöne! 8030
Wir haben zwei der Augen, zwei der Zähne.

    MEPHISTOPHELES.
Vor aller Augen muß ich mich verstecken,
Im Höllenpfuhl die Teufel zu erschrecken. *Ab.*

Felsbuchten des ägäischen Meers[410]

Mond im Zenit[411] verharrend.

    SIRENEN, *auf den Klippen umher gelagert, flötend und singend.*
        Haben sonst bei nächtigem Grauen
        Dich thessalische Zauberfrauen 8035
        Frevelhaft herabgezogen,
        Blicke ruhig von dem Bogen

---

409   Hermaphrodite: Zwitterwesen, Sohn des Götterboten Hermes und der Aphrodite
410   ägäische Meer: auch Ägäis; Nebenmeer vom Mittelmeer, das an Griechenland und die Türkei angrenzt
411   Mond im Zenit: Mond am Scheitelpunkt des Nachthimmels

Deiner Nacht auf Zitterwogen
Mildeblitzend Glanzgewimmel
Und erleuchte das Getümmel, 8040
Das sich aus den Wogen hebt!
Dir zu jedem Dienst erbötig,
Schöne Luna, sei uns gnädig!

NEREIDEN[412] **UND TRITONEN**[413], *als Meerwunder.*
Tönet laut in schärfern Tönen,
Die das breite Meer durchdröhnen, 8045
Volk der Tiefe ruft fortan!
Vor des Sturmes grausen Schlünden
Wichen wir zu stillsten Gründen,
Holder Sang zieht uns heran.

Seht, wie wir im Hochentzücken 8050
Uns mit goldenen Ketten schmücken,
Auch zu Kron' und Edelsteinen
Spang- und Gürtelschmuck vereinen!
Alles das ist eure Frucht.
Schätze, scheiternd hier verschlungen, 8055
Habt ihr uns herangesungen,
Ihr Dämonen unsrer Bucht.

SIRENEN.
Wissen's wohl, in Meeresfrische
Glatt behagen sich die Fische,
Schwanken Lebens ohne Leid; 8060
Doch, ihr festlich regen Scharen,
Heute möchten wir erfahren,
Daß ihr mehr als Fische seid.

NEREIDEN UND TRITONEN.
Ehe wir hieher gekommen,
Haben wir's zu Sinn genommen; 8065
Schwestern, Brüder, jetzt geschwind!
Heut bedarf's der kleinsten Reise
Zum vollgültigsten Beweise,
Daß wir mehr als Fische sind. *Entfernen sich.*

SIRENEN. Fort sind sie im Nu! 8070
Nach Samothrace[414] grade zu,
Verschwunden mit günstigem Wind.
Was denken sie zu vollführen

---

412 Nereiden: in griech. Mythologie die 50 Töchter des Meeresgottes Nereus; Nymphen des Meeres, Beschützerinnen von Schiffbrüchigen; in der Darstellung oft auf Delphinen oder Hypokrampen (Mischwesen aus Fisch und Pferd) reitend

413 Tritonen: in griech. Mythologie die Söhne des Meergottes Triton; Zentauren des Meeres, halb Mensch, halb Delphin mit den Vorderbeinen eines Pferdes

414 Samothrace: Insel im nördlichen Teil des Ägäischen Meeres, berühmt durch die Mysterien der Kabiren

Im Reiche der hohen Kabiren[415]?
Sind Götter! Wundersam eigen, 8075
Die sich immerfort selbst erzeugen
Und niemals wissen, was sie sind.

Bleibe auf deinen Höhn,
Holde Luna, gnädig stehn,
Daß es nächtig verbleibe, 8080
Uns der Tag nicht vertreibe!

THALES *am Ufer zu Homunculus.*
Ich führte dich zum alten Nereus[416] gern;
Zwar sind wir nicht von seiner Höhle fern,
Doch hat er einen harten Kopf,
Der widerwärtige Sauertopf. 8085
Das ganze menschliche Geschlecht
Macht's ihm, dem Griesgram, nimmer recht.
Doch ist die Zukunft ihm entdeckt,
Dafür hat jedermann Respekt
Und ehret ihn auf seinem Posten; 8090
Auch hat er manchem wohlgetan.

HOMUNCULUS. Probieren wir's und klopfen an!
Nicht gleich wird's Glas und Flamme kosten.

NEREUS.
Sind's Menschenstimmen, die mein Ohr vernimmt?
Wie es mir gleich im tiefsten Herzen grimmt! 8095
Gebilde, strebsam, Götter zu erreichen,
Und doch verdammt, sich immer selbst zu gleichen.
Seit alten Jahren konnt' ich göttlich ruhn,
Doch trieb mich's an, den Besten wohlzutun;
Und schaut' ich dann zuletzt vollbrachte Taten, 8100
So war es ganz, als hätt' ich nicht geraten.

THALES.
Und doch, o Greis des Meers, vertraut man dir;
Du bist der Weise, treib uns nicht von hier!
Schau diese Flamme, menschenähnlich zwar,
Sie deinem Rat ergibt sich ganz und gar. 8105

NEREUS.
Was Rat! Hat Rat bei Menschen je gegolten?
Ein kluges Wort erstarrt im harten Ohr.
So oft auch Tat sich grimmig selbst gescholten,
Bleibt doch das Volk selbstwillig wie zuvor.
Wie hab' ich Paris väterlich gewarnt, 8110
Eh sein Gelüst ein fremdes Weib umgarnt.
Am griechischen Ufer stand er kühnlich da,

---

415 Kabiren: ursprünglich zwei Gottheiten, Hephaistos (oder auch Dyonisos) und Kadmilos; später vier Gottheiten, Hermes, Hades, Persephone, Demeter; auf Samothrake waren sie Beschützer der Seefahrer und Schiffbrüchigen

416 Nereus: in griech. Mythologie ein Meergott; Sohn von Ponto und Gäa; zeugte mit Doris die 50 Nereiden; bekannt als sanfter Gott des Meeres, der im Ägäischen Meer lebte

Ihm kündet' ich, was ich im Geiste sah:
Die Lüfte qualmend, überströmend Rot,
Gebälke glühend, unten Mord und Tod: 8115
Trojas Gerichtstag[417], rhythmisch festgebannt,
Jahrtausenden so schrecklich als gekannt.
Des Alten Wort[418], dem Frechen[419] schien's ein Spiel,
Er folgte seiner Lust, und Ilios[420] fiel –
Ein Riesenleichnam, starr nach langer Qual, 8120
Des Pindus[421] Adlern gar willkommnes Mahl.
Ulyssen[422] auch! sagt' ich ihm nicht voraus
Der Circe[423] Listen, des Zyklopen[424] Graus?
Das Zaudern sein, der Seinen leichten Sinn,
Und was nicht alles! Bracht' ihm das Gewinn? 8125
Bis vielgeschaukelt ihn, doch spät genug,
Der Woge Gunst an gastlich Ufer trug.

THALES.
Dem weisen Mann gibt solch Betragen Qual;
Der gute doch versucht es noch einmal.
Ein Quentchen Danks wird, hoch ihn zu vergnügen, 8130
Die Zentner Undanks völlig überwiegen.
Denn nichts Geringes haben wir zu flehn:
Der Knabe da wünscht weislich zu entstehn.

NEREUS.
Verderbt mir nicht den seltensten Humor!
Ganz andres steht mir heute noch bevor: 8135
Die Töchter hab' ich alle herbeschieden,
Die Grazien des Meeres, die Doriden[425].
Nicht der Olymp, nicht euer Boden trägt
Ein schön Gebild, das sich so zierlich regt.
Sie werfen sich, anmutigster Gebärde, 8140
Vom Wasserdrachen auf Neptunus' Pferde,
Dem Element aufs zarteste vereint,
Daß selbst der Schaum sie noch zu heben scheint.
Im Farbenspiel von Venus'[426] Muschelwagen

---

417 Trojas Gerichtstag: bezieht sich auf den Trojanischen Krieg
418 Des Alten Wort: gemeint ist Nereus
419 dem Frechen: gemeint ist Paris, der Helena nach Troja entführte
420 Ilios: Troja
421 Pindus: ein Hochgebirge in Griechenland
422 Ulyssen: Odysseus
423 Circe: in griech. Mythologie eine Zauberin auf der Insel Aia; verwandelt alle Fremden in Tiere; die Gefährten des Odysseus verwandelte sie in Schweine
424 Zyklopen: Riesen mit nur einem auf der Stirn sitzenden Auge; Söhne Poseidons; Odysseus begegnet den Zyklopen auf seinen Irrfahrten durch das Meer
425 Doriden: gemeint sind die Nereiden (die Töchter von Nereus), die hier nach ihrer Mutter Doris benannt sind
426 Venus: röm. Göttin der Liebe, Schönheit und des erotischen Verlangens; Pedant bei den Griechen ist Aphrodite

Kommt Galatee[427], die Schönste, nun getragen,   8145
Die, seit sich Kypris[428] von uns abgekehrt,
In Paphos[429] wird als Göttin selbst verehrt.
Und so besitzt die Holde lange schon,
Als Erbin, Tempelstadt und Wagenthron.
Hinweg! Es ziemt in Vaterfreudenstunde   8150
Nicht Haß dem Herzen, Scheltwort nicht dem Munde.
Hinweg zu Proteus[430]! Fragt den Wundermann:
Wie man entstehn und sich verwandlen kann.

Entfernt sich gegen das Meer.

THALES.
Wir haben nichts durch diesen Schritt gewonnen,
Trifft man auch Proteus, gleich ist er zerronnen;   8155
Und steht er euch, so sagt er nur zuletzt,
Was staunen macht und in Verwirrung setzt.
Du bist einmal bedürftig solchen Rats,
Versuchen wir's und wandlen unsres Pfads!

Entfernen sich.

SIRENEN *oben auf den Felsen.*
    Was sehen wir von weiten   8160
    Das Wellenreich durchgleiten?
    Als wie nach Windes Regel
    Anzögen weiße Segel,
    So hell sind sie zu schauen,
    Verklärte Meeresfrauen.   8165
    Laßt uns herunterklimmen,
    Vernehmt ihr doch die Stimmen.

NEREIDEN UND TRITONEN.
    Was wir auf Händen tragen,
    Soll allen euch behagen.
    Chelonens[431] Riesenschilde   8170
    Entglänzt ein streng Gebilde:
    Sind Götter, die wir bringen;
    Müßt hohe Lieder singen.

SIRENEN. Klein von Gestalt,
    Groß von Gewalt,   8175

---

427   Galatee: Meernymphe, galt als die schönste der Nereiden bzw. Doriden; beliebtes Motiv in der Kunst

428   Kypris: Insel Zypern; hier wurde Venus / Aphrodite geboren und ihr ein Tempel errichtet

429   Paphos: Stadt auf Zypern

430   Proteus: in griech. Mythologie ein Meergott; Hüter der Robben, Verwandlungskünstler und Prophet, der sich Weissagungen aber nur mit List entlocken ließ

431   Chelone: in griech. Mythologie eine Jungfrau. Bei der Hochzeit von Zeus und Hera blieb sie der Feier aus Verachtung fern. Hermes warf sie daher mit ihrem Haus in den Fluss und verwandelte sie in eine Schildkröte, die ihr Haus fortan auf dem Rücken tragen musste.

Der Scheiternden Retter,
Uralt verehrte Götter.

NEREIDEN UND TRITONEN.
Wir bringen die Kabiren,
Ein friedlich Fest zu führen;
Denn wo sie heilig walten,
Neptun wird freundlich schalten.

SIRENEN.
Wir stehen euch nach;
Wenn ein Schiff zerbrach,
Unwiderstehbar an Kraft
Schützt ihr die Mannschaft.

NEREIDEN UND TRITONEN.
Drei haben wir mitgenommen,
Der vierte wollte nicht kommen;
Er sagte, er sei der Rechte,
Der für sie alle dächte.

SIRENEN.
Ein Gott den andern Gott
Macht wohl zu Spott.
Ehrt ihr alle Gnaden,
Fürchtet jeden Schaden.

NEREIDEN UND TRITONEN.
Sind eigentlich ihrer sieben.

SIRENEN.
Wo sind die drei geblieben?

NEREIDEN UND TRITONEN.
Wir wüßten's nicht zu sagen,
Sind im Olymp zu erfragen;
Dort west auch wohl der achte,
An den noch niemand dachte!
In Gnaden uns gewärtig,
Doch alle noch nicht fertig.
Diese Unvergleichlichen
Wollen immer weiter,
Sehnsuchtsvolle Hungerleider
Nach dem Unerreichlichen.

SIRENEN.
Wir sind gewohnt,
Wo es auch thront,
In Sonn' und Mond
Hinzubeten; es lohnt.

NEREIDEN UND TRITONEN.
Wie unser Ruhm zum höchsten prangt,
Dieses Fest anzuführen!

SIRENEN.
Die Helden des Altertums

　　　　Ermangeln des Ruhms,
　　　　Wo und wie er auch prangt,
　　　　Wenn sie das goldne Vlies⁴³² erlangt,　　　　　　　　　　8215
　　　　Ihr die Kabiren.

Wiederholt als Allgesang.

　　　　Wenn sie das goldne Vlies erlangt,
　　　　Wir die Kabiren,
　　　　Ihr die Kabiren.

Nereiden und Tritonen ziehen vorüber.

HOMUNCULUS.
　　　　Die Ungestalten seh' ich an
　　　　Als irden-schlechte Töpfe⁴³³,　　　　　　　　　　　　　8220
　　　　Nun stoßen sich die Weisen dran⁴³⁴
　　　　Und brechen harte Köpfe.

THALES.
　　　　Das ist es ja, was man begehrt:
　　　　Der Rost macht erst die Münze wert.

PROTEUS *unbemerkt.*
　　　　So etwas freut mich alten Fabler!　　　　　　　　　　8225
　　　　Je wunderlicher, desto respektabler.

THALES. Wo bist du, Proteus?

PROTEUS, *bauchrednerisch, bald nah, bald fern.*
　　　　　　Hier! und hier!

THALES. Den alten Scherz verzeih' ich dir;
Doch einem Freund nicht eitle Worte!
Ich weiß, du sprichst vom falschen Orte.　　　　　　　　　　8230

PROTEUS *als aus der Ferne.*
Leb' wohl!

THALES *leise zu Homunculus.*
　　　　　　Er ist ganz nah. Nun leuchte frisch!
Er ist neugierig wie ein Fisch;
Und wo er auch gestaltet stockt,
Durch Flammen wird er hergelockt.

HOMUNCULUS.
Ergieß' ich gleich des Lichtes Menge,　　　　　　　　　　　8235
Bescheiden doch, daß ich das Glas nicht sprenge.

PROTEUS *in Gestalt einer Riesenschildkröte.*
Was leuchtet so anmutig schön?

432　goldenes Vlies: das Fell von Chrysomallos, ein goldener Widders, der fliegen und sprechen konnte

433　irden-schlechte Töpfe: Töpfe mit Menschenköpfen als Darstellung der Kabiren

434　die Weisen dran: gemeint sind Friedrich Kreuzer und Wilhelm Schelling, die sich in ihren Schriften mit den Kabiren auseinandergesetzt haben

THALES, *den Homunculus verhüllend.*
Gut! Wenn du Lust hast, kannst du's näher sehn.
Die kleine Mühe laß dich nicht verdrießen
Und zeige dich auf menschlich beiden Füßen. 8240
Mit unsern Gunsten sei's, mit unserm Willen,
Wer schauen will, was wir verhüllen.

PROTEUS, *edel gestaltet.*
Weltweise Kniffe sind dir noch bewußt.

THALES.
Gestalt zu wechseln, bleibt noch deine Lust.

Hat den Homunculus enthüllt.

PROTEUS *erstaunt.*
Ein leuchtend Zwerglein! Niemals noch gesehn! 8245

THALES. Es fragt um Rat und möchte gern entstehn.
Er ist, wie ich von ihm vernommen,
Gar wundersam nur halb zur Welt gekommen.
Ihm fehlt es nicht an geistigen Eigenschaften,
Doch gar zu sehr am greiflich Tüchtighaften. 8250
Bis jetzt gibt ihm das Glas allein Gewicht,
Doch wär' er gern zunächst verkörperlicht.

PROTEUS. Du bist ein wahrer Jungfernsohn[435],
Eh' du sein solltest, bist du schon!

THALES *leise.*
Auch scheint es mir von andrer Seite kritisch: 8255
Er ist, mich dünkt, hermaphroditisch[436].

PROTEUS. Da muß es desto eher glücken;
So wie er anlangt, wird sich's schicken.
Doch gilt es hier nicht viel Besinnen:
Im weiten Meere mußt du anbeginnen! 8260
Da fängt man erst im kleinen an
Und freut sich, Kleinste zu verschlingen,
Man wächst so nach und nach heran
Und bildet sich zu höherem Vollbringen.

HOMUNCULUS. Hier weht gar eine weiche Luft, 8265
Es grunelt so, und mir behagt der Duft!

PROTEUS. Das glaub' ich, allerliebster Junge!
Und weiter hin wird's viel behäglicher,
Auf dieser schmalen Strandeszunge
Der Dunstkreis noch unsäglicher; 8270
Da vorne sehen wir den Zug,
Der eben herschwebt, nah genug.
Kommt mit dahin!

---

435 Jungfernsohn: Anspielung auf die „unbefleckte Empfängnis" von Maria, die ihren Sohn Jesus unberührt empfing. Homunculus wurde im Reagenzglas erzeugt.
436 hermaphroditisch: zweigeschlechtlich

THALES. Ich gehe mit.

HOMUNCULUS.
Dreifach merkwürd'ger Geisterschritt!

Telchinen von Rhodus[437] *auf Hippokampen*[438] *und Meerdrachen, Neptunens Dreizack*[439] *handhabend.*

CHOR.
Wir haben den Dreizack Neptunen geschmiedet,   8275
Womit er die regesten Wellen begütet.
Entfaltet der Donnrer die Wolken, die vollen,
Entgegnet Neptunus dem greulichen Rollen;
Und wie auch von oben es zackig erblitzt,
Wird Woge nach Woge von unten gespritzt;   8280
Und was auch dazwischen in Ängsten gerungen,
Wird, lange geschleudert, vom Tiefsten verschlungen;
Weshalb er uns heute den Zepter gereicht –
Nun schweben wir festlich, beruhigt und leicht.

SIRENEN.
Euch, dem Helios Geweihten,   8285
Heitern Tags Gebenedeiten,
Gruß zur Stunde, die bewegt
Lunas Hochverehrung regt!

TELCHINEN.
Allieblichste Göttin am Bogen da droben[440]!
Du hörst mit Entzücken den Bruder beloben.   8290
Der seligen Rhodus verleihst du ein Ohr,
Dort steigt ihm ein ewiger Päan[441] hervor.
Beginnt er den Tagslauf und ist es getan,
Er blickt uns mit feurigem Strahlenblick an.
Die Berge, die Städte, die Ufer, die Welle   8295
Gefallen dem Gotte, sind lieblich und helle.
Kein Nebel umschwebt uns, und schleicht er sich ein,
Ein Strahl und ein Lüftchen, die Insel ist rein!
Da schaut sich der Hohe in hundert Gebilden,
Als Jüngling, als Riesen, den großen, den milden.   8300
Wir ersten, wir waren's, die Göttergewalt
Aufstellten in würdiger Menschengestalt[442].

---

437 Telchinen von Rhodus: Kobolde, kunstfertige Schmiede, Urbewohner von Rhodos, errichteten die ersten Götterbilder

438 Hippokrampen: Fabelwesen halb Fisch, halb Pferd; die Seepferdchen wurden nach ihnen benannt

439 Neptuns Dreizack: wurde von den Telchinen geschmiedet

440 Allerliebchste Göttin...: gemeint ist Luna, die Mondgöttin; ihr Bruder ist Helios, der Sonnengott

441 Pään: Paian ist ein feierlicher Gesang, wurde insbesondere dem griech. Gott Apollon zu Ehren gesungen zum Kampf oder zur Siegesfeier

442 Göttergewalt ... Menschengestalt: Durch die Telchinen wurden erstmals Götter in Menschengestalt dargestellt.

PROTEUS.
    Laß du sie singen, laß sie prahlen!
    Der Sonne heiligen Lebestrahlen
    Sind tote Werke nur ein Spaß.   8305
    Das bildet, schmelzend, unverdrossen;
    Und haben sie's in Erz gegossen,
    Dann denken sie, es wäre was.
    Was ist's zuletzt mit diesen Stolzen?
    Die Götterbilder standen groß –   8310
    Zerstörte sie ein Erdestoß;
    Längst sind sie wieder eingeschmolzen.
    Das Erdetreiben, wie's auch sei,
    Ist immer doch nur Plackerei;
    Dem Leben frommt die Welle besser;   8315
    Dich trägt ins ewige Gewässer
    Proteus-Delphin.

Er verwandelt sich.

              Schon ist's getan!
    Da soll es dir zum schönsten glücken:
    Ich nehme dich auf meinen Rücken,
    Vermähle dich dem Ozean.   8320

THALES.
    Gib nach dem löblichen Verlangen,
    Von vorn die Schöpfung anzufangen!
    Zu raschem Wirken sei bereit!
    Da regst du dich nach ewigen Normen,
    Durch tausend, abertausend Formen,   8325
    Und bis zum Menschen hast du Zeit.

Homunculus besteigt den Proteus-Delphin.

PROTEUS.
    Komm geistig mit in feuchte Weite,
    Da lebst du gleich in Läng' und Breite,
    Beliebig regest du dich hier;
    Nur strebe nicht nach höheren Orden: 8330
    Denn bist du erst ein Mensch geworden,
    Dann ist es völlig aus mit dir.

THALES.
    Nachdem es kommt; ‚s ist auch wohl fein,
    Ein wackrer Mann zu seiner Zeit zu sein.

PROTEUS *zu Thales.*
    So einer wohl von deinem Schlag!   8335
    Das hält noch eine Weile nach;
    Denn unter bleichen Geisterscharen
    Seh' ich dich schon seit vielen hundert Jahren.

SIRENEN *auf den Felsen.*
    Welch ein Ring von Wölkchen ründet
    Um den Mond so reichen Kreis?   8340
    Tauben sind es, liebentzündt,

Fittiche, wie Licht so weiß.
Paphos[443] hat sie hergesendet,
Ihre brünstige Vogelschar;
Unser Fest, es ist vollendet, 8345
Heitre Wonne voll und klar!

NEREUS, *zu Thales tretend.*
Nennte wohl ein nächtiger Wanderer
Diesen Mondhof Lufterscheinung;
Doch wir Geister sind ganz anderer
Und der einzig richtigen Meinung: 8350
Tauben sind es, die begleiten
Meiner Tochter Muschelfahrt,
Wunderflugs besondrer Art,
Angelernt vor alten Zeiten.

THALES.
Auch ich halte das fürs Beste, 8355
Was dem wackern Mann gefällt,
Wenn im stillen, warmen Neste
Sich ein Heiliges lebend hält.

PSYLLEN UND MARSEN[444] *auf Meerstieren, Meerkälbern und -widdern.*
In Cyperns rauhen Höhlegrüften,
Vom Meergott nicht verschüttet, 8360
Vom Seismos nicht zerrüttet,
Umweht von ewigen Lüften,
Und, wie in den ältesten Tagen,
In stillbewußtem Behagen
Bewahren wir Cypriens Wagen 8365
Und führen, beim Säuseln der Nächte,
Durch liebliches Wellengeflechte,
Unsichtbar dem neuen Geschlechte,
Die lieblichste Tochter heran.
Wir leise Geschäftigen scheuen 8370
Weder Adler noch geflügelten Leuen,
Weder Kreuz noch Mond,
Wie es oben wohnt und thront,
Sich wechselnd wegt und regt,
Sich vertreibt und totschlägt, 8375
Saaten und Städte niederlegt.
Wir, so fortan,
Bringen die lieblichste Herrin heran.

SIRENEN.
Leicht bewegt, in mäßiger Eile,
Um den Wagen, Kreis um Kreis, 8380
Bald verschlungen Zeil' an Zeile,
Schlangenartig reihenweis,
Naht euch, rüstige Nereiden,

---

443 Paphos: Ort auf Zypern, in dem Aphrodite und Galatee verehrt wurden
444 Psyllen, Marsen: alte afrikanische bzw. italienische Völker; Beschwörer von Schlangen und Wahrsagekünstler

Derbe Fraun, gefällig wild,
Bringet, zärtliche Doriden, 8385
Galateen, der Mutter Bild:
Ernst, den Göttern gleich zu schauen,
Würdiger Unsterblichkeit,
Doch wie holde Menschenfrauen
Lockender Anmutigkeit. 8390

DORIDEN *im Chor an Nereus vorbeiziehend, sämtlich auf Delphinen.*
Leih uns, Luna, Licht und Schatten,
Klarheit diesem Jugendflor!
Denn wir zeigen liebe Gatten
Userm Vater bittend vor. *Zu Nereus.*
Knaben sind's, die wir gerettet 8395
Aus der Brandung grimmem Zahn,
Sie, auf Schilf und Moos gebettet,
Aufgewärmt zum Licht heran,
Die es nun mit heißen Küssen
Treulich uns verdanken müssen; 8400
Schau die Holden günstig an!

NEREUS.
Hoch ist der Doppelgewinn zu schätzen:
Barmherzig sein, und sich zugleich ergetzen.

DORIDEN.
Lobst du, Vater, unser Walten,
Gönnst uns wohlerworbene Lust, 8405
Laß uns fest, unsterblich halten
Sie an ewiger Jugendbrust.

NEREUS.
Mögt euch des schönen Fanges freuen,
Den Jüngling bildet euch als Mann;
Allein ich könnte nicht verleihen, 8410
Was Zeus allein gewähren kann.
Die Welle, die euch wogt und schaukelt,
Läßt auch der Liebe nicht Bestand,
Und hat die Neigung ausgegaukelt,
So setzt gemächlich sie ans Land. 8415

DORIDEN.
Ihr, holde Knaben, seid uns wert,
Doch müssen wir traurig scheiden;
Wir haben ewige Treue begehrt,
Die Götter wollen's nicht leiden.

DIE JÜNGLINGE.
Wenn ihr uns nur so ferner labt, 8420
Uns wackre Schifferknaben;
Wir haben's nie so gut gehabt
Und wollen's nicht besser haben.

Galatee auf dem Muschelwagen nähert sich.

NEREUS. Du bist es, mein Liebchen!

GALATEE. O Vater! das Glück!
Delphine, verweilet! mich fesselt der Blick. 8425

NEREUS. Vorüber schon, sie ziehen vorüber
In kreisenden Schwunges Bewegung;
Was kümmert sie die innre herzliche Regung!
Ach, nähmen sie mich mit hinüber!
Doch ein einziger Blick ergetzt, 8430
Daß er das ganze Jahr ersetzt.

THALES. Heil! Heil! aufs neue!
Wie ich mich blühend freue,
Vom Schönen, Wahren durchdrungen....
Alles ist aus dem Wasser entsprungen!! 8435
Alles wird durch das Wasser erhalten!
Ozean, gönn uns dein ewiges Walten.
Wenn du nicht Wolken sendetest,
Nicht reiche Bäche spendetest,
Hin und her nicht Flüsse wendetest, 8440
Die Ströme nicht vollendetest,
Was wären Gebirge, was Ebnen und Welt?
Du bist's, der das frischeste Leben erhält.

ECHO, *Chorus der sämtlichen Kreise.*
Du bist's, dem das frischeste Leben entquellt.

NEREUS. Sie kehren schwankend fern zurück, 8445
Bringen nicht mehr Blick zu Blick;
In gedehnten Kettenkreisen,
Sich festgemäß zu erweisen,
Windet sich die unzählige Schar.
Aber Galateas Muschelthron 8450
Seh' ich schon und aber schon.
Er glänzt wie ein Stern
Durch die Menge.
Geliebtes leuchtet durchs Gedränge!
Auch noch so fern 8455
Schimmert's hell und klar,
Immer nah und wahr.

HOMUNCULUS.
   In dieser holden Feuchte
   Was ich auch hier beleuchte,
   Ist alles reizend schön. 8460

PROTEUS.
   In dieser Lebensfeuchte
   Erglänzt erst deine Leuchte
   Mit herrlichem Getön.

NEREUS.
Welch neues Geheimnis in Mitte der Scharen
Will unseren Augen sich offengebaren? 8465
Was flammt um die Muschel, um Galatees Füße?

Bald lodert es mächtig, bald lieblich, bald süße,
Als wär' es von Pulsen der Liebe gerührt.

THALES. Homunculus ist es, von Proteus verführt...
Es sind die Symptome des herrischen Sehnens, 8470
Mir ahnet das Ächzen beängsteten Dröhnens;
Er wird sich zerschellen am glänzenden Thron;
Jetzt flammt es, nun blitzt es, ergießet sich schon.

SIRENEN.
Welch feuriges Wunder verklärt uns die Wellen,
Die gegeneinander sich funkelnd zerschellen? 8475
So leuchtet's und schwanket und hellet hinan:
Die Körper, sie glühen auf nächtlicher Bahn,
Und ringsum ist alles vom Feuer umronnen;
So herrsche denn Eros, der alles begonnen!
    Heil dem Meere! Heil den Wogen, 8480
    Von dem heiligen Feuer umzogen!
    Heil dem Wasser! Heil dem Feuer!
    Heil dem seltnen Abenteuer!

ALL-ALLE!
    Heil den mildgewogenen Lüften!
    Heil geheimnisreichen Grüften! 8485
    Hochgefeiert seid allhier,
    Element' ihr alle vier!

3. Akt

Vor dem Palaste des Menelas[445] zu Sparta

Helena tritt auf und Chor gefangener Trojanerinnen[446].
Panthalis, Chorführerin.

HELENA.
Bewundert viel und viel gescholten, Helena,
Vom Strande komm' ich, wo wir erst gelandet sind,
Noch immer trunken von des Gewoges regsamem 8490
Geschaukel, das vom phrygischen Blachgefild uns her
Auf sträubig-hohem Rücken, durch Poseidons[447] Gunst
Und Euros'[448] Kraft, in vaterländische Buchten trug.

---

445 Menelas: Menelaos, König von Sparta, Ehemann von Helena
446 Chor gefangener Trojanerinnen: der Chor hat die Aufgabe eines antiken Chores
447 Poseidon: Gott des Meeres
448 Euros: in griech. Mythologie der Ostwind

Dort unten freuet nun der König Menelas
Der Rückkehr samt den tapfersten seiner Krieger sich. 8495
Du aber heiße mich willkommen, hohes Haus,
Das Tyndareos[449], mein Vater, nah dem Hange sich
Von Pallas' Hügel wiederkehrend aufgebaut
Und, als ich hier mit Klytämnestren schwesterlich,
Mit Kastor auch und Pollux fröhlich spielend wuchs, 8500
Vor allen Häusern Spartas herrlich ausgeschmückt.
Gegrüßet seid mir, der ehrnen Pforte Flügel ihr!
Durch euer gastlich ladendes Weit-Eröffnen einst
Geschah's, daß mir, erwählt aus vielen, Menelas
In Bräutigamsgestalt entgegenleuchtete. 8505
Eröffnet mir sie wieder, daß ich ein Eilgebot
Des Königs treu erfülle, wie der Gattin ziemt.
Laßt mich hinein! und alles bleibe hinter mir,
Was mich umstürmte bis hieher, verhängnisvoll.
Denn seit ich diese Schwelle sorgenlos verließ, 8510
Cytherens Tempel[450] besuchend, heiliger Pflicht gemäß,
Mich aber dort ein Räuber griff, der phrygische,
Ist viel geschehen, was die Menschen weit und breit
So gern erzählen, aber der nicht gerne hört,
Von dem die Sage wachsend sich zum Märchen spann. 8515

CHOR.
    Verschmähe nicht, o herrliche Frau,
    Des höchsten Gutes Ehrenbesitz!
    Denn das größte Glück ist dir einzig beschert,
    Der Schönheit Ruhm, der vor allen sich hebt.
    Dem Helden tönt sein Name voran, 8520
    Drum schreitet er stolz;
    Doch beugt sogleich hartnäckigster Mann
    Vor der allbezwingenden Schöne den Sinn.

HELENA.
Genug! mit meinem Gatten bin ich hergeschifft
Und nun von ihm zu seiner Stadt vorausgesandt; 8525
Doch welchen Sinn er hegen mag, errat' ich nicht.
Komm' ich als Gattin? komm' ich eine Königin?
Komm' ich ein Opfer für des Fürsten bittern Schmerz
Und für der Griechen lang' erduldetes Mißgeschick?
Erobert bin ich; ob gefangen, weiß ich nicht! 8530
Denn Ruf und Schicksal bestimmten fürwahr die Unsterblichen
Zweideutig mir, der Schöngestalt bedenkliche
Begleiter, die an dieser Schwelle mir sogar
Mit düster drohender Gegenwart zur Seite stehn.
Denn schon im hohlen Schiffe blickte mich der Gemahl 8535
Nur selten an, auch sprach er kein erquicklich Wort.
Als wenn er Unheil sänne, saß er gegen mir.

---

449   Tyndareos: vormaliger Herrscher von Sparta, Mann von Leda, Vater von Kastor und Pollux sowie von Helena, Phöbe und Klytämestra

450   Cytherens Tempel: Aphrodite-Tempel, aus dem Helena von Paris, der „phrygische Räuber", entführt wurde

Nun aber, als des Eurotas[451] tiefem Buchtgestad
Hinangefahren der vordern Schiffe Schnäbel kaum
Das Land begrüßten, sprach er, wie vom Gott bewegt: 8540
»Hier steigen meine Krieger nach der Ordnung aus,
Ich mustere sie, am Strand des Meeres hingereiht;
Du aber ziehe weiter, ziehe des heiligen
Eurotas fruchtbegabtem Ufer immer auf,
Die Rosse lenkend auf der feuchten Wiese Schmuck, 8545
Bis daß zur schönen Ebene du gelangen magst,
Wo Lakedämon, einst ein fruchtbar weites Feld,
Von ernsten Bergen nah umgeben, angebaut.
Betrete dann das hochgetürmte Fürstenhaus
Und mustere mir die Mägde, die ich dort zurück 8550
Gelassen, samt der klugen alten Schaffnerin[452].
Die zeige dir der Schätze reiche Sammlung vor,
Wie sie dein Vater hinterließ und die ich selbst
In Krieg und Frieden, stets vermehrend, aufgehäuft.
Du findest alles nach der Ordnung stehen; denn 8555
Das ist des Fürsten Vorrecht, daß er alles treu
In seinem Hause, wiederkehrend, finde, noch
An seinem Platze jedes, wie er's dort verließ.
Denn nichts zu ändern hat für sich der Knecht Gewalt.«

CHOR.
    Erquicke nun am herrlichen Schatz, 8560
    Dem stets vermehrten, Augen und Brust!
    Denn der Kette Zier, der Krone Geschmuck,
    Da ruhn sie stolz, und sie dünken sich was;
    Doch tritt nur ein und fordre sie auf,
    Sie rüsten sich schnell. 8565
    Mich freuet, zu sehn Schönheit in dem Kampf
    Gegen Gold und Perlen und Edelgestein.

HELENA.
Sodann erfolgte des Herren ferneres Herrscherwort:
»Wenn du nun alles nach der Ordnung durchgesehn,
Dann nimm so manchen Dreifuß, als du nötig glaubst, 8570
Und mancherlei Gefäße, die der Opfrer sich
Zur Hand verlangt, vollziehend heiligen Festgebrauch.
Die Kessel, auch die Schalen, wie das flache Rund;
Das reinste Wasser aus der heiligen Quelle sei
In hohen Krügen; ferner auch das trockne Holz, 8575
Der Flammen schnell empfänglich, halte da bereit;
Ein wohlgeschliffnes Messer fehle nicht zuletzt;
Doch alles andre geb' ich deiner Sorge hin.«
So sprach er, mich zum Scheiden drängend; aber nichts
Lebendigen Atems zeichnet mir der Ordnende, 8580
Das er, die Olympier zu verehren, schlachten will.
Bedenklich ist es; doch ich sorge weiter nicht,
Und alles bleibe hohen Göttern heimgestellt,

---
451   Eurotas: Evrotas, ein Hauptfluss auf der griech. Halbinsel Peloponnes
452   Schaffnerin: Aufseherin oder auch Verwalterin

Die das vollenden, was in ihrem Sinn sie deucht,
Es möge gut von Menschen oder möge bös 8585
Geachtet sein; die Sterblichen, wir ertragen das.
Schon manchmal hob das schwere Beil der Opfernde
Zu des erdgebeugten Tieres Nacken weihend auf
Und konnt' es nicht vollbringen, denn ihn hinderte
Des nahen Feindes oder Gottes Zwischenkunft. 8590

CHOR.
    Was geschehen werde, sinnst du nicht aus;
    Königin, schreite dahin
    Guten Muts!
    Gutes und Böses kommt
    Unerwartet dem Menschen; 8595
    Auch verkündet, glauben wir's nicht.
    Brannte doch Troja, sahen wir doch
    Tod vor Augen, schmählichen Tod;
    Und sind wir nicht hier
    Dir gesellt, dienstbar freudig, 8600
    Schauen des Himmels blendende Sonne
    Und das Schönste der Erde
    Huldvoll, dich, uns Glücklichen?

HELENA.
Sei's, wie es sei! Was auch bevorsteht, mir geziemt,
Hinaufzusteigen ungesäumt in das Königshaus, 8605
Das, lang' entbehrt und viel ersehnt und fast verscherzt,
Mir abermals vor Augen steht, ich weiß nicht wie.
Die Füße tragen mich so mutig nicht empor
Die hohen Stufen, die ich kindisch übersprang. *Ab.*

CHOR.
    Werfet, o Schwestern, ihr 8610
    Traurig gefangenen,
    Alle Schmerzen ins Weite;
    Teilet der Herrin Glück,
    Teilet Helenens Glück,
    Welche zu Vaterhauses Herd, 8615
    Zwar mit spät zurückkehrendem,
    Aber mit desto festerem
    Fuße freudig herannaht.
    Preiset die heiligen,
    Glücklich herstellenden 8620
    Und heimführenden Götter!
    Schwebt der Entbundene
    Doch wie auf Fittichen
    Über das Rauhste, wenn umsonst
    Der Gefangene sehnsuchtsvoll 8625
    Über die Zinne des Kerkers hin
    Armausbreitend sich abhärmt.
    Aber sie ergriff ein Gott,
    Die Entfernte;
    Und aus Ilios' Schutt 8630
    Trug er hierher sie zurück

In das alte, das neugeschmückte
Vaterhaus,
Nach unsäglichen
Freuden und Qualen, 8635
Früher Jugendzeit
Angefrischt zu gedenken.

PANTHALIS *als Chorführerin.*
Verlasset nun des Gesanges freudumgebnen Pfad
Und wendet nach der Türe Flügeln euren Blick!
Was seh' ich, Schwestern? Kehret nicht die Königin 8640
Mit heftigen Schrittes Regung wieder zu uns her?
Was ist es, große Königin, was konnte dir
In deines Hauses Hallen, statt der Deinen Gruß,
Erschütterndes begegnen? Du verbirgst es nicht;
Denn Widerwillen seh' ich an der Stirne dir, 8645
Ein edles Zürnen, das mit Überraschung kämpft.

HELENA, *welche die Türflügel offen gelassen hat, bewegt.*
Der Tochter Zeus' geziemet nicht gemeine Furcht,
Und flüchtig-leise Schreckenshand berührt sie nicht;
Doch das Entsetzen, das, dem Schoß der alten Nacht
Von Urbeginn entsteigend, vielgestaltet noch 8650
Wie glühende Wolken aus des Berges Feuerschlund
Herauf sich wälzt, erschüttert auch des Helden Brust.
So haben heute grauenvoll die Stygischen[453]
Ins Haus den Eintritt mir bezeichnet, daß ich gern
Von oft betretner, langersehnter Schwelle mich, 8655
Entlaßnem Gaste gleich, entfernend scheiden mag.
Doch nein! gewichen bin ich her ans Licht, und sollt
Ihr weiter nicht mich treiben, Mächte, wer ihr seid.
Auf Weihe will ich sinnen, dann gereinigt mag
Des Herdes Glut die Frau begrüßen wie den Herrn. 8660

CHORFÜHRERIN.
Entdecke deinen Dienerinnen, edle Frau,
Die dir verehrend beistehn, was begegnet ist.

HELENA.
Was ich gesehen, sollt ihr selbst mit Augen sehn,
Wenn ihr Gebilde nicht die alte Nacht sogleich
Zurückgeschlungen in ihrer Tiefe Wunderschoß. 8665
Doch daß ihr's wisset, sag' ich's euch mit Worten an:
Als ich des Königshauses ernsten Binnenraum,
Der nächsten Pflicht gedenkend, feierlich betrat,
Erstaunt' ich ob der öden Gänge Schweigsamkeit.
Nicht Schall der emsig Wandelnden begegnete 8670
Dem Ohr, nicht raschgeschäftiges Eiligtun dem Blick,
Und keine Magd erschien mir, keine Schaffnerin,
Die jeden Fremden freundlich sonst begrüßenden.
Als aber ich dem Schoße des Herdes mich genaht,

---

453 Stygischen: gemeint sind die Götter der Unterwelt, nach dem Styx benannt, dem Fluss
der Unterwelt

Da sah ich, bei verglommner Asche lauem Rest, 8675
Am Boden sitzen welch verhülltes großes Weib,
Der Schlafenden nicht vergleichbar, wohl der Sinnenden.
Mit Herrscherworten ruf' ich sie zur Arbeit auf,
Die Schaffnerin mir vermutend, die indes vielleicht
Des Gatten Vorsicht hinterlassend angestellt; 8680
Doch eingefaltet sitzt die Unbewegliche;
Nur endlich rührt sie auf mein Dräun[454] den rechten Arm,
Als wiese sie von Herd und Halle mich hinweg.
Ich wende zürnend mich ab von ihr und eile gleich
Den Stufen zu, worauf empor der Thalamos[455] 8685
Geschmückt sich hebt und nah daran das Schatzgemach;
Allein das Wunder reißt sich schnell vom Boden auf,
Gebietrisch mir den Weg vertretend, zeigt es sich
In hagrer Größe, hohlen, blutig-trüben Blicks,
Seltsamer Bildung, wie sie Aug' und Geist verwirrt. 8690
Doch red' ich in die Lüfte; denn das Wort bemüht
Sich nur umsonst, Gestalten schöpferisch aufzubauen.
Da seht sie selbst! sie wagt sogar sich ans Licht hervor!
Hier sind wir Meister, bis der Herr und König kommt.
Die grausen Nachtgeburten drängt der Schönheitsfreund 8695
Phöbus hinweg in Höhlen, oder bändigt sie.

Phorkyas[456] auf der Schwelle zwischen den Türpfosten auftretend.

CHOR.
Vieles erlebt' ich, obgleich die Locke
Jugendlich wallet mir um die Schläfe!
Schreckliches hab' ich vieles gesehen,
Kriegrischen Jammer, Ilios' Nacht, 8700
Als es fiel.

Durch das umwölkte, staubende Tosen
Drängender Krieger hört' ich die Götter
Fürchterlich rufen, hört' ich der Zwietracht
Eherne Stimme schallen durchs Feld, 8705
Mauerwärts.

Ach! sie standen noch, Ilios'
Mauern, aber die Flammenglut
Zog vom Nachbar zum Nachbar schon,
Sich verbreitend von hier und dort 8710
Mit des eignen Sturmes Wehn
Über die nächtliche Stadt hin.

Flüchtend sah ich durch Rauch und Glut
Und der züngelnden Flamme Loh'n
Gräßlich zürnender Götter Nahn, 8715
Schreitend Wundergestalten

---

454 Dräun: Drohen
455 Thalamos: bei Homer das eheliche Schlafgemach
456 Phorkyas: Phorkyaden sind die Töchter des Phorkys; Personifikationen des Alters; Mephistopeles entlehnt sich ihre Maske und tritt den gesamten 3. Akt in ihr auf.

Riesengroß, durch düsteren
Feuerumleuchteten Qualm hin.

Sah ich's, oder bildete
Mir der angstumschlungene Geist 8720
Solches Verworrene? sagen kann
Nimmer ich's, doch daß ich dies
Gräßliche hier mit Augen schau',
Solches gewiß ja weiß ich;
Könnt' es mit Händen fassen gar, 8725
Hielte von dem Gefährlichen
Nicht zurücke die Furcht mich.

Welche von Phorkys'
Töchtern nur bist du?
Denn ich vergleiche dich 8730
Diesem Geschlechte.
Bist du vielleicht der graugebornen,
Eines Auges und eines Zahns
Wechselsweis teilhaftigen
Graien eine gekommen? 8735

Wagest du Scheusal
Neben der Schönheit
Dich vor dem Kennerblick
Phöbus' zu zeigen?
Tritt du dennoch hervor nur immer; 8740
Denn das Häßliche schaut er nicht,
Wie sein heilig Auge noch
Nie erblickte den Schatten.

Doch uns Sterbliche nötigt, ach,
Leider trauriges Mißgeschick 8745
Zu dem unsäglichen Augenschmerz,
Den das Verwerfliche, Ewig-Unselige
Schönheitliebenden rege macht.

Ja, so höre denn, wenn du frech
Uns entgegenest, höre Fluch, 8750
Höre jeglicher Schelte Drohn
Aus dem verwünschenden Munde der Glücklichen,
Die von Göttern gebildet sind.

PHORKYAS.
Alt ist das Wort, doch bleibet hoch und wahr der Sinn,
Daß Scham und Schönheit nie zusammen, Hand in Hand, 8755
Den Weg verfolgen über der Erde grünen Pfad.
Tief eingewurzelt wohnt in beiden alter Haß,
Daß, wo sie immer irgend auch des Weges sich
Begegnen, jede der Gegnerin den Rücken kehrt.
Dann eilet jede wieder heftiger, weiter fort, 8760
Die Scham betrübt, die Schönheit aber frech gesinnt,

Bis sie zuletzt des Orkus[457] hohle Nacht umfängt,
Wenn nicht das Alter sie vorher gebändigt hat.
Euch find' ich nun, ihr Frechen, aus der Fremde her
Mit Übermut ergossen, gleich der Kraniche 8765
Laut-heiser klingendem Zug, der über unser Haupt,
In langer Wolke, krächzend sein Getön herab
Schickt, das den stillen Wandrer über sich hinauf
Zu blicken lockt; doch ziehn sie ihren Weg dahin,
Er geht den seinen; also wird's mit uns geschehn. 8770
Wer seid denn ihr, daß ihr des Königes Hochpalast
Mänadisch[458] wild, Betrunknen gleich, umtoben dürft?
Wer seid ihr denn, daß ihr des Hauses Schaffnerin
Entgegenheulet, wie dem Mond der Hunde Schar?
Wähnt ihr, verborgen sei mir, welch Geschlecht ihr seid, 8775
Du kriegerzeugte, schlachterzogne junge Brut?
Mannlustige du, so wie verführt verführende,
Entnervend beide, Kriegers auch und Bürgers Kraft!
Zu Hauf euch sehend, scheint mir ein Zikadenschwarm
Herabzustürzen, deckend grüne Feldersaat. 8780
Verzehrerinnen fremden Fleißes! Naschende
Vernichterinnen aufgekeimten Wohlstands ihr!
Erobert – marktverkauft – vertauschte Ware du!

HELENA.
Wer gegenwarts der Frau die Dienerinnen schilt,
Der Gebietrin Hausrecht tastet er vermessen an; 8785
Denn ihr gebührt allein, das Lobenswürdige
Zu rühmen, wie zu strafen, was verwerflich ist.
Auch bin des Dienstes ich wohl zufrieden, den sie mir
Geleistet, als die hohe Kraft von Ilios
Umlagert stand und fiel und lag; nicht weniger, 8790
Als wir der Irrfahrt kummervolle Wechselnot
Ertrugen, wo sonst jeder sich der Nächste bleibt.
Auch hier erwart' ich Gleiches von der muntern Schar;
Nicht, was der Knecht sei, fragt der Herr, nur, wie er dient.
Drum schweige du und grinse sie nicht länger an. 8795
Hast du das Haus des Königs wohl verwahrt bisher
Anstatt der Hausfrau, solches dient zum Ruhme dir;
Doch jetzo kommt sie selber, tritt nun du zurück,
Damit nicht Strafe werde statt verdienten Lohns.

PHORKYAS.
Den Hausgenossen drohen bleibt ein großes Recht, 8800
Das gottbeglückten Herrschers hohe Gattin sich
Durch langer Jahre weise Leitung wohl verdient.
Da du, nun Anerkannte, neu den alten Platz
Der Königin und Hausfrau wiederum betrittst,
So fasse längst erschlaffte Zügel, herrsche nun, 8805
Nimm in Besitz den Schatz und sämtlich uns dazu.
Vor allem aber schütze mich, die Ältere,

---

457 Orkus: lateinischer Name für die Unterwelt
458 mänadisch: Mänaden sind wilde Begleiter von Dionysos, dem Weingott

Vor dieser Schar, die neben deiner Schönheit Schwan
Nur schlecht befitticht', schnatterhafte Gänse sind.

CHORFÜHRERIN.
Wie häßlich neben Schönheit zeigt sich Häßlichkeit. 8810

PHORKYAS.
Wie unverständig neben Klugheit Unverstand.

Von hier an erwidern die Choretiden[459], einzeln aus dem Chor heraustretend.

CHORETIDE 1.
Von Vater Erebus[460] melde, melde von Mutter Nacht.

PHORKYAS.
So sprich von Scylla[461], leiblich dir Geschwisterkind.

CHORETIDE 2.
An deinem Stammbaum steigt manch Ungeheur empor.

PHORKYAS.
Zum Orkus hin! da suche deine Sippschaft auf. 8815

CHORETIDE 3.
Die dorten wohnen, sind dir alle viel zu jung.

PHORKYAS.
Tiresias[462], den Alten, gehe buhlend an.

CHORETIDE 4.
Orions[463] Amme war dir Ur-Urenkelin.

PHORKYAS.
Harpyen[464], wähn' ich, fütterten dich im Unflat auf.

CHORETIDE 5.
Mit was ernährst du so gepflegte Magerkeit? 8820

PHORKYAS.
Mit Blute nicht, wonach du allzulüstern bist.

CHORETIDE 6.
Begierig du auf Leichen, ekle Leiche selbst!

PHORKYAS.
Vampyren-Zähne glänzen dir im frechen Maul.

CHORFÜHRERIN.
Das deine stopf' ich, wenn ich sage, wer du seist.

---

459 Choretiden: Bezeichnung für die gefangenen Trojanerinnen im Gefolge von Helena
460 Erebus: Personifikation des Chaos
461 Scylla: Meerungeheuer; Oberkörper einer jungen Frau, Unterleib aus sechs Hunden
462 Tiresias: blinder Prophet in griech. Mythologie
463 Orion: in griech. Mythologie ein gewaltiger, übereifriger Jäger, der als Sternbild an den Himmel versetzt wurde
464 Harpyen: in griech. Mythologie ein geflügeltes Mischwesen, halb Frau, halb Vogel; Verkörperung der Sturmwinde; verschmutzten das Essen von König Phneus mit Kot (Unflat)

PHORKYAS.
So nenne dich zuerst; das Rätsel hebt sich auf. 8825

HELENA.
Nicht zürnend, aber traurend schreit' ich zwischen euch,
Verbietend solchen Wechselstreites Ungestüm!
Denn Schädlicheres begegnet nichts dem Herrscherherrn
Als treuer Diener heimlich unterschworner Zwist.
Das Echo seiner Befehle kehrt alsdann nicht mehr 8830
In schnell vollbrachter Tat wohlstimmig ihm zurück,
Nein, eigenwillig brausend tost es um ihn her,
Den selbstverirrten, ins Vergebne scheltenden.
Dies nicht allein. Ihr habt in sittelosem Zorn
Unsel'ger Bilder Schreckgestalten hergebannt, 8835
Die mich umdrängen, daß ich selbst zum Orkus mich
Gerissen fühle, vaterländ'scher Flur zum Trutz.
Ist's wohl Gedächtnis? war es Wahn, der mich ergreift?
War ich das alles? Bin ich's? Werd' ich's künftig sein,
Das Traum- und Schreckbild jener Städteverwüstenden?
Die Mädchen schaudern, aber du, die Älteste, 8840
Du stehst gelassen; rede mir verständig Wort.

PHORKYAS.
Wer langer Jahre mannigfaltigen Glücks gedenkt,
Ihm scheint zuletzt die höchste Göttergunst ein Traum.
Du aber, hochbegünstigt sonder Maß und Ziel, 8845
In Lebensreihe sahst nur Liebesbrünstige,
Entzündet rasch zum kühnsten Wagstück jeder Art.
Schon Theseus haschte früh dich, gierig aufgeregt,
Wie Herakles stark, ein herrlich schön geformter Mann.

HELENA.
Entführte mich, ein zehenjährig schlankes Reh, 8850
Und mich umschloß Aphidnus'[465] Burg in Attika[466].

PHORKYAS.
Durch Kastor und durch Pollux aber bald befreit,
Umworben standst du ausgesuchter Heldenschar.

HELENA.
Doch stille Gunst vor allen, wie ich gern gesteh',
Gewann Patroklus[467], er, des Peliden Ebenbild. 8855

PHORKYAS.
Doch Vaterwille traute dich an Menelas,
Den kühnen Seedurchstreicher, Hausbewahrer auch.

HELENA.
Die Tochter gab er, gab des Reichs Bestellung ihm.
Aus ehlichem Beisein sproßte dann Hermione[468].

---

465 Aphidnus: Freund von Theseus
466 Attika: Gegend um Athen
467 Patroklus: Freund und Waffengefährde von Achilles
468 Hermione: Tochter von Helena und Menelaos

PHORKYAS.
Doch als er fern sich Kretas Erbe kühn erstritt, 8860
Dir Einsamen da erschien ein allzuschöner Gast.

HELENA.
Warum gedenkst du jener halben Witwenschaft,
Und welch Verderben gräßlich mir daraus erwuchs?

PHORKYAS.
Auch jene Fahrt, mir freigebornen Kreterin
Gefangenschaft erschuf sie, lange Sklaverei. 8865

HELENA.
Als Schaffnerin bestellt' er dich sogleich hieher,
Vertrauend vieles, Burg und kühn erworbnen Schatz.

PHORKYAS.
Die du verließest, Ilios' umtürmter Stadt
Und unerschöpften Liebesfreuden zugewandt.

HELENA.
Gedenke nicht der Freuden! allzuherben Leids 8870
Unendlichkeit ergoß sich über Brust und Haupt.

PHORKYAS.
Doch sagt man, du erschienst ein doppelhaft Gebild,
In Ilios gesehen und in Ägypten auch.

HELENA.
Verwirre wüsten Sinnes Aberwitz nicht gar.
Selbst jetzo, welche denn ich sei, ich weiß es nicht. 8875

PHORKYAS.
Dann sagen sie: aus hohlem Schattenreich herauf[469]
Gesellte sich inbrünstig noch Achill zu dir!
Dich früher liebend gegen allen Geschicks Beschluß.

HELENA.
Ich als Idol, ihm dem Idol verband ich mich.
Es war ein Traum, so sagen ja die Worte selbst. 8880
Ich schwinde hin und werde selbst mir ein Idol.

Sinkt dem Halbchor in die Arme.

CHOR.
    Schweige, schweige!
    Mißblickende, Mißredende du!
    Aus so gräßlichen einzahnigen
    Lippen, was enthaucht wohl 8885
    Solchem furchtbaren Greuelschlund!

---

469 Schattenreich herauf: Nach einer Sage soll Achilles nach seinem Tod mit Helena auf der Insel Leuke vermählt worden seien. Beide durften die Unterwelt verlassen.

Denn der Bösartige[470], wohltätig erscheinend,
Wolfesgrimm unter schafwolligem Vlies[471],
Mir ist er weit schrecklicher als des drei-
köpfigen Hundes Rachen. 8890
Ängstlich lauschend stehn wir da:
Wann? wie? wo nur bricht's hervor,
Solcher Tücke
Tiefauflauerndes Ungetüm?

Nun denn, statt freundlich mit Trost reich begabten, 8895
Letheschenkenden[472], holdmildesten Worts
Regest du auf aller Vergangenheit
Bösestes mehr denn Gutes
Und verdüsterst allzugleich
Mit dem Glanz der Gegenwart 8900
Auch der Zukunft
Mild aufschimmerndes Hoffnungslicht.

Schweige, schweige!
Daß der Königin Seele,
Schon zu entfliehen bereit, 8905
Sich noch halte, festhalte
Die Gestalt aller Gestalten,
Welche die Sonne jemals beschien.

Helena hat sich erholt und steht wieder in der Mitte.

PHORKYAS.
Tritt hervor aus flüchtigen Wolken, hohe Sonne dieses Tags,
Die verschleiert schon entzückte, blendend nun im Glanze herrscht. 8910
Wie die Welt sich dir entfaltet, schaust du selbst mit holdem Blick.
Schelten sie mich auch für häßlich, kenn' ich doch das Schöne wohl.

HELENA.
Tret' ich schwankend aus der Öde, die im Schwindel mich umgab,
Pflegt' ich gern der Ruhe wieder, denn so müd' ist mein Gebein:
Doch es ziemet Königinnen, allen Menschen ziemt es wohl, 8915
Sich zu fassen, zu ermannen, was auch drohend überrascht.

PHORKYAS.
Stehst du nun in deiner Großheit, deiner Schöne vor uns da,
Sagt dein Blick, daß du befiehlest; was befiehlst du? sprich es aus.

HELENA.
Eures Haders frech Versäumnis auszugleichen, seid bereit;
Eilt, ein Opfer zu bestellen, wie der König mir gebot. 8920

PHORKYAS.
Alles ist bereit im Hause, Schale, Dreifuß, scharfes Beil,
Zum Besprengen, zum Beräuchern; das zu Opfernde zeig' an!

---

470 Mephistopheles in seiner Verkleidung
471 Wolfesgrimm unter schafwolligem Vlies: der Wolf im Schafspelz
472 letheschenkenden: Lethe = das Vergessen; einer der Flüsse der Unterwelt

HELENA.
Nicht bezeichnet' es der König.
PHORKYAS.
                    Sprach's nicht aus? O Jammerwort!
HELENA.
Welch ein Jammer überfällt dich?
PHORKYAS.   Königin, du bist gemeint!
HELENA. Ich?
PHORKYAS. Und diese.
CHOR.   Weh und Jammer!
PHORKYAS.   Fallen wirst du durch das Beil.
HELENA. Gräßlich! doch geahnt; ich Arme! 8925
PHORKYAS.   Unvermeidlich scheint es mir.
CHOR. Ach! Und uns? was wird begegnen?
PHORKYAS.   Sie stirbt einen edlen Tod;
Doch am hohen Balken drinnen, der des Daches Giebel trägt,
Wie im Vogelfang die Drosseln, zappelt ihr der Reihe nach.

Helena und Chor stehen erstaunt und erschreckt, in bedeutender, wohlvorbereiteter Gruppe.

PHORKYAS.
Gespenster! – Gleich erstarrten Bildern steht ihr da, 8930
Geschreckt, vom Tag zu scheiden, der euch nicht gehört.
Die Menschen, die Gespenster sämtlich gleich wie ihr,
Entsagen auch nicht willig hehrem Sonnenschein;
Doch bittet oder rettet niemand sie vom Schluß;
Sie wissen's alle, wenigen doch gefällt es nur. 8935
Genug, ihr seid verloren! Also frisch ans Werk.

Klatscht in die Hände; darauf erscheinen an der Pforte vermummte Zwerggestalten, welche die ausgesprochenen Befehle alsobald mit Behendigkeit ausführen.

Herbei, du düstres, kugelrundes Ungetüm!
Wälzt euch hieher, zu schaden gibt es hier nach Lust.
Dem Tragaltar, dem goldgehörnten, gebet Platz,
Das Beil, es liege blinkend über dem Silberrand, 8940
Die Wasserkrüge füllet, abzuwaschen gibt's
Des schwarzen Blutes greuelvolle Besudelung.
Den Teppich breitet köstlich hier am Staube hin,
Damit das Opfer niederkniee königlich
Und eingewickelt, zwar getrennten Haupts, sogleich 8945
Anständig würdig aber doch bestattet sei.

CHORFÜHRERIN.
Die Königin stehet sinnend an der Seite hier,
Die Mädchen welken gleich gemähtem Wiesengras;
Mir aber deucht, der Ältesten, heiliger Pflicht gemäß,

Mit dir das Wort zu wechseln, Ur-Urälteste. 8950
Du bist erfahren, weise, scheinst uns gut gesinnt,
Obschon verkennend hirnlos diese Schar dich traf.
Drum sage, was du möglich noch von Rettung weißt.

PHORKYAS.
Ist leicht gesagt: von der Königin hängt allein es ab,
Sich selbst zu erhalten, euch Zugaben auch mit ihr. 8955
Entschlossenheit ist nötig und die behendeste.

CHOR.
Ehrenwürdigste der Parzen[473], weiseste Sibylle[474] du,
Halte gesperrt die goldene Schere, dann verkünd' uns Tag und Heil;
Denn wir fühlen schon im Schweben, Schwanken, Bammeln unergetzlich
Unsere Gliederchen, die lieber erst im Tanze sich ergetzten, 8960
Ruhten drauf an Liebchens Brust.

HELENA.
Laß diese bangen! Schmerz empfind' ich, keine Furcht;
Doch kennst du Rettung, dankbar sei sie anerkannt.
Dem Klugen, Weitumsichtigen zeigt fürwahr sich oft
Unmögliches noch als möglich. Sprich und sag' es an. 8965

CHOR.
Sprich und sage, sag uns eilig: wie entrinnen wir den grausen,
Garstigen Schlingen, die bedrohlich, als die schlechtesten Geschmeide,
Sich um unsere Hälse ziehen? Vorempfinden wir's, die Armen,
Zum Entatmen, zum Ersticken, wenn du, Rhea[475], aller Götter
Hohe Mutter, dich nicht erbarmst. 8970

PHORKYAS.
Habt ihr Geduld, des Vortrags langgedehnten Zug
Still anzuhören? Mancherlei Geschichten sind's.

CHOR.
Geduld genug! Zuhörend leben wir indes.

PHORKYAS.
Dem, der zu Hause verharrend edlen Schatz bewahrt
Und hoher Wohnung Mauern auszukitten weiß, 8975
Wie auch das Dach zu sichern vor des Regens Drang,
Dem wird es wohlgehn lange Lebenstage durch;
Wer aber seiner Schwelle heilige Richte leicht
Mit flüchtigen Sohlen überschreitet freventlich,
Der findet wiederkehrend wohl den alten Platz, 8980
Doch umgeändert alles, wo nicht gar zerstört.

HELENA.
Wozu dergleichen wohlbekannte Sprüche hier?
Du willst erzählen; rege nicht an Verdrießliches.

---

473 Parzen: in röm. Mythologie Schicksalsgöttinnen
474 Sibylle: in griech. Mythologie eine Prophetin, Weissagerin
475 Rhea: in griech. Mythologie eine der Titaninnen; Frau von Kronos, Mutter von Zeus, Hades, Demeter, Hera u.a.

PHORKYAS.
Geschichtlich ist es, ist ein Vorwurf keineswegs.
Raubschiffend ruderte Menelas von Bucht zu Bucht, 8985
Gestad' und Inseln, alles streift' er feindlich an,
Mit Beute wiederkehrend, wie sie drinnen starrt.
Vor Ilios verbracht' er langer Jahre zehn;
Zur Heimfahrt aber weiß ich nicht wie viel es war.
Allein wie steht es hier am Platz um Tyndareos' 8990
Erhabnes Haus? wie stehet es mit dem Reich umher?

HELENA.
Ist dir denn so das Schelten gänzlich einverleibt,
Daß ohne Tadeln du keine Lippe regen kannst?

PHORKYAS.
So viele Jahre stand verlassen das Talgebirg,
Das hinter Sparta nordwärts in die Höhe steigt, 8995
Taygetos[476] im Rücken, wo als muntrer Bach
Herab Eurotas rollt und dann, durch unser Tal
An Rohren breit hinfließend, eure Schwäne nährt.
Dort hinten still im Gebirgtal hat ein kühn Geschlecht
Sich angesiedelt, dringend aus cimmerischer Nacht[477], 9000
Und unersteiglich feste Burg sich aufgetürmt,
Von da sie Land und Leute placken, wie's behagt.

HELENA.
Das konnten sie vollführen? Ganz unmöglich scheint's.

PHORKYAS.
Sie hatten Zeit, vielleicht an zwanzig Jahre sind's.

HELENA.
Ist einer Herr? sind's Räuber viel, Verbündete? 9005

PHORKYAS.
Nicht Räuber sind es, einer aber ist der Herr.
Ich schelt' ihn nicht, und wenn er schon mich heimgesucht.
Wohl konnt' er alles nehmen, doch begnügt' er sich
Mit wenigen Freigeschenken, nannt' er's, nicht Tribut.

HELENA.
Wie sieht er aus?

PHORKYAS. Nicht übel! mir gefällt er schon. 9010
Es ist ein munterer, kecker, wohlgebildeter,
Wie unter Griechen wenig', ein verständ'ger Mann.
Man schilt das Volk Barbaren, doch ich dächte nicht,
Daß grausam einer wäre, wie vor Ilios
Gar mancher Held sich menschenfresserisch erwies. 9015
Ich acht' auf seine Großheit, ihm vertraut' ich mich.
Und seine Burg! die solltet ihr mit Augen sehn!

---

476 Taygetos: höchstes Gebirge auf der griechischen Halbinsel Peloponnes
477 cimmerischer Nacht: Das Volk der Kimmerer, ein antikes Reitervolk, lebte ohne Sonne. In ihrem Gebiet herrschten stets Nacht und Nebel.

Das ist was anderes gegen plumpes Mauerwerk,
Das eure Väter, mir nichts dir nichts, aufgewälzt,
Zyklopisch wie Zyklopen, rohen Stein sogleich   9020
Auf rohe Steine stürzend; dort hingegen, dort
Ist alles senk- und waagerecht und regelhaft.
Von außen schaut sie! himmelan sie strebt empor,
So starr, so wohl in Fugen, spiegelglatt wie Stahl.
Zu klettern hier – ja selbst der Gedanke gleitet ab.   9025
Und innen großer Höfe Raumgelasse, rings
Mit Baulichkeit umgeben, aller Art und Zweck.
Da seht ihr Säulen, Säulchen, Bogen, Bögelchen,
Altane, Galerien, zu schauen aus und ein,
Und Wappen.

CHOR.   Was sind Wappen?

PHORKYAS.   Ajax[478] führte ja   9030
Geschlungene Schlang' im Schilde, wie ihr selbst gesehn.
Die Sieben dort vor Theben trugen Bildnerein
Ein jeder auf seinem Schilde, reich bedeutungsvoll.
Da sah man Mond und Stern' am nächtigen Himmelsraum,
Auch Göttin, Held und Leiter, Schwerter, Fackeln auch, 9035
Und was Bedrängliches guten Städten grimmig droht.
Ein solch Gebilde führt auch unsre Heldenschar
Von seinen Ur-Urahnen her in Farbenglanz.
Da seht ihr Löwen, Adler, Klau' und Schnabel auch,
Dann Büffelhörner, Flügel, Rosen, Pfauenschweif,   9040
Auch Streifen, gold und schwarz und silbern, blau und rot.
Dergleichen hängt in Sälen Reih' an Reihe fort,
In Sälen, grenzenlosen, wie die Welt so weit;
Da könnt ihr tanzen!

CHOR.   Sage, gibt's auch Tänzer da?

PHORKYAS.
Die besten! goldgelockte, frische Bubenschar.   9045
Die duften Jugend! Paris duftete einzig so,
Als er der Königin zu nahe kam.

HELENA.   Du fällst
Ganz aus der Rolle; sage mir das letzte Wort!

PHORKYAS.
Du sprichst das letzte, sagst mit Ernst vernehmlich Ja!
Sogleich umgeb' ich dich mit jener Burg.

CHOR.   O sprich   9050
Das kurze Wort und rette dich und uns zugleich!

HELENA.
Wie? sollt' ich fürchten, daß der König Menelas
So grausam sich verginge, mich zu schädigen?

---

478   Ajax: einer der Helden aus dem Trojanischen Krieg

PHORKYAS.
Hast du vergessen, wie er deinen Deiphobus[479],
Des totgekämpften Paris Bruder, unerhört 9055
Verstümmelte, der starrsinnig Witwe dich erstritt
Und glücklich kebste? Nas' und Ohren schnitt er ab
Und stümmelte mehr so: Greuel war es anzuschaun.

HELENA.
Das tat er jenem, meinetwegen tat er das.

PHORKYAS.
Um jenes willen wird er dir das gleiche tun. 9060
Unteilbar ist die Schönheit; der sie ganz besaß,
Zerstört sie lieber, fluchend jedem Teilbesitz.

Trompeten in der Ferne; der Chor fährt zusammen.

Wie scharf der Trompete Schmettern Ohr und Eingeweid'
Zerreißend anfaßt, also krallt sich Eifersucht
Im Busen fest des Mannes, der das nie vergißt, 9065
Was einst er besaß und nun verlor, nicht mehr besitzt.

CHOR.
Hörst du nicht die Hörner schallen? siehst der Waffen Blitze nicht?

PHORKYAS.
Sei willkommen, Herr und König, gerne geb' ich Rechenschaft.

CHOR. Aber wir?

PHORKYAS.
        Ihr wißt es deutlich, seht vor Augen ihren Tod,
Merkt den eurigen da drinne; nein, zu helfen ist euch nicht. 9070

Pause.

HELENA.
Ich sann mir aus das Nächste, was ich wagen darf.
Ein Widerdämon bist du, das empfind' ich wohl
Und fürchte, Gutes wendest du zum Bösen um.
Vor allem aber folgen will ich dir zur Burg;
Das andre weiß ich; was die Königin dabei 9075
Im tiefen Busen geheimnisvoll verbergen mag,
Sei jedem unzugänglich. Alte, geh voran!

CHOR.
    O wie gern gehen wir hin,
    Eilenden Fußes;
    Hinter uns Tod,
    Vor uns abermals 9080
    Ragender Feste
    Unzugängliche Mauer.
    Schütze sie ebenso gut,
    Eben wie Ilios' Burg, 9085

---

479 Deiphobus: Sohn des Priamos, König von Troja, Bruder von Paris. Nach dem Tod von Paris wurde er mit Helena vermählt, was damals Brauch war.

Die doch endlich nur
   Niederträchtiger List erlag.

Nebel verbreiten sich, umhüllen den Hintergrund, auch die Nähe, nach Belieben.

   Wie? aber wie?
   Schwestern, schaut euch um!
   War es nicht heiterer Tag? 9090
   Nebel schwanken streifig empor
   Aus Eurotas' heil'ger Flut;
   Schon entschwand das liebliche
   Schilfumkränzte Gestade dem Blick;
   Auch die frei, zierlich-stolz 9095
   Sanfthingleitenden Schwäne
   In gesell'ger Schwimmlust
   Seh' ich, ach, nicht mehr!

   Doch, aber doch
   Tönen hör' ich sie, 9100
   Tönen fern heiseren Ton!
   Tod verkündenden, sagen sie.
   Ach daß uns er nur nicht auch,
   Statt verheißener Rettung Heil,
   Untergang verkünde zuletzt; 9105
   Uns, den Schwangleichen, Lang –
   Schön-Weißhalsigen, und ach!
   Unsrer Schwanerzeugten.
   Weh uns, weh, weh!

   Alles deckte sich schon 9110
   Rings mit Nebel umher.
   Sehen wir doch einander nicht!
   Was geschieht? gehen wir?
   Schweben wir nur
   Trippelnden Schrittes am Boden hin? 9115
   Siehst du nichts? Schwebt nicht etwa gar
   Hermes voran? Blinkt nicht der goldne Stab
   Heischend, gebietend uns wieder zurück
   Zu dem unerfreulichen, grautagenden,
   Ungreifbarer Gebilde vollen, 9120
   Überfüllten, ewig leeren Hades?

Ja auf einmal wird es düster, ohne Glanz entschwebt der Nebel
Dunkelgräulich, mauerbräunlich. Mauern stellen sich dem Blicke,
Freiem Blicke starr entgegen. Ist's ein Hof? ist's tiefe Grube?
Schauerlich in jedem Falle! Schwestern, ach! wir sind gefangen, 9125
So gefangen wie nur je.

Innerer Burghof

umgeben von reichen phantastischen Gebäuden des Mittelalters.

CHORFÜHRERIN.
Vorschnell und töricht, echt wahrhaftes Weibsgebild!
Vom Augenblick abhängig, Spiel der Witterung,
Des Glücks und Unglücks! Keins von beiden wißt ihr je
Zu bestehn mit Gleichmut. Eine widerspricht ja stets 9130
Der andern heftig, überquer die andern ihr;
In Freud' und Schmerz nur heult und lacht ihr gleichen Tons.
Nun schweigt! und wartet horchend, was die Herrscherin
Hochsinnig hier beschließen mag für sich und uns.

HELENA.
Wo bist du, Pythonissa[480]? heiße, wie du magst; 9135
Aus diesen Gewölben tritt hervor der düstern Burg.
Gingst etwa du, dem wunderbaren Heldenherrn
Mich anzukündigen, Wohlempfang bereitend mir,
So habe Dank und führe schnell mich ein zu ihm;
Beschluß der Irrfahrt wünsch' ich. Ruhe wünsch' ich nur. 9140

CHORFÜHRERIN.
Vergebens blickst du, Königin, allseits um dich her;
Verschwunden ist das leidige Bild, verblieb vielleicht
Im Nebel dort, aus dessen Busen wir hieher,
Ich weiß nicht wie, gekommen, schnell und sonder Schritt.
Vielleicht auch irrt sie zweifelhaft im Labyrinth 9145
Der wundersam aus vielen einsgewordnen Burg,
Den Herrn erfragend fürstlicher Hochbegrüßung halb.
Doch sieh, dort oben regt in Menge sich allbereits,
In Galerien, am Fenster, in Portalen rasch
Sich hin und her bewegend, viele Dienerschaft; 9150
Vornehm-willkommnen Gastempfang verkündet es.

CHOR.
Aufgeht mir das Herz! o, seht nur dahin,
Wie so sittig herab mit verweilendem Tritt
Jungholdeste Schar anständig bewegt
Den geregelten Zug. Wie? auf wessen Befehl 9155
Nur erscheinen, gereiht und gebildet so früh,
Von Jünglingsknaben das herrliche Volk?
Was bewundr' ich zumeist? Ist es zierlicher Gang,
Etwa des Haupts Lockhaar um die blendende Stirn,
Etwa der Wänglein Paar, wie die Pfirsiche rot 9160
Und eben auch so weichwollig beflaumt?
Gern biss' ich hinein, doch ich schaudre davor;
Denn in ähnlichem Fall, da erfüllte der Mund
Sich, gräßlich zu sagen! mit Asche.
      Aber die schönsten, 9165
      Sie kommen daher;

---

480 Pythonissa: eine Zauberin, Hexe

Was tragen sie nur?
Stufen zum Thron,
Teppich und Sitz,
Umhang und zelt- 9170
artigen Schmuck;
Über überwallt er,
Wolkenkränze bildend,
Unsrer Königin Haupt;
Denn schon bestieg sie 9175
Eingeladen herrlichen Pfühl.
Tretet heran,
Stufe für Stufe
Reihet euch ernst.
Würdig, o würdig, dreifach würdig 9180
Sei gesegnet ein solcher Empfang!

Alles vom Chor Ausgesprochene geschieht nach und nach.

Faust. Nachdem Knaben und Knappen in langem Zug herabgestiegen, erscheint er oben an der Treppe in ritterlicher Hofkleidung des Mittelalters und kommt langsam würdig herunter.

CHORFÜHRERIN, *ihn aufmerksam beschauend.*
Wenn diesem nicht die Götter, wie sie öfter tun,
Für wenige Zeit nur wunderswürdige Gestalt,
Erhabnen Anstand, liebenswerte Gegenwart
Vorübergänglich liehen, wird ihm jedesmal, 9185
Was er beginnt, gelingen, sei's in Männerschlacht,
So auch im kleinen Kriege mit den schönsten Fraun.
Er ist fürwahr gar vielen andern vorzuziehn,
Die ich doch auch als hochgeschätzt mit Augen sah.
Mit langsam-ernstem, ehrfurchtsvoll gehaltnem Schritt 9190
Seh' ich den Fürsten; wende dich, o Königin!

FAUST, *herantretend, einen Gefesselten zur Seite.*
Statt feierlichsten Grußes, wie sich ziemte,
Statt ehrfurchtsvollem Willkomm bring' ich dir
In Ketten hart geschlossen solchen Knecht,
Der, Pflicht verfehlend, mir die Pflicht entwand. 9195
Hier kniee nieder, dieser höchsten Frau
Bekenntnis abzulegen deiner Schuld.
Dies ist, erhabne Herrscherin, der Mann,
Mit seltnem Augenblitz vom hohen Turm
Umherzuschaun bestellt, dort Himmelsraum 9200
Und Erdenbreite scharf zu überspähn,
Was etwa da und dort sich melden mag,
Vom Hügelkreis ins Tal zur festen Burg
Sich regen mag, der Herden Woge sei's,
Ein Heereszug vielleicht; wir schützen jene, 9205
Begegnen diesem. Heute, welch Versäumnis!
Du kommst heran, er meldet's nicht; verfehlt
Ist ehrenvoller, schuldigster Empfang
So hohen Gastes. Freventlich verwirkt
Das Leben hat er, läge schon im Blut 9210

Verdienten Todes; doch nur du allein
Bestrafst, begnadigst, wie dir's wohlgefällt.

HELENA. So hohe Würde, wie du sie vergönnst,
Als Richterin, als Herrscherin, und wär's
Versuchend nur, wie ich vermuten darf – 9215
So üb' ich nun des Richters erste Pflicht,
Beschuldigte zu hören. Rede denn.

TURMWÄCHTER LYNKEUS.
Laß mich knieen, laß mich schauen,
Laß mich sterben, laß mich leben,
Denn schon bin ich hingegeben 9220
Dieser gottgegebnen Frauen.

Harrend auf des Morgens Wonne,
Östlich spähend ihren Lauf,
Ging auf einmal mir die Sonne
Wunderbar im Süden auf. 9225

Zog den Blick nach jener Seite,
Statt der Schluchten, statt der Höhn,
Statt der Erd- und Himmelsweite
Sie, die Einzige, zu spähn.

Augenstrahl ist mir verliehen 9230
Wie dem Luchs auf höchstem Baum;
Doch nun mußt' ich mich bemühen
Wie aus tiefem, düsterm Traum.

Wüßt' ich irgend mich zu finden?
Zinne? Turm? geschloßnes Tor? 9235
Nebel schwanken, Nebel schwinden,
Solche Göttin tritt hervor!

Aug' und Brust ihr zugewendet,
Sog ich an den milden Glanz;
Diese Schönheit, wie sie blendet, 9240
Blendete mich Armen ganz.

Ich vergaß des Wächters Pflichten,
Völlig das beschworne Horn;
Drohe nur, mich zu vernichten –
Schönheit bändigt allen Zorn. 9245

HELENA.
Das Übel, das ich brachte, darf ich nicht
Bestrafen. Wehe mir! Welch streng Geschick
Verfolgt mich, überall der Männer Busen
So zu betören, daß sie weder sich
Noch sonst ein Würdiges verschonten. Raubend jetzt, 9250
Verführend, fechtend, hin und her entrückend,
Halbgötter, Helden, Götter, ja Dämonen,
Sie führten mich im Irren her und hin.
Einfach die Welt verwirrt' ich, doppelt mehr;
Nun dreifach, vierfach bring' ich Not auf Not. 9255

Entferne diesen Guten, laß ihn frei;
Den Gottbetörten treffe keine Schmach.

FAUST. Erstaunt, o Königin, seh' ich zugleich
Die sicher Treffende, hier den Getroffnen;
Ich seh' den Bogen, der den Pfeil entsandt, 9260
Verwundet jenen. Pfeile folgen Pfeilen,
Mich treffend. Allwärts ahn' ich überquer
Gefiedert schwirrend sie in Burg und Raum.
Was bin ich nun? Auf einmal machst du mir
Rebellisch die Getreusten, meine Mauern 9265
Unsicher. Also fürcht' ich schon, mein Heer
Gehorcht der siegend unbesiegten Frau.
Was bleibt mir übrig, als mich selbst und alles,
Im Wahn das Meine, dir anheimzugeben?
Zu deinen Füßen laß mich, frei und treu, 9270
Dich Herrin anerkennen, die sogleich
Auftretend sich Besitz und Thron erwarb.

LYNKEUS *mit einer Kiste, und Männer, die ihm andere nachtragen.*
    Du siehst mich, Königin, zurück!
    Der Reiche bettelt einen Blick,
    Er sieht dich an und fühlt sogleich 9275
    Sich bettelarm und fürstenreich.

    Was war ich erst? was bin ich nun?
    Was ist zu wollen? was zu tun?
    Was hilft der Augen schärfster Blitz!
    Er prallt zurück an deinem Sitz. 9280

    Von Osten kamen wir heran,
    Und um den Westen war's getan;
    Ein lang und breites Volksgewicht,
    Der erste wußte vom letzten nicht.

    Der erste fiel, der zweite stand, 9285
    Des dritten Lanze war zur Hand;
    Ein jeder hundertfach gestärkt,
    Erschlagne Tausend unbemerkt.

    Wir drängten fort, wir stürmten fort,
    Wir waren Herrn von Ort zu Ort; 9290
    Und wo ich herrisch heut befahl,
    Ein andrer morgen raubt' und stahl.

    Wir schauten – eilig war die Schau;
    Der griff die allerschönste Frau,
    Der griff den Stier von festem Tritt, 9295
    Die Pferde mußten alle mit.

    Ich aber liebte, zu erspähn
    Das Seltenste, was man gesehn;
    Und was ein andrer auch besaß,
    Das war für mich gedörrtes Gras. 9300

Den Schätzen war ich auf der Spur,
Den scharfen Blicken folgt' ich nur,
In allen Taschen blickt' ich ein,
Durchsichtig war mir jeder Schrein

Und Haufen Goldes waren mein, 9305
Am herrlichsten der Edelstein:
Nun der Smaragd allein verdient,
Daß er an deinem Herzen grünt.

Nun schwanke zwischen Ohr und Mund
Das Tropfenei aus Meeresgrund; 9310
Rubinen werden gar verscheucht,
Das Wangenrot sie niederbleicht.

Und so den allergrößten Schatz
Versetz' ich hier auf deinen Platz;
Zu deinen Füßen sei gebracht 9315
Die Ernte mancher blut'gen Schlacht.

So viele Kisten schlepp' ich her,
Der Eisenkisten hab' ich mehr;
Erlaube mich auf deiner Bahn,
Und Schatzgewölbe füll' ich an. 9320

Denn du bestiegest kaum den Thron,
So neigen schon, so beugen schon
Verstand und Reichtum und Gewalt
Sich vor der einzigen Gestalt.

Das alles hielt ich fest und mein, 9325
Nun aber, lose, wird es dein.
Ich glaubt' es würdig, hoch und bar,
Nun seh' ich, daß es nichtig war.

Verschwunden ist, was ich besaß,
Ein abgemähtes, welkes Gras. 9330
O gib mit einem heitern Blick
Ihm seinen ganzen Wert zurück!

FAUST.
Entferne schnell die kühn erworbne Last,
Zwar nicht getadelt, aber unbelohnt.
Schon ist Ihr alles eigen, was die Burg 9335
Im Schoß verbirgt; Besondres Ihr zu bieten,
Ist unnütz. Geh und häufe Schatz auf Schatz
Geordnet an. Der ungesehnen Pracht
Erhabnes Bild stell' auf! Laß die Gewölbe
Wie frische Himmel blinken, Paradiese 9340
Von lebelosem Leben richte zu.
Voreilend ihren Tritten laß beblümt
An Teppich Teppiche sich wälzen; ihrem Tritt
Begegne sanfter Boden; ihrem Blick,
Nur Göttliche nicht blendend, höchster Glanz. 9345

LYNKEUS.
Schwach ist, was der Herr befiehlt,
Tut's der Diener, es ist gespielt:
Herrscht doch über Gut und Blut
Dieser Schönheit Übermut.
Schon das ganze Heer ist zahm, 9350
Alle Schwerter stumpf und lahm,
Vor der herrlichen Gestalt
Selbst die Sonne matt und kalt,
Vor dem Reichtum des Gesichts
Alles leer und alles nichts. *Ab.* 9355

HELENA *zu Faust.*
Ich wünsche dich zu sprechen, doch herauf
An meine Seite komm! Der leere Platz
Beruft den Herrn und sichert mir den meinen.

FAUST.
Erst knieend laß die treue Widmung dir
Gefallen, hohe Frau; die Hand, die mich 9360
An deine Seite hebt, laß mich sie küssen.
Bestärke mich als Mitregenten deines
Grenzunbewußten Reichs, gewinne dir
Verehrer, Diener, Wächter all' in einem!

HELENA.
Vielfache Wunder seh' ich, hör' ich an, 9365
Erstaunen trifft mich, fragen möcht' ich viel.
Doch wünscht' ich Unterricht, warum die Rede[481]
Des Manns mir seltsam klang, seltsam und freundlich.
Ein Ton scheint sich dem andern zu bequemen,
Und hat ein Wort zum Ohre sich gesellt, 9370
Ein andres kommt, dem ersten liebzukosen.

FAUST.
Gefällt dir schon die Sprechart unsrer Völker,
O so gewiß entzückt auch der Gesang,
Befriedigt Ohr und Sinn im tiefsten Grunde.
Doch ist am sichersten, wir üben's gleich; 9375
Die Wechselrede lockt es, ruft's hervor.

HELENA.
So sage denn, wie sprech' ich auch so schön?

FAUST.
Das ist gar leicht, es muß von Herzen gehn.
Und wenn die Brust von Sehnsucht überfließt,
Man sieht sich um und fragt –

HELENA. wer mitgenießt. 9380

---

481 Doch wünscht' ich Unterricht ...: Der Reim ist der antiken Dichtung fremd. Helena wünscht sich daher hierin Unterricht.

FAUST.
Nun schaut der Geist nicht vorwärts, nicht zurück,
Die Gegenwart allein –

HELENA. ist unser Glück.

FAUST.
Schatz ist sie, Hochgewinn, Besitz und Pfand;
Bestätigung, wer gibt sie?

HELENA. Meine Hand.

CHOR.
    Wer verdächt' es unsrer Fürstin,   9385
    Gönnet sie dem Herrn der Burg
    Freundliches Erzeigen?
    Denn gesteht, sämtliche sind wir
    Ja Gefangene, wie schon öfter
    Seit dem schmählichen Untergang   9390
    Ilios' und der ängstlich –
    labyrinthischen Kummerfahrt.

    Fraun, gewöhnt an Männerliebe,
    Wählerinnen sind sie nicht,
    Aber Kennerinnen.   9395
    Und wie goldlockigen Hirten
    Vielleicht schwarzborstigen Faunen,
    Wie es bringt die Gelegenheit,
    Über die schwellenden Glieder
    Vollerteilen sie gleiches Recht.   9400

    Nah und näher sitzen sie schon
    An einander gelehnet,
    Schulter an Schulter, Knie an Knie,
    Hand in Hand wiegen sie sich
    Über des Throns   9405
    Aufgepolsterter Herrlichkeit.
    Nicht versagt sich die Majestät
    Heimlicher Freuden
    Vor den Augen des Volkes
    Übermütiges Offenbarsein.   9410

HELENA.
Ich fühle mich so fern und doch so nah,
Und sage nur zu gern: Da bin ich! da!

FAUST.
Ich atme kaum, mir zittert, stockt das Wort;
Es ist ein Traum, verschwunden Tag und Ort.

HELENA.
Ich scheine mir verlebt und doch so neu,   9415
In dich verwebt, dem Unbekannten treu.

FAUST.
Durchgrüble nicht das einzigste Geschick!
Dasein ist Pflicht, und wär's ein Augenblick.

PHORKYAS, *heftig eintretend.*
    Buchstabiert in Liebesfibeln,
    Tändelnd grübelt nur am Liebeln,   9420
    Müßig liebelt fort im Grübeln,
    Doch dazu ist keine Zeit.
    Fühlt ihr nicht ein dumpfes Wettern?
    Hört nur die Trompete schmettern,
    Das Verderben ist nicht weit.   9425
    Menelas mit Volkeswogen
    Kommt auf euch herangezogen;
    Rüstet euch zu herbem Streit!
    Von der Siegerschar umwimmelt,
    Wie Deiphobus[482] verstümmelt,   9430
    Büßest du das Fraungeleit.
    Bammelt erst die leichte Ware,
    Dieser gleich ist am Altare
    Neugeschliffnes Beil bereit.

FAUST.
Verwegne Störung! widerwärtig dringt sie ein;   9435
Auch nicht in Gefahren mag ich sinnlos Ungestüm.
Den schönsten Boten, Unglücksbotschaft häßlich ihn;
Du Häßlichste gar, nur schlimme Botschaft bringst du gern.
Doch diesmal soll dir's nicht geraten; leeren Hauchs
Erschüttere du die Lüfte. Hier ist nicht Gefahr,   9440
Und selbst Gefahr erschiene nur als eitles Dräun.

Signale, Explosionen von den Türmen, Trompeten und Zinken, kriegerische Musik, Durchmarsch gewaltiger Heereskraft.

FAUST.
    Nein, gleich sollst du versammelt schauen
    Der Helden ungetrennten Kreis:
    Nur der verdient die Gunst der Frauen,
    Der kräftigst sie zu schützen weiß.   9445

Zu den Heerführern, die sich von den Kolonnen absondern und herantreten.

    Mit angehaltnem stillen Wüten,
    Das euch gewiß den Sieg verschafft,
    Ihr, Nordens jugendliche Blüten,
    Ihr, Ostens blumenreiche Kraft.

    In Stahl gehüllt, vom Strahl umwittert,   9450
    Die Schar, die Reich um Reich zerbrach,
    Sie treten auf, die Erde schüttert,
    Sie schreiten fort, es donnert nach.

    An Pylos[483] traten wir zu Lande,
    Der alte Nestor ist nicht mehr,   9455

---

482 Deiphobus verstümmelt: Deiphobus wurde bei der Eroberung von Troja von Menelaos zerstückelt, der sich für den Raub der Helena rächte.
483 Pylos: eine Hafenstadt in Griechenland

Und alle kleinen Königsbande
Zersprengt das ungebundne Heer.

Drängt ungesäumt von diesen Mauern
Jetzt Menelas dem Meer zurück;
Dort irren mag er, rauben, lauern, 9460
Ihm war es Neigung und Geschick.

Herzoge soll ich euch begrüßen,
Gebietet Spartas Königin;
Nun legt ihr Berg und Tal zu Füßen,
Und euer sei des Reichs Gewinn. 9465

Germane du! Korinthus' Buchten
Verteidige mit Wall und Schutz!
Achaia dann mit hundert Schluchten
Empfehl' ich, Gote, deinem Trutz.

Nach Elis ziehn der Franken Heere, 9470
Messene sei der Sachsen Los,
Normanne reinige die Meere
Und Argolis erschaff' er groß.

Dann wird ein jeder häuslich wohnen,
Nach außen richten Kraft und Blitz; 9475
Doch Sparta soll euch überthronen,
Der Königin verjährter Sitz.

All-einzeln sieht sie euch genießen
Des Landes, dem kein Wohl gebricht;
Ihr sucht getrost zu ihren Füßen 9480
Bestätigung und Recht und Licht.

Faust steigt herab, die Fürsten schließen einen Kreis um ihn, Befehl und Anordnung näher zu vernehmen.

CHOR.
Wer die Schönste für sich begehrt,
Tüchtig vor allen Dingen
Seh' er nach Waffen weise sich um;
Schmeichelnd wohl gewann er sich, 9485
Was auf Erden das Höchste;
Aber ruhig besitzt er's nicht:
Schleicher listig entschmeicheln sie ihm,
Räuber kühnlich entreißen sie ihm,
Dieses zu hindern, sei er bedacht. 9490

Unsern Fürsten lob' ich drum,
Schätz' ihn höher vor andern,
Wie er so tapfer klug sich verband,
Daß die Starken gehorchend stehn,
Jedes Winkes gewärtig. 9495
Seinen Befehl vollziehn sie treu,
Jeder sich selbst zu eignem Nutz
Wie dem Herrscher zu lohnendem Dank,
Beiden zu höchlichem Ruhmesgewinn.

Denn wer entreißet sie jetzt 9500
Dem gewalt'gen Besitzer?
Ihm gehört sie, ihm sei sie gegönnt,
Doppelt von uns gegönnt, die er
Samt ihr zugleich innen mit sicherster Mauer,
Außen mit mächtigstem Heer umgab. 9505

FAUST.
Die Gaben, diesen hier verliehen –
An jeglichen ein reiches Land –,
Sind groß und herrlich; laß sie ziehen!
Wir halten in der Mitte stand.

Und sie beschützen um die Wette, 9510
Ringsum von Wellen angehüpft,
Nichtinsel dich, mit leichter Hügelkette
Europens letztem Bergast angeknüpft.

Das Land, vor aller Länder Sonnen,
Sei ewig jedem Stamm beglückt, 9515
Nun meiner Königin gewonnen,
Das früh an ihr hinaufgeblickt,

Als mit Eurotas' Schilfgeflüster
Sie leuchtend aus der Schale brach,
Der hohen Mutter, dem Geschwister 9520
Das Licht der Augen überstach.

Dies Land, allein zu dir gekehret,
Entbietet seinen höchsten Flor;
Dem Erdkreis, der dir angehöret,
Dein Vaterland, o zieh es vor! 9525

Und duldet auch auf seiner Berge Rücken
Das Zackenhaupt der Sonne kalten Pfeil,
Läßt nun der Fels sich angegrünt erblicken,
Die Ziege nimmt genäschig kargen Teil.

Die Quelle springt, vereinigt stürzen Bäche, 9530
Und schon sind Schluchten, Hänge, Matten grün.
Auf hundert Hügeln unterbrochner Fläche
Siehst Wollenherden ausgebreitet ziehn.

Verteilt, vorsichtig abgemessen schreitet
Gehörntes Rind hinan zum jähen Rand; 9535
Doch Obdach ist den sämtlichen bereitet,
Zu hundert Höhlen wölbt sich Felsenwand.

Pan schützt sie dort, und Lebensnymphen wohnen
In buschiger Klüfte feucht erfrischtem Raum,
Und sehnsuchtsvoll nach höhern Regionen 9540
Erhebt sich zweighaft Baum gedrängt an Baum.

Alt-Wälder sind's! Die Eiche starret mächtig,
Und eigensinnig zackt sich Ast an Ast;
Der Ahorn mild, von süßem Safte trächtig,
Steigt rein empor und spielt mit seiner Last. 9545

Und mütterlich im stillen Schattenkreise
Quillt laue Milch bereit für Kind und Lamm;
Obst ist nicht weit, der Ebnen reife Speise,
Und Honig trieft vom ausgehöhlten Stamm.

Hier ist das Wohlbehagen erblich, 9550
Die Wange heitert wie der Mund,
Ein jeder ist an seinem Platz unsterblich:
Sie sind zufrieden und gesund.

Und so entwickelt sich am reinen Tage
Zu Vaterkraft das holde Kind. 9555
Wir staunen drob; noch immer bleibt die Frage:
Ob's Götter, ob es Menschen sind?

So war Apoll den Hirten zugestaltet,
Daß ihm der schönsten einer glich;
Denn wo Natur im reinen Kreise waltet, 9560
Ergreifen alle Welten sich.

Neben ihr sitzend.

So ist es mir, so ist es dir gelungen;
Vergangenheit sei hinter uns getan!
O fühle dich vom höchsten Gott entsprungen,
Der ersten Welt gehörst du einzig an. 9565

Nicht feste Burg soll dich umschreiben!
Noch zirkt in ewiger Jugendkraft
Für uns, zu wonnevollem Bleiben,
Arkadien[484] in Spartas Nachbarschaft.

Gelockt, auf sel'gem Grund zu wohnen, 9570
Du flüchtetest ins heiterste Geschick!
Zur Laube wandeln sich die Thronen,
Arkadisch frei sei unser Glück!

Der Schauplatz verwandelt sich durchaus. An eine Reihe von Felsenhöhlen lehnen sich geschloßne Lauben. Schattiger Hain bis an die rings umgebende Felsensteile hinan. Faust und Helena werden nicht gesehen. Der Chor liegt schlafend verteilt umher.

PHORKYAS.
Wie lange Zeit die Mädchen schlafen, weiß ich nicht;
Ob sie sich träumen ließen, was ich hell und klar 9575
Vor Augen sah, ist ebenfalls mir unbekannt.
Drum weck' ich sie. Erstaunen soll das junge Volk;
Ihr Bärtigen auch, die ihr da drunten sitzend harrt,
Glaubhafter Wunder Lösung endlich anzuschaun.
Hervor! hervor! Und schüttelt eure Locken rasch! 9580
Schlaf aus den Augen! Blinzt nicht so und hört mich an!

---

484 Arkadien: Landschaft im Zentrum von Peloponnes. Symbol für ein glückseliges, idyllisches Landleben. Bereits in der Antike galt Arkadien als verklärter Ort, an dem Menschen unbelastet von schwerer Arbeit und gesellschaftlichen Zwängen in einer idyllischen Natur als zufriedene und glückliche Hirten lebten.

CHOR.
Rede nur, erzähl', erzähle, was sich Wunderlichs begeben!
Hören möchten wir am liebsten, was wir gar nicht glauben können;
Denn wir haben Langeweile, diese Felsen anzusehn.

PHORKYAS.
Kaum die Augen ausgerieben, Kinder, langeweilt ihr schon? 9585
So vernehmt: in diesen Höhlen, diesen Grotten, diesen Lauben
Schutz und Schirmung war verliehen, wie idyllischem Liebespaare,
Unserm Herrn und unsrer Frauen.

CHOR. Wie, da drinnen?

PHORKYAS. Abgesondert
Von der Welt, nur mich, die eine, riefen sie zu stillem Dienste.
Hochgeehrt stand ich zur Seite, doch, wie es Vertrauten ziemet, 9590
Schaut' ich um nach etwas andrem. Wendete mich hier und dorthin,
Suchte Wurzeln, Moos und Rinden, kundig aller Wirksamkeiten,
Und so blieben sie allein.

CHOR.
Tust du doch, als ob da drinnen ganze Weltenräume wären,
Wald und Wiese, Bäche, Seen; welche Märchen spinnst du ab! 9595

PHORKYAS.
Allerdings, ihr Unerfahrnen! das sind unerforschte Tiefen:
Saal an Sälen, Hof an Höfen, diese spürt' ich sinnend aus.
Doch auf einmal ein Gelächter echot in den Höhlenräumen;
Schau' ich hin, da springt ein Knabe von der Frauen Schoß zum Manne[485]
Von dem Vater zu der Mutter; das Gekose, das Getändel 9600
Töriger Liebe Neckereien, Scherzgeschrei und Lustgejauchze
Wechselnd übertäuben mich.
Nackt, ein Genius ohne Flügel, faunenartig ohne Tierheit,
Springt er auf den festen Boden; doch der Boden gegenwirkend
Schnellt ihn zu der luft'gen Höhe, und im zweiten, dritten Sprunge 9605
Rührt er an das Hochgewölb.
Ängstlich ruft die Mutter: Springe wiederholt und nach Belieben,
Aber hüte dich, zu fliegen, freier Flug ist dir versagt.
Und so mahnt der treue Vater: In der Erde liegt die Schnellkraft,
Die dich aufwärts treibt; berühre mit der Zehe nur den Boden, 9610
Wie der Erdensohn Antäus bist du alsobald gestärkt.
Und so hüpft er auf die Masse dieses Felsens, von der Kante
Zu dem andern und umher, so wie ein Ball geschlagen springt.
Doch auf einmal in der Spalte rauher Schlucht ist er verschwunden,
Und nun scheint er uns verloren. Mutter jammert, Vater tröstet 9615
Achselzuckend steh' ich ängstlich. Doch nun wieder welch Erscheinen!
Liegen Schätze dort verborgen? Blumenstreifige Gewande
Hat er würdig angetan.

---

485 ein Knabe von der Frauen Schoß zum Manne: Sohn von Helena und Faust, das Motiv entstand als Verknüfung verschiedener Motive. Der griechischen Sage nach zeugte Achilles mit Helena auf Leuke ihren Sohn Euphorion. Im Faustbuch (Volksbuch) zeugten Faust und Helena ihren Sohn Justus.

Quasten[486] schwanken von den Armen, Binden flattern um den Busen,
In der Hand die goldne Leier, völlig wie ein kleiner Phöbus,   9620
Tritt er wohlgemut zur Kante, zu dem Überhang; wir staunen.
Und die Eltern vor Entzücken werfen wechselnd sich ans Herz.
Denn wie leuchtet's ihm zu Haupten? Was erglänzt, ist schwer zu sagen,
Ist es Goldschmuck, ist es Flamme übermächtiger Geisteskraft?
Und so regt er sich gebärdend, sich als Knabe schon verkündend   9625
Künftigen Meister alles Schönen, dem die ewigen Melodien
Durch die Glieder sich bewegen; und so werdet ihr ihn hören,
Und so werdet ihr ihn sehn zu einzigster Bewunderung.

CHOR.
  Nennst du ein Wunder dies,
  Kretas Erzeugte?   9630
  Dichtend belehrendem Wort
  Hast du gelauscht wohl nimmer?
  Niemals noch gehört Ioniens[487],
  Nie vernommen auch Hellas'
  Urväterlicher Sagen   9635
  Göttlich-heldenhaften Reichtum?

  Alles, was je geschieht
  Heutigen Tages,
  Trauriger Nachklang ist's
  Herrlicher Ahnherrntage;   9640
  Nicht vergleicht sich dein Erzählen
  Dem, was liebliche Lüge,
  Glaubhaftiger als Wahrheit,
  Von dem Sohne sang der Maja.

  Diesen zierlich und kräftig doch   9645
  Kaum geborenen Säugling
  Faltet in reinster Windeln Flaum,
  Strenget in köstlicher Wickeln Schmuck
  Klatschender Wärterinnen Schar
  Unvernünftigen Wähnens.   9650
  Kräftig und zierlich aber zieht
  Schon der Schalk die geschmeidigen
  Doch elastischen Glieder
  Listig heraus, die purpurne,
  Ängstlich drückende Schale   9655
  Lassend ruhig an seiner Statt;
  Gleich dem fertigen Schmetterling,
  Der aus starrem Puppenzwang
  Flügel entfaltend behendig schlüpft,
  Sonnedurchstrahlten Äther kühn   9660
  Und mutwillig durchflatternd.

  So auch er, der Behendeste,
  Daß er Dieben und Schälken,

---

486 Quasten: Bündel von Fäden bzw. Schnüren
487 Ionien: Eine Landschaft in der heutigen Türkei, die auf einen griechischen Stamm
     zurückgeht.

>   Vorteilsuchenden allen auch
>   Ewig günstiger Dämon sei, 9665
>   Dies betätigt er alsobald
>   Durch gewandteste Künste.
>   Schnell des Meeres Beherrscher stiehlt
>   Er den Trident[488], ja dem Ares[489] selbst
>   Schlau das Schwert aus der Scheide; 9670
>   Bogen und Pfeil dem Phöbus auch,
>   Wie dem Hephästos die Zange;
>   Selber Zeus', des Vaters, Blitz
>   Nähm' er, schreckt' ihn das Feuer nicht;
>   Doch dem Eros siegt er ob 9675
>   In beinstellendem Ringerspiel;
>   Raubt auch Cyprien, wie sie ihm kost,
>   Noch vom Busen den Gürtel.

Ein reizendes, reinmelodisches Saitenspiel erklingt aus der Höhle. Alle merken auf und scheinen bald innig gerührt. Von hier an bis zur bemerkten Pause durchaus mit vollstimmiger Musik.

PHORKYAS.
>   Höret allerliebste Klänge,
>   Macht euch schnell von Fabeln frei! 9680
>   Eurer Götter alt Gemenge,
>   Laßt es hin, es ist vorbei.
>
>   Niemand will euch mehr verstehen,
>   Fordern wir doch höhern Zoll:
>   Denn es muß von Herzen gehen, 9685
>   Was auf Herzen wirken soll.
>   *Sie zieht sich nach den Felsen zurück.*

CHOR.
>   Bist du, fürchterliches Wesen,
>   Diesem Schmeichelton geneigt,
>   Fühlen wir, als frisch genesen,
>   Uns zur Tränenlust erweicht. 9690
>
>   Laß der Sonne Glanz verschwinden,
>   Wenn es in der Seele tagt,
>   Wir im eignen Herzen finden,
>   Was die ganze Welt versagt.

Helena, Faust, Euphorion in dem oben beschriebenen Kostüm.

EUPHORION.
>   Hört ihr Kindeslieder singen, 9695
>   Gleich ist's euer eigner Scherz;
>   Seht ihr mich im Takte springen,
>   Hüpft euch elterlich das Herz.

---

488 Trident: Dreizack von Neptun
489 Ares: in griech. Mythologie der Kriegsgott

HELENA.
Liebe, menschlich zu beglücken,
Nähert sie ein edles Zwei,
Doch zu göttlichem Entzücken
Bildet sie ein köstlich Drei.

FAUST.
Alles ist sodann gefunden:
Ich bin dein, und du bist mein;
Und so stehen wir verbunden,
Dürft' es doch nicht anders sein!

CHOR.
Wohlgefallen vieler Jahre
In des Knaben mildem Schein
Sammelt sich auf diesem Paare.
O, wie rührt mich der Verein!

EUPHORION.
Nun laßt mich hüpfen,
Nun laßt mich springen!
Zu allen Lüften
Hinaufzudringen,
Ist mir Begierde,
Sie faßt mich schon.

FAUST.
Nur mäßig! mäßig!
Nicht ins Verwegne,
Daß Sturz und Unfall
Dir nicht begegne,
Zugrund uns richte
Der teure Sohn!

EUPHORION.
Ich will nicht länger
Am Boden stocken;
Laßt meine Hände,
Laßt meine Locken,
Laßt meine Kleider!
Sie sind ja mein.

HELENA.
O denk! o denke,
Wem du gehörest!
Wie es uns kränke,
Wie du zerstörest
Das schön errungene
Mein, Dein und Sein.

CHOR.
Bald löst, ich fürchte,
Sich der Verein!

HELENA UND FAUST.
Bändige! bändige

                    Eltern zuliebe
                    Überlebendige,
                    Heftige Triebe!   9740
                    Ländlich im stillen
                    Ziere den Plan.

EUPHORION.
                    Nur euch zu Willen
                    Halt' ich mich an.

Durch den Chor sich schlingend und ihn zum Tanze fortziehend.

                    Leichter umschweb' ich hie   9745
                    Muntres Geschlecht.
                    Ist nun die Melodie,
                    Ist die Bewegung recht?

HELENA.
                    Ja, das ist wohlgetan;
                    Führe die Schönen an   9750
                    Künstlichem Reihn.

FAUST.
                    Wäre das doch vorbei!
                    Mich kann die Gaukelei
                    Gar nicht erfreun.

Euphorion und Chor tanzend und singend bewegen sich in verschlungenem Reihen.

CHOR.
                    Wenn du der Arme Paar   9755
                    Lieblich bewegest,
                    Im Glanz dein lockig Haar
                    Schüttelnd erregest,
                    Wenn dir der Fuß so leicht
                    Über die Erde schleicht,   9760
                    Dort und da wieder hin
                    Glieder um Glied sich ziehn,
                    Hast du dein Ziel erreicht,
                    Liebliches Kind;
                    All' unsre Herzen sind   9765
                    All' dir geneigt.

Pause.

EUPHORION.
                    Ihr seid so viele
                    Leichtfüßige Rehe;
                    Zu neuem Spiele
                    Frisch aus der Nähe!   9770
                    Ich bin der Jäger,
                    Ihr seid das Wild.

CHOR.
                    Willst du uns fangen,
                    Sei nicht behende,
                    Denn wir verlangen   9775

    Doch nur am Ende,
    Dich zu umarmen,
    Du schönes Bild!

EUPHORION.
    Nur durch die Haine!
    Zu Stock und Steine!   9780
    Das leicht Errungene,
    Das widert mir,
    Nur das Erzwungene
    Ergetzt mich schier.

HELENA UND FAUST.
    Welch ein Mutwill'! welch ein Rasen!   9785
    Keine Mäßigung ist zu hoffen.
    Klingt es doch wie Hörnerblasen
    Über Tal und Wälder dröhnend;
    Welch ein Unfug! welch Geschrei!

CHOR, *einzeln schnell eintretend.*
    Uns ist er vorbeigelaufen;   9790
    Mit Verachtung uns verhöhnend,
    Schleppt er von dem ganzen Haufen
    Nun die Wildeste herbei.

EUPHORION, *ein junges Mädchen hereintragend.*
    Schlepp' ich her die derbe Kleine
    Zu erzwungenem Genusse;   9795
    Mir zur Wonne, mir zur Lust
    Drück' ich widerspenstige Brust,
    Küss' ich widerwärtigen Mund,
    Tue Kraft und Willen kund.

MÄDCHEN.
    Laß mich los! In dieser Hülle   9800
    Ist auch Geistes Mut und Kraft;
    Deinem gleich ist unser Wille
    Nicht so leicht hinweggerafft.
    Glaubst du wohl mich im Gedränge?
    Deinem Arm vertraust du viel!   9805
    Halte fest, und ich versenge
    Dich, den Toren, mir zum Spiel.

Sie flammt auf und lodert in die Höhe.

    Folge mir in leichte Lüfte,
    Folge mir in starre Grüfte,
    Hasche das verschwundne Ziel!   9810

EUPHORION, *die letzten Flammen abschüttelnd.*
    Felsengedränge hier
    Zwischen dem Waldgebüsch,
    Was soll die Enge mir,
    Bin ich doch jung und frisch.
    Winde, sie sausen ja,   9815
    Wellen, sie brausen da;

Hör' ich doch beides fern,
Nah wär' ich gern.

Er springt immer höher felsauf.

HELENA, FAUST UND CHOR.
Wolltest du den Gemsen gleichen?
Vor dem Falle muß uns graun. 9820

EUPHORION.
Immer höher muß ich steigen,
Immer weiter muß ich schaun.
Weiß ich nun, wo ich bin!
Mitten der Insel drin,
Mitten in Pelops' Land, 9825
Erde- wie seeverwandt.

CHOR.
Magst nicht in Berg und Wald
Friedlich verweilen?
Suchen wir alsobald
Reben in Zeilen, 9830
Reben am Hügelrand,
Feigen und Apfelgold.
Ach in dem holden Land
Bleibe du hold!

EUPHORION.
Träumt ihr den Friedenstag? 9835
Träume, wer träumen mag.
Krieg! ist das Losungswort.
Sieg! und so klingt es fort.

CHOR.
Wer im Frieden
Wünschet sich Krieg zurück, 9840
Der ist geschieden
Vom Hoffnungsglück.

EUPHORION.
Welche dies Land gebar
Aus Gefahr in Gefahr,
Frei, unbegrenzten Muts, 9845
Verschwendrisch eignen Bluts,
Den nicht zu dämpfenden
Heiligen Sinn,
Alle den Kämpfenden
Bring' es Gewinn! 9850

CHOR.
Seht hinauf, wie hoch gestiegen!
Und er scheint uns doch nicht klein:
Wie im Harnisch, wie zum Siegen,
Wie von Erz und Stahl der Schein.

EUPHORION.
    Keine Wälle, keine Mauern, 9855
    Jeder nur sich selbst bewußt;
    Feste Burg, um auszudauern,
    Ist des Mannes ehrne Brust.
    Wollt ihr unerobert wohnen,
    Leicht bewaffnet rasch ins Feld; 9860
    Frauen werden Amazonen
    Und ein jedes Kind ein Held.

CHOR.
    Heilige Poesie,
    Himmelan steige sie!
    Glänze, der schönste Stern, 9865
    Fern und so weiter fern!
    Und sie erreicht uns doch
    Immer, man hört sie noch,
    Vernimmt sie gern.

EUPHORION.
    Nein, nicht ein Kind bin ich erschienen, 9870
    In Waffen kommt der Jüngling an;
    Gesellt zu Starken, Freien, Kühnen,
    Hat er im Geiste schon getan.
    Nun fort!
    Nun dort 9875
    Eröffnet sich zum Ruhm die Bahn.

HELENA UND FAUST.
    Kaum ins Leben eingerufen,
    Heitrem Tag gegeben kaum,
    Sehnest du von Schwindelstufen
    Dich zu schmerzenvollem Raum. 9880
    Sind denn wir
    Gar nichts dir?
    Ist der holde Bund ein Traum?

EUPHORION.
    Und hört ihr donnern auf dem Meere?
    Dort widerdonnern Tal um Tal, 9885
    In Staub und Wellen, Heer dem Heere,
    In Drang um Drang, zu Schmerz und Qual.
    Und der Tod
    Ist Gebot,
    Das versteht sich nun einmal. 9890

HELENA, FAUST UND CHOR.
    Welch Entsetzen! welches Grauen!
    Ist der Tod denn dir Gebot?

EUPHORION.
    Sollt' ich aus der Ferne schauen?
    Nein! ich teile Sorg' und Not.

DIE VORIGEN. Übermut und Gefahr, 9895
 Tödliches Los!

EUPHORION.
 Doch! – und ein Flügelpaar
 Faltet sich los!
 Dorthin! Ich muß! ich muß!
 Gönnt mir den Flug! 9900

Er wirft sich in die Lüfte, die Gewande tragen ihn einen Augenblick, sein Haupt strahlt, ein Lichtschweif zieht nach.

CHOR.
 Ikarus[490]! Ikarus!
 Jammer genug.

Ein schöner Jüngling stürzt zu der Eltern Füßen, man glaubt in dem Toten eine bekannte Gestalt zu erblicken; doch das Körperliche verschwindet sogleich, die Aureole steigt wie ein Komet zum Himmel auf, Kleid, Mantel und Lyra bleiben liegen.

HELENA UND FAUST.
 Der Freude folgt sogleich
 Grimmige Pein.

EUPHORIONS STIMME *aus der Tiefe.*
 Laß mich im düstern Reich, 9905
 Mutter, mich nicht allein! Pause.

CHOR *Trauergesang.*
 Nicht allein! – wo du auch weilest,
 Denn wir glauben dich zu kennen;
 Ach! wenn du dem Tag enteilest,
 Wird kein Herz von dir sich trennen. 9910
 Wüßten wir doch kaum zu klagen,
 Neidend singen wir dein Los:
 Dir in klar- und trüben Tagen
 Lied und Mut war schön und groß.

 Ach! zum Erdenglück geboren, 9915
 Hoher Ahnen, großer Kraft,
 Leider früh dir selbst verloren,
 Jugendblüte weggerafft!
 Scharfer Blick, die Welt zu schauen,
 Mitsinn jedem Herzensdrang, 9920
 Liebesglut der besten Frauen
 Und ein eigenster Gesang.

 Doch du ranntest unaufhaltsam
 Frei ins willenlose Netz,
 So entzweitest du gewaltsam 9925
 Dich mit Sitte, mit Gesetz;

---

490 Ikarus: Sohn von Dädalus. Ikarus und sein Vater wurden im Labyrith von Minotaurus auf Kreta festgehalten. Dädalus erfand für sich und seinen Sohn Flügel, fliegend wollten sie fliehen. Doch Ikarus flog in seinem Übermut zu hoch. Von der Sonne wurden seine Flügel verbrannt.

Doch zuletzt das höchste Sinnen
Gab dem reinen Mut Gewicht,
Wolltest Herrliches gewinnen,
Aber es gelang dir nicht. 9930

Wem gelingt es? – Trübe Frage,
Der das Schicksal sich vermummt,
Wenn am unglückseligsten Tage
Blutend alles Volk verstummt.
Doch erfrischet neue Lieder, 9935
Steht nicht länger tief gebeugt:
Denn der Boden zeugt sie wieder,
Wie von je er sie gezeugt.

Völlige Pause. Die Musik hört auf.

HELENA *zu Faust.*
Ein altes Wort bewährt sich leider auch an mir:
Daß Glück und Schönheit dauerhaft sich nicht vereint. 9940
Zerrissen ist des Lebens wie der Liebe Band;
Bejammernd beide, sag' ich schmerzlich Lebewohl
Und werfe mich noch einmal in die Arme dir.
Persephoneia, nimm den Knaben auf und mich!

Sie umarmt Faust, das Körperliche verschwindet, Kleid und Schleier bleiben ihm in den Armen.

PHORKYAS *zu Faust.*
Halte fest, was dir von allem übrigblieb. 9945
Das Kleid, laß es nicht los. Da zupfen schon
Dämonen an den Zipfeln, möchten gern
Zur Unterwelt es reißen. Halte fest!
Die Göttin ist's nicht mehr, die du verlorst,
Doch göttlich ist's. Bediene dich der hohen, 9950
Unschätzbaren Gunst und hebe dich empor:
Es trägt dich über alles Gemeine rasch
Am Äther hin, so lange du dauern kannst.
Wir sehn uns wieder, weit, gar weit von hier.

Helenens Gewande lösen sich in Wolken auf, umgeben Faust, heben ihn in die Höhe und ziehen mit ihm vorüber.

PHORKYAS *nimmt Euphorions Kleid, Mantel und Lyra von der Erde, tritt ins Proszenium, hebt die Exuvien in die Höhe und spricht.*
Noch immer glücklich aufgefunden! 9955
Die Flamme freilich ist verschwunden,
Doch ist mir um die Welt nicht leid.
Hier bleibt genug, Poeten einzuweihen,
Zu stiften Gild- und Handwerksneid;
Und kann ich die Talente nicht verleihen, 9960
Verborg' ich wenigstens das Kleid.

Sie setzt sich im Proszenium an eine Säule nieder.

PANTHALIS.
Nun eilig, Mädchen! Sind wir doch den Zauber los,

Der alt-thessalischen Vettel wüsten Geisteszwang,
So des Geklimpers vielverworrner Töne Rausch,
Das Ohr verwirrend, schlimmer noch den innern Sinn. 9965
Hinab zum Hades! Eilte doch die Königin
Mit ernstem Gang hinunter. Ihrer Sohle sei
Unmittelbar getreuer Mägde Schritt gefügt.
Wir finden sie am Throne der Unerforschlichen.

CHOR.
    Königinnen freilich, überall sind sie gern; 9970
    Auch im Hades stehen sie obenan,
    Stolz zu ihresgleichen gesellt,
    Mit Persephonen innigst vertraut;
    Aber wir im Hintergrunde
    Tiefer Asphodelos-Wiesen[491], 9975
    Langgestreckten Pappeln,
    Unfruchtbaren Weiden zugesellt,
    Welchen Zeitvertreib haben wir?
    Fledermausgleich zu piepsen,
    Geflüster, unerfreulich, gespenstig. 9980

PANTHALIS.
Wer keinen Namen sich erwarb noch Edles will,
Gehört den Elementen an; so fahret hin!
Mit meiner Königin zu sein, verlangt mich heiß;
Nicht nur Verdienst, auch Treue wahrt uns die Person. *Ab.*

ALLE.
    Zurückgegeben sind wir dem Tageslicht, 9985
    Zwar Personen nicht mehr,
    Das fühlen, das wissen wir,
    Aber zum Hades kehren wir nimmer.
    Ewig lebendige Natur
    Macht auf uns Geister, 9990
    Wir auf sie vollgültigen Anspruch.

EIN TEIL DES CHORS.
Wir in dieser tausend Äste Flüsterzittern, Säuselschweben
Reizen tändelnd, locken leise wurzelauf des Lebens Quellen
Nach den Zweigen; bald mit Blättern, bald mit Blüten überschwenglich
Zieren wir die Flatterhaare frei zu luftigem Gedeihn. 9995
Fällt die Frucht, sogleich versammeln lebenslustig Volk und Herden
Sich zum Greifen, sich zum Naschen, eilig kommend, emsig drängend;
Und wie vor den ersten Göttern bückt sich alles um uns her.

EIN ANDRER TEIL.
Wir, an dieser Felsenwände weithinleuchtend glattem Spiegel
Schmiegen wir, in sanften Wellen uns bewegend, schmeichelnd an; 10000
Horchen, lauschen jedem Laute, Vogelsängen, Röhrigflöten[492],

---

491 Asphodelos-Wiesen: Asphodelus ist eine krautige Pflanzen mit ripsenartigen Blütenstämmen. Bei Homer wandeln die Seelen der Toten (z.B. Achilles) auf den Asphodelos-Wiesen.

492 Röhrigflöten: wahrscheinlich sind Panflöten gemeint

Sei es Pans furchtbarer Stimme, Antwort ist sogleich bereit;
Säuselt's, säuseln wir erwidernd, donnert's, rollen unsre Donner
In erschütterndem Verdoppeln, dreifach, zehnfach hintennach.
EIN DRITTER TEIL.
Schwestern! Wir, bewegtern Sinnes, eilen mit den Bächen weiter; 10005
Denn es reizen jener Ferne reichgeschmückte Hügelzüge.
Immer abwärts, immer tiefer wässern wir, mäandrisch[493] wallend,
Jetzt die Wiese, dann die Matten, gleich den Garten um das Haus.
Dort bezeichnen's der Zypressen schlanke Wipfel, über Landschaft,
Uferzug und Wellenspiegel nach dem Äther steigende. 10010
EIN VIERTER TEIL.
Wallt ihr andern, wo's beliebet; wir umzingeln, wir umrauschen
Den durchaus bepflanzten Hügel, wo am Stab die Rebe grünt;
Dort zu aller Tage Stunden läßt die Leidenschaft des Winzers
Uns des liebevollsten Fleißes zweifelhaft Gelingen sehn.
Bald mit Hacke, bald mit Spaten, bald mit Häufeln, Schneiden, Binden 10015
Betet er zu allen Göttern, fördersamst zum Sonnengott.
Bacchus kümmert sich, der Weichling, wenig um den treuen Diener,
Ruht in Lauben, lehnt in Höhlen, faselnd mit dem jüngsten Faun.
Was zu seiner Träumereien halbem Rausch er je bedurfte,
Immer bleibt es ihm in Schläuchen, ihm in Krügen und Gefäßen, 10020
Rechts und links der kühlen Grüfte, ewige Zeiten aufbewahrt.
Haben aber alle Götter, hat nun Helios vor allen,
Lüftend, feuchtend, wärmend, glutend, Beeren-Füllhorn aufgehäuft,
Wo der stille Winzer wirkte, dort auf einmal wird's lebendig,
Und es rauscht in jedem Laube, raschelt um von Stock zu Stock. 10025
Körbe knarren, Eimer klappern, Tragebutten ächzen hin,
Alles nach der großen Kufe zu der Keltrer kräft'gem Tanz;
Und so wird die heilige Fülle reingeborner saftiger Beeren
Frech zertreten, schäumend, sprühend mischt sich's, widerlich zerquetscht.
Und nun gellt ins Ohr der Zimbeln mit der Becken Erzgetöne, 10030
Denn es hat sich Dionysos aus Mysterien enthüllt;
Kommt hervor mit Ziegenfüßlern, schwenkend Ziegenfüßlerinnen,
Und dazwischen schreit unbändig grell Silenus'[494] öhrig Tier.
Nichts geschont! Gespaltne Klauen treten alle Sitte nieder,
Alle Sinne wirbeln taumlich, gräßlich übertäubt das Ohr. 10035
Nach der Schale tappen Trunkne, überfüllt sind Kopf und Wänste,
Sorglich ist noch ein und andrer, doch vermehrt er die Tumulte,
Denn um neuen Most zu bergen, leert man rasch den alten Schlauch!

Der Vorhang fällt. Phorkyas im Proszenium richtet sich riesenhaft auf, tritt aber von den Kothurnen[495] herunter, lehnt Maske und Schleier zurück und zeigt sich als Mephistopheles, um, insofern es nötig wäre, im Epilog das Stück zu kommentieren.

---

493 mäandrisch: in Schleifen bzw. Windungen verlaufend
494 Silenus: ein Satyr; Sohn von Pan und einer Nymphe; Erzieher von Dionysios
495 Kothurn: in der Antike ein geschnürter Bühnenschuh mit hoher Sohle

4. Akt

Hochgebirg

Starre, zackige Felsengipfel.
Eine Wolke zieht herbei, lehnt sich an, senkt sich auf eine vorstehende Platte herab.
Sie teilt sich.

FAUST *tritt hervor.*
Der Einsamkeiten tiefste schauend unter meinem Fuß,
Betret' ich wohlbedächtig dieser Gipfel Saum, 10040
Entlassend meiner Wolke Tragewerk, die mich sanft
An klaren Tagen über Land und Meer geführt.
Sie löst sich langsam, nicht zerstiebend, von mir ab.
Nach Osten strebt die Masse mit geballtem Zug,
Ihr strebt das Auge staunend in Bewundrung nach. 10045
Sie teilt sich wandelnd, wogenhaft, veränderlich.
Doch will sich's modeln. – Ja! das Auge trügt mich nicht! –
Auf sonnbeglänzten Pfühlen herrlich hingestreckt,
Zwar riesenhaft, ein göttergleiches Fraungebild[496],
Ich seh's! Junonen ähnlich, Leda'n, Helenen, 10050
Wie majestätisch lieblich mir's im Auge schwankt.
Ach! schon verrückt sich's! Formlos breit und aufgetürmt
Ruht es in Osten, fernen Eisgebirgen gleich,
Und spiegelt blendend flücht'ger Tage großen Sinn.

Doch mir umschwebt ein zarter Lichter Nebelstreif 10055
Noch Brust und Stirn, erheiternd, kühl und schmeichelhaft.
Nun steigt es leicht und zaudernd hoch und höher auf,
Fügt sich zusammen. – Täuscht mich ein entzückend Bild,
Als jugenderstes, längstentbehrtes höchstes Gut?
Des tiefsten Herzens frühste Schätze quellen auf: 10060
Aurorens Liebe[497], leichten Schwungs bezeichnet's mir,
Den schnellempfundnen, ersten, kaum verstandnen Blick,
Der, festgehalten, überglänzte jeden Schatz.
Wie Seelenschönheit steigert sich die holde Form,
Löst sich nicht auf, erhebt sich in den Äther hin 10065
Und zieht das Beste meines Innern mit sich fort.

Ein Siebenmeilenstiefel tappt auf. Ein anderer folgt alsbald. Mephistopheles steigt ab. Die Stiefel schreiten eilig weiter.

MEPHISTOPHELES.
Das heiß' ich endlich vorgeschritten!
Nun aber sag, was fällt dir ein?

---

496 göttergleiches Fraungebild: Dieses Frauenbild setzt sich aus den drei Frauenbildern von Juno (Frau von Zeus und höchste Göttin), Leda (Geliebte von Zeus) und Helena (Tochter von Zeus) zusammen.

497 Aurorens Liebe: in griech. Mythologie ist Aurora die Göttin der Morgenröte; hier symbolisch gemeint als die frühe Liebe zu Gretchen

Steigst ab in solcher Greuel Mitten,
Im gräßlich gähnenden Gestein? 10070
Ich kenn' es wohl, doch nicht an dieser Stelle,
Denn eigentlich war das der Grund der Hölle.

FAUST. Es fehlt dir nie an närrischen Legenden;
Fängst wieder an, dergleichen auszuspenden.

MEPHISTOPHELES *ernsthaft.*
Als Gott der Herr – ich weiß auch wohl, warum – 10075
Uns aus der Luft in tiefste Tiefen bannte,
Da, wo zentralisch glühend, um und um,
Ein ewig Feuer flammend sich durchbrannte,
Wir fanden uns bei allzugroßer Hellung
In sehr gedrängter, unbequemer Stellung. 10080
Die Teufel fingen sämtlich an zu husten,
Von oben und von unten aus zu pusten;
Die Hölle schwoll von Schwefelstank und – säure,
Das gab ein Gas! Das ging ins Ungeheure,
So daß gar bald der Länder flache Kruste, 10085
So dick sie war, zerkrachend bersten mußte.
Nun haben wir's an einem andern Zipfel,
Was ehmals Grund war, ist nun Gipfel.
Sie gründen auch hierauf die rechten Lehren,
Das Unterste ins Oberste zu kehren. 10090
Denn wir entrannen knechtisch-heißer Gruft
Ins Übermaß der Herrschaft freier Luft.
Ein offenbar Geheimnis, wohl verwahrt,
Und wird nur spät den Völkern offenbart. *(Ephes. 6, 12.)*[498]

FAUST. Gebirgesmasse bleibt mir edel-stumm, 10095
Ich frage nicht woher und nicht warum.
Als die Natur sich in sich selbst gegründet,
Da hat sie rein den Erdball abgeründet,
Der Gipfel sich, der Schluchten sich erfreut
Und Fels an Fels und Berg an Berg gereiht, 10100
Die Hügel dann bequem hinabgebildet,
Mit sanftem Zug sie in das Tal gemildet.
Da grünt's und wächst's, und um sich zu erfreuen,
Bedarf sie nicht der tollen Strudeleien.

MEPHISTOPHELES.
Das sprecht Ihr so! Das scheint Euch sonnenklar; 10105
Doch weiß es anders, der zugegen war.
Ich war dabei, als noch da drunten siedend
Der Abgrund schwoll und strömend Flammen trug;
Als Molochs Hammer, Fels an Felsen schmiedend,
Gebirgestrümmer in die Ferne schlug. 10110

---

498 Ephes. 6, 12.: Bibelstelle; eigenhändiger Verweis Goethes. Da heißt es: „Denn wir haben nicht mit Fleisch und Blut zu kämpfen, sondern mit Mächtigen und Gewaltigen, nämlich mit den Herren der Welt, die in dieser Finsternis herrschen, mit den bösen Geistern unter dem Himmel." – Verweis auf die Versuchungen von Jesus durch den Teufel

Noch starrt das Land von fremden Zentnermassen;
Wer gibt Erklärung solcher Schleudermacht?
Der Philosoph, er weiß es nicht zu fassen,
Da liegt der Fels, man muß ihn liegen lassen,
Zuschanden haben wir uns schon gedacht. – 10115
Das treu-gemeine Volk allein begreift
Und läßt sich im Begriff nicht stören;
Ihm ist die Weisheit längst gereift:
Ein Wunder ist's, der Satan kommt zu Ehren.
Mein Wandrer hinkt an seiner Glaubenskrücke 10120
Zum Teufelsstein, zur Teufelsbrücke.

FAUST. Es ist doch auch bemerkenswert zu achten,
Zu sehn, wie Teufel die Natur betrachten.

MEPHISTOPHELES.
Was geht mich's an! Natur sei, wie sie sei!
‚s ist Ehrenpunkt: der Teufel war dabei! 10125
Wir sind die Leute, Großes zu erreichen;
Tumult, Gewalt und Unsinn! sieh das Zeichen! –
Doch, daß ich endlich ganz verständlich spreche,
Gefiel dir nichts an unsrer Oberfläche?
Du übersahst, in ungemeßnen Weiten, 10230
Die Reiche der Welt und ihre Herrlichkeiten. *(Matth.4.)*[499]
Doch, ungenügsam, wie du bist,
Empfandest du wohl kein Gelüst?

FAUST. Und doch! ein Großes zog mich an.
Errate!

MEPHISTOPHELES.
    Das ist bald getan. 10235
Ich suchte mir so eine Hauptstadt aus,
Im Kerne Bürger-Nahrungs-Graus,
Krummenge Gäßchen, spitze Giebeln,
Beschränkten Markt, Kohl, Rüben, Zwiebeln;
Fleischbänke, wo die Schmeißen hausen, 10140
Die fetten Braten anzuschmausen;
Da findest du zu jeder Zeit
Gewiß Gestank und Tätigkeit.
Dann weite Plätze, breite Straßen,
Vornehmen Schein sich anzumaßen; 10145
Und endlich, wo kein Tor beschränkt,
Vorstädte grenzenlos verlängt.
Da freut' ich mich an Rollekutschen,
Am lärmigen Hin- und Widerrutschen,
Am ewigen Hin- und Widerlaufen 10150
Zerstreuter Ameis-Wimmelhaufen
Und wenn ich führe, wenn ich ritte,
Erschien' ich immer ihre Mitte,
Von Hunderttausenden verehrt.

---

499   Matth.4.: Bibelstelle; eigenhändiger Verweis Goethes. Verweis auf die Versuchungen von Jesus durch den Teufel (Matth.4. 1–11)

FAUST. Das kann mich nicht zufriedenstellen. 10155
Man freut sich, daß das Volk sich mehrt,
Nach seiner Art behäglich nährt,
Sogar sich bildet, sich belehrt –
Und man erzieht sich nur Rebellen.

MEPHISTOPHELES. Dann baut' ich, grandios, mir selbst bewußt, 10160
Am lustigen Ort ein Schloß zur Lust.
Wald, Hügel, Flächen, Wiesen, Feld
Zum Garten prächtig umbestellt.
Vor grünen Wänden Sammetmatten,
Schnurwege, kunstgerechte Schatten, 10165
Kaskadensturz, durch Fels zu Fels gepaart,
Und Wasserstrahlen aller Art;
Ehrwürdig steigt es dort, doch an den Seiten
Da zischt's und pißt's in tausend Kleinigkeiten.
Dann aber ließ ich allerschönsten Frauen 10170
Vertraut-bequeme Häuslein bauen;
Verbrächte da grenzenlose Zeit
In allerliebst-geselliger Einsamkeit.
Ich sage Fraun; denn ein für allemal
Denk' ich die Schönen im Plural. 10175

FAUST. Schlecht und modern! Sardanapal[500]!

MEPHISTOPHELES.
Errät man wohl, wornach du strebtest?
Es war gewiß erhaben kühn.
Der du dem Mond um so viel näher schwebtest,
Dich zog wohl deine Sucht dahin? 10180

FAUST. Mit nichten! dieser Erdenkreis
Gewährt noch Raum zu großen Taten.
Erstaunenswürdiges soll geraten,
Ich fühle Kraft zu kühnem Fleiß.

MEPHISTOPHELES. Und also willst du Ruhm verdienen? 10185
Man merkt's, du kommst von Heroinen.

FAUST. Herrschaft gewinn' ich, Eigentum!
Die Tat ist alles, nichts der Ruhm.

MEPHISTOPHELES.
Doch werden sich Poeten finden,
Der Nachwelt deinen Glanz zu künden, 10190
Durch Torheit Torheit zu entzünden.

FAUST. Von allem ist dir nichts gewährt.
Was weißt du, was der Mensch begehrt?
Dein widrig Wesen, bitter, scharf,
Was weiß es, was der Mensch bedarf? 10195

---

500 Sardanapal: letzter assyrischer König (im nördlichen Mesopotamien); führte ein Leben in Überfluss

MEPHISTOPHELES.
Geschehe denn nach deinem Willen!
Vertraue mir den Umfang deiner Grillen.

FAUST. Mein Auge war aufs hohe Meer gezogen;
Es schwoll empor, sich in sich selbst zu türmen,
Dann ließ es nach und schüttete die Wogen, 10200
Des flachen Ufers Breite zu bestürmen.
Und das verdroß mich; wie der Übermut
Den freien Geist, der alle Rechte schätzt,
Durch leidenschaftlich aufgeregtes Blut
Ins Mißbehagen des Gefühls versetzt. 10205
Ich hielt's für Zufall, schärfte meinen Blick:
Die Woge stand und rollte dann zurück,
Entfernte sich vom stolz erreichten Ziel;
Die Stunde kommt, sie wiederholt das Spiel.

MEPHISTOPHELES *ad spectatores.*
Da ist für mich nichts Neues zu erfahren, 10210
Das kenn' ich schon seit hunderttausend Jahren.

FAUST, *leidenschaftlich fortfahrend.*
Sie schleicht heran, an abertausend Enden,
Unfruchtbar selbst, Unfruchtbarkeit zu spenden;
Nun schwillt's und wächst und rollt und überzieht
Der wüsten Strecke widerlich Gebiet. 10215
Da herrschet Well' auf Welle kraftbegeistet,
Zieht sich zurück, und es ist nichts geleistet,
Was zur Verzweiflung mich beängstigen könnte!
Zwecklose Kraft unbändiger Elemente!
Da wagt mein Geist, sich selbst zu überfliegen; 10220
Hier möcht' ich kämpfen, dies möcht' ich besiegen.

Und es ist möglich! – Flutend wie sie sei,
An jedem Hügel schmiegt sie sich vorbei;
Sie mag sich noch so übermütig regen,
Geringe Höhe ragt ihr stolz entgegen, 10225
Geringe Tiefe zieht sie mächtig an.
Da faßt' ich schnell im Geiste Plan auf Plan:
Erlange dir das köstliche Genießen,
Das herrische Meer vom Ufer auszuschließen,
Der feuchten Breite Grenzen zu verengen 10230
Und, weit hinein, sie in sich selbst zu drängen.
Von Schritt zu Schritt wußt' ich mir's zu erörtern;
Das ist mein Wunsch, den wage zu befördern!

Trommeln und kriegerische Musik im Rücken der Zuschauer, aus der Ferne, von der rechten Seite her.

MEPHISTOPHELES.
Wie leicht ist das! Hörst du die Trommeln fern?

FAUST.
Schon wieder Krieg! der Kluge hört's nicht gern. 10235

MEPHISTOPHELES.
Krieg oder Frieden. Klug ist das Bemühen,
Zu seinem Vorteil etwas auszuziehen.
Man paßt, man merkt auf jedes günstige Nu.
Gelegenheit ist da, nun, Fauste, greife zu!

FAUST.
Mit solchem Rätselkram verschone mich! 10240
Und kurz und gut, was soll's? Erkläre dich.

MEPHISTOPHELES.
Auf meinem Zuge blieb mir nicht verborgen:
Der gute Kaiser schwebt in großen Sorgen.
Du kennst ihn ja. Als wir ihn unterhielten,
Ihm falschen Reichtum in die Hände spielten, 10245
Da war die ganze Welt ihm feil.
Denn jung ward ihm der Thron zuteil,
Und ihm beliebt' es, falsch zu schließen,
Es könne wohl zusammengehen
Und sei recht wünschenswert und schön: 10250
Regieren und zugleich genießen.

FAUST.
Ein großer Irrtum. Wer befehlen soll,
Muß im Befehlen Seligkeit empfinden.
Ihm ist die Brust von hohem Willen voll,
Doch was er will, es darf's kein Mensch ergründen. 10255
Was er den Treusten in das Ohr geraunt,
Es ist getan, und alle Welt erstaunt.
So wird er stets der Allerhöchste sein,
Der Würdigste –; Genießen macht gemein.

MEPHISTOPHELES.
So ist er nicht. Er selbst genoß, und wie! 10260
Indes zerfiel das Reich in Anarchie,
Wo groß und klein sich kreuz und quer befehdeten
Und Brüder sich vertrieben, töteten,
Burg gegen Burg, Stadt gegen Stadt,
Zunft gegen Adel Fehde hat, 10265
Der Bischof mit Kapitel[501] und Gemeinde;
Was sich nur ansah, waren Feinde.
In Kirchen Mord und Totschlag, vor den Toren
Ist jeder Kauf- und Wandersmann verloren.
Und allen wuchs die Kühnheit nicht gering; 10270
Denn leben hieß sich wehren. – Nun, das ging.

FAUST.
Es ging – es hinkte, fiel, stand wieder auf,
Dann überschlug sich's, rollte plump zuhauf.

MEPHISTOPHELES.
Und solchen Zustand durfte niemand schelten,

---

501 Kapitel: Leitungskörperschaft der Bischofskirche, Versammlung stimmberechtigter Domherren

Ein jeder konnte, jeder wollte gelten. 10275
Der Kleinste selbst, er galt für voll.
Doch war's zuletzt den Besten allzutoll.
Die Tüchtigen, sie standen auf mit Kraft
Und sagten: Herr ist, der uns Ruhe schafft.
Der Kaiser kann's nicht, will's nicht – laßt uns wählen, 10280
Den neuen Kaiser neu das Reich beseelen,
Indem er jeden sicher stellt,
In einer frisch geschaffnen Welt
Fried' und Gerechtigkeit vermählen.

FAUST. Das klingt sehr pfäffisch.

MEPHISTOPHELES. Pfaffen waren's auch, 10285
Sie sicherten den wohlgenährten Bauch.
Sie waren mehr als andere beteiligt.
Der Aufruhr schwoll, der Aufruhr ward geheiligt;
Und unser Kaiser, den wir froh gemacht,
Zieht sich hieher, vielleicht zur letzten Schlacht. 10290

FAUST. Er jammert mich; er war so gut und offen.

MEPHISTOPHELES.
Komm, sehn wir zu! der Lebende soll hoffen.
Befrein wir ihn aus diesem engen Tale!
Einmal gerettet, ist's für tausend Male.
Wer weiß, wie noch die Würfel fallen? 10295
Und hat er Glück, so hat er auch Vasallen.

Sie steigen über das Mittelgebirg herüber und beschauen die Anordnung des Heeres im Tal. Trommeln und Kriegsmusik schallt von unten auf.

MEPHISTOPHELES.
Die Stellung, seh' ich, gut ist sie genommen;
Wir treten zu, dann ist der Sieg vollkommen.

FAUST. Was kann da zu erwarten sein?
Trug! Zauberblendwerk! Hohler Schein. 10300

MEPHISTOPHELES.
Kriegslist, um Schlachten zu gewinnen!
Befestige dich bei großen Sinnen,
Indem du deinen Zweck bedenkst.
Erhalten wir dem Kaiser Thron und Lande,
So kniest du nieder und empfängst 10305
Die Lehn von grenzenlosem Strande.

FAUST. Schon manches hast du durchgemacht,
Nun, so gewinn auch eine Schlacht!

MEPHISTOPHELES.
Nein, du gewinnst sie! Diesesmal
Bist du der Obergeneral. 10310

FAUST. Das wäre mir die rechte Höhe,
Da zu befehlen, wo ich nichts verstehe!

MEPHISTOPHELES.
Laß du den Generalstab sorgen,
Und der Feldmarschall ist geborgen.
Kriegsunrat hab' ich längst verspürt, 10315
Den Kriegsrat gleich voraus formiert
Aus Urgebirgs Urmenschenkraft;
Wohl dem, der sie zusammenrafft.

FAUST. Was seh' ich dort, was Waffen trägt?
Hast du das Bergvolk aufgeregt? 10320

MEPHISTOPHELES.
Nein! aber, gleich Herrn Peter Squenz[502],
Vom ganzen Praß die Quintessenz.

Die drei Gewaltigen[503] treten auf. (Sam. II, 23, 8.)

MEPHISTOPHELES. Da kommen meine Bursche ja!
Du siehst, von sehr verschiednen Jahren,
Verschiednem Kleid und Rüstung sind sie da; 10325
Du wirst nicht schlecht mit ihnen fahren.
Ad spectatores. Es liebt sich jetzt ein jedes Kind
Den Harnisch und den Ritterkragen;
Und, allegorisch wie die Lumpe sind,
Sie werden nur um desto mehr behagen. 10330

RAUFEBOLD *jung, leicht bewaffnet, bunt gekleidet.*
Wenn einer mir ins Auge sieht,
Werd' ich ihm mit der Faust gleich in die Fresse fahren,
Und eine Memme, wenn sie flieht,
Fass' ich bei ihren letzten Haaren.

HABEBALD *männlich, wohlbewaffnet, reich gekleidet.*
So leere Händel, das sind Possen, 10335
Damit verdirbt man seinen Tag;
Im Nehmen sei nur unverdrossen,
Nach allem andern frag' hernach.

HALTEFEST *bejahrt, stark bewaffnet, ohne Gewand.*
Damit ist auch nicht viel gewonnen!
Bald ist ein großes Gut zerronnen, 10340
Es rauscht im Lebensstrom hinab.
Zwar nehmen ist recht gut, doch besser ist's, behalten;
Laß du den grauen Kerl nur walten,
Und niemand nimmt dir etwas ab.

Sie steigen allzusammen tiefer.

---

502 Herrn Peter Squenz: Im Sommernachtstraum von Shakespeare leitet Peter Squenz das Schauspiel der Athener Handwerker. Diese Szenen nimmt auch Andreas Gryphius in seiner Barockkomödie „Absurda Comica oder Herr Peter Squenz" auf.

503 die drei Gewaltigen: Raufebald, Habebald, Haltefest. Nach der von Goethe notierten Bibelstelle Sam. II, 23, 8 handelt es sich um Jasobeam, Eleasar und Samma, Helden Davids. Hier stehen sie für drei Lebensalter.

Auf dem Vorgebirg

Trommeln und kriegerische Musik von unten. Des Kaisers Zelt wird aufgeschlagen.
Kaiser. Obergeneral. Trabanten[504].

OBERGENERAL.
Noch immer scheint der Vorsatz wohlerwogen, 10345
Daß wir in dies gelegene Tal
Das ganze Heer gedrängt zurückgezogen;
Ich hoffe fest, uns glückt die Wahl.

KAISER.
Wie es nun geht, es muß sich zeigen;
Doch mich verdrießt die halbe Flucht, das Weichen. 10350

OBERGENERAL.
Schau hier, mein Fürst, auf unsre rechte Flanke!
Solch ein Terrain wünscht sich der Kriegsgedanke:
Nicht steil die Hügel, doch nicht allzu gänglich,
Den Unsern vorteilhaft, dem Feind verfänglich;
Wir, halb versteckt, auf wellenförmigem Plan; 10355
Die Reiterei, sie wagt sich nicht heran.

KAISER. Mir bleibt nichts übrig, als zu loben;
Hier kann sich Arm und Brust erproben.

OBERGEN.
Hier, auf der Mittelwiese flachen Räumlichkeiten,
Siehst du den Phalanx[505], wohlgemut zu streiten. 10360
Die Piken[506] blinken flimmernd in der Luft,
Im Sonnenglanz, durch Morgennebelduft.
Wie dunkel wogt das mächtige Quadrat!
Zu Tausenden glüht's hier auf große Tat.
Du kannst daran der Masse Kraft erkennen, 10365
Ich trau' ihr zu, der Feinde Kraft zu trennen.

KAISER.
Den schönen Blick hab' ich zum erstenmal.
Ein solches Heer gilt für die Doppelzahl.

OBERGENERAL.
Von unsrer Linken hab' ich nichts zu melden,
Den starren Fels besetzen wackere Helden, 10370
Das Steingeklipp, das jetzt von Waffen blitzt,
Den wichtigen Paß der engen Klause schützt.
Ich ahne schon, hier scheitern Feindeskräfte
Unvorgesehn im blutigen Geschäfte.

KAISER.
Dort ziehn sie her, die falschen Anverwandten, 10375

---

504 Trabanten: Im Altertum und Mittelalter Begleiter bzw. Leibwächter zu Fuß
505 Phallanx: eine dichtgeschlossene, lineare Kampfformation schwerbewaffneter Infanterie
506 Pike: Stangenwaffen von Fußsoldaten

Wie sie mich Oheim, Vetter, Bruder nannten,
Sich immer mehr und wieder mehr erlaubten,
Dem Zepter Kraft, dem Thron Verehrung raubten,
Dann, unter sich entzweit, das Reich verheerten
Und nun gesamt sich gegen mich empörten. 10380
Die Menge schwankt im ungewissen Geist,
Dann strömt sie nach, wohin der Strom sie reißt.

OBERGENERAL.
Ein treuer Mann, auf Kundschaft ausgeschickt,
Kommt eilig felsenab; sei's ihm geglückt!

ERSTER KUNDSCHAFTER.
   Glücklich ist sie uns gelungen, 10385
   Listig, mutig, unsre Kunst,
   Daß wir hin und her gedrungen;
   Doch wir bringen wenig Gunst.
   Viele schwören reine Huldigung
   Dir, wie manche treue Schar; 10390
   Doch Untätigkeits-Entschuldigung:
   Innere Gärung, Volksgefahr.

KAISER.
Sich selbst erhalten bleibt der Selbstsucht Lehre,
Nicht Dankbarkeit und Neigung, Pflicht und Ehre.
Bedenkt ihr nicht, wenn eure Rechnung voll, 10395
Daß Nachbars Hausbrand euch verzehren soll?

OBERGEN.
Der zweite kommt, nur langsam steigt er nieder,
Dem müden Manne zittern alle Glieder.

ZWEITER KUNDSCHAFTER.
   Erst gewahrten wir vergnüglich
   Wilden Wesens irren Lauf; 10400
   Unerwartet, unverzüglich
   Trat ein neuer Kaiser auf.
   Und auf vorgeschriebnen Bahnen
   Zieht die Menge durch die Flur;
   Den entrollten Lügenfahnen 10405
   Folgen alle. – Schafsnatur!

KAISER.
Ein Gegenkaiser kommt mir zum Gewinn:
Nun fühl' ich erst, daß ich der Kaiser bin.
Nur als Soldat legt' ich den Harnisch an,
Zu höherm Zweck ist er nun umgetan. 10410
Bei jedem Fest, wenn's noch so glänzend war,
Nichts ward vermißt, mir fehlte die Gefahr.
Wie ihr auch seid, zum Ringspiel rietet ihr,
Mir schlug das Herz, ich atmete Turnier;
Und hättet ihr mir nicht vom Kriegen abgeraten, 10415
Jetzt glänzt' ich schon in lichten Heldentaten.
Selbständig fühlt' ich meine Brust besiegelt,
Als ich mich dort im Feuerreich bespiegelt;

Das Element drang gräßlich auf mich los,
Es war nur Schein, allein der Schein war groß. 10420
Von Sieg und Ruhm hab' ich verwirrt geträumt;
Ich bringe nach, was frevelhaft versäumt.

Die Herolde werden abgefertigt zu Herausforderung des Gegenkaisers.
Faust geharnischt, mit halbgeschloßnem Helme.
Die drei Gewaltigen gerüstet und gekleidet wie oben.

FAUST.
Wir treten auf und hoffen, ungescholten;
Auch ohne Not hat Vorsicht wohl gegolten.
Du weißt, das Bergvolk denkt und simuliert, 10425
Ist in Natur- und Felsenschrift studiert.
Die Geister, längst dem flachen Land entzogen,
Sind mehr als sonst dem Felsgebirg gewogen.
Sie wirken still durch labyrinthische Klüfte
Im edlen Gas metallisch reicher Düfte; 10430
In stetem Sondern, Prüfen und Verbinden
Ihr einziger Trieb ist, Neues zu erfinden.
Mit leisem Finger geistiger Gewalten
Erbauen sie durchsichtige Gestalten;
Dann im Kristall und seiner ewigen Schweignis 10435
Erblicken sie der Oberwelt Ereignis.

KAISER.
Vernommen hab' ich's, und ich glaube dir;
Doch, wackrer Mann, sag an: was soll das hier?

FAUST. Der Nekromant von Norcia[507], der Sabiner,
Ist dein getreuer, ehrenhafter Diener. 10440
Welch greulich Schicksal droht' ihm ungeheuer!
Das Reisig prasselte, schon züngelte das Feuer;
Die trocknen Scheite, ringsumher verschränkt,
Mit Pech und Schwefelruten untermengt;
Nicht Mensch, noch Gott, noch Teufel konnte retten, 10445
Die Majestät zersprengte glühende Ketten.
Dort war's in Rom. Er bleibt dir hoch verpflichtet,
Auf deinen Gang in Sorge stets gerichtet.
Von jener Stund' an ganz vergaß er sich,
Er fragt den Stern, die Tiefe nur für dich. 10450
Er trug uns auf, als eiligstes Geschäfte,
Bei dir zu stehn. Groß sind des Berges Kräfte;
Da wirkt Natur so übermächtig frei,
Der Pfaffen Stumpfsinn schilt es Zauberei.

KAISER.
Am Freudentag, wenn wir die Gäste grüßen, 10455
Die heiter kommen, heiter zu genießen,
Da freut uns jeder, wie er schiebt und drängt
Und, Mann für Mann, der Säle Raum verengt.

---

507 Nekromant von Norcia: Totenbeschwörer aus Norcia, einer italienischen Stadt, die von Spuk und Zauber heimgesucht war; der Nekromant ist eine Erfindung von Goethe

Doch höchst willkommen muß der Biedre sein,
Tritt er als Beistand kräftig zu uns ein 10460
Zur Morgenstunde, die bedenklich waltet,
Weil über ihr des Schicksals Waage schaltet.
Doch lenket hier im hohen Augenblick
Die starke Hand vom willigen Schwert zurück,
Ehrt den Moment, wo manche Tausend schreiten, 10465
Für oder wider mich zu streiten.
Selbst ist der Mann! Wer Thron und Kron' begehrt,
Persönlich sei er solcher Ehren wert.
Sei das Gespenst, das, gegen uns erstanden,
Sich Kaiser nennt und Herr von unsern Landen, 10470
Des Heeres Herzog, Lehnherr unsrer Großen,
Mit eigner Faust ins Totenreich gestoßen!

FAUST.
Wie es auch sei, das Große zu vollenden,
Du tust nicht wohl, dein Haupt so zu verpfänden.
Ist nicht der Helm mit Kamm und Busch geschmückt? 10475
Er schützt das Haupt, das unsern Mut entzückt.
Was, ohne Haupt, was förderten die Glieder?
Denn schläfert jenes, alle sinken nieder;
Wird es verletzt, gleich alle sind verwundet,
Erstehen frisch, wenn jenes rasch gesundet. 10480
Schnell weiß der Arm sein starkes Recht zu nützen;
Er hebt den Schild, den Schädel zu beschützen;
Das Schwert gewahret seiner Pflicht sogleich,
Lenkt kräftig ab und wiederholt den Streich;
Der tüchtige Fuß nimmt teil an ihrem Glück, 10485
Setzt dem Erschlagnen frisch sich ins Genick.

KAISER.
Das ist mein Zorn, so möcht' ich ihn behandeln,
Das stolze Haupt in Schemeltritt verwandeln!

HEROLDE *kommen zurück.*
    Wenig Ehre, wenig Geltung
    Haben wir daselbst genossen, 10490
    Unsrer kräftig edlen Meldung
    Lachten sie als schaler Possen:
    »Euer Kaiser ist verschollen,
    Echo dort im engen Tal;
    Wenn wir sein gedenken sollen, 10495
    Märchen sagt; – Es war einmal.«

FAUST.
Dem Wunsch gemäß der Besten ist's geschehn,
Die fest und treu an deiner Seite stehn.
Dort naht der Feind, die Deinen harren brünstig;
Befiehl den Angriff, der Moment ist günstig. 10500

KAISER.
Auf das Kommando leist' ich hier Verzicht.

Zum Oberfeldherrn.
In deinen Händen, Fürst, sei deine Pflicht.

OBERGENERAL. So trete denn der rechte Flügel an!
Des Feindes Linke, eben jetzt im Steigen,
Soll, eh' sie noch den letzten Schritt getan, 10505
Der Jugendkraft geprüfter Treue weichen.

FAUST. Erlaube denn, daß dieser muntre Held
Sich ungesäumt in deine Reihen stellt,
Sich deinen Reihen innigst einverleibt
Und, so gesellt, sein kräftig Wesen treibt. 10510

Er deutet zur Rechten.

RAUFEBOLD *tritt vor.*
Wer das Gesicht mir zeigt, der kehrt's nicht ab
Als mit zerschlagnen Unter- und Oberbacken;
Wer mir den Rücken kehrt, gleich liegt ihm schlapp
Hals, Kopf und Schopf hinschlotternd graß im Nacken.
Und schlagen deine Männer dann 10515
Mit Schwert und Kolben, wie ich wüte,
So stürzt der Feind, Mann über Mann,
Ersäuft im eigenen Geblüte. *Ab.*

OBERGENERAL.
Der Phalanx unsrer Mitte folge sacht,
Dem Feind begegn' er, klug mit aller Macht; 10520
Ein wenig rechts, dort hat bereits, erbittert,
Der Unsern Streitkraft ihren Plan erschüttert.

FAUST, *auf den Mittelsten deutend.*
So folge denn auch dieser deinem Wort!
Er ist behend, reißt alles mit sich fort.

HABEBALD *tritt hervor.*
Dem Heldenmut der Kaiserscharen 10525
Soll sich der Durst nach Beute paaren;
Und allen sei das Ziel gestellt:
Des Gegenkaisers reiches Zelt.
Er prahlt nicht lang auf seinem Sitze,
Ich ordne mich dem Phalanx an die Spitze. 10530

EILEBEUTE, *Marketenderin, sich an ihn anschmiegend.*
Bin ich auch ihm nicht angeweibt,
Er mir der liebste Buhle bleibt.
Für uns ist solch ein Herbst gereift!
Die Frau ist grimmig, wenn sie greift,
Ist ohne Schonung, wenn sie raubt; 10535
Im Sieg voran! und alles ist erlaubt. *Beide ab.*

OBERGENERAL.
Auf unsre Linke, wie vorauszusehn,
Stürzt ihre Rechte, kräftig. Widerstehn
Wird Mann für Mann dem wütenden Beginnen,
Den engen Paß des Felswegs zu gewinnen. 10540

FAUST *winkt nach der Linken.*
So bitte, Herr, auch diesen zu bemerken;
Es schadet nichts, wenn Starke sich verstärken.

HALTEFEST *tritt vor.*
Dem linken Flügel keine Sorgen!
Da, wo ich bin, ist der Besitz geborgen;
In ihm bewähret sich der Alte, 10545
Kein Strahlblitz spaltet, was ich halte. *Ab.*

MEPHISTOPHELES *von oben herunterkommend.*
Nun schauet, wie im Hintergrunde
Aus jedem zackigen Felsenschlunde
Bewaffnete hervor sich drängen,
Die schmalen Pfade zu verengen, 10550
Mit Helm und Harnisch, Schwertern, Schilden
In unserm Rücken eine Mauer bilden,
Den Wink erwartend, zuzuschlagen.

Leise zu den Wissenden.

Woher das kommt, müßt ihr nicht fragen.
Ich habe freilich nicht gesäumt, 10555
Die Waffensäle ringsum ausgeräumt;
Da standen sie zu Fuß, zu Pferde,
Als wären sie noch Herrn der Erde;
Sonst waren's Ritter, König, Kaiser,
Jetzt sind es nichts als leere Schneckenhäuser; 10560
Gar manch Gespenst hat sich darein geputzt,
Das Mittelalter lebhaft aufgestutzt.
Welch Teufelchen auch drinne steckt,
Für diesmal macht es doch Effekt.
Laut. Hört, wie sie sich voraus erbosen, 10565
Blechklappernd aneinander stoßen!
Auch flattern Fahnenfetzen bei Standarten,
Die frischer Lüftchen ungeduldig harrten.
Bedenkt, hier ist ein altes Volk bereit
Und mischte gern sich auch zum neuen Streit. 10570

Furchtbarer Posaunenschall von oben, im feindlichen Heere merkliche Schwankung.

FAUST. Der Horizont hat sich verdunkelt,
Nur hie und da bedeutend funkelt
Ein roter ahnungsvoller Schein;
Schon blutig blinken die Gewehre;
Der Fels, der Wald, die Atmosphäre, 10575
Der ganze Himmel mischt sich ein.

MEPHISTOPHELES.
Die rechte Flanke hält sich kräftig;
Doch seh' ich ragend unter diesen
Hans Raufbold, den behenden Riesen,
Auf seine Weise rasch geschäftig. 10580

KAISER. Erst sah ich einen Arm erhoben,
Jetzt seh' ich schon ein Dutzend toben;
Naturgemäß geschieht es nicht.

FAUST. Vernahmst du nichts von Nebelstreifen,
Die auf Siziliens Küsten schweifen? 10585
Dort, schwankend klar, im Tageslicht,
Erhoben zu den Mittellüften,
Gespiegelt in besondern Düften,
Erscheint ein seltsames Gesicht:
Da schwanken Städte hin und wider, 10590
Da steigen Gärten auf und nieder,
Wie Bild um Bild den Äther bricht.

KAISER. Doch wie bedenklich! Alle Spitzen
Der hohen Speere seh' ich blitzen;
Auf unsres Phalanx blanken Lanzen 10595
Seh' ich behende Flämmchen tanzen.
Das scheint mir gar zu geisterhaft.

FAUST. Verzeih, o Herr, das sind die Spuren
Verschollner geistiger Naturen,
Ein Widerschein der Dioskuren, 10600
Bei denen alle Schiffer schwuren;
Sie sammeln hier die letzte Kraft.

KAISER. Doch sage: wem sind wir verpflichtet,
Daß die Natur, auf uns gerichtet,
Das Seltenste zusammenrafft? 10605

MEPHISTOPHELES.
Wem als dem Meister, jenem hohen,
Der dein Geschick im Busen trägt?
Durch deiner Feinde starkes Drohen
Ist er im Tiefsten aufgeregt.
Sein Dank will dich gerettet sehen, 10610
Und sollt' er selbst daran vergehen.

KAISER.
Sie jubelten, mich pomphaft umzuführen;
Ich war nun was, das wollt' ich auch probieren
Und fand's gelegen, ohne viel zu denken,
Dem weißen Barte kühle Luft zu schenken. 10615
Dem Klerus hab' ich eine Lust verdorben,
Und ihre Gunst mir freilich nicht erworben.
Nun sollt' ich, seit so manchen Jahren,
Die Wirkung frohen Tuns erfahren?

FAUST.
Freiherzige Wohltat wuchert reich; 10620
Laß deinen Blick sich aufwärts wenden!
Mich deucht, er will ein Zeichen senden,
Gib acht, es deutet sich sogleich.

KAISER. Ein Adler schwebt im Himmelhohen,
Ein Greif ihm nach mit wildem Drohen. 10625

FAUST. Gib acht: gar günstig scheint es mir.
Greif ist ein fabelhaftes Tier;
Wie kann er sich so weit vergessen,
Mit echtem Adler sich zu messen?

KAISER. Nunmehr, in weitgedehnten Kreisen, 10630
Umziehn sie sich; – in gleichem Nu
Sie fahren aufeinander zu,
Sich Brust und Hälse zu zerreißen.

FAUST. Nun merke, wie der leidige Greif,
Zerzerrt, zerzaust, nur Schaden findet 10635
Und mit gesenktem Löwenschweif,
Zum Gipfelwald gestürzt, verschwindet.

KAISER. Sei's, wie gedeutet, so getan!
Ich nehm' es mit Verwundrung an.

MEPHISTOPHELES *gegen die Rechte.*
Dringend wiederholten Streichen 10640
Müssen unsre Feinde weichen,
Und mit ungewissem Fechten
Drängen sie nach ihrer Rechten
Und verwirren so im Streite
Ihrer Hauptmacht linke Seite. 10645
Unsers Phalanx feste Spitze
Zieht sich rechts, und gleich dem Blitze
Fährt sie in die schwache Stelle. –
Nun, wie sturmerregte Welle
Sprühend, wüten gleiche Mächte 10650
Wild in doppeltem Gefechte;
Herrlichers ist nichts ersonnen,
Uns ist diese Schlacht gewonnen!

KAISER *an der linken Seite zu Faust.*
Schau! Mir scheint es dort bedenklich,
Unser Posten steht verfänglich. 10655
Keine Steine seh' ich fliegen,
Niedre Felsen sind erstiegen,
Obre stehen schon verlassen.
Jetzt! – Der Feind, zu ganzen Massen
Immer näher angedrungen, 10660
Hat vielleicht den Paß errungen,
Schlußerfolg unheiligen Strebens!
Eure Künste sind vergebens. *Pause.*

MEPHISTOPHELES.
Da kommen meine beiden Raben[508],
Was mögen die für Botschaft haben? 10665
Ich fürchte gar, es geht uns schlecht.

---

508 beiden Raben: Zwei Raben sind Erkennungsmerkmal für den Teufel.

KAISER. Was sollen diese leidigen Vögel?
Sie richten ihre schwarzen Segel
Hierher vom heißen Felsgefecht.

MEPHISTOPHELES *zu den Raben.*
Setzt euch ganz nah zu meinen Ohren. 10670
Wen ihr beschützt, ist nicht verloren,
Denn euer Rat ist folgerecht.

FAUST *zum Kaiser.*
Von Tauben hast du ja vernommen,
Die aus den fernsten Landen kommen
Zu ihres Nestes Brut und Kost. 10675
Hier ist's mit wichtigen Unterschieden:
Die Taubenpost bedient den Frieden,
Der Krieg befiehlt die Rabenpost.

MEPHISTOPHELES.
Es meldet sich ein schwer Verhängnis:
Seht hin! gewahret die Bedrängnis 10680
Um unsrer Helden Felsenrand!
Die nächsten Höhen sind erstiegen.
Und würden sie den Paß besiegen,
Wir hätten einen schweren Stand.

KAISER. So bin ich endlich doch betrogen! 10685
Ihr habt mich in das Netz gezogen;
Mir graut, seitdem es mich umstrickt.

MEPHISTOPHELES.
Nur Mut! Noch ist es nicht mißglückt.
Geduld und Pfiff zum letzten Knoten!
Gewöhnlich geht's am Ende scharf. 10690
Ich habe meine sichern Boten;
Befehlt, daß ich befehlen darf!

OBERGENERAL, *der indessen herangekommen.*
Mit diesen hast du dich vereinigt,
Mich hat's die ganze Zeit gepeinigt,
Das Gaukeln schafft kein festes Glück. 10695
Ich weiß nichts an der Schlacht zu wenden;
Begannen sie's, sie mögen's enden,
Ich gebe meinen Stab zurück.

KAISER. Behalt ihn bis zu bessern Stunden,
Die uns vielleicht das Glück verleiht. 10700
Mir schaudert vor dem garstigen Kunden
Und seiner Rabentraulichkeit.

Zu Mephistopheles.

Den Stab kann ich dir nicht verleihen,
Du scheinst mir nicht der rechte Mann;
Befiehl und such uns zu befreien! 10705
Geschehe, was geschehen kann.

Ab ins Zelt mit dem Obergeneral.

MEPHISTOPHELES.
Mag ihn der stumpfe Stab beschützen!
Uns andern könnt' er wenig nützen,
Es war so was vom Kreuz daran.

FAUST. Was ist zu tun?

MEPHISTOPHELES. Es ist getan! – 10710
Nun, schwarze Vettern, rasch im Dienen,
Zum großen Bergsee! grüßt mir die Undinen[509]
Und bittet sie um ihrer Fluten Schein.
Durch Weiberkünste, schwer zu kennen,
Verstehen sie vom Sein den Schein zu trennen, 10715
Und jeder schwört, das sei das Sein. *Pause.*

FAUST. Den Wasserfräulein müssen unsre Raben
Recht aus dem Grund geschmeichelt haben;
Dort fängt es schon zu rieseln an.
An mancher trocknen, kahlen Felsenstelle 10720
Entwickelt sich die volle, rasche Quelle;
Um jener Sieg ist es getan.

MEPHISTOPHELES. Das ist ein wunderbarer Gruß,
Die kühnsten Klettrer sind konfus.

FAUST.
Schon rauscht ein Bach zu Bächen mächtig nieder, 10725
Aus Schluchten kehren sie gedoppelt wieder,
Ein Strom nun wirft den Bogenstrahl;
Auf einmal legt er sich in flache Felsenbreite
Und rauscht und schäumt nach der und jener Seite,
Und stufenweise wirft er sich ins Tal. 10730
Was hilft ein tapfres, heldenmäßiges Stemmen?
Die mächtige Woge strömt, sie wegzuschwemmen.
Mir schaudert selbst vor solchem wilden Schwall.

MEPHISTOPHELES.
Ich sehe nichts von diesen Wasserlügen,
Nur Menschenaugen lassen sich betrügen, 10735
Und mich ergetzt der wunderliche Fall.
Sie stürzen fort zu ganzen hellen Haufen,
Die Narren wähnen zu ersaufen,
Indem sie frei auf festem Lande schnaufen
Und lächerlich mit Schwimmgebärden laufen. 10740
Nun ist Verwirrung überall.

Die Raben sind wiedergekommen.
Ich werd' euch bei dem hohen Meister loben;
Wollt ihr euch nun als Meister selbst erproben,
So eilet zu der glühnden Schmiede,
Wo das Gezwergvolk, nimmer müde, 10745
Metall und Stein zu Funken schlägt.
Verlangt, weitläufig sie beschwatzend,

---

509 Undine: Wassergeist in der griech. Mythologie

Ein Feuer, leuchtend, blinkend, platzend,
Wie man's im hohen Sinne hegt.
Zwar Wetterleuchten in der weiten Ferne, 10750
Blickschnelles Fallen allerhöchster Sterne
Mag jede Sommernacht geschehn;
Doch Wetterleuchten in verworren Büschen
Und Sterne, die am feuchten Boden zischen,
Das hat man nicht so leicht gesehn. 10755
So müßt ihr, ohn' euch viel zu quälen,
Zuvörderst bitten, dann befehlen.

Raben ab. Es geschieht, wie vorgeschrieben.

MEPHISTOPHELES.
Den Feinden dichte Finsternisse!
Und Tritt und Schritt ins Ungewisse!
Irrfunkenblick an allen Enden, 10760
Ein Leuchten, plötzlich zu verblenden!
Das alles wäre wunderschön,
Nun aber braucht's noch Schreckgetön.

FAUST. Die hohlen Waffen aus der Säle Grüften
Empfinden sich erstarkt in freien Lüften; 10765
Da droben klappert's, rasselt's lange schon,
Ein wunderbarer falscher Ton.

MEPHISTOPHELES.
Ganz recht! Sie sind nicht mehr zu zügeln;
Schon schallt's von ritterlichen Prügeln,
Wie in der holden alten Zeit. 10770
Armschienen wie der Beine Schienen,
Als Guelfen und als Ghibellinen,
Erneuen rasch den ewigen Streit.
Fest, im ererbten Sinne wöhnlich,
Erweisen sie sich unversöhnlich; 10775
Schon klingt das Tosen weit und breit.
Zuletzt, bei allen Teufelsfesten,
Wirkt der Parteihaß doch zum besten,
Bis in den allerletzten Graus;
Schallt wider-widerwärtig panisch, 10780
Mitunter grell und scharf satanisch,
Erschreckend in das Tal hinaus.

Kriegstumult im Orchester, zuletzt übergehend in militärisch heitre Weisen.

Des Gegenkaisers Zelt

Thron, reiche Umgebung.
Habebald. Eilebeute[510].

EILEBEUTE. So sind wir doch die ersten hier!

HABEBALD. Kein Rabe fliegt so schnell als wir.

EILEBEUTE. O! welch ein Schatz liegt hier zuhauf! 10785
Wo fang' ich an? Wo hör' ich auf?

HABEBALD. Steht doch der ganze Raum so voll!
Weiß nicht, wozu ich greifen soll.

EILEBEUTE. Der Teppich wär' mir eben recht,
Mein Lager ist oft gar zu schlecht. 10790

HABEBALD. Hier hängt von Stahl ein Morgenstern[511],
Dergleichen hätt' ich lange gern.

EILEBEUTE. Den roten Mantel goldgesäumt,
So etwas hatt' ich mir geträumt.

HABEBALD, *die Waffe nehmend.*
Damit ist es gar bald getan, 10795
Man schlägt ihn tot und geht voran.
Du hast so viel schon aufgepackt
Und doch nichts Rechtes eingesackt.
Den Plunder laß an seinem Ort,
Nehm' eines dieser Kistchen fort! 10800
Dies ist des Heers beschiedner Sold,
In seinem Bauche lauter Gold.

EILEBEUTE.
Das hat ein mörderisch Gewicht!
Ich heb' es nicht, ich trag' es nicht.

HABEBALD.
Geschwinde duck' dich! Mußt dich bücken! 10805
Ich hucke dir's auf den starken Rücken.

EILEBEUTE.
O weh! O weh, nun ist's vorbei!
Die Last bricht mir das Kreuz entzwei.

Das Kistchen stürzt und springt auf.

HABEBALD. Da liegt das rote Gold zuhauf –
Geschwinde zu und raff es auf! 10810

EILEBEUTE *kauert nieder.*
Geschwinde nur zum Schoß hinein!
Noch immer wird's zur Gnüge sein.

---

510 Eilebeute: eine Verkäuferin; ihr Name stammt aus aus der Bibel, Jesajas 8, 1 und 3.
511 Morgenstern: Schlagwaffe

HABEBALD. Und so genug! und eile doch!

Sie steht auf.

O weh, die Schürze hat ein Loch!
Wohin du gehst und wo du stehst, 10815
Verschwenderisch die Schätze säst.

TRABANTEN *unsres Kaisers.*
Was schafft ihr hier am heiligen Platz?
Was kramt ihr in dem Kaiserschatz?

HABEBALD. Wir trugen unsre Glieder feil
Und holen unser Beuteteil. 10820
In Feindeszelten ist's der Brauch,
Und wir, Soldaten sind wir auch.

TRABANTEN. Das passet nicht in unsern Kreis:
Zugleich Soldat und Diebsgeschmeiß;
Und wer sich unserm Kaiser naht, 10825
Der sei ein redlicher Soldat.

HABEBALD. Die Redlichkeit, die kennt man schon,
Sie heißet: Kontribution.
Ihr alle seid auf gleichem Fuß:
Gib her! das ist der Handwerksgruß. 10830

Zu Eilebeute.

Mach fort und schleppe, was du hast,
Hier sind wir nicht willkommner Gast. *Ab.*

ERSTER TRABANT.
Sag, warum gabst du nicht sogleich
Dem frechen Kerl einen Backenstreich?

ZWEITER. Ich weiß nicht, mir verging die Kraft, 10835
Sie waren so gespensterhaft.

DRITTER. Mir ward es vor den Augen schlecht,
Da flimmert' es, ich sah nicht recht.

VIERTER. Wie ich es nicht zu sagen weiß:
Es war den ganzen Tag so heiß, 10840
So bänglich, so beklommen schwül,
Der eine stand, der andre fiel,
Man tappte hin und schlug zugleich,
Der Gegner fiel vor jedem Streich,
Vor Augen schwebt' es wie ein Flor, 10845
Dann summt's und saust's und zischt' im Ohr;
Das ging so fort, nun sind wir da
Und wissen selbst nicht, wie's geschah.

Kaiser mit vier Fürsten[512] *treten auf.*
Die Trabanten entfernen sich.

KAISER.
Es sei nun, wie ihm sei! uns ist die Schlacht gewonnen,
Des Feinds zerstreute Flucht im flachen Feld zerronnen. 10850
Hier steht der leere Thron, verräterischer Schatz,
Von Teppichen umhüllt, verengt umher den Platz.
Wir, ehrenvoll geschützt von eigenen Trabanten,
Erwarten kaiserlich der Völker Abgesandten;
Von allen Seiten her kommt frohe Botschaft an: 10855
Beruhigt sei das Reich, uns freudig zugetan.
Hat sich in unsern Kampf auch Gaukelei geflochten,
Am Ende haben wir uns nur allein gefochten.
Zufälle kommen ja dem Streitenden zugut:
Vom Himmel fällt ein Stein, dem Feinde regnet's Blut, 10860
Aus Felsenhöhlen tönt's von mächtigen Wunderklängen,
Die unsre Brust erhöhn, des Feindes Brust verengen.
Der Überwundne fiel, zu stets erneutem Spott,
Der Sieger, wie er prangt, preist den gewognen Gott.
Und alles stimmt mit ein, er braucht nicht zu befehlen, 10865
Herr Gott, dich loben wir! aus Millionen Kehlen.
Jedoch zum höchsten Preis wend' ich den frommen Blick,
Das selten sonst geschah, zur eignen Brust zurück.
Ein junger, muntrer Fürst mag seinen Tag vergeuden,
Die Jahre lehren ihn des Augenblicks Bedeuten. 10870
Deshalb denn ungesäumt verbind' ich mich sogleich
Mit euch vier Würdigen, für Haus und Hof und Reich.

Zum ersten.

Dein war, o Fürst! des Heers geordnet kluge Schichtung,
Sodann im Hauptmoment heroisch kühne Richtung;
Im Frieden wirke nun, wie es die Zeit begehrt, 10875
Erzmarschall nenn' ich dich, verleihe dir das Schwert.

ERZMARSCHALL.
Dein treues Heer, bis jetzt im Inneren beschäftigt,
Wenn's an der Grenze dich und deinen Thron bekräftigt,
Dann sei es uns vergönnt, bei Festesdrang im Saal
Geräumiger Väterburg zu rüsten dir das Mahl. 10880
Blank trag' ich's dir dann vor, blank halt' ich dir's zur Seite,
Der höchsten Majestät zu ewigem Geleite.

DER KAISER *zum zweiten.*
Der sich als tapfrer Mann auch zart gefällig zeigt,
Du! sei Erzkämmerer; der Auftrag ist nicht leicht.
Du bist der Oberste von allem Hausgesinde, 10885
Bei deren innerm Streit ich schlechte Diener finde;

---

512 Kaiser mit vier Fürsten: In der Goldenen Bulle (1356) wurden die Privilegien der Kurfürsten festgelegt. Der Erzbischof von Mainz war Kurfürst von Mainz und Reichserzkanzler. Die Fürsten sind die Kürfürsten von Sachsen (Erzmarschall), Brandenburg (Erzkämmerer), der Pfalz (Erztruchsess) und von Böhmen (Erzschenk).

Dein Beispiel sei fortan in Ehren aufgestellt,
Wie man dem Herrn, dem Hof und allen wohlgefällt.

ERZKÄMMERER.
Des Herren großen Sinn zu fördern, bringt zu Gnaden:
Den Besten hülfreich sein, den Schlechten selbst nicht schaden, 10890
Dann klar sein ohne List und ruhig ohne Trug!
Wenn du mich, Herr, durchschaust, geschieht mir schon genug.
Darf sich die Phantasie auf jenes Fest erstrecken?
Wenn du zur Tafel gehst, reich' ich das goldne Becken,
Die Ringe halt' ich dir, damit zur Wonnezeit 10895
Sich deine Hand erfrischt, wie mich dein Blick erfreut.

KAISER.
Zwar fühl' ich mich zu ernst, auf Festlichkeit zu sinnen,
Doch sei's! Es fördert auch frohmütiges Beginnen.

Zum dritten.

Dich wähl' ich zum Erztruchseß! Also sei fortan
Dir Jagd, Geflügelhof und Vorwerk untertan; 10900
Der Lieblingsspeisen Wahl laß mir zu allen Zeiten,
Wie sie der Monat bringt, und sorgsam zubereiten.

ERZTRUCHSESS.
Streng Fasten sei für mich die angenehmste Pflicht,
Bis, vor dich hingestellt, dich freut ein Wohlgericht.
Der Küche Dienerschaft soll sich mit mir vereinigen, 10905
Das Ferne beizuziehn, die Jahrszeit zu beschleunigen.
Dich reizt nicht Fern und Früh, womit die Tafel prangt,
Einfach und kräftig ist's, wornach dein Sinn verlangt.

KAISER *zum vierten.*
Weil unausweichlich hier sich's nur von Festen handelt,
So sei mir, junger Held, zum Schenken umgewandelt. 10910
Erzschenke, sorge nun, daß unsre Kellerei
Aufs reichlichste versorgt mit gutem Weine sei.
Du selbst sei mäßig, laß nicht über Heiterkeiten
Durch der Gelegenheit Verlocken dich verleiten!

ERZSCHENK.
Mein Fürst, die Jugend selbst, wenn man ihr nur vertraut, 10915
Steht, eh' man sich's versieht, zu Männern auferbaut.
Auch ich versetze mich zu jenem großen Feste;
Ein kaiserlich Büfett schmück' ich aufs allerbeste
Mit Prachtgefäßen, gülden, silbern allzumal,
Doch wähl' ich dir voraus den lieblichsten Pokal: 10920
Ein blank venedisch Glas, worin Behagen lauschet,
Des Weins Geschmack sich stärkt und nimmermehr berauschet.
Auf solchen Wunderschatz vertraut man oft zu sehr;
Doch deine Mäßigkeit, du Höchster, schützt noch mehr.

KAISER.
Was ich euch zugedacht in dieser ernsten Stunde, 10925
Vernahmt ihr mit Vertraun aus zuverlässigem Munde.

Des Kaisers Wort ist groß und sichert jede Gift,
Doch zur Bekräftigung bedarf's der edlen Schrift,
Bedarf's der Signatur. Die förmlich zu bereiten,
Seh' ich den rechten Mann zu rechter Stunde schreiten. 10930

Der Erzbischof (Erzkanzler) tritt auf.

KAISER.
Wenn ein Gewölbe sich dem Schlußstein anvertraut,
Dann ist's mit Sicherheit für ewige Zeit erbaut.
Du siehst vier Fürsten da! Wir haben erst erörtert,
Was den Bestand zunächst von Haus und Hof befördert.
Nun aber, was das Reich in seinem Ganzen hegt, 10935
Sei, mit Gewicht und Kraft, der Fünfzahl auferlegt.
An Ländern sollen sie vor allen andern glänzen;
Deshalb erweitr' ich gleich jetzt des Besitztums Grenzen
Vom Erbteil jener, die sich von uns abgewandt.
Euch Treuen sprech' ich zu so manches schöne Land, 10940
Zugleich das hohe Recht, euch nach Gelegenheiten
Durch Anfall, Kauf und Tausch ins Weitre zu verbreiten;
Dann sei bestimmt vergönnt, zu üben ungestört,
Was von Gerechtsamen euch Landesherrn gehört.
Als Richter werdet ihr die Endurteile fällen, 10945
Berufung gelte nicht von euern höchsten Stellen.
Dann Steuer, Zins und Beth', Lehn und Geleit und Zoll,
Berg-, Salz- und Münzregal euch angehören soll.
Denn meine Dankbarkeit vollgültig zu erproben,
Hab ich euch ganz zunächst der Majestät erhoben. 10950

ERZBISCHOF.
Im Namen aller sei dir tiefster Dank gebracht!
Du machst uns stark und fest und stärkest deine Macht.

KAISER.
Euch fünfen will ich noch erhöhtere Würde geben.
Noch leb' ich meinem Reich und habe Lust, zu leben;
Doch hoher Ahnen Kette zieht bedächtigen Blick 10955
Aus rascher Strebsamkeit ins Drohende zurück.
Auch werd' ich seinerzeit mich von den Teuren trennen,
Dann sei es eure Pflicht, den Folger zu ernennen.
Gekrönt erhebt ihn hoch auf heiligem Altar,
Und friedlich ende dann, was jetzt so stürmisch war. 10960

ERZKANZLER.
Mit Stolz in tiefster Brust, mit Demut an Gebärde,
Stehn Fürsten dir gebeugt, die ersten auf der Erde.
Solang das treue Blut die vollen Adern regt,
Sind wir der Körper, den dein Wille leicht bewegt.

KAISER.
Und also sei, zum Schluß, was wir bisher betätigt, 10965
Für alle Folgezeit durch Schrift und Zug bestätigt.
Zwar habt ihr den Besitz als Herren völlig frei,
Mit dem Beding jedoch, daß er unteilbar sei.

Und wie ihr auch vermehrt, was ihr von uns empfangen,
Es soll's der älteste Sohn in gleichem Maß erlangen. 10970

ERZKANZLER.
Dem Pergament alsbald vertrau' ich wohlgemut,
Zum Glück dem Reich und uns, das wichtigste Statut;
Reinschrift und Sieglung soll die Kanzelei beschäftigen,
Mit heiliger Signatur wirst du's, der Herr, bekräftigen.

KAISER.
Und so entlass' ich euch, damit den großen Tag 10975
Gesammelt jedermann sich überlegen mag.

Die weltlichen Fürsten entfernen sich.

DER GEISTLICHE *bleibt und spricht pathetisch.*
Der Kanzler ging hinweg, der Bischof ist geblieben,
Vom ernsten Warnegeist zu deinem Ohr getrieben!
Sein väterliches Herz, von Sorge bangt's um dich.

KAISER.
Was hast du Bängliches zur frohen Stunde? sprich! 10980

ERZBISCHOF.
Mit welchem bittern Schmerz find' ich, in dieser Stunde,
Dein hochgeheiligt Haupt mit Satanas im Bunde!
Zwar, wie es scheinen will, gesichert auf dem Thron,
Doch leider! Gott dem Herrn, dem Vater Papst zum Hohn.
Wenn dieser es erfährt, schnell wird er sträflich richten, 10985
Mit heiligem Strahl dein Reich, das sündige, zu vernichten.
Denn noch vergaß er nicht, wie du, zur höchsten Zeit,
An deinem Krönungstag, den Zauberer befreit.
Von deinem Diadem, der Christenheit zum Schaden,
Traf das verfluchte Haupt der erste Strahl der Gnaden. 10990
Doch schlag an deine Brust und gib vom frevlen Glück
Ein mäßig Scherflein gleich dem Heiligtum zurück:
Den breiten Hügelraum, da, wo dein Zelt gestanden,
Wo böse Geister sich zu deinem Schutz verbanden,
Dem Lügenfürsten du ein horchsam Ohr geliehn, 10995
Den stifte, fromm belehrt, zu heiligem Bemühn;
Mit Berg und dichtem Wald, so weit sie sich erstrecken,
Mit Höhen, die sich grün zu fetter Weide decken,
Fischreichen, klaren Seen, dann Bächlein ohne Zahl,
Wie sie sich, eilig schlängelnd, stürzen ab zu Tal; 11000
Das breite Tal dann selbst, mit Wiesen, Gauen, Gründen:
Die Reue spricht sich aus, und du wirst Gnade finden.

KAISER.
Durch meinen schweren Fehl bin ich so tief erschreckt;
Die Grenze sei von dir nach eignem Maß gesteckt.

ERZBISCHOF.
Erst! der entweihte Raum, wo man sich so versündigt, 11005
Sei alsobald zum Dienst des Höchsten angekündigt.
Behende steigt im Geist Gemäuer stark empor,

Der Morgensonne Blick erleuchtet schon das Chor,
Zum Kreuz erweitert sich das wachsende Gebäude,
Das Schiff erlängt, erhöht sich zu der Gläubigen Freude; 11010
Sie strömen brünstig schon durchs würdige Portal,
Der erste Glockenruf erscholl durch Berg und Tal,
Von hohen Türmen tönt's, wie sie zum Himmel streben,
Der Büßer kommt heran zu neugeschaffnem Leben.
Dem hohen Weihetag – er trete bald herein! – 11015
Wird deine Gegenwart die höchste Zierde sein.

KAISER.
Mag ein so großes Werk den frommen Sinn verkündigen,
Zu preisen Gott den Herrn, so wie mich zu entsündigen.
Genug! Ich fühle schon, wie sich mein Sinn erhöht.

ERZBISCHOF.
Als Kanzler fördr' ich nun Schluß und Formalität. 11020

KAISER.
Ein förmlich Dokument, der Kirche das zu eignen,
Du legst es vor, ich will's mit Freuden unterzeichnen.

ERZBISCHOF *hat sich beurlaubt, kehrt aber beim Ausgang um.*
Dann widmest du zugleich dem Werke, wie's entsteht,
Gesamte Landsgefälle: Zehnten[513], Zinsen, Beth',
Für ewig. Viel bedarf's zu würdiger Unterhaltung, 11025
Und schwere Kosten macht die sorgliche Verwaltung.
Zum schnellen Aufbau selbst auf solchem wüsten Platz
Reichst du uns einiges Gold, aus deinem Beuteschatz.
Daneben braucht man auch, ich kann es nicht verschweigen,
Entferntes Holz und Kalk und Schiefer und dergleichen. 11030
Die Fuhren tut das Volk, vom Predigtstuhl belehrt,
Die Kirche segnet den, der ihr zu Diensten fährt. *Ab.*

KAISER.
Die Sünd' ist groß und schwer, womit ich mich beladen;
Das leidige Zaubervolk bringt mich in harten Schaden.

ERZBISCHOF, *abermals zurückkehrend, mit tiefster Verbeugung.*
Verzeih, o Herr! Es ward dem sehr verrufnen Mann 11035
Des Reiches Strand verliehn; doch diesen trifft der Bann,
Verleihst du reuig nicht der hohen Kirchenstelle
Auch dort den Zehnten, Zins und Gaben und Gefälle.

KAISER *verdrießlich.*
Das Land ist noch nicht da, im Meere liegt es breit.

ERZBISCHOF.
Wer ,s Recht hat und Geduld, für den kommt auch die Zeit. 11040
Für uns mög' Euer Wort in seinen Kräften bleiben!

KAISER *allein.*
So könnt' ich wohl zunächst das ganze Reich verschreiben.

---

513 Zehnten: auch Kirchenzehnter; eine Abgabe bzw. Steuer in Form von Geld oder von Naturalien – zehn Prozent

5. Akt

Offene Gegend

WANDRER.
Ja! sie sind's, die dunkeln Linden,
Dort, in ihres Alters Kraft.
Und ich soll sie wiederfinden, 11045
Nach so langer Wanderschaft!
Ist es doch die alte Stelle,
Jene Hütte, die mich barg,
Als die sturmerregte Welle
Mich an jene Dünen warf! 11050
Meine Wirte möcht' ich segnen,
Hilfsbereit, ein wackres Paar,
Das, um heut mir zu begegnen,
Alt schon jener Tage war.
Ach! das waren fromme Leute! 11055
Poch' ich? ruf' ich? – Seid gegrüßt,
Wenn gastfreundlich auch noch heute
Ihr des Wohltuns Glück genießt!

BAUCIS[514], *Mütterchen, sehr alt.*
Lieber Kömmling! Leise! Leise!
Ruhe! laß den Gatten ruhn! 11060
Langer Schlaf verleiht dem Greise
Kurzen Wachens rasches Tun.

WANDRER. Sage, Mutter: bist du's eben,
Meinen Dank noch zu empfahn,
Was du für des Jünglings Leben 11065
Mit dem Gatten einst getan?
Bist du Baucis, die geschäftig
Halberstorbnen Mund erquickt?

Der Gatte tritt auf.

Du Philemon[515], der so kräftig
Meinen Schatz der Flut entrückt? 11070
Eure Flammen raschen Feuers,
Eures Glöckchens Silberlaut,
Jenes grausen Abenteuers
Lösung war euch anvertraut.

---

514 Baucis: Die Namen von Philemon und Baucis entnahm Goethe aus Ovids „Metharmorphosen" (8, 620–724). Die beiden Alten nehmen die Götter Jupiter und Merkurius gastlich bei sich auf. Goethe gab ihnen aber nur die Namen dieser Gestalten, um die Charaktere zu heben. Sonst haben sie mit den Gestalten des Altertums nichts zu tun.

515 Philemon: siehe Baucis

Und nun laßt hervor mich treten,
Schaun das grenzenlose Meer;
Laßt mich knieen, laßt mich beten,
Mich bedrängt die Brust so sehr.

Er schreitet vorwärts auf der Düne.

PHILEMON *zu Baucis.*
Eile nur, den Tisch zu decken,
Wo's im Gärtchen munter blüht.
Laß ihn rennen, ihn erschrecken,
Denn er glaubt nicht, was er sieht.

Neben dem Wandrer stehend.

Das Euch grimmig mißgehandelt,
Wog' auf Woge, schäumend wild,
Seht als Garten Ihr behandelt,
Seht ein paradiesisch Bild.
Älter, war ich nicht zuhanden,
Hülfreich nicht wie sonst bereit;
Und wie meine Kräfte schwanden,
War auch schon die Woge weit.
Kluger Herren kühne Knechte
Gruben Gräben, dämmten ein,
Schmälerten des Meeres Rechte,
Herrn an seiner Statt zu sein.
Schaue grünend Wies' an Wiese,
Anger, Garten, Dorf und Wald. –
Komm nun aber und genieße,
Denn die Sonne scheidet bald. –
Dort im Fernsten ziehen Segel,
Suchen nächtlich sichern Port.
Kennen doch ihr Nest die Vögel;
Denn jetzt ist der Hafen dort.
So erblickst du in der Weite
Erst des Meeres blauen Saum,
Rechts und links, in aller Breite,
Dichtgedrängt bewohnten Raum.

Am Tische zu drei, im Gärtchen.

BAUCIS.
Bleibst du stumm? und keinen Bissen
Bringst du zum verlechzten Mund?

PHILEMON.
Möcht' er doch vom Wunder wissen;
Sprichst so gerne, tu's ihm kund.

BAUCIS.
Wohl! ein Wunder ist's gewesen!
Läßt mich heut noch nicht in Ruh;
Denn es ging das ganze Wesen
Nicht mit rechten Dingen zu.

PHILEMON.
    Kann der Kaiser sich versünd'gen,   11115
    Der das Ufer ihm verliehn?
    Tät's ein Herold nicht verkünd'gen
    Schmetternd im Vorüberziehn?
    Nicht entfernt von unsern Dünen
    Ward der erste Fuß gefaßt,   11120
    Zelte, Hütten! – Doch im Grünen
    Richtet bald sich ein Palast.

BAUCIS.
    Tags umsonst die Knechte lärmten,
    Hack' und Schaufel, Schlag um Schlag;
    Wo die Flämmchen nächtig schwärmten,   11125
    Stand ein Damm den andern Tag.
    Menschenopfer mußten bluten,
    Nachts erscholl des Jammers Qual;
    Meerab flossen Feuergluten,
    Morgens war es ein Kanal.   11130
    Gottlos ist er, ihn gelüstet
    Unsre Hütte, unser Hain;
    Wie er sich als Nachbar brüstet,
    Soll man untertänig sein.

PHILEMON.
    Hat er uns doch angeboten   11135
    Schönes Gut im neuen Land!

BAUCIS.
    Traue nicht dem Wasserboden,
    Halt auf deiner Höhe stand!

PHILEMON.
    Laßt uns zur Kapelle treten,
    Letzten Sonnenblick zu schaun!   11140
    Laßt uns läuten, knieen, beten
    Und dem alten Gott vertraun!

Palast

Weiter Ziergarten, großer, gradgeführter Kanal.
Faust im höchsten Alter, wandelnd, nachdenkend.

LYNKEUS DER TÜRMER *durchs Sprachrohr.*
    Die Sonne sinkt, die letzten Schiffe,
    Sie ziehen munter hafenein.
    Ein großer Kahn ist im Begriffe,
    Auf dem Kanale hier zu sein.   11145
    Die bunten Wimpel wehen fröhlich,
    Die starren Masten stehn bereit;
    In dir preist sich der Bootsmann selig,
    Dich grüßt das Glück zur höchsten Zeit.   11150

Das Glöckchen läutet auf der Düne.

FAUST *auffahrend.*
>Verdammtes Läuten! Allzuschändlich
>Verwundet's, wie ein tückischer Schuß;
>Vor Augen ist mein Reich unendlich,
>Im Rücken neckt mich der Verdruß,
>Erinnert mich durch neidische Laute: 11155
>Mein Hochbesitz, er ist nicht rein,
>Der Lindenraum, die braune Baute,
>Das morsche Kirchlein ist nicht mein.
>Und wünscht' ich, dort mich zu erholen,
>Vor fremdem Schatten schaudert mir, 11160
>Ist Dorn den Augen, Dorn den Sohlen;
>O! wär' ich weit hinweg von hier!

TÜRMER *wie oben.*
>Wie segelt froh der bunte Kahn
>Mit frischem Abendwind heran!
>Wie türmt sich sein behender Lauf 11165
>In Kisten, Kasten, Säcken auf!

Prächtiger Kahn, reich und bunt beladen mit Erzeugnissen fremder Weltgegenden. Mephistopheles. Die drei gewaltigen Gesellen.

CHORUS.
>Da landen wir,
>Da sind wir schon.
>Glückan dem Herren,
>Dem Patron! 11170

Sie steigen aus, die Güter werden ans Land geschafft.

MEPHISTOPHELES.
>So haben wir uns wohl erprobt,
>Vergnügt, wenn der Patron es lobt.
>Nur mit zwei Schiffen ging es fort,
>Mit zwanzig sind wir nun im Port.
>Was große Dinge wir getan, 11175
>Das sieht man unsrer Ladung an.
>Das freie Meer befreit den Geist,
>Wer weiß da, was Besinnen heißt!
>Da fördert nur ein rascher Griff,
>Man fängt den Fisch, man fängt ein Schiff, 11180
>Und ist man erst der Herr zu drei,
>Dann hakelt man das vierte bei;
>Da geht es denn dem fünften schlecht,
>Man hat Gewalt, so hat man Recht.
>Man fragt ums Was, und nicht ums Wie. 11185
>Ich müßte keine Schiffahrt kennen:
>Krieg, Handel und Piraterie,
>Dreieinig sind sie, nicht zu trennen.

DIE DREI GEWALTIGEN GESELLEN.
>Nicht Dank und Gruß!

                Nicht Gruß und Dank! 11190
                Als brächten wir
                Dem Herrn Gestank.
                Er macht ein
                Widerlich Gesicht;
                Das Königsgut 11195
                Gefällt ihm nicht.

MEPHISTOPHELES.
                Erwartet weiter
                Keinen Lohn!
                Nahmt ihr doch
                Euren Teil davon. 11200

DIE GESELLEN.
                Das ist nur für
                Die Langeweil';
                Wir alle fordern
                Gleichen Teil.

MEPHISTOPHELES.
                Erst ordnet oben 11205
                Saal an Saal
                Die Kostbarkeiten
                Allzumal!
                Und tritt er zu
                Der reichen Schau, 11210
                Berechnet er alles
                Mehr genau,
                Er sich gewiß
                Nicht lumpen läßt
                Und gibt der Flotte 11215
                Fest nach Fest.
        Die bunten Vögel kommen morgen,
        Für die werd' ich zum besten sorgen.

Die Ladung wird weggeschafft.

MEPHISTOPHELES *zu Faust.*
        Mit ernster Stirn, mit düstrem Blick
        Vernimmst du dein erhaben Glück. 11220
        Die hohe Weisheit wird gekrönt,
        Das Ufer ist dem Meer versöhnt;
        Vom Ufer nimmt, zu rascher Bahn,
        Das Meer die Schiffe willig an;
        So sprich, daß hier, hier vom Palast 11225
        Dein Arm die ganze Welt umfaßt.
        Von dieser Stelle ging es aus,
        Hier stand das erste Bretterhaus;
        Ein Gräbchen ward hinabgeritzt,
        Wo jetzt das Ruder emsig spritzt. 11230
        Dein hoher Sinn, der Deinen Fleiß
        Erwarb des Meers, der Erde Preis.
        Von hier aus –

FAUST. Das verfluchte Hier!
Das eben, leidig lastet's mir.
Dir Vielgewandtem muß ich's sagen, 11235
Mir gibt's im Herzen Stich um Stich,
Mir ist's unmöglich zu ertragen!
Und wie ich's sage, schäm' ich mich.
Die Alten droben sollten weichen,
Die Linden wünscht' ich mir zum Sitz, 11240
Die wenig Bäume, nicht mein eigen,
Verderben mir den Weltbesitz.
Dort wollt' ich, weit umherzuschauen,
Von Ast zu Ast Gerüste bauen,
Dem Blick eröffnen weite Bahn, 11245
Zu sehn, was alles ich getan,
Zu überschaun mit einem Blick
Des Menschengeistes Meisterstück,
Betätigend mit klugem Sinn
Der Völker breiten Wohngewinn. 11250

So sind am härtsten wir gequält,
Im Reichtum fühlend, was uns fehlt.
Des Glöckchens Klang, der Linden Duft
Umfängt mich wie in Kirch' und Gruft.
Des allgewaltigen Willens Kür 11255
Bricht sich an diesem Sande hier.
Wie schaff' ich mir es vom Gemüte!
Das Glöcklein läutet, und ich wüte.

MEPHISTOPHELES. Natürlich! daß ein Hauptverdruß
Das Leben dir vergällen muß. 11260
Wer leugnet's! Jedem edlen Ohr
Kommt das Geklingel widrig vor.
Und das verfluchte Bim-Baum-Bimmel,
Umnebelnd heitern Abendhimmel,
Mischt sich in jegliches Begebnis, 11265
Vom ersten Bad bis zum Begräbnis,
Als wäre zwischen Bim und Baum
Das Leben ein verschollner Traum.

FAUST. Das Widerstehn, der Eigensinn
Verkümmern herrlichsten Gewinn, 11270
Daß man, zu tiefer, grimmiger Pein,
Ermüden muß, gerecht zu sein.

MEPHISTOPHELES. Was willst du dich denn hier genieren?
Mußt du nicht längst kolonisieren?

FAUST. So geht und schafft sie mir zur Seite! – 11275
Das schöne Gütchen kennst du ja,
Das ich den Alten ausersah.

MEPHISTOPHELES. Man trägt sie fort und setzt sie nieder,
Eh' man sich umsieht, stehn sie wieder;
Nach überstandener Gewalt 11280
Versöhnt ein schöner Aufenthalt.

Er pfeift gellend.
Die Drei treten auf.

MEPHISTOPHELES. Kommt, wie der Herr gebieten läßt!
Und morgen gibt's ein Flottenfest.

DIE DREI.
Der alte Herr empfing uns schlecht,
Ein flottes Fest ist uns zu Recht. 11285

MEPHISTOPHELES *ad spectatores.*
Auch hier geschieht, was längst geschah,
Denn Naboths Weinberg[516] war schon da. *(Regum I, 21.)*

Tiefe Nacht

LYNKEUS DER TÜRMER *auf der Schloßwarte, singend.*
Zum Sehen geboren,
Zum Schauen bestellt,
Dem Turme geschworen,
Gefällt mir die Welt. 11290
Ich blick' in die Ferne,
Ich seh' in der Näh'
Den Mond und die Sterne,
Den Wald und das Reh. 11295
So seh' ich in allen
Die ewige Zier,
Und wie mir's gefallen,
Gefall' ich auch mir.
Ihr glücklichen Augen, 11300
Was je ihr gesehn,
Es sei wie es wolle,
Es war doch so schön! *Pause.*

Nicht allein mich zu ergetzen,
Bin ich hier so hoch gestellt; 11305
Welch ein greuliches Entsetzen
Droht mir aus der finstern Welt!
Funkenblicke seh' ich sprühen
Durch der Linden Doppelnacht,
Immer stärker wühlt ein Glühen, 11310
Von der Zugluft angefacht.
Ach! die innre Hütte lodert,
Die bemoost und feucht gestanden;
Schnelle Hülfe wird gefodert,
Keine Rettung ist vorhanden. 11315

---

516 Naboths Weinberg: Verweis Goethes auf die Bibelstelle Regum I, 21. Naboth war eine fromme Person aus Jesreel, die dort einen Weinberg besaß. Dieser Weinberg wurde von König Ahab begehrt, der ihn an sich bringen wollte. Ahabs Frau lässt Naboth ermorden. So kam Ahab zwar in den Besitz des Weinberges, doch wurde er daran nie glücklich.

>   Ach! die guten alten Leute,
>   Sonst so sorglich um das Feuer,
>   Werden sie dem Qualm zur Beute!
>   Welch ein schrecklich Abenteuer!
>   Flamme flammet, rot in Gluten 11320
>   Steht das schwarze Moosgestelle;
>   Retteten sich nur die Guten
>   Aus der wildentbrannten Hölle!
>   Züngelnd lichte Blitze steigen
>   Zwischen Blättern, zwischen Zweigen; 11325
>   Äste dürr, die flackernd brennen,
>   Glühen schnell und stürzen ein.
>   Sollt ihr Augen dies erkennen!
>   Muß ich so weitsichtig sein!
>   Das Kapellchen bricht zusammen 11330
>   Von der Äste Sturz und Last.
>   Schlängelnd sind, mit spitzen Flammen,
>   Schon die Gipfel angefaßt.
>   Bis zur Wurzel glühn die hohlen
>   Stämme, purpurrot im Glühn. – 11335

Lange Pause, Gesang.

>   Was sich sonst dem Blick empfohlen,
>   Mit Jahrhunderten ist hin.

FAUST *auf dem Balkon, gegen die Dünen.*
>   Von oben welch ein singend Wimmern?
>   Das Wort ist hier, der Ton zu spat.
>   Mein Türmer jammert; mich, im Innern, 11340
>   Verdrießt die ungeduld'ge Tat.
>   Doch sei der Lindenwuchs vernichtet
>   Zu halbverkohlter Stämme Graun,
>   Ein Luginsland[517] ist bald errichtet,
>   Um ins Unendliche zu schaun. 11345

>   Da seh' ich auch die neue Wohnung,
>   Die jenes alte Paar umschließt,
>   Das, im Gefühl großmütiger Schonung,
>   Der späten Tage froh genießt.

MEPHISTOPHELES UND DIE DREIE *unten.*
>   Da kommen wir mit vollem Trab; 11350
>   Verzeiht! es ging nicht gütlich ab.
>   Wir klopften an, wir pochten an,
>   Und immer ward nicht aufgetan;
>   Wir rüttelten, wir pochten fort,
>   Da lag die morsche Türe dort; 11355
>   Wir riefen laut und drohten schwer,
>   Allein wir fanden kein Gehör.
>   Und wie's in solchem Fall geschicht,
>   Sie hörten nicht, sie wollten nicht;

---

517 Luginsland: Wartturm, Beobachtungsturm

> Wir aber haben nicht gesäumt, 11360
> Behende dir sie weggeräumt.
> Das Paar hat sich nicht viel gequält,
> Vor Schrecken fielen sie entseelt.
> Ein Fremder, der sich dort versteckt
> Und fechten wollte, ward gestreckt. 11365
> In wilden Kampfes kurzer Zeit
> Von Kohlen, ringsumher gestreut,
> Entflammte Stroh. Nun lodert's frei,
> Als Scheiterhaufen dieser drei.

FAUST.
> Wart ihr für meine Worte taub? 11370
> Tausch wollt' ich, wollte keinen Raub.
> Dem unbesonnenen wilden Streich,
> Ihm fluch' ich; teilt es unter euch!

CHORUS.
> Das alte Wort, das Wort erschallt:
> Gehorche willig der Gewalt! 11375
> Und bist du kühn und hältst du Stich,
> So wage Haus und Hof und – dich. *Ab.*

FAUST *auf dem Balkon.*
> Die Sterne bergen Blick und Schein,
> Das Feuer sinkt und lodert klein;
> Ein Schauerwindchen fächelt's an, 11380
> Bringt Rauch und Dunst zu mir heran.
> Geboten schnell, zu schnell getan! –
> Was schwebet schattenhaft heran?

Mitternacht

Vier graue Weiber treten auf.

ERSTE. Ich heiße der Mangel.

ZWEITE. Ich heiße die Schuld.

DRITTE. Ich heiße die Sorge.

VIERTE. Ich heiße die Not. 11385

Zu Drei.

Die Tür ist verschlossen, wir können nicht ein;
Drin wohnet ein Reicher, wir mögen nicht ‚nein.

MANGEL. Da werd' ich zum Schatten.

SCHULD. Da werd' ich zunicht.

NOT. Man wendet von mir das verwöhnte Gesicht.

SORGE.
Ihr Schwestern, ihr könnt nicht und dürft nicht hinein. 11390
Die Sorge, sie schleicht sich durchs Schlüsselloch ein.

Sorge verschwindet.

MANGEL.
Ihr, graue Geschwister, entfernt euch von hier.
SCHULD.
Ganz nah an der Seite verbind' ich mich dir.
NOT.
Ganz nah an der Ferse begleitet die Not.
Zu Drei. Es ziehen die Wolken, es schwinden die Sterne! 11395
Dahinten, dahinten! von ferne, von ferne,
Da kommt er, der Bruder, da kommt er, der – – – Tod.

FAUST *im Palast.*
Vier sah ich kommen, drei nur gehn;
Den Sinn der Rede konnt' ich nicht verstehn.
Es klang so nach, als hieß' es – Not, 11400
Ein düstres Reimwort folgte – Tod.
Es tönte hohl, gespensterhaft gedämpft.
Noch hab' ich mich ins Freie nicht gekämpft.
Könnt' ich Magie von meinem Pfad entfernen,
Die Zaubersprüche ganz und gar verlernen, 11405
Stünd' ich, Natur, vor dir ein Mann allein,
Da wär's der Mühe wert, ein Mensch zu sein.

Das war ich sonst, eh' ich's im Düstern suchte,
Mit Frevelwort mich und die Welt verfluchte.
Nun ist die Luft von solchem Spuk so voll, 11410
Daß niemand weiß, wie er ihn meiden soll.
Wenn auch ein Tag uns klar vernünftig lacht,
In Traumgespinst verwickelt uns die Nacht;
Wir kehren froh von junger Flur zurück,
Ein Vogel krächzt; was krächzt er? Mißgeschick. 11415
Von Aberglauben früh und spat umgarnt:
Es eignet sich, es zeigt sich an, es warnt.
Und so verschüchtert, stehen wir allein.
Die Pforte knarrt, und niemand kommt herein.
Erschüttert. Ist jemand hier?

SORGE. Die Frage fordert Ja! 11420

FAUST. Und du, wer bist denn du?

SORGE. Bin einmal da.

FAUST. Entferne dich!

SORGE. Ich bin am rechten Ort.

FAUST *erst ergrimmt, dann besänftigt, für sich.*
Nimm dich in acht und sprich kein Zauberwort.

SORGE.
    Würde mich kein Ohr vernehmen,
    Müßt' es doch im Herzen dröhnen;   11425
    In verwandelter Gestalt
    Üb' ich grimmige Gewalt.
    Auf den Pfaden, auf der Welle,
    Ewig ängstlicher Geselle,
    Stets gefunden, nie gesucht,   11430
    So geschmeichelt wie verflucht. –
Hast du die Sorge nie gekannt?

FAUST. Ich bin nur durch die Welt gerannt;
Ein jed' Gelüst ergriff ich bei den Haaren,
Was nicht genügte, ließ ich fahren,   11435
Was mir entwischte, ließ ich ziehn.
Ich habe nur begehrt und nur vollbracht
Und abermals gewünscht und so mit Macht
Mein Leben durchgestürmt; erst groß und mächtig,
Nun aber geht es weise, geht bedächtig.   11440
Der Erdenkreis ist mir genug bekannt,
Nach drüben ist die Aussicht uns verrannt;
Tor, wer dorthin die Augen blinzelnd richtet,
Sich über Wolken seinesgleichen dichtet!
Er stehe fest und sehe hier sich um;   11445
Dem Tüchtigen ist diese Welt nicht stumm.
Was braucht er in die Ewigkeit zu schweifen!
Was er erkennt, läßt sich ergreifen.
Er wandle so den Erdentag entlang;
Wenn Geister spuken, geh' er seinen Gang,   11450
Im Weiterschreiten find' er Qual und Glück,
Er, unbefriedigt jeden Augenblick!

SORGE.
    Wen ich einmal mir besitze,
    Dem ist alle Welt nichts nütze;
    Ewiges Düstre steigt herunter,   11455
    Sonne geht nicht auf noch unter,
    Bei vollkommen äußern Sinnen
    Wohnen Finsternisse drinnen,
    Und er weiß von allen Schätzen
    Sich nicht in Besitz zu setzen.   11460
    Glück und Unglück wird zur Grille,
    Er verhungert in der Fülle;
    Sei es Wonne, sei es Plage,
    Schiebt er's zu dem andern Tage,
    Ist der Zukunft nur gewärtig,   11465
    Und so wird er niemals fertig.

FAUST. Hör auf! so kommst du mir nicht bei!
Ich mag nicht solchen Unsinn hören.

Fahr hin! die schlechte Litanei[518],
Sie könnte selbst den klügsten Mann betören.

SORGE.
    Soll er gehen, soll er kommen?
    Der Entschluß ist ihm genommen;
    Auf gebahnten Weges Mitte
    Wankt er tastend halbe Schritte.
    Er verliert sich immer tiefer,
    Siehet alle Dinge schiefer,
    Sich und andre lästig drückend,
    Atemholend und erstickend;
    Nicht erstickt und ohne Leben,
    Nicht verzweiflend, nicht ergeben.
    So ein unaufhaltsam Rollen,
    Schmerzlich Lassen, widrig Sollen
    Bald Befreien, bald Erdrücken,
    Halber Schlaf und schlecht Erquicken
    Heftet ihn an seine Stelle
    Und bereitet ihn zur Hölle.

FAUST. Unselige Gespenster! so behandelt ihr
Das menschliche Geschlecht zu tausend Malen;
Gleichgültige Tage selbst verwandelt ihr
In garstigen Wirrwarr netzumstrickter Qualen.
Dämonen, weiß ich, wird man schwerlich los,
Das geistig-strenge Band ist nicht zu trennen;
Doch deine Macht, o Sorge, schleichend groß,
Ich werde sie nicht anerkennen.

SORGE.
    Erfahre sie, wie ich geschwind
    Mich mit Verwünschung von dir wende!
    Die Menschen sind im ganzen Leben blind,
    Nun, Fauste, werde du's am Ende!

Sie haucht ihn an.

FAUST, *erblindet.*
Die Nacht scheint tiefer tief hereinzudringen,
Allein im Innern leuchtet helles Licht;
Was ich gedacht, ich eil' es zu vollbringen;
Des Herren Wort, es gibt allein Gewicht.
Vom Lager auf, ihr Knechte! Mann für Mann!
Laßt glücklich schauen, was ich kühn ersann.
Ergreift das Werkzeug, Schaufel rührt und Spaten!
Das Abgesteckte muß sogleich geraten.
Auf strenges Ordnen, raschen Fleiß
Erfolgt der allerschönste Preis;
Daß sich das größte Werk vollende,
Genügt ein Geist für tausend Hände.

---

518 Litanei: Form des Gebetes mit Vorbeter (Kantor) und der nachbetenden Gemeinde

Großer Vorhof des Palasts

Fackeln.

MEPHISTOPHELES *als Aufseher voran.*
    Herbei, herbei! Herein, herein!
    Ihr schlotternden Lemuren[519],
    Aus Bändern, Sehnen und Gebein
    Geflickte Halbnaturen.

LEMUREN *im Chor.*
    Wir treten dir sogleich zur Hand,   11515
    Und wie wir halb vernommen,
    Es gilt wohl gar ein weites Land,
    Das sollen wir bekommen.

    Gespitzte Pfähle, die sind da,
    Die Kette lang zum Messen;   11520
    Warum an uns der Ruf geschah,
    Das haben wir vergessen.

MEPHISTOPHELES.
Hier gilt kein künstlerisch Bemühn;
Verfahret nur nach eignen Maßen!
Der Längste lege längelang sich hin,   11525
Ihr andern lüftet ringsumher den Rasen;
Wie man's für unsre Väter tat,
Vertieft ein längliches Quadrat!
Aus dem Palast ins enge Haus,
So dumm läuft es am Ende doch hinaus.   11530

LEMUREN, *mit neckischen Gebärden grabend.*
    Wie jung ich war und lebt' und liebt',
    Mich deucht, das war wohl süße;
    Wo's fröhlich klang und lustig ging,
    Da rührten sich meine Füße.

    Nun hat das tückische Alter mich   11535
    Mit seiner Krücke getroffen;
    Ich stolpert' über Grabes Tür,
    Warum stand sie just offen!

FAUST, *aus dem Palaste tretend, tastet an den Türpfosten.*
Wie das Geklirr der Spaten mich ergetzt!
Es ist die Menge, die mir frönet,   11540
Die Erde mit sich selbst versöhnet,
Den Wellen ihre Grenze setzt,
Das Meer mit strengem Band umzieht.

MEPHISTOPHELES *beiseite.*
Du bist doch nur für uns bemüht
Mit deinen Dämmen, deinen Buhnen;   11545
Denn du bereitest schon Neptunen,

---

519   Lemuren: Skelette, ruhelose Geister

Dem Wasserteufel, großen Schmaus.
In jeder Art seid ihr verloren; –
Die Elemente sind mit uns verschworen,
Und auf Vernichtung läuft's hinaus. 11550

FAUST. Aufseher!

MEPHISTOPHELES. Hier!

FAUST. Wie es auch möglich sei,
Arbeiter schaffe Meng' auf Menge,
Ermuntere durch Genuß und Strenge,
Bezahle, locke, presse bei!
Mit jedem Tage will ich Nachricht haben, 11555
Wie sich verlängt der unternommene Graben.

MEPHISTOPHELES *halblaut.*
Man spricht, wie man mir Nachricht gab,
Von keinem Graben, doch vom Grab.

FAUST. Ein Sumpf zieht am Gebirge hin,
Verpestet alles schon Errungene; 11560
Den faulen Pfuhl auch abzuziehn,
Das Letzte wär' das Höchsterrungene.
Eröffn' ich Räume vielen Millionen,
Nicht sicher zwar, doch tätig-frei zu wohnen.
Grün das Gefilde, fruchtbar; Mensch und Herde 11565
Sogleich behaglich auf der neusten Erde,
Gleich angesiedelt an des Hügels Kraft,
Den aufgewälzt kühn-emsige Völkerschaft.
Im Innern hier ein paradiesisch Land,
Da rase draußen Flut bis auf zum Rand, 11570
Und wie sie nascht, gewaltsam einzuschießen,
Gemeindrang eilt, die Lücke zu verschließen.
Ja! diesem Sinne bin ich ganz ergeben,
Das ist der Weisheit letzter Schluß:
Nur der verdient sich Freiheit wie das Leben, 11575
Der täglich sie erobern muß.
Und so verbringt, umrungen von Gefahr,
Hier Kindheit, Mann und Greis sein tüchtig Jahr.
Solch ein Gewimmel möcht' ich sehn,
Auf freiem Grund mit freiem Volke stehn. 11580
Zum Augenblicke dürft' ich sagen:
Verweile doch, du bist so schön!
Es kann die Spur von meinen Erdetagen
Nicht in Äonen[520] untergehn. –
Im Vorgefühl von solchem hohen Glück 11585
Genieß' ich jetzt den höchsten Augenblick.

Faust sinkt zurück, die Lemuren fassen ihn auf und legen ihn auf den Boden.

MEPHISTOPHELES.
Ihn sättigt keine Lust, ihm gnügt kein Glück,

---

520 Äonen: Zeitalter

So buhlt er fort nach wechselnden Gestalten;
Den letzten, schlechten, leeren Augenblick,
Der Arme wünscht ihn festzuhalten. 11590
Der mir so kräftig widerstand,
Die Zeit wird Herr, der Greis hier liegt im Sand.
Die Uhr steht still –

CHOR. Steht still! Sie schweigt wie Mitternacht.
Der Zeiger fällt.

MEPHISTOPHELES. Er fällt, es ist vollbracht.

CHOR. Es ist vorbei.

MEPHISTOPHELES. Vorbei! ein dummes Wort. 11595
Warum vorbei?
Vorbei und reines Nicht, vollkommnes Einerlei!
Was soll uns denn das ew'ge Schaffen!
Geschaffenes zu nichts hinwegzuraffen!
»Da ist's vorbei!« Was ist daran zu lesen? 11600
Es ist so gut, als wär' es nicht gewesen,
Und treibt sich doch im Kreis, als wenn es wäre.
Ich liebte mir dafür das Ewig-Leere.

Grablegung

LEMUR. *Solo.*
Wer hat das Haus so schlecht gebaut,
Mit Schaufeln und mit Spaten? 11605

LEMUREN. *Chor.*
Dir, dumpfer Gast im hänfnen Gewand,
Ist's viel zu gut geraten.

LEMUR. *Solo.*
Wer hat den Saal so schlecht versorgt?
Wo blieben Tisch und Stühle?

LEMUREN. *Chor.*
Es war auf kurze Zeit geborgt; 11610
Der Gläubiger sind so viele.

MEPHISTOPHELES.
Der Körper liegt, und will der Geist entfliehn,
Ich zeig' ihm rasch den blutgeschriebnen Titel; –
Doch leider hat man jetzt so viele Mittel,
Dem Teufel Seelen zu entziehn. 11615
Auf altem Wege stößt man an,
Auf neuem sind wir nicht empfohlen;
Sonst hätt' ich es allein getan,
Jetzt muß ich Helfershelfer holen.
Uns geht's in allen Dingen schlecht! 11620
Herkömmliche Gewohnheit, altes Recht,

Man kann auf gar nichts mehr vertrauen.
Sonst mit dem letzten Atem fuhr sie aus,
Ich paßt' ihr auf und, wie die schnellste Maus,
Schnapps! hielt ich sie in fest verschloßnen Klauen. 11625
Nun zaudert sie und will den düstern Ort,
Des schlechten Leichnams ekles Haus nicht lassen;
Die Elemente, die sich hassen,
Die treiben sie am Ende schmählich fort.
Und wenn ich Tag' und Stunden mich zerplage, 11630
Wann? wie? und wo? das ist die leidige Frage;
Der alte Tod verlor die rasche Kraft,
Das Ob? sogar ist lange zweifelhaft;
Oft sah ich lüstern auf die starren Glieder –
Es war nur Schein, das rührte, das regte sich wieder. 11635

Phantastisch-flügelmännische Beschwörungsgebärden.

Nur frisch heran! verdoppelt euren Schritt,
Ihr Herrn vom graden, Herrn vom krummen Horne,
Von altem Teufelsschrot und – korne,
Bringt ihr zugleich den Höllenrachen mit.
Zwar hat die Hölle Rachen viele! viele! 11640
Nach Standsgebühr und Würden schlingt sie ein;
Doch wird man auch bei diesem letzten Spiele
Ins künftige nicht so bedenklich sein.

Der greuliche Höllenrachen tut sich links auf.

Eckzähne klaffen; dem Gewölb des Schlundes
Entquillt der Feuerstrom in Wut, 11645
Und in dem Siedequalm des Hintergrundes
Seh' ich die Flammenstadt in ewiger Glut.
Die rote Brandung schlägt hervor bis an die Zähne,
Verdammte, Rettung hoffend, schwimmen an;
Doch kolossal zerknirscht sie die Hyäne, 11650
Und sie erneuen ängstlich heiße Bahn.
In Winkeln bleibt noch vieles zu entdecken,
So viel Erschrecklichstes im engsten Raum!
Ihr tut sehr wohl, die Sünder zu erschrecken;
Sie halten's doch für Lug und Trug und Traum. 11655

Zu den Dickteufeln[521] vom kurzen, graden Horne.

Nun, wanstige Schuften mit den Feuerbacken!
Ihr glüht so recht vom Höllenschwefel feist;
Klotzartige, kurze, nie bewegte Nacken!
Hier unten lauert, ob's wie Phosphor gleißt:
Das ist das Seelchen, Psyche mit den Flügeln, 11660
Die rupft ihr aus, so ist's ein garstiger Wurm;
Mit meinem Stempel will ich sie besiegeln,
Dann fort mit ihr im Feuerwirbelsturm!

---

521 Dickteufel: möglicherweise eine Erfindung Goethes; bezeichnet die Körperfülle der Teufel

Paßt auf die niedern Regionen,
Ihr Schläuche, das ist eure Pflicht; 11665
Ob's ihr beliebte, da zu wohnen,
So akkurat weiß man das nicht.
Im Nabel ist sie gern zu Haus –
Nehmt es in acht, sie wischt euch dort heraus.

Zu den Dürrteufeln[522] vom langen, krummen Horne.

Ihr Firlefanze, flügelmännische Riesen, 11670
Greift in die Luft, versucht euch ohne Rast!
Die Arme strack, die Klauen scharf gewiesen,
Daß ihr die Flatternde, die Flüchtige faßt.
Es ist ihr sicher schlecht im alten Haus,
Und das Genie, es will gleich obenaus. 11675

Glorie von oben rechts.

HIMMLISCHE HEERSCHAR.
    Folget, Gesandte,
    Himmelsverwandte,
    Gemächlichen Flugs:
    Sündern vergeben,
    Staub zu beleben; 11680
    Allen Naturen
    Freundliche Spuren
    Wirket im Schweben
    Des weilenden Zugs!

MEPHISTOPHELES.
Mißtöne hör' ich, garstiges Geklimper, 11685
Von oben kommt's mit unwillkommnem Tag;
Es ist das bübisch-mädchenhafte Gestümper,
Wie frömmelnder Geschmack sich's lieben mag.
Ihr wißt, wie wir in tiefverruchten Stunden
Vernichtung sannen menschlichem Geschlecht; 11690
Das Schändlichste, was wir erfunden,
Ist ihrer Andacht eben recht.

Sie kommen gleisnerisch, die Laffen!
So haben sie uns manchen weggeschnappt,
Bekriegen uns mit unsern eignen Waffen; 11695
Es sind auch Teufel, doch verkappt.
Hier zu verlieren, wär' euch ew'ge Schande;
Ans Grab heran und haltet fest am Rande!

CHOR DER ENGEL, *Rosen streuend.*
    Rosen, ihr blendenden,
    Balsam versendenden! 11700
    Flatternde, schwebende,
    Heimlich belebende,
    Zweiglein beflügelte,

---

522 Dürrteufel: wie Dickteufel eine Erfindung Goethes

Knospen entsiegelte,
Eilet zu blühn.

Frühling entsprieße,
Purpur und Grün!
Tragt Paradiese
Dem Ruhenden hin.

MEPHISTOPHELES *zu den Satanen.*
Was duckt und zuckt ihr? ist das Höllenbrauch?
So haltet stand und laßt sie streuen.
An seinen Platz ein jeder Gauch!
Sie denken wohl, mit solchen Blümeleien
Die heißen Teufel einzuschneien;
Das schmilzt und schrumpft vor eurem Hauch.
Nun pustet, Püstriche[523]! – Genug, genug!
Vor eurem Broden bleicht der ganze Flug. –
Nicht so gewaltsam! schließet Maul und Nasen!
Fürwahr, ihr habt zu stark geblasen.
Daß ihr doch nie die rechten Maße kennt!
Das schrumpft nicht nur, es bräunt sich, dorrt, es brennt!
Schon schwebt's heran mit giftig klaren Flammen;
Stemmt euch dagegen, drängt euch fest zusammen! –
Die Kraft erlischt! dahin ist aller Mut!
Die Teufel wittern fremde Schmeichelglut.

CHOR DER ENGEL.
Blüten, die seligen,
Flammen, die fröhlichen,
Liebe verbreiten sie,
Wonne bereiten sie,
Herz wie es mag.
Worte, die wahren,
Äther im Klaren,
Ewigen Scharen
Überall Tag!

MEPHISTOPHELES.
O Fluch! o Schande solchen Tröpfen!
Satane stehen auf den Köpfen,
Die Plumpen schlagen Rad auf Rad
Und stürzen ärschlings in die Hölle.
Gesegn' euch das verdiente heiße Bad!
Ich aber bleib' auf meiner Stelle. –

Sich mit den schwebenden Rosen herumschlagend.

Irrlichter, fort! Du, leuchte noch so stark,
Du bleibst, gehascht, ein ekler Gallert-Quark.
Was flatterst du? Willst du dich packen! –
Es klemmt wie Pech und Schwefel mir im Nacken.

---

523 Püstriche: sind Dampfbläser, Feuerbläser; Figuren aus Bronze oder Ton, in deren hohlem Inneren Wasser erhitzt wird, so dass sie Dampf ausblasen

CHOR DER ENGEL.
  Was euch nicht angehört, 11745
  Müsset ihr meiden,
  Was euch das Innre stört,
  Dürft ihr nicht leiden.
  Dringt es gewaltig ein,
  Müssen wir tüchtig sein. 11750
  Liebe nur Liebende
  Führet herein!

MEPHISTOPHELES.
Mir brennt der Kopf, das Herz, die Leber brennt,
Ein überteuflisch Element!
Weit spitziger als Höllenfeuer! – 11755
Drum jammert ihr so ungeheuer,
Unglückliche Verliebte! die, verschmäht,
Verdrehten Halses nach der Liebsten späht.
Auch mir! Was zieht den Kopf auf jene Seite?
Bin ich mit ihr doch in geschwornem Streite! 11760
Der Anblick war mir sonst so feindlich scharf.
Hat mich ein Fremdes durch und durch gedrungen?
Ich mag sie gerne sehn, die allerliebsten Jungen;
Was hält mich ab, daß ich nicht fluchen darf? –
Und wenn ich mich betören lasse, 11765
Wer heißt denn künftighin der Tor?
Die Wetterbuben, die ich hasse,
Sie kommen mir doch gar zu lieblich vor! –

Ihr schönen Kinder, laßt mich wissen:
Seid ihr nicht auch von Luzifers Geschlecht? 11770
Ihr seid so hübsch, fürwahr ich möcht' euch küssen,
Mir ist's, als kämt ihr eben recht.
Es ist mir so behaglich, so natürlich,
Als hätt' ich euch schon tausendmal gesehn;
So heimlich-kätzchenhaft begierlich; 11775
Mit jedem Blick aufs neue schöner schön.
O nähert euch, o gönnt mir einen Blick!

ENGEL.
Wir kommen schon, warum weichst du zurück?
Wir nähern uns, und wenn du kannst, so bleib!

Die Engel nehmen, umherziehend, den ganzen Raum ein.

MEPHISTOPHELES, *der ins Proszenium gedrängt wird.*
Ihr scheltet uns verdammte Geister 11780
Und seid die wahren Hexenmeister;
Denn ihr verführet Mann und Weib. –
Welch ein verfluchtes Abenteuer!
Ist dies das Liebeselement?
Der ganze Körper steht in Feuer, 11785
Ich fühle kaum, daß es im Nacken brennt. –
Ihr schwanket hin und her, so senkt euch nieder,
Ein bißchen weltlicher bewegt die holden Glieder;

Fürwahr, der Ernst steht euch recht schön;
Doch möcht' ich euch nur einmal lächeln sehn! 11790
Das wäre mir ein ewiges Entzücken.
Ich meine so, wie wenn Verliebte blicken:
Ein kleiner Zug am Mund, so ist's getan.
Dich, langer Bursche, dich mag ich am liebsten leiden,
Die Pfaffenmiene will dich gar nicht kleiden, 11795
So sieh mich doch ein wenig lüstern an!
Auch könntet ihr anständig-nackter gehen,
Das lange Faltenhemd ist übersittlich –
Sie wenden sich – von hinten anzusehen! –
Die Racker sind doch gar zu appetitlich! 11800

CHOR DER ENGEL.
    Wendet zur Klarheit
    Euch, liebende Flammen!
    Die sich verdammen,
    Heile die Wahrheit;
    Daß sie vom Bösen 11805
    Froh sich erlösen,
    Um in dem Allverein
    Selig zu sein.

MEPHISTOPHELES *sich fassend.*
Wie wird mir! – Hiobsartig, Beul' an Beule
Der ganze Kerl, dem's vor sich selber graut, 11810
Und triumphiert zugleich, wenn er sich ganz durchschaut,
Wenn er auf sich und seinen Stamm vertraut;
Gerettet sind die edlen Teufelsteile,
Der Liebespuk, er wirft sich auf die Haut;
Schon ausgebrannt sind die verruchten Flammen, 11815
Und wie es sich gehört, fluch' ich euch allzusammen!

CHOR DER ENGEL.
    Heilige Gluten!
    Wen sie umschweben,
    Fühlt sich im Leben
    Selig mit Guten. 11820
    Alle vereinigt
    Hebt euch und preist!
    Luft ist gereinigt,
    Atme der Geist!

Sie erheben sich, Faustens Unsterbliches entführend.

MEPHISTOPHELES, *sich umsehend.*
Doch wie? – wo sind sie hingezogen? 11825
Unmündiges Volk, du hast mich überrascht,
Sind mit der Beute himmelwärts entflogen;
Drum haben sie an dieser Gruft genascht!
Mir ist ein großer, einziger Schatz entwendet:
Die hohe Seele, die sich mir verpfändet, 11830
Die haben sie mir pfiffig weggepascht.

Bei wem soll ich mich nun beklagen?
Wer schafft mir mein erworbenes Recht?
Du bist getäuscht in deinen alten Tagen,
Du hast's verdient, es geht dir grimmig schlecht. 11835
Ich habe schimpflich mißgehandelt,
Ein großer Aufwand, schmählich! ist vertan;
Gemein Gelüst, absurde Liebschaft wandelt
Den ausgepichten Teufel an.
Und hat mit diesem kindisch-tollen Ding 11840
Der Klugerfahrne sich beschäftigt,
So ist fürwahr die Torheit nicht gering,
Die seiner sich am Schluß bemächtigt.

Bergschluchten

Wald, Fels, Einöde.
Heilige Anachoreten[524] gebirgauf verteilt, gelagert zwischen Klüften.

CHOR UND ECHO.
    Waldung, sie schwankt heran,
    Felsen, sie lasten dran,
    Wurzeln, sie klammern an, 11845
    Stamm dicht an Stamm hinan.
    Woge nach Woge spritzt,
    Höhle, die tiefste, schützt.
    Löwen, sie schleichen stumm- 11850
    Freundlich um uns herum,
    Ehren geweihten Ort,
    Heiligen Liebeshort.

PATER ECSTATICUS[525], *auf und ab schwebend.*
    Ewiger Wonnebrand,
    Glühendes Liebeband, 11855
    Siedender Schmerz der Brust,
    Schäumende Gotteslust.
    Pfeile, durchdringet mich,
    Lanzen, bezwinget mich,
    Keulen, zerschmettert mich, 11860
    Blitze, durchwettert mich!
    Daß ja das Nichtige
    Alles verflüchtige,
    Glänze der Dauerstern,
    Ewiger Liebe Kern. 11865

---

524 Heilige Anachoreten: Einsiedler in den Bergschluchten, Büßer, die nach der Vereinigung mit Gott streben

525 Pater Ecstaticus: der heilige Antonius, stebte die ekstatische Verbindung zu Gott an und verlor seine Körperlichkeit

PATER PROFUNDUS[526], *tiefe Region.*
Wie Felsenabgrund mir zu Füßen
Auf tiefern Abgrund lastend ruht,
Wie tausend Bäche strahlend fließen
Zum grausen Sturz des Schaums der Flut,
Wie strack mit eignem kräftigen Triebe   11870
Der Stamm sich in die Lüfte trägt:
So ist es die allmächtige Liebe,
Die alles bildet, alles hegt.

Ist um mich her ein wildes Brausen,
Als wogte Wald und Felsengrund,   11875
Und doch stürzt, liebevoll im Sausen,
Die Wasserfülle sich zum Schlund,
Berufen, gleich das Tal zu wässern;
Der Blitz, der flammend niederschlug,
Die Atmosphäre zu verbessern,   11880
Die Gift und Dunst im Busen trug –

Sind Liebesboten, sie verkünden,
Was ewig schaffend uns umwallt.
Mein Innres mög' es auch entzünden,
Wo sich der Geist, verworren, kalt,   11885
Verquält in stumpfer Sinne Schranken,
Scharfangeschloßnem Kettenschmerz.
O Gott! beschwichtige die Gedanken,
Erleuchte mein bedürftig Herz!

PATER SERAPHICUS[527], *mittlere Region.*
Welch ein Morgenwölkchen schwebet   11890
Durch der Tannen schwankend Haar!
Ahn' ich, was im Innern lebet?
Es ist junge Geisterschar.

CHOR SELIGER KNABEN.
Sag uns, Vater, wo wir wallen,
Sag uns, Guter, wer wir sind?   11895
Glücklich sind wir: allen, allen
Ist das Dasein so gelind.

PATER SERAPHICUS.
Knaben! Mitternachts-Geborne,
Halb erschlossen Geist und Sinn,
Für die Eltern gleich Verlorne,   11900
Für die Engel zum Gewinn.
Daß ein Liebender zugegen,
Fühlt ihr wohl, so naht euch nur;
Doch von schroffen Erdewegen,

---

526   Pater Profundus: der heilige Bernhard von Clairvaux, der ein Leben des Gebets, der Lesung und der Arbeit führte
527   Pater Seraphicus: der heilige Franz von Assisi, Gründer des Franziskanerordens; lebte nach dem Vorbild Jesu Christi; der Überlieferung zufolge sah er bei seiner Stigmatisierungen einen Engel mit sechs Flügeln, einen Seraphen (Seraph = Lichtgestalt)

Glückliche! habt ihr keine Spur. 11905
Steigt herab in meiner Augen
Welt- und erdgemäß Organ,
Könnt sie als die euern brauchen,
Schaut euch diese Gegend an!

Er nimmt sie in sich.

Das sind Bäume, das sind Felsen, 11910
Wasserstrom, der abgestürzt
Und mit ungeheurem Wälzen
Sich den steilen Weg verkürzt.

SELIGE KNABEN, *von innen.*
Das ist mächtig anzuschauen,
Doch zu düster ist der Ort, 11915
Schüttelt uns mit Schreck und Grauen.
Edler, Guter, laß uns fort!

PATER SERAPHICUS.
Steigt hinan zu höherm Kreise,
Wachset immer unvermerkt,
Wie, nach ewig reiner Weise, 11920
Gottes Gegenwart verstärkt.
Denn das ist der Geister Nahrung,
Die im freisten Äther waltet:
Ewigen Liebens Offenbarung,
Die zur Seligkeit entfaltet. 11925

CHOR SELIGER KNABEN *um die höchsten Gipfel kreisend.*
Hände verschlinget
Freudig zum Ringverein,
Regt euch und singet
Heil'ge Gefühle drein!
Göttlich belehret, 11930
Dürft ihr vertrauen;
Den ihr verehret,
Werdet ihr schauen.

ENGEL *schwebend in der höheren Atmosphäre, Faustens Unsterbliches tragend.*
Gerettet ist das edle Glied
Der Geisterwelt vom Bösen, 11935
Wer immer strebend sich bemüht,
Den können wir erlösen.
Und hat an ihm die Liebe gar
Von oben teilgenommen,
Begegnet ihm die selige Schar 11940
Mit herzlichem Willkommen.

DIE JÜNGEREN ENGEL.
Jene Rosen aus den Händen
Liebend-heiliger Büßerinnen
Halfen uns den Sieg gewinnen,
Uns das hohe Werk vollenden, 11945
Diesen Seelenschatz erbeuten.

Böse wichen, als wir streuten,
Teufel flohen, als wir trafen.
Statt gewohnter Höllenstrafen
Fühlten Liebesqual die Geister; 11950
Selbst der alte Satansmeister
War von spitzer Pein durchdrungen.
Jauchzet auf! es ist gelungen.

DIE VOLLENDETEREN ENGEL.
Uns bleibt ein Erdenrest
Zu tragen peinlich, 11955
Und wär' er von Asbest,
Er ist nicht reinlich.
Wenn starke Geisteskraft
Die Elemente
An sich herangerafft, 11960
Kein Engel trennte
Geeinte Zwienatur
Der innigen beiden,
Die ewige Liebe nur
Vermag's zu scheiden. 11965

DIE JÜNGEREN ENGEL.
Nebelnd um Felsenhöh'
Spür' ich soeben,
Regend sich in der Näh',
Ein Geisterleben.
Die Wölkchen werden klar, 11970
Ich seh' bewegte Schar
Seliger Knaben,
Los von der Erde Druck,
Im Kreis gesellt,
Die sich erlaben 11975
Am neuen Lenz und Schmuck
Der Obern Welt.
Sei er zum Anbeginn,
Steigendem Vollgewinn
Diesen gesellt! 11980

DIE SELIGEN KNABEN.
Freudig empfangen wir
Diesen im Puppenstand;
Also erlangen wir
Englisches Unterpfand.
Löset die Flocken los, 11985
Die ihn umgeben!
Schon ist er schön und groß
Von heiligem Leben.

DOCTOR MARIANUS[528], *in der höchsten, reinlichsten Zelle.*

    Hier ist die Aussicht frei,
    Der Geist erhoben.
    Dort ziehen Fraun vorbei,   11990
    Schwebend nach oben.
    Die Herrliche mitteninn
    Im Sternenkranze,
    Die Himmelskönigin,   11995
    Ich seh's am Glanze.

Entzückt.

    Höchste Herrscherin der Welt!
    Lasse mich im blauen,
    Ausgespannten Himmelszelt
    Dein Geheimnis schauen.   12000
    Billige, was des Mannes Brust
    Ernst und zart beweget
    Und mit heiliger Liebeslust
    Dir entgegenträget.

    Unbezwinglich unser Mut,   12005
    Wenn du hehr gebietest;
    Plötzlich mildert sich die Glut,
    Wie du uns befriedest.
    Jungfrau, rein im schönsten Sinn,
    Mutter, Ehren würdig,   12010
    Uns erwählte Königin,
    Göttern ebenbürtig.

        Um sie verschlingen
        Sich leichte Wölkchen,
        Sind Büßerinnen,
        Ein zartes Völkchen,   12015
        Um Ihre Kniee
        Den Äther schlürfend,
        Gnade bedürfend.

    Dir, der Unberührbaren,   12020
    Ist es nicht benommen,
    Daß die leicht Verführbaren
    Traulich zu dir kommen.

    In die Schwachheit hingerafft,
    Sind sie schwer zu retten;   12025
    Wer zerreißt aus eigner Kraft
    Der Gelüste Ketten?
    Wie entgleitet schnell der Fuß
    Schiefem, glattem Boden?
    Wen betört nicht Blick und Gruß,   12030
    Schmeichelhafter Odem?

---

528 Doctor Marianus: der Beiname von Theologen im Mittelalter, die Anhänger der Marienverehrung waren. Die Marienverehrung geht davon aus, dass Maria, die Mutter von Jesu Christi, selbst von der Erbsünde befreit war.

Mater gloriosa[529] *schwebt einher.*

CHOR DER BÜSSERINNEN.
Du schwebst zu Höhen
Der ewigen Reiche,
Vernimm das Flehen,
Du Ohnegleiche, 12035
Du Gnadenreiche!

MAGNA PECCATRIX[530]. *(St. Lucae VII, 36)*
Bei der Liebe, die den Füßen
Deines gottverklärten Sohnes
Tränen ließ zum Balsam fließen,
Trotz des Pharisäerhohnes[531]; 12040
Beim Gefäße, das so reichlich
Tropfte Wohlgeruch hernieder,
Bei den Locken, die so weichlich
Trockneten die heil'gen Glieder –

MULIER SAMARITANA[532]. *(St. Joh. IV.)*
Bei dem Bronn, zu dem schon weiland 12045
Abram ließ die Herde führen,
Bei dem Eimer, der dem Heiland
Kühl die Lippe durft' berühren;
Bei der reinen, reichen Quelle,
Die nun dorther sich ergießet, 12050
Überflüssig, ewig helle
Rings durch alle Welten fließet –

MARIA AEGYPTIACA[533]. *Acta Sanctorum*[534].
Bei dem hochgeweihten Orte,
Wo den Herrn man niederließ,
Bei dem Arm, der von der Pforte 12055
Warnend mich zurücke stieß;
Bei der vierzigjährigen Buße,
Der ich treu in Wüsten blieb,
Bei dem seligen Scheidegruße,
Den im Sand ich niederschrieb – 12060

---

529 Mater gloriosa: die ruhmreiche Mutter Gottes, Maria; lateinisch gloria = Ruhm

530 Magna Peccatrix: Maria Magdalena, die große Sünderin, nach Lucas 7, 36ff.

531 Die Sünderin Maria Magdalena salbte Jesus von Nazareth im Haus eines Pharisäers die Füße, wofür Jesus von diesem verspottet wurde. In der christlichen Tradition stehen Pharisäer für kleinliche Wortglauber, die zwar die heilige Schrift wörtlichen nehmen, darüber aber tieferen Sinn und Zusammenhang übergehen.

532 Mulier Samaritana: Sychar, die Samarinerin, die Jesus am Brunnen Jakobs Wasser zu trinken gibt. Jesus verspricht ihr das Wasser des ewigen Lebens - nach Johannes, 4, 1ff.

533 Mater Aegyptiaca: die heilige Maria von Ägypten (lat. mater aegyptiaca). Der Legende nach wallfahrte die Prostituierte aus Alexandria zum heiligen Kreuz nach Jerusalem, wo ihr der Eintritt in die Grabeskirche verwehrt wurde. Fortan lebte sie als Büßerin in der Wüste jenseits des Jordan. Nach 48 Jahren überquerte sie den Jordan, indem sie über das Wasser lief.

534 Acta Sanctorum: „Taten der Heiligen", Legendensammlungen über Märtyrer und Heilige der katholischen Kirche

ZU DREI. Die du großen Sünderinnen
Deine Nähe nicht verweigerst
Und ein büßendes Gewinnen
In die Ewigkeiten steigerst,
Gönn auch dieser guten Seele, 12065
Die sich einmal nur vergessen,
Die nicht ahnte, daß sie fehle,
Dein Verzeihen angemessen!

UNA POENITENTIUM[535], *sonst Gretchen genannt. Sich anschmiegend.*
Neige, neige,
Du Ohnegleiche, 12070
Du Strahlenreiche,
Dein Antlitz gnädig meinem Glück!
Der früh Geliebte,
Nicht mehr Getrübte,
Er kommt zurück. 12075

SELIGE KNABEN *in Kreisbewegung sich nähernd.*
Er überwächst uns schon
An mächtigen Gliedern,
Wird treuer Pflege Lohn
Reichlich erwidern.
Wir wurden früh entfernt 12080
Von Lebechören;
Doch dieser hat gelernt,
Er wird uns lehren.

DIE EINE BÜSSERIN, *sonst Gretchen genannt.*
Vom edlen Geisterchor umgeben,
Wird sich der Neue kaum gewahr, 12085
Er ahnet kaum das frische Leben,
So gleicht er schon der heiligen Schar.
Sieh, wie er jedem Erdenbande
Der alten Hülle sich entrafft
Und aus ätherischem Gewande 12090
Hervortritt erste Jugendkraft.
Vergönne mir, ihn zu belehren,
Noch blendet ihn der neue Tag.

MATER GLORIOSA.
Komm! hebe dich zu höhern Sphären!
Wenn er dich ahnet, folgt er nach. 12095

DOCTOR MARIANUS, *auf dem Angesicht anbetend.*
Blicket auf zum Retterblick,
Alle reuig Zarten,
Euch zu seligem Geschick
Dankend umzuarten.
Werde jeder beßre Sinn 12100
Dir zum Dienst erbötig;

---

535 Una Poenitentium: eine Büßerin

Jungfrau, Mutter, Königin,
Göttin, bleibe gnädig!

CHORUS MYSTICUS[536].
Alles Vergängliche
Ist nur ein Gleichnis; 12105
Das Unzulängliche,
Hier wird's Ereignis;
Das Unbeschreibliche,
Hier ist's getan;
Das Ewig-Weibliche 12110
Zieht uns hinan.

Finis[537].

---

536 Chorus Mysticus: geheimnisvoller, überirdischer Chor
537 Finis: Ende

Literatur

Arens, Hans: Kommentar zu Goethes Faust I. Winter Verlag. Heidelberg, 1982

Arens, Hans: Kommentar zu Goethes Faust II. Winter Verlag. Heidelberg, 1989

Berhardt, Rüdiger: Faust I. Königs Erläuterungen, Band 21. C. Bange Verlag, Hollfeld, 3. Auflage, 2013

Berhardt, Rüdiger: Faust II. Königs Erläuterungen, Band 43. C. Bange Verlag, Hollfeld, 2. Auflage, 2013

Düntzer, Heinrich: Goethes Faust. Erster und zweiter Teil. Erläuterung. Dyksche Buchhandlung, Leipzig, 2. Auflage, 1857

Emrich, Wilhelm: Die Symbolik von Faust II. Sinn und Vorformen. Athenäum Verlag. Wiesbaden, 1981

Grimm, Jacob und Wilhelm u.a. (Hrsg.): Deutsches Wörterbuch. 33 Bde. Online-Wörterbuch vom Kompetenzzentrum für elektronische Erschließungs- und Publikationsverfahren in den Geisteswissenschaften der Universität Trier. http://dwb.uni-trier.de/de/ (10.09.2014)

Goethes Werke. Hamburger Ausgabe in 14 Bänden. Hrsg. v. Erich Trunz, Hamburg/München 1948-1960, Band 3: Dramatische Dichtungen erster Band: Faust I und II. Hamburg: Wegner, 1962

Goethe-Wörterbuch. Herausgegeben von der Akademie der Wissenschaften der DDR, der Akademie der Wissenschaften in Göttingen und der Heidelberger Akademie der Wissenschaften. Band 1–4. Kohlhammer, Stuttgart, 1978–

Roschner, W. H. (Hrstg.): Ausführliches Lexikon der griechischen und römischen Mythologie. Band 1–6. B. G. Teubner, Leipzig, 1886–

Schöne, Albrecht / Wiehölter, Waltraud (Hrsg.): Goethe Werke. Jubiläumsausgabe. 3. Band: Faust I und II. Die Wahlverwandtschaften. Insel Verlag. Frankfurt am Main und Leipzig, 1998

Strehlke, Friedrich: Wörterbuch zu Goethes Faust. Deutsche Verlags-Anstalt, Stuttgart, Leipzig, Berlin, Wien, 1891

Trendelenburg, Adolf: Goethes Faust erklärt. Der Tragödie erster und zweiter Teil. Walter de Gruyter. Berlin und Leipzig, 1922

Witkowski, Georg (Hrsg.): Goethes Faust. Band 2: Kommentar und Erläuterungen. Hesses Verlag. 1906

Printed in Great Britain
by Amazon.co.uk, Ltd.,
Marston Gate.